1月 生まれの女の子

みんなからたよられる がんばり屋さん

あなたは
なにごとも計画的に、コツコツとがんばれる努力家。ひとりでやりとげるつよさを持っているよ。シャイだけど誠実なので信頼度もバツグン！

こんなことがすき
伝統や歴史あるものにひかれ、伝統行事や芸術作品にふれるのがすきだね。

才能のある分野
ものや人の管理、数字をあつかう分野でとくに才能を発揮するよ。

ガーネット 誕生石

スイセン 誕生花

★花言葉　尊敬、わたしのもとへもどって、すてきな装い

2月 生まれの女の子

みんなと仲よくなれる クールな人気者

あなたは
サッパリしていて、だれとでも友だちになれるフレンドリーな人。チームワークをたいせつにし、ユニークな発想で人をたのしませる人気者だよ。

こんなことがすき
たのしいアイデアを生みだしては、まわりの人をアッといわせるのがすきだよ。

才能のある分野
コンピュータなどのIT関連の分野で、とくに個性を発揮するよ。

アメジスト 誕生石

マーガレット 誕生花

★花言葉　恋うらない、心にひめた愛

3月生まれの女の子

思いやりのあるあまえんぼう

あなたは
感受性がゆたかで、人の気持ちを考えて行動できる人。こまっている人をほうっておけないよ。その半面、あまえんぼうなところもあるよ。

こんなことがすき
いろいろなことを空想しながら、自分だけの世界をたのしむのがすき。

才能のある分野
音楽、美術、舞台などの芸術や、ポエムや作詞など文芸の分野が向いているよ。

誕生石 アクアマリン

誕生花 チューリップ

花言葉 思いやり、愛の告白、誠実な愛

4月生まれの女の子

まとめ上手で元気なチャレンジャー

あなたは
好奇心が旺盛で、エネルギッシュ。まだだれもやったことがないことに、一番にチャレンジする人。リーダーシップを発揮する、みんなのまとめ役。

こんなことがすき
新商品をいち早くためす、新スポットにすぐにいくなど、新しいものがすき。

才能のある分野
負けずぎらいなので、どんな分野でもOK。とくに新規開拓や開発でかつやく。

誕生石 ダイヤモンド

誕生花 サクラ

花言葉 心のうつくしさ、あなたにほほえむ、優雅

5月生まれの女の子

あなたは
友だち思いでクリエイティブなタイプ

スローペースだけど、なんでも着実にこなしていく人。友だちをとてもたいせつにするよ。美的センスがあり、すぐれたアート作品をつくっちゃう。

こんなことがすき
のんびりと自分のペースで活動するのがすき。手芸や料理や絵画などをたのしむよ。

才能のある分野
すぐれた五感と美的センスから、アート全般や料理でとびぬけた才能を発揮。

誕生石 エメラルド
誕生花 カーネーション
花言葉 純粋な愛、永遠の幸福、感謝

6月生まれの女の子

あなたは
かしこくて器用な人気者

頭の回転が速く、なんでも上手にこなす人。流行にびんかんで、トークセンスもバツグンなので、たくさんの友だちにかこまれているよ。

こんなことがすき
持ち前のユーモアセンスで、友だちとおしゃべりしながら笑わせるのがすき。

才能のある分野
トークセンスがあり、相手をあきさせないよ。とくに文芸の才能がすばらしいよ。

誕生石 パール
誕生花 バラ
花言葉 あなたを愛しています、情熱、誇り

7月生まれの女の子

あなたは

人にやさしくできる
お姉さん的存在

思いやりがあって、愛情ゆたかな人。人の気持ちにびんかんで、めんどうみもいいよ。友だちからたよられると、全力でこたえようとするよ。

【こんなことがすき】
自分の部屋など、おちつける場所ですきなことをしてすごすのがいちばんすきね。

【才能のある分野】
手芸や料理など、生活に関連したことや、人のお世話がとても上手だよ。

ルビー 誕生石
ユリ 誕生花

花言葉　純潔、かざらない美、つよいからうつくしい

8月生まれの女の子

あなたは

みんなから注目される
スターのような存在

イキイキと、はなやかなムードを持った人。めだつ存在なので、いつも注目をあつめているよ。正直で、いいわけをしないいさぎよさも持っているよ。

【こんなことがすき】
人前にでてめだつことがすきて、みんなからほめられるのがよろこびだよ。

【才能のある分野】
舞台や演劇など、きらびやかで注目をあびる分野でかつやくするかも。

ペリドット 誕生石

ヒマワリ 誕生花

花言葉　あなただけを見つめている、あこがれ、熱愛

9月生まれの女の子

あなたは
知的で、冷静にまわりを見ることができる人だよ。なにごとも計画をたててから、きちんと実行していくの。誠実で、周囲にあわせるのも上手だよ。

なにごともおちついてこなしていける人

こんなことがすき
予定をたててから一日をすごすのがすき。すきな本やマンガは全巻あつめちゃう。

才能のある分野
文才をいかした文芸の分野や、コンピュータ関連にとてもつよいよ。

- 誕生石: サファイヤ
- 誕生花: ダリア
- 花言葉: 乙女の真心、華麗、感謝

10月生まれの女の子

あなたは
気さくで、だれとでも仲よくできる社交的な人。あらそいごとが苦手で、仲介役になることもあるよ。おしゃれセンスが高く、あこがれられることも。

おしゃれでフレンドリーな女の子

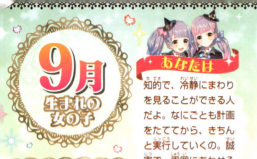

こんなことがすき
ファッション雑誌や芸能人を見ておしゃれを研究し、センスをみがくのがすき。

才能のある分野
おしゃれセンスと社交性で、ファッション、美容、アートの分野で大かつやく。

- 誕生石: オパール
- 誕生花: コスモス
- 花言葉: 愛情、調和、少女の純潔

ものごとを追求する情熱家

11月
生まれの女の子

あなたは

一見ひかえめだけど、情熱をひめた人。探究心があり、目標をきめたらすごい集中力でとりくむよ。正直で、ひきょうなことはけっしてしない人。

こんなことがすき

興味を持ったことをとことん調べ、専門家になりそうなくらい研究するのがすき。

才能のある分野

するどい洞察力と探究心でとくいな分野をきわめる、研究職が向いているよ。

誕生石　トパーズ
誕生花　ツバキ

花言葉　ひかえめな愛、完全なるうつくしさ、気どらない優美さ

おおらかで好奇心旺盛な冒険家

12月
生まれの女の子

あなたは

おおらかで楽天的。せまい世界にいるのは苦手。ひろい世界にとびだして、はじめてのことにも果敢に挑戦するよ。大きな夢をいだいている人だよ。

こんなことがすき

将来の夢を友だちと語りあうのがすき。夢がビッグなほどもり上がるよ。

才能のある分野

理想とやる気で、世界的にかつやく。スポーツでも才能を発揮するよ。

誕生石　ターコイズ
誕生花　カトレア

花言葉　魅惑、あなたはうつくしい、優雅な女性

11

相性チェック表

あなたの誕生月と友だちの誕生月の交差するところをチェックしてみて！

友だち▶ / あなた▼	1月	2月	3月	4月	5月	6月
1月	みとめあえる大親友になれるよ。	ぶつかったら歩みよってね。	たすけあう気持ちがたいせつだよ。	相手の積極性を見習うといいよ。	たすけあえる仲よしコンビだよ。	情報交換をすると仲よしに。
2月	じっくり話してみるといいよ。	なやみをうちあけあってね。	あなたがささえてあげてね。	相手の実行力をまなぶとグッド。	相手の考えを受けいれるといいよ。	いっしょにあそべば親友に。
3月	相談しあうと仲が深まるよ。	相手の長所をほめるとグッド。	たすけあえば親友になれるよ。	すなおになるとさらに仲よしに。	信頼しあえるから仲よしに。	相手にあわせるとグッド。
4月	ゆずりあう気持ちを持てばOK。	相手の個性をほめてね。	相手を信じるといい関係に。	意見をぶつけあうときずなができるよ。	時間をかけて理解しあって。	相手を優先するといい関係に。
5月	ふたりで新しいことをはじめてみて。	相手の気持ちを考えるといいよ。	たがいに高めあえるよ。	役割分担すると最強コンビに。	共通の話題でさらに仲よしに。	長所をほめると仲よしに。
6月	リズムのちがいをたのしんで。	いつのまにか親友になれるかも。	刺激しあえるいい関係に。	パワーをひきだしあえるよ。	たがいに尊重しあえばOK。	刺激しあえる親友になりそう。
7月	フォローしあうとさらにグッド。	すきなところを見つけるといいよ。	ケンカしても仲よしなふたりだよ。	つかずはなれずの距離がいいよ。	相談にのってもらって仲よしに。	個性を尊重すればいい関係に。
8月	話すほどおたがいのよさを確認。	そくばくしあわなければOKだよ。	相手にあわせるといいよ。	協力しあって成長できるよ。	じっくりつきあうようにしてね。	かくしことをしなければいいよ。
9月	いっしょにパーッとあそんじゃおう。	サッパリしたつきあいがいいよ。	長所を見ると仲よし度アップ。	相手の長所を見習うといいよ。	信頼しあえるから安心するよ。	フォローしあえばいい関係に。
10月	相手の長所に注目してね。	長くつきあえる仲よしさんに。	自分にないものを吸収して。	リードしてもらうといい関係に。	理解しようと歩みよればOK。	おなじことをするときずなが深まるよ。
11月	ふたりで成長しあえるよ。	歩みよるといい関係になるよ。	そばにいるとなごめるよ。	長所をほめればいい関係に。	ケンカしても仲よしなふたりだよ。	そくばくをしないようにね。
12月	フォローしあうとよりいい関係に。	ゆずる気持ちがポイントだよ。	やさしくするといい関係に。	たがいに信頼しあえるふたりだよ。	笑顔で接すればいい関係に。	たすけあえばいい関係に。

女の子 & 女の子

☆ 最高だよ!
◎ グッドだね!
○ まあまあかな
△ イマイチかも

	7月	8月	9月	10月	11月	12月 ◀友だち	
1月	はげますといい関係に。○	フォローしあうといい関係に。○	ともに行動するときずなが。◎	相手の意見をしっかり聞いて。○	たすけあうときずなが深まるよ。◎	笑顔で仲よし度アップ。◎	1月
2月	つらいときにいやしてくれるよ。○	長所をほめるといい関係に。○	相手の話をしっかり聞いてね。○	話してきずなをさらにかためて。◎	ワカママをいわないようにね。△	相手をほめれば仲よしに。◎	2月
3月	息ピッタリで安らげるよ。◎	あまえすぎないようにしてね。△	長所を見習うといい関係に。○	相手の個性を尊重してね。○	気のあう大親友になれるよ。☆	話をちゃんと聞くといい関係に。○	3月
4月	あたたかく見まもってくれるよ。○	みとめあえできずなが深まるよ。◎	話を聞いてあげると仲よしに。○	長所をほめればいい関係に。○	相手に歩みよればグッド。◎	目標をかかげあって親友に。☆	4月
5月	共通の話題でさらに仲よしに。○	ゆずりあう気持ちを持ってね。△	たがいをみとめあう親友に。☆	長所をみとめるといい関係に。○	ふたりのヒミツを持つと仲よしに。◎	ほどよい距離感がグッド。◎	5月
6月	深いりしすぎないようにして。△	本音で語りあえる関係だね。◎	フォローしあうといい関係に。◎	刺激しあって成長できるよ。☆	時間をかけて仲よくなろうね。○	いっしょにでかけると仲よしに。○	6月
7月	すっと仲よしでいられるよ。◎	長所をほめればいい関係に。◎	力をあわせるといい関係に。○	相手の長所をみとめれば仲よしに。○	ささえあえる親友だよ。☆	遠まわしな発言は誤解のもと。△	7月
8月	長所をほめるといい関係に。◎	みとめあえる親友になれるよ。◎	歩みよればさらにグッド。◎	役割分担すればいい関係に。○	たすけあえば最強コンビ。☆	いっしょに初挑戦してきずな強化。△	8月
9月	おおらかに接すると○ハッキリ。○	リードしてもらうといいよ。◎	にているのでわかりあえるよ。◎	相手の長所をほめるといいよ。○	すなおな気持ちをつたえてね。○	夢を語りあうと仲よし度アップ。◎	9月
10月	相手の長所を見るといいよ。○	本音で話すとさらにグッド。◎	相手の意見を受けとめてね。○	フォローしあえる好相性だよ。○	かくしことはしないでね。△	流行の話でもり上がれるよ。◎	10月
11月	いつも味方になってくれるよ。◎	いいライバルになれるよ。◎	ささえあって成長できるよ。○	相手の長所を見習うとグッド。◎	本音でぶつかって大親友に。☆	相手の長所をまなぶと仲よしに。◎	11月
12月	相手の話をじっくり聞いてね。○	かけがえのない親友に。◎	たくさん話すと仲よくなれるよ。○	サポート役にまわると仲よしに。○	笑顔で話しかければグッド。◎	にた者どうしで大親友に。☆	12月

13

相性チェック表

あなたの誕生月とカレの誕生月の交差するところを見てね。カレとの相性がわかるよ♡

あなた＼カレ	1月	2月	3月	4月	5月	6月
1月	信頼しあえる恋人になれるよ。	個性のちがいをたのしんで。	ときには大たんになるのもグッド。	カレの強引さをたのしめればOK。	じっくりと愛を深めていけるよ。	反応は派手めにかえすとグッド。
2月	長所をみとめればいい関係に。	おしゃべりでさらに仲よしに。	長所をほめると仲よしに。	スムーズに仲が深まるよ。	共通点を見つけるといいよ。	ノリがピッタリで最高だよ。
3月	気持ちはことばにしてつたえてね。	カレの魅力を再確認できそう。	しぜんと仲よくなれるよ。	ワガママをいいすぎないでね。	共通の趣味でさらに仲よしに。	少しずつ相手を理解してね。
4月	相手の考えを理解するといいよ。	いつでもたのしくもり上がれるよ。	ときどきはたよってみてね。	とっても気があうふたりだよ。	カレのペースを理解してあげてね。	すぐにもり上がれるふたりだよ。
5月	リズムがあうしあわせな相手だよ。	カレにあわせるとたのしいよ。	そばにいると心が安らぐよ。	気持ちをすなおにつたえるといいよ。	話すほどにしっくりくるふたり。	少しずつテンポをあわせてね。
6月	たまにはリードしちゃおう。	たくさんおしゃべりしてね。	カレのやさしさを理解してね。	カレを応援すると更に仲よしに。	たまにはペースをあわせてね。	たのしさいっぱいのふたりだよ。
7月	カレをいやしてあげて。	カレのことを信じてあげてね。	いつのまにか恋におちそう。	カレをみとめると仲よしに。	カレの長所をほめると仲よしに。	いっしょの時間をたのしんで。
8月	あせらず友だちからはじめてね。	カレの長所をみとめるといいよ。	自分のペースでいけばいいよ。	ケンカしたら即、仲なおりして。	カレの前で気をぬきすぎないでね。	すなおに話すとバッチリだよ。
9月	長くつづくハッピーな相手だよ。	カレに直接聞けばモヤモヤも解決。	カレをあまえさせるといいよ。	こまかく口だししないでね。	時間をかけてきずなを深めて。	話しかけたら意気投合するよ。
10月	仲よくなったら長くつきあえるよ。	たのしくつきあっていけるふたり。	あなたがリードしてあげて。	カレにリードしてもらってね。	意外な一面を見つけるといいよ。	恋の進展も早いふたりだよ。
11月	そばにいてホッとできるふたり。	まず友だちからはじめてね。	ステキなカップルになれそう。	カレにあわせるようにしてね。	フシギにひかれあう相手だよ。	おおらかな気持ちで接してね。
12月	カレは安心させてくれる人だよ。	笑顔ですごせるふたりだよ。	フォローしあえる好相性だよ。	すぐに恋におちそうなふたりだよ。	相手のペースを尊重してね。	リズムがよくあうふたりだよ。

女の子 & 男の子

- ☆ 最高だよ!
- ◎ グッドだね!
- ○ まあまあかな
- △ イマイチかも

あなた＼カレ	7月	8月	9月	10月	11月	12月
1月	きずなを深められるふたりだよ。 ◎	カレの気持ちを優先するとグッド。 ○	よりそっていける恋人になれるよ。 ◎	カレの話をちゃんと聞いてね。 ○	さりげないスキンシップがいいよ。 ◎	カレにリードしてもらってね。 ○
2月	カレのやさしさをかみしめて。 ◎	カレの情熱を受けとめてね。 ◎	話をしっかり聞くといいよ。 ○	尊重しあえる恋人になれるよ。 ☆	ワガママをいわないようにね。 ○	話すほど仲よしになれるよ。 ◎
3月	いっしょにいて安心できるよ。 ◎	あまえすぎないようにね。 ○	おたがいにひかれあうよ。 ◎	長所をさりげなくほめるといいよ。 ○	ロマンチックでいいムードに。 ◎	カレを信じることからはじめてね。 ○
4月	気持ちをまめにつたえるといいよ。 ◎	情熱的な恋をするふたりだよ。 ☆	じっくり話すと仲よしに。 ◎	しぜんとひかれあうふたりだよ。 ◎	好感はしっかりつたえてね。 ○	夢の話をするともり上がるよ。 ☆
5月	ときにはあまえてみてね。 ○	カレの話をしっかり聞くといいよ。 ○	フシギな縁でむすばれてるよ。 ☆	少しずつ、わかりあっていこうね。 ○	フシギにひかれあうふたりだよ。 ◎	カレのことを信じてあげてね。 ◎
6月	たまにはたよってみてね。 ○	いつも笑顔につつまれるふたりだよ。 ☆	気持ちはことばでつたえてね。 ○	しぜんと仲よくなれる相手だよ。 ◎	気軽じゃなく本気モードで。 ◎	夢を語りあうときずなが深まるよ。 △
7月	にているのですぐに仲よしに。 ☆	カレを尊重するとハッピーに。 ◎	まずはグループ交際からはじめて。 ○	共通の話題を見つけるといいよ。 ◎	すぐに仲よくなれるよ。 ☆	世話は焼きすぎないでね。 ○
8月	やさしいことばをかけるといいよ。 ○	すぐにもり上がれそうだよ。 ☆	カレのことばをすなおに受けとめて。 ◎	ひろい心でカレを見まもってね。 ○	ふたりのちがいをたのしんで。 ◎	すぐにもり上がれるふたりだよ。 ☆
9月	カレの話もたくさん聞いてね。 ◎	共通点を見つけるとグッド。 ○	意地をはらないでね。 ○	まずはカレのことを知ってね。 ◎	あなたからふみだせばOK。 ○	まずはカレを信じることからだよ。 ◎
10月	カレの長所を見つけるといいよ。 ◎	親友どうしのようなカップルに。 ☆	カレを理解するようにしてね。 ○	友たち感覚で告白するといいよ。 ◎	気持ちはハッキリとつたえて。 ○	ドラマチックなムードになるよ。 ☆
11月	すぐに仲よくなれるふたりだよ。 ☆	カレの長所を見つけるとグッド。 ◎	少しずつ仲が深まっていくよ。 ○	カレを信じることからはじめて。 ○	勇気をだせばハッピーに。 ◎	カレに相談を持ちかけるといいよ。 ◎
12月	気持ちはすなおにつたえてね。 ◎	派手にもり上がりそうだよ。 ☆	カレの気持ちを考えてあげてね。 ○	すぐに気があう相手だよ。 ◎	冷静に相手を見てみてね。 ○	ほどよい距離が心地いいよ。 ◎

あなたがこの世界に生まれおちた瞬間から
大きな力があなたの運命をみちびくよ。
誕生日はそれほど特別な日。
あなたのヒミツをいっしょに見ていきましょう。

✻もくじ✻

誕生月うらない……6
相性チェック表 女の子＆女の子……12
相性チェック表 女の子＆男の子……14
この本の使い方……17
1月生まれ……18
2月生まれ……49
3月生まれ……78
4月生まれ……109
5月生まれ……139
6月生まれ……170
7月生まれ……200
8月生まれ……231
9月生まれ……262
10月生まれ……292
11月生まれ……323
12月生まれ……353

誕生日で
たっぷりうらなったら、
ページのいちばん下、
「今日の運勢」で、
その日の運勢が
うらなえるよ。

✻うらない方✻

朝、この本を手にとったら、
「ここだ!!」と思うページをぱっとひらいてね。
左右のページで先に目にはいったほうが、
今日のあなたの運勢だよ。

✡超ラッキー ◎ラッキー ○ふつう ×アンラッキーの日

この本の使い方

あなたの誕生日はもちろん、友だちや身近な人の誕生日もたくさんうらなってね!

あなたの星座、ラッキーカラー、ラッキーナンバー、パワースポットがわかるよ

生まれ持ったあなたの才能や、向いている職業だよ。

あなたがどんな恋をするのか、チェックしてみて。

あなたがどんな人か、自分でも気づいていない性格もわかるよ。

友だちとどんなふうに接したらいいかがわかるよ。アドバイスも参考にしてね。

ラブは、相性バッチリの男の子、友だちは、とっても仲よしか、幸運をくれる友だちだよ。

1月1日生まれ

デリケートな努力家

あなたは……
たのまれたことはやりぬく責任感のつよいあなた。しっかり者で、自分がいまなにをすべきなのかわかっているから、みんなにたよられるよ。でも、ほんとうは感じやすくてデリケート。がんばったぶん、ストレスをかかえやすいから気をつけてね。

あなたの才能 ひたむきさと責任感のつよさをいかせば、大かつやく。

向いている職業 看護師、会計士

ラブ ロマンチックな恋を夢みるタイプ。気持ちをすなおにつたえられず、ひとりでなやみがちだよ。友だちに相談してみてね。

友だち運 存在感があって、いつも友だちから注目されているよ。だれとでもリズムをあわせられる社交家だから、意外な人から慕われることもあるよ。

友情アドバイス フレンドリーに話せるあなたは、ついいきがすべり、相手の気持ちを考えずキツイいい方になることも。

相性がいいのはこの誕生日の人!
ラブ 1月19日、10月28日
友だち 1月5日、4月27日、11月2日

この誕生日の男の子のタイプ
正義感の強い男の子。好きな人や家族のためにがんばることができるから、自分もあきらめずに頑張り屋な女の子がすきだよ。

おしゃれアドバイス レギンスやソックスで足もとのおしゃれを!

おまじない 苦手分野や特技を持ちたいときは、このおまじないを。朝一番に、東の方に向かって立ち、3回大きく深呼吸するといいよ。

神秘のアイテム テントウムシ 神の使いとよばれるテントウムシ。昔から、よってくると幸運がおきるといわれてきたよ。テントウムシの絵をかいて持ってくのもOK。

今日の運勢 スムーズにいきそう。こまったこともまよわず行動を。

誕生日に関係なく、今日の運勢がうらなえるよ。左ページの説明も読んでね。

おなじ誕生日の男の子のことがわかるよ。

いつものおしゃれにプラスして。

とっておきのおまじないだよ。

神秘的なパワーを持ったアイテムを紹介!そばにあるだけでいいことがあるかも!!

17

1月1日生まれ

やぎ座

- 黄 ラッキーカラー
- 2 ラッキーナンバー
- 窓ぎわの席 パワースポット

デリケートな努力家

あなたは……
たのまれたことはやりぬく責任感のつよいあなた。しっかり者で、自分がいまなにをすべきなのかわかっているから、みんなにたよられるよ。でも、ほんとうは感じやすくてデリケート。がんばったぶん、ストレスをかかえやすいから気をつけてね。

友だち運
存在感があって、いつも友だちから注目されているよ。だれとでもリズムをあわせられる社交派だから、意外な人から親われることもあるよ。

友運アドバイス
フレンドリーに話せるあなたは、つい口がすべり、相手の気持ちを考えずキツイいい方になることも。

相性がいいのはこの誕生日の人！
- ラブ 1月19日、10月28日
- 友 1月5日、4月27日、11月2日

この日生まれの男の子
正直で誠実な男の子。仲間や家族のためにがんばることができるから、だれからもすかれているよ。責任感がつよくて、なんでもまじめにとりくむ女の子がすきだよ。

あなたの才能
ひたむきさと責任感のつよさをいかせば、大かつやく。

向いている職業
看護師、会計士

ラブ運
ロマンチックな恋を夢みるタイプ。気持ちをすなおにつたえられず、ひとりでなやみがちだよ。友だちに相談してみてね。

おしゃれアドバイス
レギンスやソックスで足もとのおしゃれを！

あなたへのおまじない
得意分野や特技を持ちたいときは、このおまじないを。朝一番に、東の方角に向かってたち、3回大きく深呼吸するといいよ。

神秘のアイテム
テントウムシ
神の使いとよばれるテントウムシ。昔から、よってくると幸運がおとずれるといわれてきたよ。テントウムシの絵をかいて持っておくのもOK。

今日の運勢 スムーズにいきそう！　なにごともまよわずに行動して正解だよ。

1月2日生まれ

やぎ座 ♑

ラッキーカラー：青
ラッキーナンバー：3
パワースポット：ろうか

ひるまないチャレンジャー

あなたは……

自分にきびしく、とてもまじめな女の子。みんなが「むりだよ！」と思うようなことにも、ひるまずにたちむかう挑戦者ね。目標をきめたら、なっとくがいくまでベストをつくし、どんどん高みをめざすよ。ラクをしないで、カンペキをめざすがんばり屋さんだよ。

友だち運

周囲をひきつけるフシギな魅力があるから、友だちと仲よしだけど、どこか尊敬されるような存在。相談を持ちかけられやすいね。

友運アドバイス

人の気持ちをくみとろうとしつつ、ついつい自分の気持ちをおしつけちゃうことにならないよう、気をつけて。

相性がいいのはこの誕生日の人！
ラブ　5月21日、10月29日
友だち　2月20日、5月12日、9月19日

おしゃれアドバイス

つめをみがいて指先をツヤツヤに！

この日生まれの男の子

こころざしが高くて、むずかしいことにも挑戦する男の子。けっしてラクをしようとはしない人だよ。はっきりと自分の意見をいえる、正直な女の子にひかれるよ。

あなたの才能

効率よく、なにかをつくりあげていく才能があるよ。

向いている職業

デザイナー、プログラマー

ラブ運

恋愛をしたら、カレにいやされたいなと思うタイプ。あまえるのは下手だけど、いっしょにいて気持ちがラクな人にひかれるよ。

あなたへのおまじない

友だちがふえ、親友ができるおまじないで、友情運をさらにアップさせて。銀色の折り紙を四つ折りにして、手帳やノートにはさんでおけば◎。

神秘のアイテム　月

月には女の子の魅力をひきだすパワーがあるの。たとえば、三日月のモチーフのペンダントをするのも◎。ハッピーになれるよ。

1月

今日の運勢　思うようにすすまないことが。「そんなこともあるよ」と気らくにね。

1月3日生まれ

ねばりづよくて
たよれるリーダー

やぎ座

シルバー
ラッキーカラー

4
ラッキーナンバー

友だちの部屋
パワースポット

あなたは……

なにごとも熱心にとりくむタイプ。いちどきめたことは、さいごまでやりぬくよ。トラブルがおきても、臨機応変にうまくまとめられる人だから、まわりからの信頼度も高いの。仲間のために自分をぎせいにしちゃうこともあるよ。ときには自分を優先してみてね。

友だち運

自分から積極的に友だちをふやそうとするほうではないけれど、まわりがほうっておかないよ。外見だけで人を判断しないから、人にすかれるよ。

友運アドバイス

いざというときつよい味方になってくれるのは、やっぱり親友。すなおな気持ちを話すと、心からうちとけられるよ。

相性がいいのはこの誕生日の人！

ラブ 1月12日、5月22日
友だち 3月14日、7月1日、12月30日

この日生まれの男の子

品があって、理知的な人。いちどとりくんだことはさいごまでやりとげるから、まわりからの信頼もバッチリ。友だち思いのやさしい女の子がすき。

あなたの才能

人のことを考えられるから、みんなの役にたつ仕事がピッタリ。

向いている職業

医者、心理カウンセラー

ラブ運

恋にはおくびょうだよ。きずつくのがこわいみたい。思いきって話しかければ、すてきな恋ができるかも。

おしゃれアドバイス

ちょっとめだつヘアアクセをつけて！

あなたへのおまじない

試合や勝負ごとに勝つおまじないで、勝率アップだよ！ 南の方角に向かって、両手ににぎりこぶしをつくり、大きく深呼吸するといいよ。

神秘のアイテム
クロス（十字架）

わざわいからまもってくれるといわれている、クロスのアイテムでしあわせをゲットして。ネックレスはもちろん、写真をはっておくのもいいよ。

今日の運勢　まよいすぎてなかなか答えがだせないかも。冷静になって！

1月4日生まれ やぎ座

なんでもこなせる アイデアガール

 ラッキーカラー：緑
 ラッキーナンバー：5
 パワースポット：校門

あなたは……
自分の意見を持っていて、それをはっきりいえる人。考え方や行動が、人とはちょっとちがってユニークだよ。頭のよさとアイデアで、どんな目標も達成してしまうの。状況を判断できるから、トラブルがおきてもカバーしちゃう。

友だち運
誠実であたたかい人だから、友だちに敬意をはらったり、気さくにふるまったりと、柔軟に相手にあわせて接することができるよ。人気者だね。

友運アドバイス
気持ちを表現するのがちょっぴり下手。自分のよわさも見せる勇気を持てば、さらに人気が高まるよ。

相性がいいのはこの誕生日の人！
ラブ 1月13日、5月23日
友だち 2月22日、4月24日、12月25日

おしゃれアドバイス
ネイルシールを小指にはるとグッド！

この日生まれの男の子
行動がちょっぴりかわっている個性的な男の子。人にしたがうのが苦手で、将来は自分で会社をつくってトップにたつ可能性も大。自分についてきてくれる女の子にひかれるよ。

あなたの才能
得意な分野をとことんきわめてね。個性を発揮できる仕事も◎。

向いている職業
イラストレーター、フラワーコーディネーター

ラブ運
すきだという気持ちをストレートにつたえられる人。カレをリードしちゃうほうかも。ちょっぴり世話を焼いちゃうタイプ。

あなたへのおまじない
苦手科目の克服など、勉強運をさらに高めるおまじないだよ。青い折り紙を8等分に切り、それをしおりとして本や手帳にはさんで使ってね。

神秘のアイテム
四つ葉のクローバー
4つのしあわせをつかめることを意味する四つ葉のクローバー。見つけたら、おし花のしおりにするのも◎。絵をかいて持っておくのもいいよ。

1月

今日の運勢 なぜか男子から注目をあびる日。堂々としててね。

1月5日生まれ

やぎ座

ラッキーカラー ピンク

ラッキーナンバー 6

パワースポット 動物園

前向きなリーダータイプ

あなたは……
明るくて前向き。けっしてくじけない、つよい心を持ったリーダータイプだよ。ピンチになっても失敗しても、持ち前のパワーでかならずたちなおるの。ただ、いったん気持ちがおちついてしまうと、なんとなく油断して、失敗をまねくことも。

友だち運
まじめだけどユーモアがあって、親しみやすいから友だちも多いよ。するどいところをついてくるので、年上の人からもいちもくおかれているよ。

友運アドバイス
まわりのペースにあわせるのが苦手かも。だれかの意見に賛成するだけでも、友だちに歩みよれるよ。

相性がいいのはこの誕生日の人！
ラブ 1月23日 10月23日
友だち 2月23日、6月23日、11月7日

この日生まれの男の子
人生をポジティブに生きるタイプのカレ。リーダーとしてもかつやくする人だよ。ピンチになっても負けない、気持ちのつよい女の子がすきみたい。

あなたの才能
グループをまとめる才能があるよ。みんなと協力する仕事が◎。

向いている職業
インテリアコーディネーター、レストランの店長

ラブ運
すきな人とは、少しずつだけど着実に距離を近づけていくよ。気持ちによゆうを持った大人っぽいカレと相性がいいよ。

おしゃれアドバイス
ハンドクリームでスベスベの手をキープして！

あなたへのおまじない
異性からの人気が高まり、ラブ運がアップするおまじないだよ。お気にいりのアクセをつけて「ビーナスチャーム」ととなえれば効果がグングンアップ。

神秘のアイテム
ハート
ゆたかな愛情の象徴であるハートの力を使おうね。友情や恋愛でなやんだときに、ハートのアクセを身につけるとバッチリだよ。

今日の運勢 つづけることが成功への近道！ とちゅうでやめてはダメだよ！

自分を信じる のんびり屋さん

1月6日生まれ

やぎ座

ベージュ	7	駅
ラッキーカラー	ラッキーナンバー	パワースポット

あなたは……
どんな困難が待っていようと、自分の信じた道をおそれずにすすんでいく人。判断力もあって、ピンチのときでもひるまずベストをつくすよ。正直者でウソがつけないから、トラブルにあうこともあるけれど、マイペースに自分の人生を歩んでいくよ。

友だち運
かざらない態度で接するから、だれとでも気さくにつきあえるよ。友だち思いで、もめている友だちどうしの仲介役をすることも。

友運アドバイス
自分を信じてつきすすむタイプなので、思いこみがはげしいところも。友だちの考えをよく聞いてから判断しようね。

相性がいいのはこの誕生日の人！
ラブ 2月15日、5月26日
友だち 3月2日、4月10日、8月26日

おしゃれアドバイス
アンクレットで足首を魅力的に！

この日生まれの男の子
正直で勇かんな男の子。危険にだって堂々とたち向かう勇気がある人だよ。自分の信念をつらぬいてがんばる、意志のつよい女の子が理想だよ。

あなたの才能
職人的な才能があるよ。特殊な技術をきわめてね。

向いている職業
まんが家、マッサージ師

ラブ運
愛らしくて、モテる人。すなおにすきだという気持ちをつたえられるから、恋はスムーズに展開していくよ。

あなたへのおまじない
友だちともっと仲よくなれて、友情をさらに深めるおまじない。友だちの名前を書いた白い紙で5円玉をつつんで。それをカバンにいれておくといいよ。

神秘のアイテム
スプーン
幸運をすくいとるといわれるスプーン。かわいいスプーンをひとつ、お守りにしておくといいよ。スプーンモチーフのアクセをつけるのもステキ。

1月

今日の運勢 ◎ 思わぬおこづかいが！ 家族とのたのしいおしゃべりが開運の鍵。

1月7日生まれ

やぎ座 ♑

好奇心旺盛な つきあい上手

ラッキーカラー 茶

ラッキーナンバー 8

パワースポット 図書室

あなたは……

ユニークなものやフシギなものが大すき。ハプニングもすんなり受けいれ、人生をたのしみながらすごせる人だよ。観察する目がするどく、勝手な思いこみをしないなど、客観的な面も。いろいろなタイプの人とすぐに仲よくなれちゃうから友だちの幅もひろいよ。

友だち運

友だちにとても誠実で、相手の立場を考え、気持ちをくみとろうとするよ。たくさんの人にたよりにされているね。

友運アドバイス

精神的につよいほうだけど、ストレスはたまっちゃうよ。とつぜんバクハツしないよう、仲よしにグチを聞いてもらおう。

相性がいいのはこの誕生日の人!
ラブ　5月6日、10月7日
友だち　3月19日、7月6日、9月22日

この日生まれの男の子

なにをするにも、たのしみながらまなんで自分のものにしていける人。おだやかな恋がしたいタイプだよ。状況を見てすばやく動ける、気のきいた女の子がタイプだよ。

あなたの才能
なにかをつくる力と、交友関係をいかすと成功できるよ!

向いている職業
編集者、テレビディレクター

ラブ運
デリケートなところがあるので、あなたをつつんでくれる包容力のある人がベスト。おだやかな恋がしあわせにつながるよ。

おしゃれアドバイス
スカートで足をスラリと見せて。

あなたへのおまじない
ラッキーなこと、ハッピーなことがおこるおまじないだよ。折り紙のうらに自分の名前を書き、ツルを折って。それを持っておくといいよ。

神秘のアイテム
馬の蹄鉄

ツイてないなと感じたら、蹄鉄を使って不運を消しさってね。まくらもとに蹄鉄の絵をおいてねると、ききめバッチリだよ!

今日の運勢　新しい友だちができるかも。積極的に友だちの輪にはいって!

存在感のある クールガール

1月8日生まれ

やぎ座

♥ 紫 ラッキーカラー
♥ 9 ラッキーナンバー
♥ ファストフードのお店 パワースポット

あなたは……
ものごとに冷静に向きあい、現実をしっかり見つめられる人。なんでも自信を持ってすすめていくから、存在感があるよ。ちょっぴり近よりがたいふんいきがあるかも。意見がぶつかると、なかなか折れないガンコなところもあるよ。

友だち運
ひかえめだけど、友だちのことをきちんと考えようとするよ。うらおもてがなく、思いやりがあるので、年上からも年下からも信頼度バツグンだよ。

友運アドバイス
いったん友だちと気持ちがすれちがうと、かべができちゃうこともあるよね。早めに自分から歩みよるといいよ。

相性がいいのはこの誕生日の人！
ラブ 5月31日、10月17日
友だち 1月13日、3月17日、11月8日

おしゃれアドバイス
ふんわりと髪をカールさせてみて。

この日生まれの男の子
見た目はとっつきにくい印象だけど、じつは心のやさしいカレ。すなおに気持ちをぶつけてくる、積極的でオープンな女の子にひかれちゃうみたい。

あなたの才能
たくみな会話術と、がまんづよさをいかした仕事が◎。

向いている職業
保険外交員、レポーター

ラブ運
無意識に自分をコントロールして、すきだという気持ちを心のおくにしまいこみがち。愛するより愛されたいタイプみたいだよ。

あなたへのおまじない
不安をとりのぞき、勇気をだせるようになるおまじないだよ。晴れた日にやってね。日光を左のてのひらで3秒あび、その手を左胸にあてればOK。

神秘のアイテム
花

元気をだしたいとき、ここいちばんというときは、女子力をアップさせる花のパワーがいいよ。花のモチーフのアクセをつけるのもOKだよ。

1月

今日の運勢 なつかしい人に会えるかも。そこから思わぬひらめきが。

1月9日生まれ

やぎ座 ♑

オレンジ
ラッキーカラー

1
ラッキーナンバー

ベッドのまわり
パワースポット

トップをめざすパワフルガール

あなたは……
つらさをものともせず、目標に向かって全力でつっぱしるよ。そのパワーはとびぬけていてライバルもよせつけず、どんなにたいへんでもけっしてあきらめないの。気がつけばトップにたっていることも。でもちょっと頭のかたいところもあるかも。

友だち運
誠意があって、友だちの間でめだつよりも、縁の下の力持ちでありたいと思う人。どんなタイプの人とでも、わけへだてなくつきあえるよ。

友運アドバイス
自分の意見をおしつけちゃうと、つめたい人だと思われることも。負けずぎらいはおさえて、相手の意見を聞こうね。

相性がいいのはこの誕生日の人！
ラブ 7月3日、5月29日
友だち 1月3日、6月27日、12月18日

この日生まれの男の子
チャンスを見きわめる力があって、タイミングはのがさない男の子。つねにトップをめざしてつきすすむよ。おだやかな恋愛をこのむし、いやし系の子がすきみたい。

あなたの才能
多才でなんでもできちゃう。自分だけでできる仕事がベターだよ。

向いている職業
小説家、華道の先生

ラブ運
恋にはいやしをもとめるタイプだね。いつもいっしょに笑っていられるような、明るくてたのしい相手にひかれるよ。

おしゃれアドバイス
リップクリームはピンク系の色が◎！

あなたへのおまじない
さらに成績がアップするおまじない。がんばりたい科目のノートの、さいごのページに、青ペンで「マーキュリーの力を」と書いておけばOK。

神秘のアイテム
クラウン（王冠）
クラウンは成功や力の象徴。目標や夢をかかげたら、クラウンのアイテムをそばにおいておくといいよ。ペンダントチャームも効き目バツグンだよ。

今日の運勢 ❌ イライラしがち。人にやつあたりしてはダメだよ！

かげでささえるクールレディ

1月10日生まれ
やぎ座♑

 白 ラッキーカラー
 2 ラッキーナンバー
人形のある部屋 パワースポット

あなたは……
冷静な判断力を持っている女の子。なにごともコツコツとすすめていくタイプだよ。あわてることはめったになく、多少のことでは気持ちはぐらつかないよ。ひかえめで、いざというときはかげでみんなをしっかりささえる、縁の下の力持ちだよ。

友だち運
協調性があるから、友だちと力をあわせてなにかをなしとげることに、大きなよろこびを感じるよ。その場の空気を読むのも上手だよ。

友運アドバイス
おせじのような、思ってもいないことをいえなくて、そっけなく見えることも。まずは、相手のいい部分をさがしてみて。

相性がいいのはこの誕生日の人！
ラブ 7月12日、10月19日
友だち 4月10日、5月19日、10月23日

おしゃれアドバイス
おしゃれなヘアアクセが効果的だよ。

この日生まれの男の子
中途半端がきらいで、なんでも白黒つけようとする男の子。肝がすわっていて、めったなことでは動じないよ。かくしごとをしない誠実な女の子がすきだよ。

あなたの才能
まじめさと冷静さをいかし、正義を愛する職業がピッタリ。

向いている職業
警察官、ニュースキャスター

ラブ運
自分の気持ちはなかなか見せず、すきなそぶりはまったく見せないよ。すなおになれば、いっきに恋が進展するかも。

1月

あなたへのおまじない
ピンチをさけられるおまじないだよ。左手を水をすくうような形にして。てのひらにいれるように息をはき、それから手をひっくりかえせばOK。

神秘のアイテム
鍵
鍵は幸運の扉も開けるといわれているよ。鍵型のペンダントやストラップも◯。鍵の絵がついた小物でもいいよ。

今日の運勢 ● ゆっくりすごしたい日。家ではすきな本や音楽でやすらいでね。

1月11日生まれ

やぎ座 ♑

ラッキーカラー：青
ラッキーナンバー：3
パワースポット：写真のある部屋

頭のいいがんばり屋さん

あなたは……
ものごとのよしあしを、あっというまに見わける頭のいい人。きめたことはとちゅうで投げださないよ。得意分野でスゴイ才能を発揮するかも。まわりに気をつかい、みんなからもたよりにされているけれど、ときにガンコになっちゃうこともあるみたい。

友だち運
誠実で思いやりがあるね。たくさんの友だちと気軽につきあうというよりは、人数は少なくても、深いつきあいをするたいせつな友だちができるよ。

友運アドバイス
人に迷惑をかけないようにとガマンしすぎると、キツい言い方になりやすくなるよ。友だちにグチを聞いてもらおう。

相性がいいのはこの誕生日の人！
ラブ　7月11日、10月20日
友だち　1月4日、3月15日、11月11日

この日生まれの男の子
ムダなことや悪いことが大きらい。いちどきめたらけっして意思を曲げないガンコな男の子だよ。なんでもできちゃう器用な女の子がすきみたい。

あなたの才能
芸術面で、個性的な表現力をいかすのがあっているよ。

向いている職業
小説家、イラストレーター

ラブ運
恋をしたらいちずなタイプ。ほかの子に目うつりなんかしないよ。明るくて、かくしごとをしない、おおらかな男子にひかれるよ。

おしゃれアドバイス
コーデはフェミニンにきめるとすてきだよ！

あなたへのおまじない
ツキがめぐってきて、運気アップしちゃうおまじないだよ。金色の折り紙のうらに自分の名前を書き、それでツルを折って、机の上においておけば◎。

神秘のアイテム
魚
魚はたくさんの卵を生むことから、人生をゆたかにしてくれる守り神とされてきたの。魚の形のアクセを身につけるとしあわせがおとずれるよ。

今日の運勢：順調にすすみそう！ときには肩の力をぬいてもいいよ。

好奇心旺盛なアイデアガール

1月12日生まれ

やぎ座

黄 ラッキーカラー / 4 ラッキーナンバー / 文房具屋さん パワースポット

あなたは……
刺激や冒険が大すきな女の子。人が思いつかないようなアイデアやひらめきを持っていて、それをつよい信念で実現してしまうよ。まじめだけど、ときどき、まわりのアドバイスを聞かずに失敗してへこんじゃうこともあるね。

友だち運
明るくて、おしゃべりがすきだから、友だちとの共通点を見つけて、連帯感をつよめていくよ。友だちとはおたがいを高めあっていこう。

友運アドバイス
ちょっぴりマイペースで、相手のことが目にはいってないかも。友だちの意見をとりいれるようにすると、いい関係に。

相性がいいのはこの誕生日の人！
ラブ 5月11日、10月30日
友だち 1月18日、7月3日、12月26日

おしゃれアドバイス
手作りアクセで友だちに差をつけて。

この日生まれの男の子
苦労をものともせず、夢に向かってつきすすむ活発な男の子。積極的に人とかかわりながら人生をまなんでいくので、なにごとにも向上心のある女の子にひかれるよ。

あなたの才能
アイデアがバツグン！ マイペースにとりくむ仕事が◎。

向いている職業
フラワーデザイナー、絵本作家

ラブ運
だれにもなににもとらわれず、自分の思うままに恋をするタイプ。おだやかで大人っぽい男子があなたをリードしてくれるよ。

あなたへのおまじない
テストやコンクールなどに合格するおまじない。白い紙に赤ペンで自分の名前を横書きし、その左右に「3」を書いて。それをお守りにするとグッド。

神秘のアイテム
貝

友だちや家族など、人とのきずなをだいじにするあなたは、貝のアイテムをお守りにして。二枚貝の貝がらを、机の上やひきだしにいれておけばOK。

1月

今日の運勢 ✗ なんとなく体調がすぐれない日。水分をとることをわすれずにね。

1月13日生まれ

やぎ座 ♑

努力をつづける前向きガール

ラッキーカラー 黄緑

ラッキーナンバー 5

パワースポット 公園

あなたは……
どこまでもビッグな目標をたてるよ！ 高みをめざして前向きに、マイペースでがんばりつづけるから、将来は成功して有名になれるかも。ただ、プライドが高く、不安なときも人にたすけをもとめないところがあるみたい。ときには、まわりをたよってみてね。

友だち運
目標が高く、自分だけの力でがんばろうとするため、ひとりの時間をだいじにする人。それでも、友だちには誠実だから、好感度は高いよ。

友運アドバイス
人にたいする警戒心がつよいほうかも。ときには、かべをすっかりとりはらってみて。とてもたのしいときがすごせるよ。

相性がいいのはこの誕生日の人！
ラブ 1月14日、10月4日
友だち 2月25日、5月4日、9月28日

この日生まれの男の子
向上心にあふれていて、目標をきめて努力をかさねる男の子。プライドも高いよ。感情表現がゆたかで、すなおな女の子にひかれるよ。

あなたの才能
すぐれた暗記力や表現力をいかすといいよ。

向いている職業
俳優、セラピスト

ラブ運
愛するより愛されたいタイプ。しぜんにさりげなくリードしてくれる男の子と、ハッピーなおつきあいができそう。

おしゃれアドバイス
チェックがらがあなたの魅力をひきたたせるよ。

あなたへのおまじない
自分の長所をのばして、さらにステキ女子になるおまじない。中指のつめを3回、反対の手の親指でなでるの。左右ともにやればバッチリ♪

神秘のアイテム
イルカ

いやしのシンボルでもあるイルカ。あらそいごとをよせつけないパワーも持っているよ。イルカのストラップやチャームで友運運をアップさせてね。

今日の運勢 グループのなかにヒビが。まわりのみんなとペースをあわせて！

困難をのりこえる チャレンジャー

1月14日生まれ

やぎ座

ラッキーカラー ピンク
ラッキーナンバー 6
パワースポット テーマパーク

あなたは……

すぐれた理解力と、冒険心を持っている人。目標達成のために、けわしい道や高いかべもグングンこえていくよ。やるときめたらかならずやりとげるから、周囲の信頼もバツグン。つらいことがあってもくよくよせず、すぐにたちなおることができるよ。

友だち運

いろいろなことをきっかけにして、友だちがふえていくよ。ライバルやケンカした相手と親友になることもあるかも。ひろく信頼関係をきずいていけるよ。

友運アドバイス

しきることがすきみたい。やりすぎるとまわりからひかれちゃうから、ほどほどにしておくのがいいよ。

相性がいいのはこの誕生日の人！

ラブ 2月22日、10月14日
友だち 3月23日、5月23日、11月16日

おしゃれアドバイス

ぼうしをとりいれたコーデがステキ。

この日生まれの男の子

責任感のつよいカレ。目的達成のためなら、危険をかえりみず、どんなことにも挑戦するよ。失敗しても気にせず、すぐにたちなおる元気系女子がすき！

あなたの才能

社会問題にくわしく、勇気があるよ。ひとりで活動する仕事が◎。

向いている職業

ジャーナリスト、レポーター

ラブ運

カレにあまえるのが苦手で、ついつい意地をはっちゃう。すなおな気持ちをつたえられたら、恋が大きく進展するよ。

あなたへのおまじない

すきな男の子と仲よくなれるおまじないだよ。ピンクの折り紙をだ円形に切りぬき、そのなかに相手の名前を書いて。それを西の方角に向ければOK！

神秘のアイテム ★ 星

星は希望の象徴。うまくいかないことがあったら、星のアイテムからパワーをもらってね。星のモチーフのネックレスをつけるのも◎。

1月

今日の運勢 やるべきことをしっかりと。すると思わぬプレゼントが。

1月15日生まれ

やぎ座 VIP

- ラッキーカラー: 黒
- ラッキーナンバー: 7
- パワースポット: 音楽が流れているところ

勇気あるチャレンジャー

あなたは……
一見ひかえめだけど、じつは心のつよい人。人一倍の勇気を持ったチャレンジャーだよ。ここぞという本番できめるタイプ。ほしいという欲求をコントロールするのが少し苦手かも。才能と幸運にめぐまれた、カリスマ的な魅力を持っている人だよ。

友だち運
自分から積極的に友だちをつくろうとはせず、受け身なことが多いけど、信頼度はバツグン。年上の人からもみとめられているよ。

友運アドバイス
ちょっぴりおしがつよいところがあるので、ときどき対立することも。相手の提案も受けいれるようにするといいよ。

相性がいいのはこの誕生日の人！
- ラブ: 5月15日、10月24日
- 友だち: 2月15日、4月28日、11月6日

この日生まれの男の子
友情をたいせつにする男の子。クラスでも学校でも、注目度の高いヒーロータイプだよ。ひたむきにがんばる、けなげな女の子が理想だよ。

あなたの才能
タフでがんばり屋さんだから、人と接する仕事がピッタリ。

向いている職業
キャビンアテンダント、看護師

ラブ運
情が深くて、すきだといわれたら自分もすきになっちゃうことも。誠実な人と、しあわせな恋ができるよ。

おしゃれアドバイス
おでこを少しだしたヘアスタイルが◎。

あなたへのおまじない
だいじなときに緊張しないおまじないを紹介。両手をあわせて指を組んだら深呼吸して。小指から、くすり指、中指……と、順番に指をほどいていってね。

神秘のアイテム
リボン
友情のきずなをさらにつよくしたいとねがうあなたには、リボンのアイテムがオススメ。リボンにはむすぶ力がやどっているので、持っているだけでOK。

今日の運勢: 目標に近づけそう。自分の現状を再確認してみて！

けっして負けない努力家

1月16日生まれ

やぎ座 ♑

 ラッキーカラー グレー
 ラッキーナンバー 8
 パワースポット コンビニ

あなたは……

人生の夢に向かって、ひたすらがんばる女の子だよ。意気ごみがつよいぶん、失敗をするとかなりへこんじゃうけど、かならずたちあがれるよ。先が見えないと不安になるから、**計画的に行動するのがすき**。急なトラブルにはよわいかも!?

友だち運

友だちとはたのしくあそぶけど、あまりベタベタしないほうがすきみたい。目標を高く持ち、「がんばる者どうし」のような友だちでいたいと思っているよ。

友運アドバイス

ちょっぴりマイペースだから、まわりをふりまわさないように気をつけて。相手にあわせてみるのもいいよ。

相性がいいのはこの誕生日の人!

ラブ 1月7日、6月25日
友だち 3月1日、5月7日、12月28日

おしゃれアドバイス

ひかえめなピンク色のリップがかわいいよ!

この日生まれの男の子

なんにでもいっしょうけんめいで、しっかり者のカレ。目標を達成するために全力をつくす人だよ。失敗しても負けずにがんばる、努力家の女の子にひかれるよ。

あなたの才能

やるべきことを正確にこなすための計画をたてる能力があるよ。

向いている職業

薬剤師、銀行員

ラブ運

すきになったらその子だけを見つづけるよ。気持ちをストレートにいってくれる、わかりやすい男の子にひかれやすいよ。

あなたへのおまじない

友だちとの友情のきずなを深めるおまじないを紹介。白い紙に、緑のペンで友だちの名前を書いて。それを手帳にはさんでおけばいいだけ。

神秘のアイテム

 リンゴ

恋の力を高めてくれるリンゴ。本物のリンゴを食べるのもいいけど、リンゴのモチーフのアクセを身につけるのもグッド。両想いになれるかも。

♥ 1月 ♥

今日の運勢 うっかりミスがそのあとにも影響しそう。しっかり確認すること。

1月17日生まれ

アピール上手なリーダータイプ

あなたは……
目標に向かって、わき目もふらずにがんばる人。自分をしっかりアピールできて、その場をしきるのが得意だね。思いたつと即、行動しちゃって、まわりがおどろくことも。みんなと協力することをわすれなければ、リーダー的存在になれるよ。

友だち運
自分をぎせいにしても友だちのためにがんばっちゃう。自分の気持ちに正直で、いいたいことをあつく語れるから、友だちからも期待されているよ。

友運アドバイス
計画性がないところが、玉にキズ。まわりをふりまわさないよう、ちゃんと予定をたててから実行するといいよ。

相性がいいのはこの誕生日の人!
ラブ 5月4日、10月26日
友だち 2月17日、6月24日、11月19日

この日生まれの男の子
目標に向かってつっぱしるタイプ。自分で自分を高め、どんなときも前向きだよ。人にたよらず、自分の力でがんばろうとする女の子にひかれるみたいだよ。

あなたの才能
意志のつよさとアピール上手をいかしてね!

向いている職業
歌手、教師

ラブ運
とてもいちずにすきになっちゃうから、カレをひとりじめしたくて、ヤキモチを焼いちゃう。気持ちによゆうを持って、ハッピーにね。

おしゃれアドバイス
プチネックレスをつけるととっても魅力的☆

あなたへのおまじない
勉強がたのしくなるおまじないだよ。青い折り紙のうらに青ペンで自分の名前を書き、それでツルを1羽折ってね。それをペンケースにいれておくといいよ。

神秘のアイテム
チョウ
チョウは幸運を知らせてくれる生き物。チョウが近よってきたら、追いはらわないでね。チョウの写真を部屋にかざっておくのもいいよ。

今日の運勢
友情運が大吉。友だちへの思いやりをわすれずにね。

1月18日生まれ やぎ座

刺激をもとめる個性派

ラッキーカラー：赤
ラッキーナンバー：1
パワースポット：体育館

あなたは……
たのしいことが大すきで、わくわくするような刺激をもとめる女の子。いろいろな経験をすることで、まわりへの影響力もつよくなっていくよ。いつまでも純粋な心を持ち、考え方がやわらかくて、想像力もゆたか。人がよすぎてだまされないよう気をつけてね。

友だち運
いろいろなことをいっしょにたのしめる友だちをもとめるよ。相手の本心を見ぬく力があるから、友だちは正直でまじめなタイプが多いみたい。

友運アドバイス
夢中になると、ついついまわりが見えなくなりがち。まわりを気づかうようにすると、友だちとの関係も最高になるよ。

相性がいいのはこの誕生日の人！
ラブ　1月18日、5月9日
友だち　3月9日、5月17日、11月16日

おしゃれアドバイス
アップヘアやまとめ髪スタイルがイチオシ！

この日生まれの男の子
想像力があって、人をたのしませることが大すきな、ユニークなカレ。だれにでも明るく接するフレンドリーな女の子がこのみだよ。

あなたの才能
創造力にすぐれているよ。アイデアセンスが光る職業が◎。

向いている職業
ネイリスト、ファッションデザイナー

ラブ運
むじゃきで、すなおに気持ちをアピールできるね。しっかり者のカレとの間に信頼が生まれれば、最高にハッピーな関係に！

あなたへのおまじない
金運がアップするおまじないを紹介。あらってキレイにした10円玉をアルミホイルでつつんでさいふにいれておいてね。お守りだから、使わないでね。

神秘のアイテム
イルカ
いやしのシンボルでもあるイルカ。あらそいごとをよせつけないパワーも持っているよ。きれいなガラスのイルカのストラップは、深い友情をもたらしてくれるよ。

1月

今日の運勢　大笑いすることがありそう。笑わせてくれた人に感謝。

1月19日生まれ

やぎ座

ラッキーカラー: 黄
ラッキーナンバー: 2
パワースポット: 理科室

理想に向かってがんばる子

あなたは……
おとなしそうに見えるけど、じつはつよいエネルギーをひめた女の子。自己主張もしっかりできて、理想をえがき、それに向かって全力でがんばるよ。影響力があって、まわりまでワクワクさせちゃう。でも、燃えつきやすいところもあるみたい。

友だち運
気さくでものおじせず、年上の人とも仲よくなれる社交派だよ。こまかいことにこだわらず、たくさんの人と接していくから、どんどん魅力もアップしていくよ。

友運アドバイス
がんばりすぎて冷静に考えられなくなったり、自分の目的を優先しすぎないようにね。たまには友だちと大笑いして。

相性がいいのはこの誕生日の人！
ラブ 2月27日、10月1日
友だち 1月5日、5月1日、9月19日

この日生まれの男の子
めだちたがり屋さんで意志がつよく、理想に向かってつよい信念を持つカレ。いざというときにはたよりになる存在だよ。まじめでしっかりした女の子がこのみだよ。

あなたの才能
新しいものをつくりだす才能をいかすと、成功できそうよ。

向いている職業
ヘアメイクアーティスト、写真家

ラブ運
恋愛には安心をもとめるタイプ。いやし系の男の子と相性が◎だよ。フレンドリーに話しかけると恋がスムーズに進展するかも。

おしゃれアドバイス
ふんわりヘアでやさしいイメージに！

あなたへのおまじない
みんなにすかれ、人気がアップするおまじないだよ。左のてのひらに星のマークをかいて。その手を左胸にあてて、5つかぞえればバッチリだよ。

神秘のアイテム
クロス(十字架)
わざわいからまもってくれるといわれている、クロスのアイテムを身につけて。ネックレスやブレスレットもかわいくてステキ。

今日の運勢: 思いやりが幸運に直結。相手の身になって考えるといいよ。

みんなに愛される ムードメーカー

あなたは……
たのしいことが大すきな、クラスのムードメーカー。ちょっぴり口が悪いけど、悪意がないので、まわりからは愛されているよ。困難にぶつかっても、なんとかなるさと考えられる楽天家。いつもふざけているけれど、じつはまじめな一面もあるよ。

友だち運
だれとでも仲よくでき、持ち前のユーモアでその場の空気をなごませることができるから、友だちもとても多いよ。人に気をつかう一方で、自由をもとめる傾向もあるよ。

友運アドバイス
誠実で、友だちとの約束をまもるために、むりしてがんばりがち。苦しいときは、むりだってちゃんといってね。

相性がいいのはこの誕生日の人！
ラブ 1月11日、5月19日
友だち 1月22日、3月6日、4月23日

おしゃれアドバイス
ヘアアクセでポイントをつけるとおしゃれ度アップ。

この日生まれの男の子
みんなをたのしませるのが大すきな男の子。ふざけてばかりに見られがちだけど、じつは思いやりがあってまじめな人だよ。心のひろい、気さくな女の子とうまくいくよ。

あなたの才能
その場の状況に自分をあわせられる柔軟性と表現力をいかすと◎。

向いている職業
作詞家、歌手

ラブ運
感情表現がゆたかなので、自分の気持ちをすきな人につたえるのが上手。きっとたのしい恋ができるよ。

あなたへのおまじない
理想的な女の子になれるおまじないだよ。リップクリームに、つまようじで♡マークをほって、毎日使ってね。マークが消えたころに効果があらわれるよ。

神秘のアイテム
四つ葉のクローバー
4つのしあわせをつかめることを意味する四つ葉のクローバー。見つけたらおし花にして。手紙にそえると、相手にしあわせがとどくかも。

1月

今日の運勢　あまり深刻に考えないですごせばOK！

1月21日生まれ

みずがめ座

ラッキーカラー: シルバー
ラッキーナンバー: 4
パワースポット: 自分の机のまわり

元気いっぱいの気さくなスター

あなたは……
いつでも元気で情熱的。なんでもトップをめざそうとがんばる女の子だよ。はなやかなムードだけど、あたたかくて気さくだから、人をひきつける魅力にあふれているの。明るくて話し上手なので男女からモテモテ！ クラスのスター的存在だよ。

友だち運
社交的で、だれとでも仲よくできるけど、周囲と歩調をあわせるのがじつはニガテかも。人気者なんだけど、ちょっと孤独を感じることがあるみたい。

友運アドバイス
ちょっと誤解されやすいから、話は正しくつたわるよう、わかりやすいことばでまわりにつたえるといいよ。

相性がいいのはこの誕生日の人！
ラブ: 5月3日、10月21日
友だち: 1月9日、4月30日、8月27日

この日生まれの男の子
明るくてタフなカレ。しぜんと人をひきつける、はなのあるリーダータイプの男の子だよ。自分をさりげなくひきたててくれる、やさしい女の子にグッときちゃう。

あなたの才能
多才だから、どんな分野でも有名になれる可能性が大きいよ。

向いている職業
会社の社長、俳優

ラブ運
みんなにやさしいので、すきなカレ以外からも、好意を持っていると誤解されることも。すなおな男子とうまくいくよ。

おしゃれアドバイス
うすいピンク色のリボンでかわいさアップ！

あなたへのおまじない
ステキな恋ができるおまじないだよ。白い紙にキャンドルの絵をかいて。キャンドルはピンク地の白いドットがらに。それをお守りにするとバッチリ！

神秘のアイテム
ハート
ゆたかな愛情の象徴であるハート。さみしい気持ちになったとき、まわりをハートマークがはいったものでいっぱいにしてみて。

今日の運勢 ✗ 友だちともめるかも。自己中にふるまっちゃダメ！

コツコツとりくむ情熱家

1月22日生まれ
みずがめ座

ラッキーカラー 緑

ラッキーナンバー 5

パワースポット 公園

あなたは……
少しずつでも確実に、ものごとにとりくむ人。学校や友だちの前ではおとなしめかも。失敗しても人の目を気にせず思いきれば、もっといい結果をだせるよ。がまんづよくて、じっくり向きあうことで着実に成功していける情熱家だよ。

友だち運
ルールにしばられたり、友だちと足なみをそろえたりするのがニガテかも。でも、いざというときにつよい味方になってくれる友だちがそばにできるよ。

友運アドバイス
気持ちをつたえるのはうまくないほうかも。おそれずに、正直な気持ちを友だちにつたえるようにしてみて。

相性がいいのはこの誕生日の人！
ラブ 3月1日、6月26日
友だち 1月8日、5月13日、11月13日

おしゃれアドバイス
オレンジ色のリップが魅力的だよ。

この日生まれの男の子
感情がゆたかで、衝動的に行動するよ。まじめな努力家でもあるね。恋にはいやしをもとめるから、へこんだときにやさしくなぐさめてくれる女の子がすきみたい。

あなたの才能
たくましさと、ものごとを見ぬく力の両方をいかすと◎。

向いている職業
スポーツ選手、写真家

ラブ運
情熱的なあなたは、すきになると気持ちが顔にでてしまうタイプ。すなおな気持ちをことばでつたえると、恋に進展しそう。

あなたへのおまじない
集中力を高めるおまじない。がんばりたい本番の前にやってね。左のてのひらに右手の指で矢印（↑）をかいて。それを飲みこんでから、挑戦してね。

神秘のアイテム
花

元気をだしたいときは、女子力をアップさせる花のパワーをかりよう。花のヘアピン、花のアクセ、花もよう、もちろん本物の花もOKだよ。

1月

今日の運勢　今日は時間をたいせつに。だらだらと先のばしは不運のもと。

1月23日 生まれ みずがめ座

知性あふれる個性派タイプ

あなたは……
生まれながらにすぐれた知性と、器用さを持った女の子。まわりの目を気にせず、わが道をいく個性派で、いつも自分の気持ちに正直に行動するよ。マイペースすぎてまわりが見えなくなることも。周囲のことを考えながら行動するともっといいよ。

友だち運
相手にたちいりすぎず、ほどよい距離をキープしながら友だちとつきあっていけるタイプ。周囲を気にしないから人の意見に流されることもないよ。

友運アドバイス
注意力が散漫なところがあるよ。うっかり人をきずつけることのないよう気をつけてね。

相性がいいのはこの誕生日の人！
ラブ　5月28日、6月12日
友だち　1月28日、4月5日、12月5日

この日生まれの男の子
とっても個性的で、なにごとにおいても自分らしさをわすれないタイプのカレ。常識にとらわれない、明るくて活発な女の子にひかれるよ。

あなたの才能
理科や数学の分野につよいよ。ひとりでこなせる仕事が◎。

向いている職業
プログラマー、学者

ラブ運
すきになったら自分のことばで気持ちをつたえようとするよ。ただ、表現がユニークすぎて、相手につたわらないこともありそう。

おしゃれアドバイス
キラキラ光るアクセサリーが個性をひきたてるよ。

あなたへのおまじない
くじ・懸賞運がアップするおまじない。オレンジ色の折り紙のうらにあたってほしい賞品名を書き、半分に折ってまくらの下にいれてねるといいよ。

神秘のアイテム　クラウン（王冠）
クラウンは成功や力の象徴。目標や夢をかかげたら、クラウンのアイテムを身につけて。クラウンのワンポイントがあるものもいいよ。

今日の運勢　目標に一歩前進！　目標をみんなに宣言すると、つきすすめるよ。

注目をあびるクールガール

1月24日生まれ
みずがめ座

 ラッキーカラー ベージュ
 ラッキーナンバー 7
 パワースポット 博物館

あなたは……
なにごとにも堂々とたち向かい、思いきってとりくむよ。「この人ならやってくれる!」と、みんなからひそかに期待されているタイプ。そのぶん、プレッシャーに苦しむことも。クールなふるまいが人をよせつけないムードをつくってしまうことがあるよ。

友だち運
自分の信念はとおすけど、人との調和もたいせつにできる人だよ。気持ちをもっとオープンにすればみんなからの信頼をえられるよ。

友運アドバイス
友だちに気をつかってつかれてしまうことも。ひとりの時間もたいせつにして、みんなでいるときとのバランスをとって。

相性がいいのはこの誕生日の人!
ラブ 5月24日、10月6日
友だち 2月6日、3月29日、12月2日

おしゃれアドバイス
ビーズのアクセで
かわいさアップ!

この日生まれの男の子
なにごともうまくこなし、みんなからいちもくおかれている人。恋愛をしても、そくばくされるのをきらうよ。人前ではクールにふるまう女の子がすきだよ。

あなたの才能
自分の個性をどこまでもいかせる仕事がピッタリ。

向いている職業
まんが家、
コピーライター

ラブ運
すきになっても、そっけない態度をとってしまい、相手に誤解されがち。ヒミツや本音をうちあけてみて。急速に仲が深まるよ。

あなたへのおまじない
学校がもっとたのしくなるおまじないだよ。学校にいく前に、カバンに地図の学校マーク(文)を指で書いて、マークがキラキラするイメージをえがいてね。

神秘のアイテム
エンジェル(天使)
あなたをまもってくれるエンジェル。エンジェルの絵をノートにはさんでおくのもいいよ。勝負デーの朝、その絵にタッチしておくとバッチリだよ。

1月

今日の運勢 手にいれたいものや、おこってほしいことをノートに書きだして。近々はじまりの予兆があるハズ。

1月25日生まれ

みずがめ座

才能あふれる社交派タイプ

あなたは……
すぐれた才能を持つ女の子。理想が高く、なにごとにもつよい思いを持ってとりくむよ。人より思いがつよいぶん、かべにぶつかったり、自分でトラブルの種をまいたりすることも。趣味などで行動範囲がひろがるごとに、新しい友だちがふえる社交的な人だよ。

友だち運
やさしくて、相手の気持ちをくみとれるよ。空気を読むこともできるから、友だちも多くておしゃべりもたのしくできるよ。

友運アドバイス
うっかり発言でだれかをきずつけないように、いきおいでしゃべったりするのをひかえればバッチリだよ。

相性がいいのはこの誕生日の人!
ラブ 3月23日、6月14日
友だち 1月23日、4月18日、8月9日

この日生まれの男の子
高い理想と信念を持っているカレ。才能ゆたかで、天才とよばれる人もいるかも。友だちの多い、社交的な女の子が理想のタイプだよ。

あなたの才能
どんな分野でも、頂点をめざして努力できるところがスゴイ!

向いている職業
小説家、俳優

ラブ運
共通の趣味を持つ人と相性が◎。すきな人の趣味をチェックしてその話題をきっかけにして。ダブルデートも変化があっていいよ。

おしゃれアドバイス
星のストラップをバッグにつけるとお守りに。

あなたへのおまじない
困難やトラブルに負けないおまじないだよ。ピンチになったら、両手を胸の前で組み、「サートゥルヌスよ、まもりたまえ」ととなえればいいよ。

神秘のアイテム
虹

見るとねがいごとがかなうという虹。虹とおなじ7色の色えんぴつを、ペンたてにいれておけばOK。7色でかいた絵をかざるのもいいよ。

今日の運勢 信頼度がアップ! 自分の責任をちゃんとたしましょ!

1月26日生まれ

みずがめ座

ゴールド / 9 / プラネタリウム
ラッキーカラー / ラッキーナンバー / パワースポット

大たんなチャレンジャー

あなたは……
いったん目標をさだめたら、じっくりと作戦をねり、大たんにせめていくタイプ。多少の困難など、なんとも思わないつよさを持っているよ。個性的な考え方や、意外な行動をして、まわりの反応をたのしんじゃうところもあるね。

友だち運
やさしさのなかに情熱をひめていて、人をひきつけるフシギな魅力を持っているよ。他校生、年上など関係なくつきあえる人だよ。

友運アドバイス
グループ活動や、校外活動に積極的に協力しあうと、友だちとのきずなをもっと深められるよ。

相性がいいのはこの誕生日の人！
ラブ 5月25日、10月8日
友だち 1月31日、5月26日、12月9日

おしゃれアドバイス
ラメいりシュシュで
キラキラしさ☆

この日生まれの男の子
競争したり、だれかをドッキリさせたりするのがすきで、なんでも積極的にたのしむ男の子。恋にはおちつきをもとめるよ。おだやかでやさしい子がすきだよ。

あなたの才能
計画性とそれを実行する能力アリ！

向いている職業
教師、コンサルタント

ラブ運
やさしくてしっかり者の人がピッタリだよ。ふたりでいると、心がすごくおちついて、リラックスできるよ。

あなたへのおまじない
もっとかわいくなれるおまじないだよ。お風呂上がりにやってね。お気にいりの歌のメロディーを鼻歌でうたって。さいごに首を左右にかしげればOK。

神秘のアイテム
鍵
鍵は幸運の扉を開けるといわれているよ。鍵型のアクセやストラップも◎。鍵つきの日記には自分のすきなことをたくさん書いてね。

今日の運勢 友だちのことばに感動をもらえるかも。しっかり受けとめて。

1月27日 生まれ

みずがめ座

ちょっぴり大人で情報通

あなたは……
新しいものやたのしいものが大すき。最新の情報にはびんかんで、だれよりも早くチェックするよ。考え方がけっこう大人で、早くから才能をあらわすよ。ただ、ちょっぴりせっかち。あせらないことを心がけるといいね。

あなたの才能
情報の収集力がスゴイよ。流行にかかわる仕事が向いているね。

向いている職業
メイクアップアーティスト、フリーライター

ラブ運
すきになったらすぐさま猛アタック。強引に相手をリードし、自分たちの世界をつくっちゃうかも!?

友だち運
その場の状況や相手にあわせることができる柔軟なタイプ。個性的な人や、ちょっとかわった行動をする人と会うと、さらにたのしさが倍増するよ。

友運アドバイス
友だちまであわてさせないように、せっかちのクセをおさえてね。深呼吸してからゆっくり動こう。

おしゃれアドバイス
髪の毛をカールしてふんわりさせて！

あなたへのおまじない
すきな人がふり向いてくれるおまじないだよ。ピンクの折り紙のうらにカレの名前を書いて、かぶとの形に折って。それをカバンにいれておくといいよ。

相性がいいのはこの誕生日の人！
ラブ 5月27日、10月19日
友だち 1月21日、4月9日、6月8日

この日生まれの男の子
頭がよくて積極的な男の子。早いうちから才能を発揮して、みんなをおどろかせるよ。大人っぽくて、やさしい女の子にひかれるみたい。

神秘のアイテム
星
星は希望の象徴。うまくいかないことがあったら、星のアイテムからパワーをもらって。星型のクッキーを焼いて、おいしく食べても◎！

今日の運勢　不注意からのケガが心配。ぼーっとしてるとあぶないよ！

新しい道を切りひらくトップランナー

1月28日生まれ
みずがめ座

ラッキーカラー: 白
ラッキーナンバー: 2
パワースポット: 自分の机のまわり

あなたは……
はじめてのことや、人とちがうことをするのに情熱を燃やすタイプ。新しい道を切りひらく才能の持ち主だよ。目標を達成するために、おどろくくらい、こまかいところまでしっかり準備をするよ。デリケートな面もあり、うまくいかないとカッとなりやすいかも。

友だち運
ふみこみすぎず、はなれすぎず、友だちといい関係をきずいていける人。友だちのためにすすんで力をかし、いい友だちでありたいと思っているよ。

友達アドバイス
よゆうがなくなると、人の意見に反抗的になりがち。友だちといい関係でいるためにも、おちつくように心がけて。

相性がいいのはこの誕生日の人!
ラブ: 6月14日、10月10日
友だち: 2月1日、4月1日、8月14日

おしゃれアドバイス
つやつやのショートヘアで魅力倍増!

この日生まれの男の子
だれもやったことがないことに、かかんにチャレンジするカレ。なにごとにも動じない、おだやかな女の子がパートナーになりそう。

あなたの才能
ものごとを見とおす目と、だれとでも仲よくなれる才能があるよ。

向いている職業
ジャーナリスト、ツアーコンダクター

ラブ運
すきになるとまわりが見えなくなるほど夢中になるタイプ。おだやかなカレと相性はベストだよ。自分からアプローチすると◎!

あなたへのおまじない
再チャレンジが成功するおまじないだよ。東の方角を向いて。深呼吸を1回したら、こんどは舌をだしたまま息をはくの。これを奇数の日にやればOK。

神秘のアイテム
魚
魚はたくさんの卵を生むことから、人生をゆたかにしてくれる守り神とされてきたの。魚の形のストラップ、マスコットやぬいぐるみも◎。

1月

今日の運勢: うれしいことがあったら、友だちや家族にいってね。うれしさがもっと大きくなるよ。

1月29日 生まれ

みずがめ座

ラッキーカラー 青紫
ラッキーナンバー 3
パワースポット 川のそば

友だち思いの社交派タイプ

あなたは……
信念を持ち、積極的に活動する女の子。友だち思いで、グループではチームワークをたいせつにするよ。人の意見をちゃんと聞こうとするから、みんなにしたわれているね。ただ、じっくりと聞きすぎて、なかなか結論がだせなくなることも。

友だち運
あまりベタベタしないつきあいをたのしむタイプ。相手からぐんぐんふみこまれるとちょっとひいてしまけど、自分なりに友だちとのきずなを深めていくよ。

友運アドバイス
ちょっぴりつかみどころがないと思われることも。ときどきすなおな気持ちをつたえれば、わかってもらえるよ。

相性がいいのはこの誕生日の人!
ラブ 7月31日、10月11日
友だち 2月11日、6月20日、12月1日

この日生まれの男の子
だれとでも仲よくできて、グループや仲間をたいせつにするカレ。みんなの意見を受けいれようとするよ。同性の友だちが多い女の子にひかれるみたい。

あなたの才能
みんなと協力してとりくむ仕事で、才能を発揮するよ。

向いている職業
スポーツ選手、編集者

ラブ運
相手の気持ちにあわせようとするため、恋がはじまりにくいかも。あなたをしぜんとリードしてくれるカレと相性◎。

おしゃれアドバイス
うすいピンク色のリップクリームがいいよ。

あなたへのおまじない
もっとステキに変身するおまじないを紹介。南の方角に向かってすわり、口を「い」の形にしたままで、ゆっくり6回呼吸をすればOK。

神秘のアイテム 錨
ひろい海の上で船をとめておくための錨には、安定や力という意味がこめられているよ。錨のがらの小物やアクセサリーで安定したしあわせをキャッチ。

今日の運勢 強気でいくと成功しそう。キメるときはキメて!

おしゃべり上手なリーダー

1月30日生まれ

みずがめ座

ラッキーカラー：黄
ラッキーナンバー：4
パワースポット：通学路

あなたは……

人とコミュニケーションをとるのが上手な子。自分の考えをしっかりつたえながら、まわりをひっぱっていくよ。新しくなにかをつくりだすことが大すきで、イベントなどの、みんなで力をあわせる場で大かつやく！ しっかり者で、お金の使い方も上手だよ。

友だち運

明るくてリーダーシップのあるタイプだから人気はあるけれど、たくさんの友だちをつくるほうではないね。まじめでしっかりした人と仲よくなるよ。

友運アドバイス

自分の信念をしっかり持っているだけに、人の意見を聞かないこともあるよ。そこを気をつけてがんばるとカンペキだよ。

相性がいいのはこの誕生日の人！
ラブ　4月9日、6月19日
友だち　1月27日、4月4日、9月26日

おしゃれアドバイス
パール風の指輪でおしゃれにキメて。

この日生まれの男の子
ピンチになっても自信を持ってとりくむ、たのもしいリーダータイプのカレ。人を説得するのも得意。すなおで明るい女の子が理想のタイプだよ。

あなたの才能
すぐれたコミュニケーション能力をいかすと大成功。

向いている職業
アナウンサー、コンシェルジュ

ラブ運
すきな人にもフレンドリーにアプローチできるあなた。おしゃべりを聞いてくれるカレとは、ハッピーな関係がつづくよ。

あなたへのおまじない
女子力がさらにアップするおまじないだよ。鏡を使うときに、四すみにリボンマークを指でかいて。それから自分の笑顔をうつすとバッチリよ。

神秘のアイテム
リボン
縁をつくり、きずなを深める力を持つリボン。リボンをあしらったおしゃれ小物を持っているだけでもいいよ。友だちとおそろいのリボンのアクセを持つのもいいね。

1月

今日の運勢　本やドラマから、なにかを考えさせられることが。あなたにとってだいじなことかも。

1月31日生まれ

みずがめ座

 青緑　ラッキーカラー
 ⑤ ラッキーナンバー
 水飲み場 パワースポット

おちゃめなめだちたがり屋さん

あなたは……
話を聞いてもらったり、注目されたりするのが大すき。いつでもだれかとたのしくすごしていたいから、休日も家でじっとしていないよ。おちゃめでおどけていても、じつは、ものごとを深く考え、実力もある人。周囲にみとめられると元気パワーもアップ！

友だち運
どんな人とでもすぐに友だちになれる社交的な人。いいたいことはそのままつたえるのでわかりやすいよ。愛嬌とユーモアセンスもあるから人気も高いね。

友運アドバイス
自分のことに、いっしょうけんめいになりやすいよ。ふとした瞬間にそばにいる友だちの顔を見て、笑顔を確認してね。

相性がいいのはこの誕生日の人！
ラブ 3月31日、5月20日
友だち 2月13日、4月13日、7月30日

この日生まれの男の子
とっさのときも、気のきいたことをいえる頭のいい男の子。社交的で、つねに注目されるタイプだよ。いっしょに笑ってくれる、たのしい女の子をすきになっちゃう。

あなたの才能
ものをつくりだす才能と、だれとでも仲よくできる力が◎。

向いている職業
芸能マネージャー、メイクアップアーティスト

ラブ運
明るいあまえんぼうタイプ。あなたのおねがいもやさしくかなえてくれる、大人っぽいカレと相性グッドだよ。

おしゃれアドバイス
カラーストーンのついたアクセはお守りがわりにも。

あなたへのおまじない
元気モリモリ、パワーアップするおまじないだよ。東の空に向かって、指で♂マークをかき、「マーズよ 力、あたえたまえ」ととなえて一礼すればOK。

神秘のアイテム 月
満ちたりかけたりする月。三日月を見てねがいごとをするとかなうといわれているよ。三日月のモチーフがついたネックレスも効果バッチリだよ。

今日の運勢 ● すきな子と、ことばのいきちがいがあるかも。誤解は早めにとくといいよ。

頭がよくて勇かんながんばり屋さん

2月1日生まれ
みずがめ座

ラッキーカラー：青
ラッキーナンバー：3
パワースポット：景色をみおろしている部屋

あなたは……
正しいと思ったことは、自分の力でやりぬいちゃうがんばり屋。アクシデントがおきても、おちついて行動できる人だよ。先のことを考えながら行動できるから、ピンチもうまくかわせるの。思いたったらすぐに行動して、まわりをびっくりさせちゃうこともあるよ。

友だち運
親しみやすいので、だれとでも友だちになれるタイプだよ。ユーモアセンスがあり、みんなをたのしませることができるので、注目度もバツグン。

友運アドバイス
あなたには心配性でせっかちな面があるの。不安になったら、みんなの意見を聞いてから動くといいよ。

相性がいいのはこの誕生日の人!
ラブ 8月4日、11月29日
友だち 2月15日、4月20日、12月2日

おしゃれアドバイス
カラーのヘアゴムを使ったおしゃれがオススメ。

この日生まれの男の子
知的で度胸があるカレ。感情がゆたかで、思いたったらすぐに行動にうつすよ。恋愛では大人っぽい女の子がタイプ。おちついた女性の魅力でせめて!

あなたの才能
頭の回転が速いから、スピーディーさをいかした仕事がグッド!

向いている職業
看護師、コメンテーター

ラブ運
すなおに気持ちをつたえる人だから、すんなりと恋がはじまるよ。ただ、気まぐれで相手をふりまわしちゃうことも。

あなたへのおまじない
じまんできる特技をつくりたいときは、このおまじないを。晴れた日に大きな木の幹にてのひらでタッチし、それから人さし指で4回ポンポンとたたいて。

神秘のアイテム
錨
海のモチーフとして知られる錨は、幸運や安定をよんでくれるの。錨のアクセを身につけると◎。イラストを部屋にかざるのもいいね。

2月

今日の運勢　友だちの気持ちがよくわかる日。あたたかいことばをかけてあげて。

2月2日生まれ
みずがめ座

シルバー
ラッキーカラー

4
ラッキーナンバー

高いたてもの
パワースポット

ひそかに一流をめざす子

あなたは……
一見おだやかに見えるけど、ほんとうはゆたかな感情を持っているよ。ときどき自分の世界にはいりこんでしまい、気がつくとひとりになっていることも。でも、いちど目標をきめると、努力をかさね、ビッグな結果をだすタイプだよ。

友だち運
人なつっこいので、すぐに友だちができるよ。ものおじしないから、いろいろなタイプの人と顔見知りになれちゃうよ。

友運アドバイス
冷静に見えるけど、不安になると、友だちをそくばくしがち。友だちをこまらせないよう、日ごろから本音トークを。

相性がいいのはこの誕生日の人!
- ラブ 9月30日、11月30日
- 友だち 1月30日、3月27日、6月2日

この日生まれの男の子
品があって、センスが光るカレ。ひとりで行動するのは苦手だけど、気がつくと孤立していることも。気さくでものおじしない、明るいタイプの女の子がすきね。

あなたの才能
品のいいセンスとあなただけの持ち味をいかすと大成功だよ！

向いている職業
放送作家、パティシエール

ラブ運
すきな人にも距離をおくところがあり、相手を不安にさせがち。すなおになれば、ハッピーな恋ができるよ。

おしゃれアドバイス
おでこをだしたヘアスタイルがオススメ！

あなたへのおまじない
親友や新しい友だちができるおまじないで、友情運をアップ！アクセや小物など、銀色の部分に手をふれながら、「フレンドリー」と5回となえればOK。

神秘のアイテム
魚

たくさんの卵を生むことから、魚は富のシンボルとされているの。魚がらのものや金魚の絵などもパワーがあるよ。魚のアクセもグッド。

今日の運勢 ✕ 今日の目標をかかげて！ 目標がビッグなほど成果が大きいよ。

するどいカンで チャンスをものにする子

2月3日生まれ
みずがめ座

 緑 ラッキーカラー
 5 ラッキーナンバー
バスの停留所 パワースポット

あなたは……
カンがするどく、ものごとのタイミングをはかるのが得意だから、チャンスをのがさず、成功へとつなげられるよ。すきなことは努力をかさね、うまくいかないと思うとすぐに考えをかえる切りかえの早さも、特徴だよ。環境の変化にうまくあわせられる人だね。

友だち運
ユーモアセンスがあり、マナーもきちんとしているので、友だちがたくさんできるタイプだよ。友だちの友だちとも仲よくなれ、友だちの輪がひろがって人気者に。

友運アドバイス
周囲と歩調をあわせるのがじつはちょっぴり苦手。ときにはみんなにあわせることも必要だよ。

相性がいいのはこの誕生日の人!
ラブ 2月13日、4月4日
友だち 2月10日、7月26日、10月1日

おしゃれアドバイス
部分的にむすんだヘアスタイルがすてき。

この日生まれの男の子
気配り上手なタイプのカレ。タイミングをつかむ才能があるから、恋愛でもチャンスをのがさないの。フットワークのいい行動派の女の子がすきだよ。

あなたの才能
カンのするどさと器用さをいかすと大かつやくできそう。

向いている職業
デザイナー、プログラマー

ラブ運
タイミングを見きわめ、すかさずカレにアプローチ。チャンスをのがさず、ハッピーな恋をものにしちゃおう。

2月

あなたへのおまじない
負けられない試合や勝負ごとの前、このおまじないで勝負運をアップ。勝負の前日、東の方角に向かって、「勝つ」を9回となえればバッチリだよ。

神秘のアイテム
スプーン
銀色のスプーンには魔よけの力があるといわれている。小さな銀色のスプーンを、小物入れやひきだしなどにいれておくと効果がバツグン。

今日の運勢 ❀ 元気な日! 外で思いっきりからだを動かしてね。

2月4日生まれ

みずがめ座

ラッキーカラー ピンク

ラッキーナンバー 6

パワースポット 運動場

明るくて マイペース

あなたは……
まわりに左右されることなく、自分のやり方をつらぬいて成功を勝ちとるタイプだよ。目標をさだめたら、時間をかけてもやりとげるの。ただ、あきっぽい面もあるから、ひとりでがんばっていると、いつのまにかなまけちゃうことも。人をたのしませるのが大すき！

友だち運
個性的な人と見られがちだけど、責任感がつよく、人にたのまれたら誠実にこなしていくタイプ。自分の欠点をさらけだせる友だちがいつもまわりにいてくれるよ。

友運アドバイス
ときどきまわりの話を聞かないことがあるので、気をつけて。友だちには心をひらいて。いいアドバイスをくれるよ。

相性がいいのはこの誕生日の人！
ラブ 4月12日、11月23日
友だち 1月23日、3月23日、11月27日

この日生まれの男の子
かくしごとをしない誠実なタイプで、みんなと仲よくできる人。ちょっとくらい型やぶりでも、人情味にあふれている女の子にひかれるみたい。

あなたの才能
オリジナリティにあふれていて、人をたのしませる才能があるよ。

向いている職業
タレント、まんが家

ラブ運
うらおもてのない性格から、自分の気持ちをすなおにカレにアピール。たのしいトークがカレとの交際をハッピーに♡

おしゃれアドバイス
ガーリーなおしゃれで魅力アップだよ。

あなたへのおまじない
苦手科目や苦手分野を克服して、勉強運をさらにアップさせるおまじないだよ。南の方角に向かって、「水星の力」と5回となえてから勉強するとバッチリ。

神秘のアイテム
馬の蹄鉄
ヨーロッパでは古くから魔よけとしても使われている蹄鉄。蹄鉄の絵を自分の部屋や机まわりにかざっておくと、運気がぐんぐんアップするよ。

今日の運勢 自分のペースをまもれば吉！ つかれたら休けいしようね。

存在感があって たよりになる子

2月5日生まれ みずがめ座

ラッキーカラー：ベージュ
ラッキーナンバー：7
パワースポット：川原

あなたは……
口数は少ないけれど、優雅なムードと的確な行動で、まわりからいちもくおかれているよ。ピンチのときも、「この人ならなんとかしてくれる！」という安心感があるから、まわりからとてもたよりにされるの。ただ、ひとりでつっぱしっちゃうこともあるよ。まわりをよく見てね。

友だち運
人と力をあわせてがんばることが大すきで、友だちとの交流にはまめに参加するよ。多少無理なこともがんばるけれど、苦しくなったらことわることも必要だよ。

友運アドバイス
友だちに誤解されないよう、自分の気持ちはハッキリとつたえるようにするといいね。

相性がいいのはこの誕生日の人！
ラブ　7月26日、11月24日
友だち　2月11日、3月30日、7月28日

おしゃれアドバイス
革の小物をバックにつけるのも◎。

この日生まれの男の子
堂々としていて優雅なムードを持ち、まわりの信頼もあついカレ。おしゃべり上手で、ざっくばらんなふんいきの女の子がすきだから、気さくに話しかけてみて！

あなたの才能
すぐれた観察力、高い集中力がそなわっているよ。

向いている職業
小説家、レポーター

ラブ運
あまり話さないから、気持ちがつたわりにくいかも。カレにさりげなく気持ちをつたえるとうまくいくよ。

あなたへのおまじない
モテモテになったりと、ラブ運をさらにアップするおまじないだよ。ピンクの折り紙をだ円形に切り、いつも使っている手鏡のうらにはっておけばOK。

神秘のアイテム
花
花は女らしさのシンボル。部屋にかざったり身につけたりするだけで、あなたの魅力がかがやくよ。花の絵をかべにはっておくのもグッド。

2月

今日の運勢 ◎ 寝ぐせや、髪のハネが気になる日。ヘアピンでとめたりきゅっとむすんで。

2月6日生まれ

みずがめ座

ラッキーカラー：茶
ラッキーナンバー：8
パワースポット：ベンチのある場所

親しみやすい社交派

あなたは……
気さくで親しみやすいムードを持つ女の子。初対面の人ともすぐに仲よくなれ、好感度もバツグンだよ。ほめられたり、尊敬されたりすることがすきだから、そのための努力をおしまないの。でも、ちょっと弱気なところも。もっと自分に自信を持ってね。

友だち運
フレンドリーで礼儀正しく、社交的なタイプ。仲よくなったら、あれこれめんどうを見るよ。苦手なタイプの人が近づいてくることも多く、こまってしまうことも。

友運アドバイス
すべての人とわかりあうことはできなくても、協力することはできるから、そういう交流を心がけてみて。

相性がいいのはこの誕生日の人！
ラブ　2月7日、8月9日
友だち　3月2日、4月19日、12月10日

この日生まれの男の子
人から愛されたいという気持ちがつよい人。自分の気持ちをかくさないから、わかりやすいよ。大たんで元気な女の子にひかれるから、積極的にアタックしてね！

あなたの才能
個性的な人気者。顔のひろさをいかした職業でかつやくできるよ。

向いている職業
レストランの店長、ジャーナリスト

ラブ運
魅力的だから、モテモテ。ただ、相手におし切られがちかも。自分の魅力を受けいれて、自分の気持ちにすなおになってね。

おしゃれアドバイス
腕時計でちょっと大人っぽいおしゃれを。

あなたへのおまじない
友だちともっと仲よくなれるなど、友情運をさらにアップするおまじないだよ。手帳に友だちと自分のイニシャルを書き、それを緑のペンでかこめばOK。

神秘のアイテム
イルカ

イルカは幸運の使者であると同時に、開運のシンボルでもあるの。イルカモチーフの小物を持つのも○。イルカの写真をかざっておくのもグッドだよ。

今日の運勢　前向きな気持ちで運気好転！　失敗なんかわすれちゃえ！

公平さを もとめる正義派

2月7日生まれ
みずがめ座

- ラッキーカラー: 赤紫
- ラッキーナンバー: 9
- パワースポット: たてものの入り口

あなたは……
気さくでむじゃきな女の子。のんびりしているように見えるけど、人を見る目を持った人だよ。よわい者いじめなど、不公平なことがきらいで、真っ向から反発するよ。ときどきまわりが見えなくなることもあるから、友だちの意見はしっかり聞くように心がけてね。

友だち運
的確な判断力を持ち、周囲から信頼されるカリスマタイプ。正直でオープンな人がらだから、たくさんの友だちができるよ。

友運アドバイス
むりしてがんばり、つかれることも。できないことはきっぱりことわる勇気を持つとハッピーにすごせるよ。

相性がいいのはこの誕生日の人!
- ラブ 4月15日、11月26日
- 友だち 2月6日、4月8日、8月23日

おしゃれアドバイス
オレンジ色をいれたコーデで魅力アップ。

この日生まれの男の子
正直で人間味にあふれたタイプ。人の性格を見ぬくのが得意で、友だちや恋人えらびも慎重だよ。気配り上手な女の子にひかれるよ。

あなたの才能
人の才能を見つけたり、のばしたりするのが上手だよ。

向いている職業
コメンテーター、音楽プロデューサー

ラブの運
恋愛の相手えらびはとても慎重。じっくり相手を見きわめてからアプローチすれば、おだやかな交際ができるよ。

あなたへのおまじない
ラッキーなことがおきるおまじないだよ。木曜日、てのひらを天に向けてたち、星がふってくるのをイメージして。それからてのひらを頭にのせればバッチリだよ。

神秘のアイテム
リボン

リボンにはむすびつけるという意味がこめられているの。リボンの小物を机まわりにおいておくと、なにかいいことがおこっちゃうかも。

2月

今日の運勢 いそがしくなりそう! カンがするどくなっていて、なんでもこなせちゃう日。

2月8日生まれ みずがめ座

カンのするどいフシギガール

あなたは……
ものごとを見ぬく力があって、カンがするどいタイプ。もしかしたら霊感があるほうかも。そのフシギな力で、いまなにをどうしたらいいかを判断し、みんなを正しい方向へみちびくよ。でも、コミュニケーションが苦手なところがあるから、誤解をまねく心配も。

友だち運
正義感がつよく、相手のことを思いやることができる人。リーダーシップもあり、とても人気があるよ。

友運アドバイス
こだわりがあって、自分の考えをおしつけてしまうことも。ときには人の意見を聞くといいよ。

相性がいいのはこの誕生日の人！
ラブ 2月18日、6月18日
友だち 2月5日、4月9日、10月9日

この日生まれの男の子
積極的に友だちの輪にはいるのが苦手なカレ。そっけなく見えるけど、じつはあたたかい心の持ち主だよ。気さくでまめな女の子にひかれちゃうみたい。

あなたの才能
ゆたかな才能の持ち主。心を表現する仕事がピッタリだね。

向いている職業
小説家、音楽家

ラブ運
あたたかい心の持ち主だけど、ひかえめだから、恋ははじまりにくいかも。本音を相手につたえれば、きっとうまくいくよ。

おしゃれアドバイス
オレンジ色のリップが魅力的☆

あなたへのおまじない
不安をとりのぞいて、勇気をだせるおまじないだよ。両方の親指と人さし指の先をそれぞれあわせて△をつくって。△を胸のところに3秒間あてればOK。

神秘のアイテム
リンゴ
リンゴは平和のシンボル。人間関係をよくするパワーがあるの。リンゴのイラストや小物を部屋にかざっておくとバッチリだよ。

今日の運勢　うまくいかないことがあるかも。そんなときは、やり方をかえてみて。

2月9日 生まれ

みずがめ座

ラッキーカラー: レモンイエロー
ラッキーナンバー: 2
パワースポット: 洋服のショップ

気ままな情熱家

あなたは……
感情ゆたかで刺激的なことが大すきな女の子。興味のあることは、とにかく夢中になっちゃう。ただ、集中力がとぎれると、ふとべつのことが気になりはじめちゃうかも。成長するほど、集中力がまして、よゆうを持って行動できるようになるよ。

友だち運
わけへだてなく、だれとでも友だちになれるタイプ。思いやりがあって、人の気持ちにびんかんだから、あなたをしたっている友だちは多いよ。

友運アドバイス
誘惑によわいので、そのせいで失敗をまねきがち。先に自分の意思をまわりにつたえておくといいよ。

相性がいいのはこの誕生日の人！
ラブ 4月10日、11月28日
友だち 2月13日、3月29日、8月10日

おしゃれアドバイス
個性的なおしゃれで自分らしさを見せてね。

この日生まれの男の子
イキイキとしていてエネルギッシュだけど、少し気分に波があり、感情のコントロールが苦手なカレ。おだやかでおちついた女の子がタイプだよ。

あなたの才能
刺激的で、自分の個性をいかせる専門分野でかつやくできそう。

向いている職業
ミュージシャン、ゲームプランナー

ラブ運
すきになったらフレンドリーにアタック。やさしくつつみこんでくれるような相手とハッピーな恋をするよ。

あなたへのおまじない
もっと成績がアップするためのおまじないを紹介。成績を上げたい科目の教科書に、紫色の折り紙を半分に切ってしおりがわりにはさむと◯。

神秘のアイテム
クロス(十字架)

クロスは生きる力のシンボル。クロスを身につけると、わざわいからまもってくれるの。クロスのネックレスをつけるとピンチも回避できそう。

2月

今日の運勢 なんとなく不安で、だれかをたよりたくなるかも。

2月10日生まれ

みずがめ座

- ラッキーカラー：紺
- ラッキーナンバー：3
- パワースポット：芝生のある場所

評価をもとめてがんばる子

あなたは……
自分できめたことは、さいごまで全力でやりぬくよ。デリケートで、みんなからみとめられたり、愛されたりするのがとてもすき。ただ、みとめられたい気持ちを優先するあまり、まわりが見えなくなることも。思いやりの気持ちを持ってね。

友だち運
誠実でおだやかなタイプ。人をたのしませるサービス精神にあふれるいっぽう、不正にたち向かう勇気も持っているよ。友だちから相談されることも多いよ。

友運アドバイス
まわりから注目されないと、すねてしまうことも。友だちの目を気にしないよゆうを持つとカンペキだよ。

相性がいいのはこの誕生日の人！
- ラブ　2月11日、8月13日
- 友だち　2月15日、4月2日、10月20日

この日生まれの男の子
クールで、ちょっぴり近よりがたいふんいきだけど、ほんとうはかまってほしいと思っているの。むじゃきで明るい女の子がこのみだから、積極的に声をかけてみて。

あなたの才能
特技をいかした、専門的な分野での仕事で成功できるよ。

向いている職業
ふりつけ師、ウェブデザイナー

ラブ運
なんでも寛大に受けとめてくれる人をもとめるよ。包容力のある、いやし系の相手をさがせば、すてきな恋ができるかも。

おしゃれアドバイス
パステルカラーなどの明るい色の服が◎。

あなたへのおまじない
ピンチにでくわしても負けないおまじない。まずは大きく息をすって。次に、おなかの底から、厄をはきだすイメージでゆっくり息をはけばいいの。

神秘のアイテム
四つ葉のクローバー

しあわせをはこぶアイテムとしても有名なクローバー。ノートや手帳にクローバーの絵をかいて、緑のペンでかけば、さらに効果はアップするよ。

今日の運勢 よきライバルが出現！おたがいに成長できそうだよ。

アイデアあふれる自由人

2月11日生まれ みずがめ座

シルバー　ラッキーカラー
4　ラッキーナンバー
鏡のある部屋　パワースポット

あなたは……
たのしいことが大すき！毎日をたのしくすごすために、いつもアイデアをふくらませているよ。また、自由気ままに行動するのがすきだから、ついひとりで時間をすごすことが多いみたい。人や環境にしばられず、のびのびしたいという気持ちがつよいね。

あなたの才能
ものごとを見きわめる力、アイデアゆたかな才能アリ。

向いている職業
発明家、料理研究家

友だち運
明るくておもしろいと、男女問わず人気の高いタイプ。たのしいことが大すきで、率先してイベントを企画するから、いつも友だちにかこまれているよ。

ラブ運
気持ちをつたえたいと思うあまり、相手の気持ちを考えずにわがままになることも。ときには自分をおさえることも必要だよ。

友運アドバイス
気持ちがつよすぎて、極端な行動をとりがち。そんなときは、友だちの意見をとりいれてみて。

相性がいいのはこの誕生日の人！
ラブ　6月12日、8月14日
友だち　3月24日、5月30日、10月12日

おしゃれアドバイス
アシンメトリーのヘアスタイルが魅力的だよ。

あなたへのおまじない
ツキがめぐってきて、運気がアップするおまじないだよ。木曜日の朝、外にでたら、目をとじたまま顔を上げて。そのまま太陽の力を受けることを意識すればOK。

この日生まれの男の子
刺激をもとめる個性派タイプのカレ。思いついたアイデアを実現させることがすきなの。わがままを聞いてくれる、大人っぽい女の子がタイプだね。

神秘のアイテム　ハート
ハートは愛のシンボル。いまの恋をかなえたいときはハートの力をかりましょう。ハートがらの服、ハートのグッズをゲットすると効果テキメン。

2月

今日の運勢　自分にはむりだなというたのまれごとは、きっぱりことわるといいよ。

2月12日生まれ

みずがめ座

才能あふれる みんなのリーダー

ラッキーカラー：緑
ラッキーナンバー：5
パワースポット：友だちの家

あなたは……
みんなをまとめるリーダータイプの女の子。みんなの気持ちをちゃんと考えながら、その場にあった対応ができる人だから、友だちからとてもたよりにされているよ。好奇心が旺盛で、多才な人。なんでも上手にこなして、周囲をたのしませちゃう。

友だち運
気さくで親しみやすく、だれとでも仲よくなれるタイプ。いろいろなことに興味を持ち、いろいろな人とおしゃべりをするのが大すきだから友だちも多いよ。

友運アドバイス
自分の意見は曲げようとしないので、ときにはいいあらそいに。人の意見に耳をかたむけてみて。

相性がいいのはこの誕生日の人！
ラブ　4月13日、12月1日
友だち　2月10日、3月26日、9月26日

この日生まれの男の子
たいせつな友だちや恋人をまもろうという気持ちがつよい、誠実なタイプ。むじゃきで、いちずに思いつづけてくれる子がすきみたい。

あなたの才能
趣味で成功する可能性アリ。人とかかわる仕事が◎だよ。

向いている職業
雑誌編集者、イベントプランナー

ラブ運
恋をしたら、まずはお友だちとして仲よくなるタイプだね。おしゃべりをかさね、相手をよく知ってから告白するとハッピーに。

おしゃれアドバイス
プチペンダントのさりげないおしゃれが◎。

あなたへのおまじない
テストやコンクールなどに合格するおまじない。青い折り紙のうらに自分のイニシャルを書き、その左右に数字の3を書いて。これをお守りにしてね。

神秘のアイテム
貝

ピッタリとペアになっている二枚貝はきずなのシンボル。はなれてもひきあう力があるの。たいせつな人の名前を書いた紙を貝がらにのせておくと◎。

今日の運勢　マイナス思考になりがち。過去の失敗はわすれるべし！

刺激大すきな元気ガール

2月13日生まれ みずがめ座

 ピンク ラッキーカラー
 6 ラッキーナンバー
 本屋さん パワースポット

あなたは……
刺激的なことが大すきで、おもしろそうなことにはすぐにトライする積極派。家族や友だちに注目されるのがすきで、元気たっぷりのたのしい女の子だよ。でも、感情にブレーキがきかなくなることも。おちついて、まわりの友だちのことも見るように気をつけてね。

友だち運
きちんとした印象があるけど、エネルギッシュで、気持ちをすなおに表現するタイプ。めんどうみがいいので、年下からしたわれることも多いよ。

友運アドバイス
こうあるべきという気持ちがつよすぎて、きつくいってしまうことも。やさしいことばをえらぶとバッチリだよ。

相性がいいのはこの誕生日の人！
ラブ　4月3日、8月16日
友だち　2月3日、4月14日、10月5日

おしゃれアドバイス
ちょこっとヘアカールするとかわいいよ。

この日生まれの男の子
自由気ままにふるまっているけれど、気持ちが不安定になりやすいタイプ。不安な気持ちをつつみこんで、いやしてくれる子にひかれるよ。

あなたの才能
幅ひろく交友関係をきずけるよ。人脈をいかせる職業が◎ね。

向いている職業
保険外交員、テレビプロデューサー

ラブ運
すきになったら正直に告白するよ。ちょっとわがままなところがあるけど、相手への思いやりを持てば、ハッピーな交際に。

あなたへのおまじない
長所をのばして、さらにステキ女子になるおまじないだよ。くすり指のつめを、反対の手の親指で3回なでるの。これを左右ともにやればいいんだよ。

神秘のアイテム
クラウン（王冠）
力をあたえ、成功をよびこむといいつたえられているクラウン。クラウンはフェルトや紙で手作りしてもいいよ。部屋にかざっておいてね。

2月

今日の運勢 きらいだと思っていた食べものが、意外とおいしいと発見！ これ、人にもいえるかも。

2月14日生まれ

みずがめ座

ラッキーカラー：黒　ラッキーナンバー：7　パワースポット：体育館

会話上手なかしこい子

あなたは……
頭の回転が速く、センスのいい会話ができる女の子。ジョークや気のきいたセリフで、みんなをたのしませるよ。つらいことがあっても、早いうちにたちなおるつよさも持っているの。集中力もあって、どんなにさわがしいなかでも、勉強できちゃうよ。

友だち運
状況をしっかり読みとる力を持っていて、なにかとたよりにされるタイプ。自分では向いていると思っていないのに、リーダーにおされることもあるよ。

友運アドバイス
いきなり軽い行動にでて、まわりをおどろかせることも。やりすぎないように気をつけるといいね。

相性がいいのはこの誕生日の人！
ラブ　2月15日、6月20日
友だち　2月20日、3月30日、12月3日

この日生まれの男の子
おしゃべり上手で、まわりをたのしませるよ。でも、恋には安らぎをもとめるから、いっしょにあそんでくれるおおらかな子がタイプだよ。

あなたの才能
一を聞いて十を知る、察しのよさが強み。視野をひろげると○。

向いている職業
評論家、テレビディレクター

ラブ運
すきな人とたのしい会話でもり上がるタイプ。頭のいい、そぼくな人とハッピーな交際に発展しそう。

おしゃれアドバイス
ブレスレットをつけると女らしさアップ。

あなたへのおまじない
すきな男の子と仲よくなれるおまじないだよ。ピンクの折り紙をハートの形に切りとり、その上にお気にいりのアクセを6日間のせておけばOK。

神秘のアイテム　星
星は健康や富をよびこむしあわせのモチーフといわれているの。星のネックレスや星のついたヘアピンなど、星のアクセを身につけるとハッピーに。

今日の運勢　勝負運が吉。プレッシャーに負けないで！

好奇心旺盛な発明家

2月15日生まれ
みずがめ座

 グレー ラッキーカラー
 8 ラッキーナンバー
 階段 パワースポット

あなたは……
好奇心が旺盛で、まわりのことすべてに興味を持ち、積極的に行動するタイプの女の子ね。想像力もゆたかで、新しいものを発明するのも得意。ちょっとくらいの困難も、前向きに受けとめるの。ただ、結果がでないと、イライラをためちゃう。気分転換がだいじ。

友だち運
ユーモアにあふれ、自己表現やおしゃべりが上手。そのセンスから、人気も高いの。めんどうみがよく、友だちをまもろうとするから、友だちからもしたわれているよ。

友運アドバイス
責任感がつよいため、がんばりすぎてつかれてしまいがち。できないことはできないっていうこともたいせつだよ。

相性がいいのはこの日の誕生日の人!
ラブ 6月15日、11月7日
友だち 3月7日、5月27日、8月25日

おしゃれアドバイス
キャラクターグッズをバッグにつけてめだっちゃお

この日生まれの男の子
前向きで行動的なカレ。感情をおもてにだすタイプだね。恋愛をかさねるたびに成長し、おちついてくるの。よく笑う明るい子がすきだよ。

あなたの才能
ゆたかな想像力、発明の才能をいかすとグッドだよ！

向いている職業
発明家、インテリアデザイナー

ラブ運
恋愛にかんしても少しデリケート。そんなあなたをいやしてくれる相手と縁があるよ。友だちモードからのアプローチが◎。

あなたへのおまじない
だいじなときに緊張しないおまじない。両手をグーにして、右手のグーで左手を2回たたき、こんどは左手のグーで右手を2回たたけばOKだよ。

神秘のアイテム
エンジェル（天使）
エンジェルはあなたの守護者。エンジェルに見まもられながら羽ばたいていきましょ。エンジェルのイラストを部屋にかざると効果があるよ。

2月

今日の運勢　気分がノリノリだよ。授業でも積極的に手をあげて！

2月16日生まれ

みずがめ座

ラッキーカラー　ゴールド
ラッキーナンバー　9
パワースポット　透明なドアのあるたてもの

自分に正直なアクティブガール

あなたは……
正直で勇かんな女の子。自分の気持ちをストレートにつたえ、「これをやりたい！」と思ったら、まよわず行動にうつす積極派だよ。ただ、いったんかべにぶつかると、やる気をなくしちゃうことも。へこたれない、つよい気持ちを持つと最強だね。

友だち運
元気がいいいっぽうで、人の心を敏感に読みとることのできるタイプ。基本的にだれとでも仲よくできるけど、人間関係が変化しやすいところもあるよ。

友運アドバイス
まわりから情がうすいと思われることもあるけど、自信を持って。縁のある友だちとはかならずめぐりあえるよ。

相性がいいのはこの誕生日の人！
ラブ 4月6日、11月26日
友だち 1月26日、3月10日、10月8日

この日生まれの男の子
元気でのびのびとしているタイプ。なにごとにも積極的で、自分からはたらきかけるよ。フレンドリーでさっぱりしている女の子がすきだよ。

あなたの才能
自分でものごとを切りひらき、新しいことをはじめると成功しそう。

向いている職業
会社の社長、レポーター

ラブ運
男の子ともすぐに友だちになれる人。すなおな気持ちをつたえれば、トントン拍子に交際に発展するはずだよ。

おしゃれアドバイス
スポーティーなおしゃれで魅力アップだよ。

あなたへのおまじない
友だちとのきずなを深めるおまじないだよ。仲よくなりたい子のイニシャルを左のてのひらに指で書いて。その手と右手で握手をするようににぎればOK。

神秘のアイテム　虹
虹は希望をあらわす天からのサイン。レインボーカラーのはいったグッズ、虹色のアクセなどを持つとグッド。虹の写真をかざるのもいいよ。

今日の運勢 まよわなければ成功するよ。自分を信じましょう！

困難をのりこえる努力家

2月17日生まれ みずがめ座

オレンジ　ラッキーカラー
1　ラッキーナンバー
校舎のうら　パワースポット

あなたは……
負けん気がつよく、つねに上をめざすよ。問題がおこっても努力してのりこえ、家族や友だちのためにひと肌ぬぐことも。洞察力があるから、なにか悪いことを考えている人を見ぬく力があるの。いつもおちついてるから、みんなからいちもくおかれているよ。

友だち運
向上心があり、変化しながら成長していくタイプ。大人になってから、昔の友だちと、またつきあいはじめるなんてこともあるよ。

友運アドバイス
気持ちを上手に表現できず、誤解されやすいので、すなおな気持ちをつたえるといいよ。

相性がいいのはこの誕生日の人！
ラブ　3月28日、7月8日
友だち　2月14日、3月21日、10月9日

おしゃれアドバイス
ポケットつきアイテムでおしゃれ度アップ♪

この日生まれの男の子
現実的で負けずぎらいなカレ。観察力があって、いろんな不正や不公平を見ぬくことができるタイプだよ。清楚でいちずな女の子がタイプね。

あなたの才能
冷静な性格と、ゆたかな知識をいかすといいよ。

向いている職業
弁護士、教師

ラブ運
思いやりがあってとってもすなお。いちずに愛情をそそいでくれる相手と、おだやかな恋をするよ。

2月

あなたへのおまじない
理解力が高まり、勉強がたのしくなるおまじない。青い折り紙のうらに赤ペンで花まるマークをかいて。それを三角に折ってペンケースにいれておいてね。

神秘のアイテム
鍵には新しい扉をひらくという意味があるの。新たな可能性や富へとみちびいてくれるの。鍵モチーフのついたアクセやストラップをつけるといいよ。

今日の運勢　友だちの持ち物がみょうにかわいく見えちゃう。ほしいものがふえる日かも。

2月18日 生まれ

みずがめ座

友だち思いの ムードメーカー

 黄 ラッキーカラー
 2 ラッキーナンバー
 大きな木のそば パワースポット

あなたは……
人をひきつける魅力を持っているよ。ユニークなアイデアやたのしいトークでムードをもり上げちゃう。こまっている人の相談にのったり、サポートしたりと、とても友だち思いの面もあるの。ただ、ちょっぴり気がちりやすいかも。うっかりミスには気をつけて。

友だち運
人の悪口をいわない心のひろいタイプ。だれにでもおなじように接するので、友だちも多いの。友だちのためなら、困難なかべにもたち向かおうとするよ。

友運アドバイス
気分のうきしずみがあって、おこってるのかなと誤解されがち。いつもまわりと、たくさんおしゃべりしておくといいね。

相性がいいのはこの誕生日の人！
ラブ 4月19日、8月13日
友だち 2月4日、5月28日、8月15日

この日生まれの男の子
陽気でエネルギッシュな男の子。魅力的で、しぜんとまわりの人をひきつけちゃう。親しみやすくて、よく笑う女の子にひかれるみたい。

あなたの才能
ものごとの全体像をつかむ才能アリ。いろんなものを見るようにね。

向いている職業
雑誌編集者、イベントプランナー

ラブ運
たのしい話題が恋のきっかけに。友だちからだんだん恋人に発展していく、フレンドリーな恋がいいみたい。

おしゃれアドバイス
大きめのアクセをつけてめだっちゃお！

あなたへのおまじない
金運がアップするおまじないだよ。あらってきれいにした10円玉を左のてのひらにのせ、右手でふたをしたら、西の方角に向かって一礼するよ。

神秘のアイテム
ハート
愛情や幸運をしめすハートの力をかりましょ。トランプのハートのエースを手帳にはさんでおいたり、しおりがわりに使うと、しあわせがやってくるよ。

今日の運勢 ✕ ネガティブになりそう。友だちのおしゃべりにくわわると◯だよ。

好奇心旺盛な チャレンジャー

2月19日生まれ
うお座

青 ③ デパートの屋上
ラッキーカラー ラッキーナンバー パワースポット

あなたは……
好奇心が旺盛でタフ。自分の名前をのこすような、大きなことをやってみたいという夢を持っているチャレンジャーだよ。また、人の才能を見ぬいて、チームのリーダーとしてみんなをまとめる力があるから、友だちからたのもしく思われてるよ。

友だち運
好奇心が旺盛で、いろいろな人と交流してみたいという気持ちがつよいよ。個性的な人からは刺激を受けて、自分の成長にいかすよ。

友運アドバイス
感情的になっちゃうことも。不安になったら、友だちとおしゃべりして心をおちつけるといいよ。

相性がいいのはこの誕生日の人！
ラブ 2月11日、8月2日
友だち 2月24日、4月11日、12月20日

おしゃれアドバイス
ドットがらをとりいれたおしゃれか◎。

この日生まれの男の子
なんでもチャレンジして、大きな夢を持っているカレ。恋愛の理想も高いかも。身のまわりを清潔にしていて、相手をたててくれるような女の子がすきだよ。

あなたの才能
ゆたかな表現力と行動力がバツグン。大たんにせめちゃおう！

向いている職業
新聞記者、映画監督

ラブ運
男の子とかんたんに友だちになれるタイプ。でも、恋愛ではカレにリードしてもらいたいと思ってるよ。

あなたへのおまじない
みんなにすかれて、人気がアップするおまじない。緑の折り紙のうらに○を、さらにそのなかに星マークをかいてね。それを折りたたんで手帳にはさんでね。

神秘のアイテム
スプーン
銀色のスプーンには魔よけの力があるといわれているの。スプーンの絵を紙にかいて、机においておくと効果があるよ。

2月

今日の運勢 友だちのペースにひきずられちゃうかも。自分のやるべきことはやろうね。

2月20日生まれ

うお座 ♓

心やさしいがんばり屋さん

あなたは……
みんなをよろこばせたい気持ちがつよく、へだてなくだれにでも心をひらく女の子。グループやクラスのなかでは、まわりのためにいっしょうけんめいになるタイプね。勝ちたいと思う気持ちもつよく、そのためには努力もおしまないよ。

友だち運
心をゆるせる友だちにはほんとうの自分を見せられるよ。協調性があり、やさしいふんいきとことばづかいから人気が高いよ。

友運アドバイス
思いこみがつよいほうで、かんちがいしやすいから、疑問に思ったら、友だちに確認するといいね。

相性がいいのはこの誕生日の人！
ラブ 6月3日、11月21日
友だち 2月23日、4月21日、8月19日

この日生まれの男の子
気さくでみんなをたのしませるのがすきなカレ。すなおでやさしい女の子にひかれるよ。長所をほめてくれる子にもグッときちゃうかも。

あなたの才能
理解力、記憶力、協調性をいかすとかつやくできるよ。

向いている職業
映画助監督、ツアーコンダクター

ラブ運
恋をすると、自分の気持ちをかくせず、まわりにすぐバレちゃうタイプ。気持ちをサラリとつたえると、スムーズに交際がスタート。

おしゃれアドバイス
ふわふわスカートやリボンで女の子らしさをアピール。

あなたへのおまじない
理想的な女の子になれるおまじない。いつも使っている鏡に自分の笑顔をうつし、「アフロディーテよ、いざ」ととなえればいいんだよ。

神秘のアイテム
リボン
リボンにはむすびつけるという意味がこめられているの。たいせつに思っている人たちを思いうかべて、リボンをつくって。すきな色をえらんでね。

今日の運勢　自分のやり方が吉だよ。たやすく方法をかえないこと！

だれからも親しまれる子

2月21日生まれ
うお座

- ラッキーカラー：緑
- ラッキーナンバー：5
- パワースポット：教室の入り口

あなたは……
親しみやすく、だれとでもすぐにうちとけられるよ。自分をアピールするのが少し苦手。友だちとうまくいかないと、ショックで心をとざすことも……。でも、いろいろな友だちとおつきあいしていくことで成長し、将来は社交的で魅力あふれる大人になれるよ。

友だち運
正直で気さく。誠意を持って接したいと思うため、ほんとうに仲よくなるまでにはちょっぴり慎重。心をゆるした相手はとてもたいせつにするよ。

友運アドバイス
プレゼントやあまい誘惑によわく、だいじなことやだいじな人をあとまわしにしやすいので、気をつけてね。

相性がいいのはこの誕生日の人！
- ラブ 4月22日、11月22日
- 友だち 2月19日、7月28日、12月4日

おしゃれアドバイス
トリートメントでツヤツヤヘアにするとグッド！

この日生まれの男の子
自己アピールは苦手だけど、だれとでもすぐに仲よくなれる人。母性本能がつよくてヒミツをまもれる女の子を、たいせつなパートナーにえらぶよ。

あなたの才能
人の気持ちを見ぬく力や、すぐれた金銭感覚をいかせるよ。

向いている職業
作詞家、銀行員

ラブ運
おしゃべりをしているうちに、恋に発展するタイプ。自分の弱点をさらけだせる相手が、ベストパートナー♡

2月

あなたへのおまじない
ステキな恋ができるおまじない。ピンクの折り紙のうらにキャンドルの絵をかくの。キャンドルはオレンジ色にぬってね。これをお守りにするといいよ。

神秘のアイテム
リンゴ

リンゴは平和のシンボル。人間関係をよくするパワーがあるの。リンゴのついたアクセ、ストラップはもちろん、リンゴの絵をかいて持っているのも◎。

今日の運勢 すきな子のことが気になっちゃう。聞きたいことはすなおに聞いてみよう。

2月22日生まれ

ラッキーカラー ピンク

ラッキーナンバー 6

パワースポット ベッドやふとんのまわり

うお座 ♓

夢をかなえるリーダー

あなたは……
高い理想を持ち、それを達成するためにひたすら努力をかさねて夢をかなえちゃう女の子。リーダータイプで頭がよく、なにをやっても一定のレベル以上はこなせてしまうよ。まちがったらすぐに反省するなど、自分をあまやかさない面もあるよ。

友だち運
気のあう仲間とすごすのが大すきな人気者だよ。自分からイベントを企画して、みんなをたのしませ、自分もたのしむよ。

友運アドバイス
自分の努力が評価されないと、心に大ダメージを受けちゃう。もっと気楽にかまえよう。

相性がいいのはこの誕生日の人!
ラブ 6月22日、11月14日
友だち 3月5日、6月23日、11月3日

この日生まれの男の子
理想のために努力をかさね、みんなから信頼されるリーダータイプの男の子。ひかえめで、自分を尊敬してくれる女の子がこのみだよ。

あなたの才能
リーダーシップをいかし、人をひっぱっていく仕事で成功するよ。

向いている職業
テレビプロデューサー、ウェブクリエイター

ラブ運
いちずで、すきな人にもフレンドリーに接するタイプ。楽天的で明るい人と好相性だよ。すなおな気持ちをつたえると◎。

おしゃれアドバイス
ピンクやオレンジ系の服を着ると魅力満開!

あなたへのおまじない
集中力を高めるおまじないだよ。がんばりたい本番の前にやってね。左手をひらいて、とじてを5回くりかえし、さいごに右手で左手のグーをつつんで。

神秘のアイテム
チョウ
さなぎからうつくしいすがたにかわるチョウは、成長と美のシンボル。チョウのイラストをかざるのもグッド。折り紙などでチョウを手作りするのもすてきだよ。

今日の運勢 気持ちがあせり気味。ささいなことでも慎重にやろう!

しっかり者のサポーター

2月23日生まれ
うお座 ♓

黒　ラッキーカラー
7　ラッキーナンバー
ベランダ　パワースポット

あなたは……
どんなときでも、おちついて状況を判断できるタイプ。しっかり準備をし、タイミングをはかりながら慎重にとりくむよ。サポート役も上手だね。友だちによわみを見せるのが苦手で、ついつよがっちゃうみたい。こまったときは、すなおに友だちに相談して。

友だち運
コミュニケーション能力が高く、どくとくの存在感があるよ。笑顔で友だちをひきつけ、趣味やあそびから友だちの輪がひろがるよ。

友運アドバイス
感受性がつよく、いちどおちこむと、もどるまでに時間がかかるよ。そんなときは、友だちとパーッとあそんで気分転換を！

相性がいいのはこの誕生日の人！
ラブ　6月20日、7月14日
友だち　2月2日、4月6日、12月3日

おしゃれアドバイス
ぼうしなどの小物でイメチェンしてみて。

この日生まれの男の子
クールで現実的なタイプのカレ。なにごともむだなくすすめようとするよ。頭がよくて、なんでもテキパキこなしていく女の子にひかれるみたい。

あなたの才能
正確な判断力、タイミングをつかむセンスをいかすと◎。

向いている職業
秘書、テレビディレクター

ラブ運
相手のことをよく知ってから恋がはじまるタイプ。いっしょにいる時間が長いほど、カレとのきずながつよくなるよ。

2月

あなたへのおまじない
くじ・懸賞運がアップするおまじないだよ。黄色の折り紙を切って☆の形を6枚つくって。それをぜんぶ、さいふのなかにいれて持ちあるくといいよ。

神秘のアイテム
イルカ

イルカは幸運の使者であると同時に、開運のシンボルでもあるの。イルカのついたアクセはもちろん、イルカの絵や写真を部屋にかざるのもいいね。

今日の運勢　心配していたことがなんでもないとわかるよ。気持ちが晴れて元気いっぱい！

2月24日 生まれ

うお座 ♓

心やさしいすなおガール

あなたは……
たいせつな人のためなら、自分をあとまわしにしてもがんばれる女の子だよ。でも、自分をおさえすぎるとストレスがたまっちゃうから、注意してね。おおらかで、だれにでもありのままのすがたを見せるよ。人の意見もすなおに聞きいれられる人だよ。

友だち運
だれかのために役にたったり、よろこんでもらえたり、そんなときにしあわせを感じるサービス精神旺盛なタイプ。人気が高く、リーダーにおされることもあるよ。

友運アドバイス
がんばりすぎてつかれてしまいがち。できないことはできないと、まわりにいう勇気も必要だよ。

相性がいいのはこの誕生日の人!
ラブ 2月25日、6月24日
友だち 1月7日、4月28日、12月29日

この日生まれの男の子
感情表現がゆたかで、わかりやすい女の子にひかれるよ。たいせつな人のために、自分の気持ちをあとまわしにするやさしい人だから、その気持ちをくんであげてね。

あなたの才能
人のお世話をする仕事がピッタリ。信念を持ってがんばれるよ。

向いている職業
コンシェルジュ、ブリーダー

ラブ運
恋愛でもひかえめで、自分の気持ちをおさえがち。もう少しすなおになれば、ハッピーな恋ができるよ。

おしゃれアドバイス
リボン使いのおしゃれでかわいくね。

あなたへのおまじない
学校がもっとたのしくなるおまじないだよ。学校にいく前、はいた左右の靴のつま先に♡マークを指でかいて。そして、左足からあるきだすといいよ。

神秘のアイテム
馬の蹄鉄
ヨーロッパでは古くから魔よけとしても使われている蹄鉄。蹄鉄グッズをお守りにして持っておくといいよ。蹄鉄の絵でも◯。

今日の運勢　パワフルにがんばれそう。ケガには気をつけて!

才能あふれるやさしい子

2月25日生まれ
うお座 ♓

 ゴールド　ラッキーカラー
 9　ラッキーナンバー
 イベント会場　パワースポット

あなたは……
誠実で、だれかにやさしくしてもらうより、自分がやさしくすることを考える、思いやりに満ちた女の子だよ。それでいて、なみはずれた才能の持ち主だから、ビッグな目標を達成しちゃう。大人になってからも、高い理想をもとめてがんばれる人だよ。

友だち運
いろいろな人と友だちになれるから、交友関係がひろくなるよ。感受性がつよく、その場の空気をびん感に読みとれるよ。

友運アドバイス
やさしいので、たのまれるとイヤといえず、まわりにふりまわされることも。ことわる勇気を持つこともだいじだよ。

相性がいいのはこの誕生日の人！
ラブ　5月8日、11月17日
友だち　3月10日、8月26日、11月6日

おしゃれアドバイス
かわいいワンピースで魅力アップ。

この日生まれの男の子
プライドが高く、自分に自信を持っているカレ。親しみやすいタイプの女の子にひかれるよ。あなたが聞き上手なら、相性はバッチリ。

あなたの才能
なんでも器用にこなしてしまうから、複数の分野で力を発揮できるよ。

向いている職業
CMプランナー、小説家

ラブ運
すきな人のためになにかをしてあげたいと思うタイプ。プレゼントやさしいしぐさなどで、カレに急接近できるよ。

あなたへのおまじない

困難やトラブルに負けないおまじない。ピンチのとき、フッフッフーと息をはき、頭のなかでスマイルマークを思いえがいて。それからしきりなおしすれば◎。

神秘のアイテム
貝
ピッタリとペアになっている二枚貝はきずなのシンボル。はなれてもひきあう力があるの。貝がらにすきな人の名前を書いて机においておくとラブ運がアップしそう。

2月

今日の運勢　部屋のそうじをすると、なくしたと思っていたものがでてくるかも。

2月26日生まれ

うお座 ♓

人をひきつける魅力ある子

オレンジ / 1 / 学校のろうか
ラッキーカラー / ラッキーナンバー / パワースポット

あなたは……
人の気持ちを感じとるのが上手なの。初対面の人とも、共通点を見つけてすぐに仲よくなれるよ。ひかえめで口数が少ないけど、人をひきつける魅力を持っているよ。ただ、相手がかくしたいと思うことを指摘して、きずつけちゃうことも。気をつけて。

友だち運
明るくて元気で、めんどうみがよく、友だちをだいじにするよ。いったん仲間になったら、たすけあって友情を深めていくよ。

友運アドバイス
心配性で、いちどの失敗をひきずりがち。失敗なんてみんなしてるんだ、と思えば気分が軽くなるよ。

相性がいいのはこの誕生日の人！
ラブ 6月23日、7月17日
友だち 1月9日、9月6日、12月27日

この日生まれの男の子
ふだんは元気だけど、いったんおちこむとなかなかたちなおれないかも。すきな子の気持ちをくむのが得意で、共通点を見つけると、もり上がって仲よくなれるよ。

あなたの才能
ものごとを見ぬく力があるよ。その力をいかせる仕事が◎だよ。

向いている職業
評論家、まんが家

ラブ運
恋愛でも自分の気持ちをすなおに表現するのが苦手みたいね。積極的な相手と相性◎だよ。

おしゃれアドバイス
毛先をカールさせたふわふわヘアがいいよ。

あなたへのおまじない
もっとかわいくなれるおまじないを紹介。両手で両目をおおいながら、目の前にキレイな花畑がひろがるのをイメージし、それからパッと手をはなせばいいの。

神秘のアイテム
クロス（十字架）
クロスは生きる力のシンボル。クロスを身につけると、わざわいからまもってくれるの。クロスの小物などを持ちあるいたり、クロスの絵をかざるのもいいよ。

今日の運勢 ◎ 高めの目標をつくってみて！ 目標をまわりに宣言するとがんばれるよ。

観察ずきな社交派

あなたは……

自然や人を観察するのがすき。人見知りせず、友だちをふやしていくことができるよ。ものごとを深く考えようとするけれど、混乱してくると、思いこみで行動しちゃうことも。ひとりの時間をふやして、冷静に自分のことも見つめるようにしてみて。

友だち運

心根がやさしく、こまっている友だちを見るとほうっておけないタイプ。そのぶん、ピンチの場面でまわりがたすけてくれるので、ハッピーにすごせるよ。

友運アドバイス

ナイーブで気弱な面があり、気持ちが不安になりやすいことも。深く考えず、気らくにかまえるといいよ。

相性がいいのはこの誕生日の人!

ラブ 4月28日、11月19日
友だち 1月19日、5月10日、12月2日

おしゃれアドバイス

シルバーカラーのアクセがすてきだよ♪

この日生まれの男の子

するどい観察力の持ち主。人をひきつける魅力もじゅうぶん。ただ、わがままな面もあるので、彼女をふりまわしちゃうかも。頭のいい女の子がタイプだよ。

2月27日生まれ うお座 ♓

 白
ラッキーカラー

 2
ラッキーナンバー

 教室のろうかがわ
パワースポット

あなたの才能

観察力や、ものごとを追いもとめる力をいかせば、将来は大物に!?

向いている職業

気象予報士、写真家

ラブ運

ひとめぼれをしやすいタイプ。急ぎすぎて失敗することもあるから、相手のことをじっくり知ってからアプローチしてね。

あなたへのおまじない

すきなカレがふり向いてくれるおまじない。5円玉に赤い糸をとおし、それをくるくると右回りに5回まわしながら、カレの名前を心のなかでとなえるといいの。

神秘のアイテム

魚

たくさんの卵を生むことから、魚は富のシンボルとされているの。魚の形やがらの小物、かいた絵を机の上においておくだけでも◯。

2月

今日の運勢 ● わすれもの確認がだいじだよ! もういちどカバンを見て。

2月28日生まれ

うお座 ♓

ラッキーカラー：紺
ラッキーナンバー：3
パワースポット：自分の部屋

エネルギッシュな行動派

あなたは……
明るくてエネルギッシュな女の子。新しいことや刺激的なことが大すきで、興味を持つとわき目もふらずに熱中するよ。なにかにとりくむときは、妥協せずに、より高いレベルをめざすよ。ただ、熱中しすぎると、ほかのことに気がまわらなくなっちゃうことも。

友だち運
ユーモアセンスがあり、個性的。いつも友だちをワクワクさせるよ。いったんスイッチがはいると、つきすすむパワーがあるので、友だちからもいちもくおかれているよ。

友運アドバイス
よゆうがなくなると、自分中心の考えになりやすいので、深呼吸しておちついてから行動しようね。

相性がいいのはこの誕生日の人！
ラブ　3月1日、8月31日
友だち　1月2日、3月11日、9月11日

この日生まれの男の子
明るくて行動的なカレ。もり上げ上手でムードメーカーでもあるの。いっしょに趣味をたのしんでくれる気さくな女の子にひかれるよ。

あなたの才能
新しい情報にびんかん。妥協せず力をつくすところも◎。

向いている職業
フリーライター、スタイリスト

ラブ運
すきになったら夢中になっちゃうよ。さりげない心配りが愛されるヒケツだよ。ためしてみてね。

おしゃれアドバイス
ガーリーなコーデがおすすめ♪

あなたへのおまじない
再チャレンジが成功するおまじないだよ。両方のてのひらに、それぞれ反対の手の指で星マークをかいて。その手をグーにして、両手でグータッチすればOK。

神秘のアイテム
テントウムシ
テントウムシは太陽に向かってとんでいくことから、天道（太陽の神）虫という和名がつけられたの。テントウムシがらの小物を持つと幸運パワーをゲット。

今日の運勢　人からなにかをおそわる日。自分の意見をおしつけてはダメ！

感情ゆたかな強運ガール

2月29日生まれ
うお座

 黄 ラッキーカラー
 4 ラッキーナンバー
 教室のうしろ パワースポット

あなたは……
気さくで明るく、気持ちをすなおにあらわせる人だよ。ときどき自分の気持ちをストレートにつたえすぎて、わがままに見られることもあるから、気をつけて。フシギな運のつよさも持っているので、ピンチのときにも、最悪の事態からはのがれられちゃうよ。

友だち運
向上心がつよく、いろいろな友だちから刺激をもらいながら成長していくタイプ。相手の話をよく聞いて、不安をなくしてあげる力も持っているよ。

友運アドバイス
気分にむらがあり、人の話を聞かずにつっぱしることも。イライラしそうになったら、深呼吸しておちついてね。

相性がいいのはこの誕生日の人!
ラブ 6月21日、11月3日
友だち 1月20日、5月4日、10月3日

おしゃれアドバイス
個性的なヘアアクセで自分らしさをアピール!

この日生まれの男の子
フシギな強運の持ち主。大人になってもむじゃきで少し子どもっぽいところを持ちつづけるよ。恋ではリードするのが苦手。だから、ひっぱっていってくれる女の子がすきだよ。

あなたの才能
自分の思いを表現する仕事で、個性と才能を発揮できるよ。

向いている職業
脚本家、フラワーデザイナー

ラブ運
ロマンチックな恋を夢みるタイプ。すきな人にはやさしくリードしてもらいたいと思っているよ。

あなたへのおまじない
ステキに変身するおまじない。両方のてのひらに指で♡マークをかき、上に向けて。そこからハートがたくさんあふれてくるのをイメージしてね。

神秘のアイテム 月
月は日によってそのすがたをかえていくことから、成長の象徴とされているの。金運アップの力もあるんだよ。月の写真を持っているだけでもOK。

2月

今日の運勢 すきな人との距離が近づくよ。なるべく話しかけてみて。

3月1日生まれ

うお座 ♓

センスピカイチのおしゃれさん

- 黄 ラッキーカラー
- ④ ラッキーナンバー
- 本だなのある部屋 パワースポット

あなたは……
美的センスが高く、おしゃれにも気をつかっているよ。人の気持ちにもびんかんで、やさしい人。暗いムードがニガテだから、問題がおきたらすぐに解決しようとするよ。ただちょっと、あきらめが早いほうかも。もう少しねばってみて。

友だち運
おちついたムードを持ち、向上心がつよいので、まわりからたよりにされるタイプ。人の気持ちを尊重するため、リーダーにおされることも多いよ。

友運アドバイス
ちょっぴりガンコで、人の助言をスルーすることも。すなおな気持ちで聞いてみれば、世界がひろがるよ。

相性がいいのはこの誕生日の人！
ラブ 7月2日、12月2日
友だち 2月7日、4月26日、10月26日

この日生まれの男の子
「美」につよくこだわるタイプだよ。また、ものごとを深く考えこんじゃうところがあるかも。気持ちをすなおにことばにできる女の子にひかれるよ。

あなたの才能
アイデア、美的センス、するどい感受性をいかすといいよ。

向いている職業
ファッションデザイナー、書道の先生

ラブ運
すきだけど、それをなかなか態度にあらわせず、相手を誤解させちゃうかも。気持ちをすなおにつたえるのが成功のカギだよ。

おしゃれアドバイス
花のモチーフのアクセを身につけると◎だよ。

あなたへのおまじない
得意分野をレベルアップしたいときのおまじない。晴れた日の午前中、青空に向かってたち、太陽の光を背中にあびながら、息をフッとつよくはけばOK。

神秘のアイテム
馬の蹄鉄
ヨーロッパでは、蹄鉄は厄をよせつけないお守りとして使われているの。蹄鉄の絵をかいて、かざったりするのもグッド。

今日の運勢　あまりうれしくないことがあるかも。おちこむより、前向きにとらえて！

3月2日生まれ
うお座 ♓

ラッキーカラー: 緑
ラッキーナンバー: 5
パワースポット: 田んぼの見える場所

誠実なしっかり者

あなたは……
家族や友だちなど、たいせつな人にたいしてとても誠実。いちどかかわった人には誠意を持つの。しっかり者で、勉強にも趣味にも全力をそそぐタイプ。うまくいかなくてもくよくよせず、問題と向きあえるから、すぐにべつの方法を見つけて解決しちゃうよ。

友だち運
思いやりがあって友だちをたいせつにするタイプ。おだやかで愛想がいいから、まわりから人気もあって友だちも多く、いつもワイワイたのしそうだよ。

友運アドバイス
ちょっぴり繊細で、人からどう思われているかを気にするところもあるよ。もっと気らくに、オープンにかまえてみて。

相性がいいのはこの誕生日の人！
ラブ 1月23日、3月30日
友だち 5月6日、8月9日、10月16日

おしゃれアドバイス
おしゃれはかざらず、ナチュラルにしてね。

この日生まれの男の子
まじめでたよりがいのあるタイプ。たいせつな人のことは、けっしてうらぎらないの。恋愛でも誠実で、ちょっと天然キャラの女の子がこのみだよ。

あなたの才能
人につくすやさしさと、責任感のつよさがそなわっているね。

向いている職業
秘書、薬剤師

ラブ運
すきになったらまわりが見えないほど夢中になるあなた。深いきずなの愛をささげて、しあわせな恋をしちゃうよ。

あなたへのおまじない
親友やつよい味方ができるおまじないで、さらに友情運を高めてね。ビー玉などのまるいものを左手でさわり、右手で自分のイニシャルを空中に書けばOK。

神秘のアイテム
魚
富をまねくといわれる魚の力をかりましょ。魚の絵のはいった小物をカバンにいれておくと◎。金運がアップするよ。

3月

今日の運勢 ✗ 自分の考えをアピールしても、あまりまわりにつたわらないかも。方法をかえてみて。

3月3日生まれ

うお座 ♓

ピンク / 6 / 花だん
ラッキーカラー / ラッキーナンバー / パワースポット

計画ずきな熱中派

あなたは……
計画的にものごとにとりくむ慎重なタイプ。目標をたて、もしもの場合にそなえて準備万端にするよ。ただ、選択するのが苦手で、なかなかきめられないことも。決断する勇気を持つといいよ。いちどなにかをはじめると、まわりが見えなくなるほど集中できるよ。

友だち運
人望があつく、明るくて気さくなタイプ。人になにかをたのまれたら、とことんがんばる責任感もあるので、友だちからもいちもくおかれているよ。

友運アドバイス
なんとなく孤独を感じてしまうときがあるね。友だちに弱みを見せることで、友だちとの距離がちぢまりそうだよ。

相性がいいのはこの誕生日の人!
ラブ 9月4日、12月22日
友だち 4月13日、7月4日、10月13日

この日生まれの男の子
社交的だけど、ひとりの時間をだいじにするタイプ。決断するのが苦手だから、なんでもテキパキとこなしていく行動派の女の子にひかれるよ。

あなたの才能
こまかく計画をたてる才能をいかし、なにかをつくる仕事が◎。

向いている職業
雑誌編集者、ゲームプランナー

ラブ運
すきな人ができると、まず相手の情報をあつめて、その時間をたのしむよ。いろいろ知って、安心できる恋をもとめているの。

おしゃれアドバイス
ビーズつきのアイテムでおしゃれ度アップ。

あなたへのおまじない
だいじな試合や勝負の前にはおまじないで勝負運をアップ。赤いもの（リンゴでも赤い紙でもなんでもOK）にタッチしてから、「勝利」と9回となえるの。

神秘のアイテム
スプーン
財産のシンボルともされているスプーン。自分用のスプーンを手にいれると、金運がアップするよ。スプーンにすきな色のリボンをむすんでおくのも◎。

今日の運勢 たのしい企画を提案してみて！ クラスの人気者になれるよ。

3月4日生まれ

うお座 ♓

自分の力でがんばる子

あなたは……
どんなことも人にたよらず、自分の力でがんばろうとする自立心のつよいタイプ。マイペースにすすめられる、自分の時間をたいせつにするよ。ひらめきも、ひとりで考えるときのほうがさえるみたい。また、とてもはずかしがり屋な面もあるよ。

ラッキーカラー：黒
ラッキーナンバー：7
パワースポット：ブランコのある場所

友だち運
おだやかだけど情熱をひめた人。えらそうにしないので、まわりからの人気も高いよ。友だちとの交流をひろげることで、もっと世界がひろがりそう。

友運アドバイス
ときには友だちの輪に積極的にはいってみて。きっとうまくいくよ。

あなたの才能
高い集中力をいかして。ひとりでできる仕事がピッタリだよ。

向いている職業
陶芸家、翻訳家

ラブ運
すきな気持ちを胸にひめて、じっと見まもるタイプ。もう少し積極的になると、恋はスムーズに進展するよ。

相性がいいのはこの誕生日の人！
ラブ　5月30日、12月5日
友だち　2月14日、4月20日、8月16日

おしゃれアドバイス
パステルカラーなど、明るい色の洋服がいいよ。

あなたへのおまじない
苦手な科目や苦手な分野があるなら、このおまじないで勉強運をアップ。青い折り紙を4枚に切り、それを教科書やノートにはさんでおくといいよ。

この日生まれの男の子
心をゆるした相手と、深いつきあいをするタイプ。恋では、いごこちのよさをもとめるから、気さくでおおらかな女の子がタイプだよ。

神秘のアイテム
馬の蹄鉄
蹄鉄をつけた馬はU字で幸運をかきあつめるといわれているの。U字型の蹄鉄の絵をかいて、手帳にはさんでおきましょう。

3月

今日の運勢　友だちの考えがよく理解できるよ。いままでの誤解も解消！

3月5日生まれ

うお座 ♓

心やさしいクールレディ

あなたは……
礼儀正しく、とても親切で思いやりがある女の子。相手の気持ちを考えながら、客観的にものごとを見られるよ。友だちに的確にアドバイスができるから、みんなからいちもくおかれているの。いっぽう自分は、まわりに心をひらくのが苦手なところも。

友だち運
心やさしく、初対面でも話しやすいムードを持ったタイプ。友だちからなやみごとを相談されることも多そう。

友運アドバイス
なやみをひとりでかかえこんでつかれてしまうことも。心のかべをのりこえて友だちに話してみて。

相性がいいのはこの誕生日の人!
ラブ 3月20日、12月6日
友だち 1月24日、6月12日、9月24日

この日生まれの男の子
親切で洗練されたふんいきだけど、人づきあいは苦手なカレ。恋にはやすらぎをもとめるから、いやし系の女の子にひかれちゃうの。

あなたの才能
客観的にものを見たり、論理的に考えたりする才能が◎だよ。

向いている職業
コンサルタント、芸能マネージャー

ラブ運
心をひらくまで、時間がかかるよ。あなたの心をやさしくほぐしてくれる情の深いタイプと相性◎。お友だちからはじめて。

おしゃれアドバイス
おでこを見せる髪型にするといいよ。

あなたへのおまじない
異性からモテモテになり、ラブ運がさらにアップするおまじないだよ。お気にいりのアクセを両手で持ち、「ビーナスパワー」ととなえればバッチリだよ。

神秘のアイテム 花
いまよりもっとしあわせになりたいというときは、花のパワーをかりましょ。花がらの服を着たり、花のストラップをつけたりするのも効果バツグンだよ。

今日の運勢 ✗ スムーズにことがはこばないかも。でも意地をはらないで!

「美」を愛する おしゃれさん

3月6日生まれ

うお座 ♓

ラッキーカラー：うす紫
ラッキーナンバー：9
パワースポット：人形のある部屋

あなたは……
自分の気持ちにすなおで、好奇心旺盛なタイプ。人や音楽、アート、自然、なんでも興味の対象だよ。人に影響されやすいところがあるけど、自分にたいして正直で、ごまかさない魅力的な人。おしゃれで、女の子だけでなく、男の子からも人気だよ。

友だち運
思いやりがあって社交的なタイプ。趣味や特技つながりで友だちがどんどんふえていくよ。友だちとおしゃべりしているときに、いいアイデアがうかぶことも多そう。

友運アドバイス
まわりに流されやすいところがあるから、まよったら、友だちに相談してみて。

相性がいいのはこの誕生日の人！
ラブ　4月15日、12月25日
友だち　2月25日、5月7日、9月7日

おしゃれアドバイス
個性的なおしゃれをすると、魅力的に！

この日生まれの男の子
好奇心旺盛で、おしゃれセンスが高く、神秘的なものやロマンチックなものにあこがれるタイプ。情の深いやさしい女の子がこのみだよ。

あなたの才能
おしゃれのセンスや、自分の感覚をいかすと成功できるよ。

向いている職業
メイクアップアーティスト、シェフ

ラブ運
モテモテだけど、ちょっぴり理想が高いかも。つきあいはじめたら、相手にかわいくつくしちゃうタイプね。

あなたへのおまじない
友だちとのきずなを深めたい、友情運を高めたい、というときのおまじないだよ。窓ガラスに向かって、友だちと自分のイニシャルを書けばバッチリ！

神秘のアイテム
テントウムシ
世界各地でしあわせのシンボルとして親しまれているテントウムシ。成功したいときに使うといいの。テントウムシのストラップをカバンにつけるのもグッドだよ。

3月

今日の運勢　クラスはちがうけど話したいなと思っていた子に遭遇。思いきって声をかけて。

3月7日 生まれ

うお座 ♓

ラッキーカラー 朱赤
ラッキーナンバー 1
パワースポット 教室の窓ぎわ

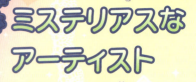

ミステリアスなアーティスト

あなたは……
するどい感受性と個性ゆたかな発想力を持つアーティストタイプ。まわりからどこかフシギなふんいきがあると思われているみたい。心がデリケートだから、相手の立場や気持ちを考えてあげられる、やさしさも。いちどうちとけた相手には、誠実に接するよ。

友だち運
人あたりがよく、すなおなタイプ。本質を見ぬく力があり、深く考えぬくから、人と人とをつなぐ役目をはたしたりもするよ。

友運アドバイス
きずつきやすく、ひとりでクヨクヨなやむことも。そんなときは友だちとあそんで発散してみて。

相性がいいのはこの誕生日の人！
ラブ 5月15日、12月8日
友だち 2月22日、4月2日、8月26日

この日生まれの男の子
フシギなムードを持っているよ。恋をしても気持ちをおもてにださないから、相手につたわりにくいタイプ。いつも笑顔でいる子がすきだよ。

あなたの才能
絵や文章で自分の気持ちをあらわせる才能を持っているよ。

向いている職業
画家、小説家

ラブ運
自分の気持ちをかくしてしまって、恋が進展しにくいかも。手紙ですなおな思いをつたえてみてね。

おしゃれアドバイス
大ぶりアクセのひとつ使いがきまるよ。

あなたへのおまじない
ツキがめぐってラッキーなことがおきるおまじないだよ。木曜日の朝、てのひらを上に向けたまま4つかぞえて。それからてのひらで全身をなでてね。

神秘のアイテム
月

月と人間には密接な関係があるの。新月にねがいごとをするとかなうといわれているよ。月をモチーフにした小物を机の上においておくだけでバッチリだよ。

3月

今日の運勢 白黒つけると吉！ノーとはっきりいうこともたいせつだよ。

個性的な
クールガール

3月8日生まれ

うお座 ♓

🤍 白 ラッキーカラー
💗 2 ラッキーナンバー
💗 日のあたる場所 パワースポット

あなたは……

人とおなじことがいやで、自由を愛する女の子。親や先生のいうことにしばられたくないという、つよい思いをいだいているよ。表現力がゆたかで、人をひきつけるよ。仲よくなるまでに時間がかかるけど、いちど友だちになったら、けっしてうらぎらないよ。

友だち運

多才で個性的なあなたのまわりには、ユニークな人たちがあつまるよ。交流がひろがると、スムーズにいかないこともあるけど、持ち前の自制心で切りぬけられるよ。

友運アドバイス

まわりへの自己アピールが苦手だけど、勇気をだして自分から心をひらいてみてね。

相性がいいのはこの誕生日の人！
ラブ 5月9日、12月18日
友だち 1月31日、4月18日、10月4日

おしゃれアドバイス
カラフルなハンカチで個性的にきめて♪

この日生まれの男の子
型やぶりで個性的な男の子。とっつきにくい印象だけど、いったん友だちになると、誠実でだれよりも信頼できる存在に。個性的なおもしろい女の子がタイプだよ。

あなたの才能
まわりにしばられず、個性的でありたいと思う気持ちが才能だよ。

向いている職業
評論家、小説家

ラブ運
そっけない態度をとって誤解されるかも。ただ、気持ちがつうじあえば、長いつきあいができるよ。すなおになってね。

あなたへのおまじない
不安をとりのぞき、勇気をだせるようになるおまじないを紹介するね。左のてのひらに右の人さし指で△をかいて。それを4秒間、胸にあてればOKだよ。

3月

神秘のアイテム
錨

ひろい海で船を固定する錨は力や希望のシンボル。錨をモチーフにしたストラップをかばんにつけて持ちあるきましょう。うれしいことがおこるかも。

今日の運勢 ● だれかがイヤなことをいってきてもカッとしないで。ほかにいいたい本音があるのかも。

3月9日 生まれ

うお座 ♓

カンのするどい アドバイザー

水色 / ラッキーカラー
3 / ラッキーナンバー
屋根の下 / パワースポット

あなたは……

なんにでも興味を持ち、どんなことでも自分がなっとくするまで調べちゃう。よわい人をまもろうとする正義感と、客観的なものの見方で、友だちがこまっていると、的確にアドバイスするたのもしい人だよ。また、カンがするどく、霊感もつよいかも。

友だち運

明るくて、こまかいことを気にしないおおらかなタイプ。くる者はこばまず、さる者は追わずというスタンスだから、あなたに相談してくる友だちも多いよ。

友運アドバイス
相手がなにをもとめているのかわからなくなったら、さりげなく聞いてみるといいよ。気持ちがよりつうじあうよ。

相性がいいのはこの誕生日の人!
ラブ 9月10日、12月10日
友だち 1月28日、6月4日、10月9日

この日生まれの男の子
自分に正直に生きていて、いろんな人と仲よくなれるタイプ。女の子と、もう少しでつきあいそうになると、なぜか距離をおくこともあるよ。一見クールな子にひかれるよ。

あなたの才能
やさしさとするどい直感力がそなわっているよ。

向いている職業
介護福祉士、うらない師

ラブ運
ビビッときた相手にはすなおにアプローチするよ。すきな人がよろこぶと、自分もしあわせを感じちゃうよ。

おしゃれアドバイス
ラメいりの小物など、キラキラ系を身につけて。

あなたへのおまじない
さらに成績をアップさせたいときのおまじないだよ。がんばりたい科目の教科書の、表紙とうら表紙を、左手のてのひらで5回ずつなでればOKだよ。

神秘のアイテム
クロス（十字架）
身につけた人に神秘の力をあたえてくれるというクロス。クロスのアクセをつけてがんばれば、ニガテなこともクリアできちゃうかも。

今日の運勢　人にやさしくされるかも。感謝の気持ちはことばでつたえて！

心やさしい
ロマンチスト

3月10日生まれ
うお座

 シルバー
ラッキーカラー

 4
ラッキーナンバー

 駅
パワースポット

あなたは……
とてもナイーブで人見知りするけど、仲のいい友だちとたのしくすごすのが大すき。感受性がつよくロマンチスト。やさしいから、人がなにを考えているかがよくわかるよ。ただ、まわりに流されて、思うように行動できなくなることも。

あなたの才能
人のめんどうを見たり、人の役にたったりする仕事で力を発揮！

向いている職業
心理カウンセラー、トリマー

ラブ運
告白されると、やさしさから、つい情に流されてしまうことも。やさしくつつんでくれるリーダータイプのカレにひかれるよ。

友だち運
やさしくておだやか。心がひろくて、相手の長所に目を向けようとする人だよ。人がいいだけに、人を信じきって、うらぎられちゃうことがあるかも。気をつけて！

友運アドバイス
自分の本心をかくすところがあるの。もう少し自分の意見を主張すると、たのしい毎日がすごせるはずだよ。

相性がいいのはこの誕生日の人！
ラブ 7月20日、12月11日
友だち 2月2日、4月5日、8月2日

おしゃれアドバイス
耳をだすヘアスタイルにすると魅力的だよ。

この日生まれの男の子
繊細できずつきやすいタイプ。親しい人とたのしくすごしている時間がなによりすき。積極的にアピールして、グイグイひっぱってくれる女の子がすきだよ。

あなたへのおまじない
ピンチに負けないおまじない。おなかに左手をあてて深呼吸したあと、おなかのなかの悪いものをつかんでにぎり、ポイとすてるまねをすればOK。

神秘のアイテム
四つ葉のクローバー
元気パワーを高めたいというときは、クローバーのパワーをかりましょ。本物のクローバーをおし花にして、しおりに使うと効果テキメン。

3月

今日の運勢 ◎ もうむりかな……と思っていた人からアプローチの予感。

87

3月11日 生まれ

アイデア豊富なたよれるリーダー

うお座 ♓

ラッキーカラー：青緑
ラッキーナンバー：5
パワースポット：動物園

あなたは……
頭の回転が速く、人より一歩先のことを考えられる人。もののよしあしを見きわめ、早いうちから将来の夢や目標に向かって努力していくよ。アイデアも豊富で、どんな仕事をしてもいい結果をのこしちゃうの。グループの中心として、みんなをひっぱっていくよ。

友だち運
やさしくてすなお。オープンでだれとでも仲よくなれるタイプ。本質を見ぬく力があるだけに、ウソやごまかしをきびしく追及しちゃうことも。

友運アドバイス
あっさりしていて根に持たないの。ただ、思いつきの行動も多くて、まわりをふりまわしやすいので気をつけて。

相性がいいのはこの誕生日の人!
ラブ　4月1日、12月12日
友だち　1月21日、4月3日、8月27日

この日生まれの男の子
頭がよくて、いつでもグループの中心にいるカレ。友だちとしてアプローチしてみて。ちょっとフシギな天然系の女の子にキュンとくるみたい。

あなたの才能
タイミングを見きわめる力、頭の回転の速さはピカイチ！

向いている職業
投資家、ショップの店長

ラブ運
すきになったら、まずはカレを徹底チェック！　よく知ってから、行動にでるの。ちょっぴりヤキモチ焼きかも。

おしゃれアドバイス
シュシュで髪をむすぶと女の子度がアップするよ。

あなたへのおまじない
ツキがめぐり、運気がよくなるおまじない。金色のモール3本で、3つの輪をつなげたくさんをつくって。それをカバンに入れて持ちあるけばいいの。

神秘のアイテム
ハート
幸福のシンボルといわれているハート。ハートの形のものを見つけるとラッキーといわれているよ。ノートの表紙にハートマークをかいておくのも◯。

3月

今日の運勢 ✕ いきづまりそう。気持ちを切りかえて再スタートを！

大たんなチャレンジャー

3月12日生まれ
うお座 ♓

ラッキーカラー ピンク
ラッキーナンバー 6
パワースポット コンビニ

あなたは……
どんな状況でも、失敗をおそれずにチャレンジするタイプ。度胸と集中力で、むずかしいこともクリアし、まわりからも注目されるよ。才能ゆたかなあなたなら、なんでもうまくこなせてかつやくできる。すきなことをひとつにしぼれないことも。

友だち運
明るくおおらか。大たんな発想力でわが道をいくタイプ。カリスマ性があるので、まわりをリードする立場になることも。

友運アドバイス
友だちはとことんたいせつにするよ。ちょっぴりマイペースだから、ときどきはまわりにあわせられるといいね。

相性がいいのはこの誕生日の人！
ラブ 4月21日、12月13日
友だち 2月13日、5月4日、11月4日

おしゃれアドバイス
いちばんお気にいりのアクセをつけておでかけして。

この日生まれの男の子
失敗をおそれないチャレンジャーで、注目されるのがすきなカレ。はなやかなムードを持った女の子にひかれるよ。すなおに気持ちをつたえるのがグッド！

あなたの才能
ゆたかな才能アリ。専門的な技術をみがくと◎だよ。

向いている職業
デザイナー、タレント

ラブ運
ちゃめっ気たっぷりな、たのしい恋にあこがれているの。じょうだんぽい告白や大たんなアプローチで恋をつかむタイプね。

あなたへのおまじない
コンクールやテストに合格するおまじないだよ。前日と直前にやってね。ゆっくり深呼吸してから、「力、あたえたまえ」と3回心のなかでとなえればOK。

神秘のアイテム
貝
貝は昔から恋の薬とされてきたの。ひろった貝がらをビンにつめておくのもいいし、貝がらのついたアクセをつけるのも◎。ハッピーな恋ができるかも。

3月

あなたのちょっとした笑顔や親切で友だちが勇気づけられる日。あなたは気づかないかもだけど。

3月13日 生まれ

うお座 ♓

ベージュ	7	文房具屋さん
ラッキーカラー	ラッキーナンバー	パワースポット

おおらかな強運の持ち主

あなたは……
人のために力をつくしたいと思っている人。おおらかで、いやなことがおきても、状況を受けいれようとするよ。同時に強運の持ち主で、いつのまにかピンチを切りぬけて、さいごはうまくいっちゃうの。第六感がつよく、ズバリと予測する力も持っているよ。

友だち運
状況をしっかり見て判断できるので、グループの調整役やムードメーカーとして力を発揮するよ。ときにはケンカの仲裁もするね。

友運アドバイス
ちょっぴり考えすぎるところもあるの。短い時間できめてしまうことを意識するといいね。

相性がいいのはこの誕生日の人!
ラブ 3月14日、8月18日
友だち 4月20日、5月28日、8月23日

この日生まれの男の子
フシギな強運の持ち主。人の役にたちたいとねがい、友だちの力になろうとする人。ミステリアスなふんいきを持った女の子がすきね。

あなたの才能
スピリチュアルな力や、論理的に考え、つたえる才能アリ。

向いている職業
うらない師、セラピスト

ラブ運
すきな人にはとことんつくす、心やさしくてかわいいタイプ。直感でビビッときた人と恋をスタートさせるとハッピーに!

おしゃれアドバイス
ピンク系のリップでぷるぷるくちびるをキープして!

あなたへのおまじない
長所をのばして、もっとステキな女の子になるおまじない。右のてのひらを左胸にあてたまま、「自分をみがきます」と心のなかでとなえればいいの。

神秘のアイテム
クラウン(王冠)
勝利のシンボルとされているクラウン。試合やテスト、勝負の前日に、クラウンの絵をかいて、部屋にかざってね。たっぷりとパワーをもらえそう。

今日の運勢 ラブ運が良好! 気配りのできる女の子になろうね。

3月14日生まれ

うお座 ♓

心のひろいすなおな子

ラッキーカラー グレー
ラッキーナンバー ⑧
パワースポット 学校のろうか

あなたは……
心がひろく、相手の気持ちや個性を理解し、尊重するんだよ。そのため、相手と少し距離をおくことがあり、それがよそよそしいと誤解されることも。でも、ユーモアのセンスがあり、深い思いやりを持っているから、友だちとあつい友情を育てられるよ。

友だち運
やわらかい印象を持たれているよ。だれとでもわけへだてなくつきあえるけれど、気があわないと感じたら、そっと距離をおく。少人数でも深い友情をもとめるよ。

友運アドバイス
たのまれたらイヤといえないことも。はっきりことわるのもやさしさだよ。

相性がいいのはこの誕生日の人！
ラブ 3月29日、12月15日
友だち 2月3日、4月10日、11月15日

おしゃれアドバイス
オレンジ色がはいったストラップをつけて☆

この日生まれの男の子
まわりの意見をすなおに受けいれようとする、やさしくて心のひろいタイプ。ゆたかな愛情の持ち主だよ。ユーモアセンスのある女の子がすきね。

あなたの才能
人の個性や、気持ちをだいじにできる才能をいかすと◎だよ。

向いている職業
演出家、保育士

ラブ運
仲よくなるのは早いけど、相手がさらに親しくなろうとすると、一歩ひいちゃうところがあるかも。肩の力をぬいてね。

あなたへのおまじない
すきな男の子と仲よくなれるおまじないだよ。西の方角に向かって、相手のフルネームを心のなかで6回となえて。それから一礼すればバッチリ。

神秘のアイテム
星

ひらめきやアイデア力を高めたいとき、星のパワーをかりると◎。ノートや手帳に星のイラストをかいて。その絵に1日1回タッチすればバッチリだよ。

3月

今日の運勢
どうしても買いたいものがあってもおちついて。3日たってから、もういちど考えて。

3月15日生まれ

うお座 ♓

ラッキーカラー ゴールド
ラッキーナンバー 9
パワースポット デパートの屋上

トップをめざすカリスマ

あなたは……
みんなをひっぱる力があり、リーダー的な役わりでかつやくする女の子。しぜんと人をひきつける魅力とカリスマ性を持ち、みんなのあこがれの的になることも。トップをめざして、着実に努力もするよ。ただ、なんでも自分できめたがるところがあるみたいね。

友だち運
おだやかでひろい心の持ち主。友だちを批判するようなことはせず、人を悪くいう相手とは距離をおくよ。信頼されているので、友だちから相談をされることが多いね。

友運アドバイス
気分に波があり、おちつきがないほう。そんなときは深呼吸してしきりなおしをしてみて。

相性がいいのはこの誕生日の人!
ラブ 3月25日、7月14日
友だち 2月11日、5月17日、11月7日

この日生まれの男の子
好奇心がつよく、どんな分野でもトップをめざす人。恋愛ではロマンチックなムードによわいよ。すなおでひかえめな女の子がすきみたい。

あなたの才能
みんなを動かす才能アリ。リーダーシップをいかす仕事が◎だよ。

向いている職業
会社の社長、映画監督

ラブ運
ムードによわいロマンチスト。やさしくされるとすぐにすきになっちゃうかも。冷静になることもたいせつだよ。

おしゃれアドバイス
パワーストーンのついたアクセが効果的。

あなたへのおまじない
だいじなときに緊張しないおまじないだよ。おへそに左のてのひらをあて、フッフッフッフーと4回、息をはいて。次は右手でおなじようにやればいいの。

神秘のアイテム
エンジェル(天使)
エンジェルには恋をかなえるパワーがあるの。エンジェルの小物をゲットすると両想いにちかづくかも。羽の絵をかざるのもOK。

今日の運勢 気持ちが不安定になりそう。相手をきびしく批判するのはひかえて!

フシギなツキに めぐまれた子

3月16日生まれ
うお座 ♓

ラッキーカラー　ラッキーナンバー　パワースポット
赤　　　　　　1　　　　　　本屋さん

あなたは……
人の意見を尊重し、それにあわせて行動できる女の子。まわりからとてもたよりにされているよ。いろんなことがうまくいくフシギなツキにめぐまれているみたい。ただ、ちょっと気まぐれで、スタートする前に投げだしちゃうことも。

友だち運
思いやりがあり、人にたよらず、たいせつな友だちをまもろうとするタイプ。交友関係はかわりやすいほうで、節目ごとに仲よくする子がかわっていくよ。

友運アドバイス
ひき受けたことはさいごまでやりとげると、友だちの信頼度がアップするよ。

相性がいいのはこの誕生日の人!
ラブ 3月26日、5月6日
友だち 2月26日、6月14日、9月26日

おしゃれアドバイス
手作りアクセをつけるとステキ度アップ。

この日生まれの男の子
人と人の間をとり持つのが得意で、まわりから信頼されてるカレ。友だちから恋に発展することが多いタイプだよ。気さくで元気な子がすき。

あなたの才能
想像力がすばらしいの。表現する仕事につくと大かつやく!

向いている職業
まんが原作者、インテリアデザイナー

ラブ運
理想のカレがあらわれるのを夢みるタイプ。それだと恋ははじまらないよ。すきな気持ちは自分からアピールしてね。

あなたへのおまじない
友だちとのきずなを深めるおまじない。右のてのひらにあなたのイニシャル、左のてのひらに友だちのイニシャルをイメージして、両手をあわせてね。

神秘のアイテム
虹
虹がでたら、ねがいごとをするとかなうといわれているよ。虹のアイテムは幸運をはこんでくれるの。虹のイラストを手帳やノートにかいておくのも◎。

3月

今日の運勢 なんだか気分がいい日。朝いちばんの「おはよう!」は笑顔でね。

3月17日生まれ

うお座 ♓

刺激をもとめるアクティブガール

あなたは……
新しいものや、刺激的なことをもとめて、積極的に行動する女の子。だれもやったことがないことをためしたくて、まわりに反対されてもめげないよ。自分のしたことをこまかくチェックされるのはニガテ。しっかり準備をしてとりかかれば、うまくいくよ。

友だち運
心やさしく、ボランティア精神にあふれたタイプ。わすれたころに、やさしくした友だちからお礼をされることも。友だちは多いけど、心をゆるせる人はかぎられるよ。

友運アドバイス
ちょっぴりおせっかいなところも。世話の焼きすぎには注意が必要だよ。

相性がいいのはこの誕生日の人!
ラブ 4月26日、8月6日
友だち 1月27日、4月9日、10月22日

この日生まれの男の子
刺激をもとめて活動する男の子。とくに、新しいものを見ると熱くなっちゃうの。恋では、そばくやや責任をきらうよ。情報通でおしゃれな子がタイプだね。

あなたの才能
新しいことをもとめるパワーと、フットワークのよさが才能だよ。

向いている職業
レポーター、ジャーナリスト

ラブ運
恋愛はオクテで、気持ちをなかなかつたえられないタイプ。思いきってすきな気持ちを態度であらわすと、うまくいくよ♡

おしゃれアドバイス
ワンポイントのあみこみヘアがすてき。

あなたへのおまじない
理解力が高まり、勉強がたのしくなるおまじない。授業や勉強でノートに書きこむ前に、そのページの片すみに?マークを書いて。これをつづけてみて。

神秘のアイテム
鍵
健康や富などのしあわせをよぶだけでなく、魔よけの効果もあるという鍵。鍵のアクセなどを身につけると◎。鍵のイラストをノートにかくのもいいね。

今日の運勢 心にゆとりが生まれそう。趣味をたのしんじゃおう!

夢をつかむ がんばり屋さん

3月18日生まれ

うお座 ♓

ラッキーカラー 青
ラッキーナンバー 3
パワースポット 音楽がある場所

あなたは……
夢に向かって積極的に努力する女の子。ときにはわき道にそれて失敗することもあるけど、ねばりづよく、根性でさいごまであきらめずに夢をつかんじゃう。人と人の間をとり持つのも得意。ただ、小さなミスがちょっと多いかも。気をつけてね。

友だち運
持ち前の誠意で人と接するので、友だちが多いよ。ひさしぶりに会いたいなあと思っていると、はなれていた友だちに会えるなど、フシギな縁もあるよ。

友運アドバイス
ちょっぴりなまけぐせがあるの。人に迷惑をかけないよう、意識してがんばってみてね。

相性がいいのはこの誕生日の人!
ラブ 9月13日、12月9日
友だち 2月10日、7月10日、10月28日

おしゃれアドバイス
白をポイントとした、女の子らしい服装が◎だよ。

この日生まれの男の子
パワフルなリーダータイプ。集中しすぎると、まわりにつめたくしてしまうところがあるかも。いつもあたたかく見まもってくれる女の子によわいよ。

あなたの才能
根気づよさと、コミュニケーション能力の高さはピカイチだよ!

向いている職業
レポーター、イベントコンパニオン

ラブ運
すきなのにすなおになれなくて、なかなか気持ちをつたえられないかも。じょうだんっぽく好意をつたえてみて。

あなたへのおまじない
金運がアップするおまじない。部屋の西の方角においた黄色の紙の上に、さいふを1時間おいて。それから「ありがとうございました」とお礼をいうの。

神秘のアイテム
花
いまよりもっとしあわせになりたいというときは、花のパワーだよ。自分の部屋に花をかざっておくと、ねがいがかなうかも。

3月

今日の運勢 ✗ やることが多すぎて、目がまわっちゃいそう。家族にあたることも。

95

3月19日 生まれ

うお座 ♓

シルバー / 4 / グラウンド
ラッキーカラー / ラッキーナンバー / パワースポット

ねばりづよい 努力家タイプ

あなたは……
一見のんびりしているけど、ほんとうは、やるべきことをテキパキとこなす人。目標に向け、コツコツと努力するよ。正しいと信じたことは、さいごまでやりぬくねばりづよさも。がんばりすぎて失敗しちゃうこともあるけど、それが成長のステップになるよ。

友だち運
すなおな気持ちで友だちと接することができる人。だれとでも友だちになれるけど、苦手なタイプには、気づかれないよう少し距離をおくよ。

友運アドバイス
まわりにも意見をハッキリいえるほう。ただちょっぴりせっかちなので、いつもよゆうを持つよう心がけてみて。

相性がいいのはこの誕生日の人！
ラブ 3月2日、8月24日
友だち 4月5日、6月26日、9月3日

この日生まれの男の子
根気づよく目的を達成しようとする人。ちょっぴり自己中心的な面があるかも。自分を信じていっしょにいてくれる、すなおな女の子をすきになるよ。

あなたの才能
持ち前の根気とねばりづよさが、なによりの才能だよ。

向いている職業
塾の先生、編集者

ラブ運
ぼんやりしているようで、じつは情熱的。積極的にアプローチするのが、恋愛をうまくすすめるコツだよ。

おしゃれアドバイス
トリートメントで髪の毛をさらさらにしてね。

あなたへのおまじない
みんなにすかれ、人気がアップするおまじないだよ。左手に右の指で星マークをかき、両手を5秒間あわせて。その手で頭、肩、足とさわっていけばOK。

神秘のアイテム
貝
貝は昔から恋の薬とされてきたの。貝がらを部屋にかざっておくのもいいし、貝がらのついたアクセサリーを身につけてもいいよ。

3月

今日の運勢 ひらめきが幸運の波をひきよせるよ。アイデアはメモって！

才能ゆたかなアドバイザー

3月20日生まれ
うお座 ♓

ラッキーカラー	ラッキーナンバー	パワースポット
黄緑	⑤	音楽室

あなたは……
器用でなんでもこなす、才能ゆたかな女の子。多才すぎて、将来はすすむ道をひとつにしぼれないかも。目標になるあこがれの人を見つけると、才能をうまく開花させられるよ。人の気持ちにもびんかんだよ。神秘的なことにひかれやすいところもあるね。

友だち運
だれとでもあわせられる柔軟性があるよ。思いこみや偏見を持たないので、平等に接することができるの。友だちに的確なアドバイスができるよ。

友運アドバイス
友だちになりたいなと思ったら、自分から声をかけるといいよ。まわりの目を気にするところがあるから、もっと気らくにね。

相性がいいのはこの誕生日の人！
ラブ　5月3日、8月9日
友だち　1月30日、4月21日、6月27日

おしゃれアドバイス
ぼうし使いでおしゃれ度アップだよ。

この日生まれの男の子
多才なカレ。デリケートなところがあるから、おちこんだとき、やさしくはげましてささえてくれるような女の子がこのみのタイプだよ。

あなたの才能
音楽や美術など、芸術分野で才能を発揮するよ。

向いている職業
アーティスト、ピアノの先生

ラブ運
恋ではひかえめなタイプ。リードしてくれるカレと相性が◎。すきな気持ちは態度でしめしてね。

あなたへのおまじない
理想的な女の子になれるおまじない。リップクリームにつまようじで星マークをほって。それを毎日使ってね。マークが消えたころ、効果があらわれるよ。

神秘のアイテム
リボン
良縁のシンボルといわれているリボン。ラブ運や友だち運をアップさせたいときに使って。カバンにすきな色のテープでリボンむすびをしておけばバッチリ。

3月

今日の運勢　ずっと約束していたことが実現するかも♪

3月21日
生まれ
おひつじ座 ♈

ラッキーカラー：ピンク　ラッキーナンバー：6　パワースポット：美術室

度胸のある リーダー

あなたは……
常識にとらわれず、持ち前の度胸でみんなをひっぱっていくリーダータイプ。自分の考えをすなおに表現できる人だよ。自分が信じたことは、とちゅうで曲げないつよさを持っているの。ちょっぴり自己中心的になることも。まわりのことを考えると、うまくいくよ。

友だち運
好奇心が旺盛で、興味を持った人には、自分から積極的に話しかけていくタイプだよ。友だちになると、その縁をたいせつにするよ。

友運アドバイス
すなおすぎて、ストレートな発言で相手をきずつけることも。ことばを発する前に、ひと呼吸おいて考えるとうまくいくよ。

相性がいいのはこの誕生日の人！
ラブ　4月30日、8月10日
友だち　2月4日、8月31日、10月31日

この日生まれの男の子
すなおで、度胸のあるリーダータイプのカレ。ユニークでたのしいところもあるよ。恋愛ではひかえめで、上品な女の子にひかれちゃう。

あなたの才能
グループをひっぱっていく才能があるの。会社をつくるのも◎だよ。

向いている職業
ショップの店長、会社の社長

ラブ運
恋をすると積極的にカレにアタック。でも、受けいれられないとあっさり身をひくところも。スポーティーな男子と相性◎だよ。

おしゃれアドバイス
赤のネイルシールをはると魅力アップ。

あなたへのおまじない
ステキな恋ができるおまじないだよ。白い紙に大きめの♡マークをかいて、そのなかに♪マークを書くの。その紙をお守りにして持ちあるくとバッチリだよ。

神秘のアイテム
リンゴ
ラブ運アップの力を持っているリンゴ。すきな人と会うとき、リンゴのアクセをつけていくとハッピーなできごとがおきるかも。リンゴの絵を持ちあるくのも◎。

3月

今日の運勢　マイペースが成功のカギ！　急がなくていいよ！

ひそやかな熱血派

あなたは……

もの静かでひかえめだけど、自分の信念はしっかり持っている人。まわりに反対されても、自分の信じた道をすすんでいくよ。うらおもてのない性格で、いつでも正々堂々としているの。なにかに熱中しすぎると、まわりが見えなくなることもあるみたい。

友だち運

ひかえめだけど、愛されるキャラだよ。そのときどきの気持ちが、そのまま表情にでるところが魅力。なにげないひとことが周囲に影響をあたえるみたい。

友運アドバイス

友だちの前で失敗すると、からにとじこもってしまうことも。気にせずがんばって！　みんなきっと応援してるよ。

相性がいいのはこの誕生日の人！
ラブ　4月1日、8月27日
友だち　2月5日、5月5日、7月17日

おしゃれアドバイス

赤色のヘアアクセで元気な女の子なアピールしよ。

この日生まれの男の子

おせじやウソがきらいなカレ。自分の信じた道をつきすすむ人だよ。いざというときは恋人をまもる紳士。やさしくてけなげな子がタイプだよ。

3月22日
生まれ　おひつじ座

 黒　ラッキーカラー
 7　ラッキーナンバー
 地下の店　パワースポット

あなたの才能

だれにでも平等で勇かん。つよい正義感をいかすと大かつやく！

向いている職業
裁判官、警察官

ラブ運

恋愛でも一見もの静かに見えるけど、きめるときはきめるタイプ。正義感のつよい男の子としあわせな恋をするよ。

あなたへのおまじない

集中力を高めるおまじないを紹介。がんばりたい本番前にやってね。胸の前で手をあわせ、それから手を組み、その手をおでこにあてればOKだよ。

神秘のアイテム
チョウ

自分をもっとみがきたいとき、チョウのパワーをかりましょう。部屋の見えるところにチョウの小物や絵をかざるとバッチリ。チョウのアクセもすてきだね。

今日の運勢　気になる男子と、ふたりだけのちょっとしたヒミツを持ちそう。恋の予感かも。

3月23日生まれ
おひつじ座 ♈

ラッキーカラー：こげ茶　ラッキーナンバー：8　パワースポット：水辺

観察上手なアドバイザー

あなたは……
あらゆることに興味を持ち、人や生きもの、ものごとなど、どんなこともつねに観察しちゃうの。人へのアドバイスも的確で説得力があるから、まわりから信頼されているよ。だれかといるのが大すきで、だれとでも仲よくなれるから友だちもとても多いよ。

友だち運
人のことばの表面だけでなく、本音を見ぬく力があるよ。信じていい人かどうかを直感で見わけられるの。尊敬できる人と友だちになると、自分も成長できるよ。

友運アドバイス
必死になるとまわりが見えなくなるので、よゆうを持つといいよ。

相性がいいのはこの誕生日の人！
- ラブ　1月26日、9月24日
- 友だち　1月25日、10月15日、11月30日

この日生まれの男の子
いろいろな才能があって、人をひきつける魅力を持っているよ。子どもがすきで、将来はいいパパに。女友だちの多い、さっぱりした子にひかれるよ。

あなたの才能
人と仲よくなれる才能アリ。子どもとかかわる仕事が◎だよ。

向いている職業
保育士、教師

ラブ運
男の子ともすぐに仲よくなれる、気さくなタイプ。友だちから仲を深め、恋人どうしになっちゃうことが多いよ。

おしゃれアドバイス
髪の毛をちょっぴりカールさせて、キュートに。

あなたへのおまじない
くじ・懸賞運がアップするおまじない。金色の折り紙を、大きな☆の形に切って部屋の西がわに1週間おいてね。だれにもさわられないようにね。

神秘のアイテム
イルカ
イルカは開運のシンボルとされているの。人間関係をスムーズする力もあるよ。イルカのアクセはもちろん、イルカの絵をノートにかくのも効果的だよ。

3月

100　今日の運勢　ひとりで趣味の世界にはまりそう。でも、ひきこもっていてはダメだよ。

3月24日生まれ

おひつじ座

うす紫	9	机まわり
ラッキーカラー	ラッキーナンバー	パワースポット

気どらない人気者

あなたは……

むじゃきで気どらないタイプ。すなおでのびのびしているけど、少しデリケートなところがあって、友だちとケンカしたりするとおちこんじゃうの。誠実で、まわりの人とうまくつきあえるから、みんなからすかれているよ。めんどうなことはさけようとする面も。

友だち運

明るくて存在感があるけれど、ちょっぴりデリケートなタイプ。強引にせめてくる人は苦手で、共感できる人には自分から声をかけるの。深くつきあえる親友ができるよ。

友運アドバイス

ほめられるとうれしくなって調子にのり、後悔しがちなので、少しおちつくように意識してみて。

相性がいいのはこの誕生日の人!

ラブ 7月23日、8月13日
友だち 1月16日、4月7日、11月2日

おしゃれアドバイス

ドットがらのアイテムをとりいれるとグッ!

この日生まれの男の子

すなおでむじゃき。みんなと仲よくできる人だよ。愛情ゆたかで、ゆっくり愛をはぐくむタイプ。話をじっくり聞いてくれる人がすきだよ。

あなたの才能

気持ちをからだで表現するのが得意。からだをつかった職業を!

向いている職業

スポーツインストラクター、ドッグトレーナー

ラブ運

ことばよりも態度ですきな気持ちをアピールするタイプ。燃え上がるような情熱的な恋をする可能性もあるよ。

あなたへのおまじない

学校がもっとたのしくなるおまじないだよ。カバンに？マークを指でかき、そのマークがオレンジ色に光るイメージをすればバッチリだよ。

神秘のアイテム
四つ葉のクローバー

元気パワーを高めたいときは、クローバーのパワーをかりましょ。クローバーをあしらったアクセや小物を身につけると、パワーアップしちゃうよ。

3月

今日の運勢 おみくじをひけば大あたり、ジャンケンなら負けなし、とにかく運がいい日だよ。

3月25日生まれ

自力でがんばるチャレンジャー

おひつじ座 ♈

オレンジ
ラッキーカラー

2
ラッキーナンバー

自分の部屋
パワースポット

あなたは……
チャレンジ精神が旺盛で、いろいろなことにどんどん挑戦していく活発な女の子。大きな夢を持っていて、自分の力でがんばろうとする自立心もつよいの。人づきあいは上手だけど、思ったことをそのまま口にだしてしまうところが。トラブルのもとになるから注意！

友だち運
頭の回転が速くて知性的だけど、ちょっぴり天然なタイプ。親しみやすいふんいきを持っているので、やさしくフォローしてくれる友だちにめぐまれるよ。

友運アドバイス
ちょっぴり気が短いところがあるから、もっとよゆうを持つように心がけて友だちと接するといいよ。

相性がいいのはこの誕生日の人！
ラブ 5月24日、8月14日
友だち 4月8日、8月7日、10月14日

この日生まれの男の子
エネルギッシュで、早くひとりだちしたいと思っているカレ。すきな人には誠実で、深い愛情をもとめるの。あたたかくて家庭的な女の子がタイプだよ。

あなたの才能
自立心のつよさが才能だよ。まわりをひっぱっていけるよ。

向いている職業
写真家、フリーライター

ラブ運
恋にやすらぎをもとめるタイプ。ただ、だれにでもやさしいから、恋人にヤキモチを焼かれることがあるかも。

おしゃれアドバイス
パンツスタイル、スニーカーで、スポーティーに！

あなたへのおまじない
困難やトラブルに負けないおまじないだよ。左のてのひらに、右手の指で右上がりの矢印↗をかいて。その手を左胸にあてて8つかぞえればOK。

神秘のアイテム
星
ひらめきやアイデア力を高めたいとき、星のパワーをかりると◎。ノートや手帳を星がらにすると、パワーがみなぎって、いい考えがうかぶよ。

今日の運勢
冷静な判断が吉とでる日。まずは深呼吸しておちついて！

3月

すなおでマイペースな アイデアガール

3月26日
生まれ おひつじ座

 黄 ラッキーカラー
 2 ラッキーナンバー
花だん パワースポット

あなたは……
純粋ですなお。なにごとも、あわてずに自分のペースですすめていくよ。ものごとを冷静に見られるから、状況を判断する力もバツグン。また、だれも思いつかないようなアイデアを持っているよ。持ち前のユーモアで、まわりをなごませちゃうの。

友だち運
人にたいして、かんたんには本心を見せないけど、心をゆるした相手とはたくさん話をするよ。いったん信じた相手をとことん信じぬくよ。

友運アドバイス
ちょっぴり強情なところがあるので、意識して相手に歩みよってみてね。

相性がいいのはこの誕生日の人！
ラブ 5月18日、8月15日
友だち 1月13日、6月6日、11月12日

おしゃれアドバイス
オレンジのアクセで
かわいさアップ。

この日生まれの男の子
マイペースだけど、活動的な人だよ。誠実で、いちど心をゆるした相手は、とてもたいせつにするタイプね。いちずな女の子がすきだよ。

あなたの才能
ものごとを見ぬく力と、直感力がすぐれているよ。

向いている職業
調教師、インストラクター

ラブ運
恋愛でも少しひかえめかも。でも、すなおで誠実だから、すきなカレをいつまでもたいせつに思いつづけるタイプだよ。

あなたへのおまじない
もっとかわいくなれるおまじないを紹介するよ。西の方角に向かってたち、目をとじたまま、「スイート ビーナス」ととなえればバッチリだよ。

3月

神秘のアイテム
虹
虹は幸運をはこんでくれるアイテム。虹にねがいごとをすると、かなうといわれているよ。虹をモチーフにしたストラップやアクセは効果バツグン。

今日の運勢 ◎ ふたつのパワーが高めあう日。おなじことに興味を持っている友だちといっしょに行動して。

3月27日 生まれ

おひつじ座

ラッキーカラー 青
ラッキーナンバー 3
パワースポット 通学路

研究熱心なリアリスト

あなたは……
調べものがすきで、興味を持ったことはじっくり研究する女の子。おそわったことはすぐに吸収し、自分の力にしちゃうの。現実的で自分にきびしく、しっかり者だよ。中途半端なことがきらいで、なにごとにも白黒をつけたがるタイプだね。

友だち運
仲よくなりたい子にはいっしょうけんめいアピールして友だちになろうとする積極派。ライバルとしてきそった相手とは、そのあと親友になることも。

友運アドバイス
よゆうがなくなると、人の話を聞かないことがあるかも。自分の意見ばかりをまわりにおしつけないよう、気をつけてね。

相性がいいのはこの誕生日の人！
ラブ 7月26日、8月16日
友だち 2月8日、4月10日、10月19日

この日生まれの男の子
中途半端がきらいな情熱家の男の子。誠実で、本音で話す人がすきだよ。女の子への態度はそっけないけど、心のあたたかい子にはひかれちゃうよ。

あなたの才能
アイデア力が◎。多くの人に向けてなにかを、つくる仕事がいいよ。

向いている職業
絵本作家、プログラマー

ラブ運
すきな人に気持ちをうまくつたえられないところがあるみたい。すなおに想いをつたえると、うまくいくよ。

おしゃれアドバイス
リップクリームで、くちびるをツヤツヤに。

あなたへのおまじない
すきなカレがふり向いてくれるおまじないだよ。すきな紙を3×8センチの大きさに切り、そこにカレのイニシャルを書いて。それをしおりとして使えばOK。

神秘のアイテム
星

ひらめきやアイデア力を高めたいとき、星のパワーをかりると◎。星のグッズでノートや手帳をかざったり、持ちあるいたりするとバッチリだよ。

今日の運勢 ● なにかとまよいがち。まわりの意見にふりまわされないで！

むじゃきな人気者

3月28日生まれ おひつじ座

シルバー／ラッキーカラー　４／ラッキーナンバー　げた箱／パワースポット

あなたは……

すなおで人なつこい性格の持ち主。むじゃきでユーモアセンスもあるので、たくさんの人からすかれるよ。ものごとにとりかかると、おどろくほどの集中力を発揮するあなたは、トップになれる力をひめているよ。友だちにもめぐまれているみたい。

友だち運

陽気で親しみやすく、グループのムードメーカーとしても人気のあるタイプ。もめている人たちの間にはいって、仲をとり持つことも。

友運アドバイス

あきっぽく、気がかわりやすいので、まわりをふりまわしてしまうことも。はじめたことは、さいごまでやりとおそうね。

相性がいいのはこの誕生日の人！

ラブ　3月24日、7月29日
友だち　1月8日、5月25日、9月30日

おしゃれアドバイス

マスコット小物をバッグにつけると◎だよ。

この日生まれの男の子

親しみやすい人気者。社交的だけど、ひとりでいるのもすきなカレ。恋愛では、そくばくされるのが苦手。おおらかで心のひろい女の子にひかれるみたいだよ。

あなたの才能

集中力とアイデア力をいかし、マイペースでできる仕事が◎だよ。

向いている職業

職人、エステティシャン

ラブ運

きずつくのがこわくて、積極的にアピールできないところが、愛するより愛されることでしあわせになるタイプね。

あなたへのおまじない

再チャレンジが成功するおまじないだよ。火曜日の朝にやってね。両手をグーにしたまま「ビクトリーへ向かいます」と心のなかでとなえればOK。

神秘のアイテム
魚

魚のなかでも、富をまねくといわれる金魚の力をかりましょう。金魚の絵のついた小物や、金魚モチーフのストラップやアクセを持てば、金運をまねくよ！

３月

今日の運勢 ✕ うっかりしちゃうことがあるかも。それも、だいじなことで。なにかわすれてない？

3月29日生まれ

おひつじ座 ♈

正義感がつよく誠実な子

- ラッキーカラー: 深緑
- ラッキーナンバー: 5
- パワースポット: ステージの上

あなたは……
高い理想を持った、まじめな女の子。誠実で正義感がつよく、まわりから信頼されているから、委員長やクラブの部長など、責任ある立場につくことも。いっぽう、心のなかでは、やすらぎをもとめているの。ときには肩の力をぬいて、仲よしの子とゆっくりしてね。

友だち運
めんどうみがよくて、リーダーシップがあるタイプ。気があいそうな人を直感で見分けることができ、友情をはぐくむことで、自分も成長できるの。

友運アドバイス
よゆうがなくなると、あわててしまいがち。まわりをびっくりさせないよう、深呼吸してから行動しようね。

相性がいいのはこの誕生日の人!
- ラブ: 3月30日、12月30日
- 友だち: 2月6日、4月22日、10月8日

この日生まれの男の子
まじめでひかえめな男の子。信頼できる誠実な人だよ。恋にはやすらぎをもとめるタイプだから、やさしくて心のひろい女の子にひかれるよ。

あなたの才能
繊細さと大たんさの両方を持っているよ。臨機応変にいこうね。

向いている職業
警察官、教師

ラブ運
カレにも誠実でやさしいあなた。とってもロマンチストなの。すてきなパートナーにめぐまれる運を持っているよ。

おしゃれアドバイス
パステルカラーのアクセでやさしいふんいきに♪

あなたへのおまじない
もっとステキに変身するおまじないだよ。金曜日にやってね。南の方角に向かってすわり、「フレイヤ チャーム」と6回となえればいいの。

神秘のアイテム: 錨
ひろい海で船を固定する錨は力や希望のシンボル。錨のパワーで運気をアップさせましょう。錨をモチーフにしたアクセやストラップがグッド。

今日の運勢: 勝率大のラッキーデー。勇気をだしてトライ!

106

3月30日生まれ

おひつじ座

ラッキーカラー ピンク
ラッキーナンバー 6
パワースポット 自分の部屋の東がわ

心やさしい情熱家

あなたは……

自分が信じたことを、がんばってやりとげる女の子。何度失敗してもくじけない、つよい心の持ち主だよ。とっても誠実で、たいせつな友だちや家族のためにがんばるよ。ただ、まわりとペースをあわせるのは、ちょっぴりニガテ。熱くなりすぎるところも。

あなたの才能

自分の力でがんばる才能アリ。特別な技術を使う仕事が◎だよ。

向いている職業

ネイリスト、ペットシッター

友だち運

おおらかですなお。友好的で、はじめての子とも積極的に友だちになろうとするよ。たのしそうと思ったら、イベントにどんどん参加しちゃうところもあるね。

ラブ運

すきな人にも、むじゃきですなおになれるタイプ。包容力があって、あなたにペースをあわせてくれる子と相性◎ね。

友運アドバイス

おもしろくないと感じると、急に全部投げだしちゃうことも。さいごまでやりぬこうね。

相性がいいのはこの誕生日の人!

ラブ 3月4日、10月1日
友だち 5月31日、8月13日、10月4日

おしゃれアドバイス

ブレスレットでおしゃれ度を上げましょう。

あなたへのおまじない

女子力がさらにアップするおまじない。ピンクの折り紙に、すきな色のペンで自分のイニシャルを書いて。それをたたんでポーチにいれておけばいいの。

この日生まれの男の子

目標をかかげていっしょうけんめいがんばれる人だよ。失敗をくりかえしてもへこたれないの。包容力があって、おおらかな女の子がすきだよ。

神秘のアイテム

クラウン（王冠）

勝利のシンボルとされているクラウン。試合やテスト、勝負の日に、クラウンの絵を紙やノートにかいて、身につけるのがオススメだよ。

3月

今日の運勢

こまっている友だちがいるかも。まわりをよく観察してみて。

3月31日生まれ

おひつじ座 ♈

頭のいい チャレンジャー

 ラッキーカラー 黒
 ラッキーナンバー 7
パワースポット たんすのある部屋

あなたは……
むずかしいことにもくじけず、のりこえようとするパワーがあるよ。チャレンジ精神は旺盛だけど、冷静に考えて安全な道をえらぶ、頭のよさもあるの。発想もユニークで、とっても有能。口がうまいだけの人や軽い人は信用しないよ。

友だち運
頭がよくて活動的。ほめられてのびるタイプだよ。負けずぎらいだから、つい人と自分をくらべてしまうところがあるよ。

友運アドバイス
人のことばにはふりまわされないけれど、そのぶん、孤立することも。友だちの長所をほめれば、みんなハッピーに。

相性がいいのはこの誕生日の人！
ラブ 1月14日
友だち 2月23日、7月8日、9月5日

この日生まれの男の子
頭がよくて、ねばりづよい、どんなところでも成功できるタイプだよ。さりげない気づかいのできる女の子がタイプね。ストレートな愛の告白はニガテかも。

あなたの才能
ゆたかな発想力をいかすといいよ。

向いている職業
編集者、フードコーディネーター

ラブ運
すきな人にじょうだんをいったりからかったりと、男の子みたいな愛情表現をするタイプ。友だちから恋人に進展するよ。

おしゃれアドバイス
プチペンダントで魅力度アップさせてね。

あなたへのおまじない
元気モリモリ、パワーアップするおまじないだよ。白い紙に、生命力のシンボルである大木の絵をかいて。その絵を左手でそっとおさえればOK。

神秘のアイテム
馬の蹄鉄
蹄鉄はヨーロッパで厄をよせつけないお守りとして使われているの。蹄鉄のアクセをつけたり、蹄鉄の絵をかざったりするのもグッド。

今日の運勢　ひろい心がツキをまねくよ。こだわりすぎは逆効果！

108

考えの深いスペシャリスト

4月1日生まれ おひつじ座

ラッキーカラー: 緑
ラッキーナンバー: 5
パワースポット: 図書館

あなたは……

まじめで、深く考える慎重派。すきなことには努力をおしまず、自分の力でがんばるよ。人がいやがることもひき受けて、友だちや家族からたよりにされるね。自由をもとめてマイペースに行動する人。でも、シャイだから、ひとりでいるのがすきみたいだね。

友だち運

自立心がつよく、人にたよらずがんばるタイプ。みんなでたのしみたいときと、ひとりでいたいときがあって、気持ちに波がでやすいよ。

友運アドバイス

ときにはみんなのペースにあわせることも意識して。友だちとのおしゃべりに参加するのもいいよ。

相性がいいのはこの誕生日の人!
- ラブ 6月10日、8月20日
- 友だち 1月24日、3月4日、10月6日

おしゃれアドバイス

ヘアアクセをつけておでこを見せるといいよ。

この日生まれの男の子

まじめで、うらおもてのない性格。友だちや家族から、たよりにされている人。自分のことを、いちばんたいせつに考えてくれる女の子をすきになっちゃうよ。

あなたの才能

責任を持ってコツコツと仕事をやりとげる能力があるよ。

向いている職業

農家、鑑定士

ラブ運

じっくりとだいじに恋を育てるタイプ。調子のいい人が苦手。ぶっきらぼうでも、誠意のある人にひかれるよ。

あなたへのおまじない

じまんできる特技や、得意分野をつくりたいときには、このおまじないを。晴れた日の午前中、植物に水をやって。これを5日やるといいよ。

神秘のアイテム
魚

幸運や金運をよぶとされる熱帯魚。そのパワーをかりてね。熱帯魚の写真を部屋にかざるとバッチリだよ。熱帯魚グッズや、熱帯魚のアクセもグッド。

4月

今日の運勢 友だちとのおしゃべりがとってもたのしい日。ちょっとしたことで大笑いになるよ。

4月2日
生まれ
おひつじ座 ♈

たよりになる理想主義者

あなたは……
正直でひたむき。よわい人をかばうやさしさを持っている女の子。夢や理想を持ち、それについて語るのが大すき。なにごとにも白黒つけたがるところがあって、人とぶつかることも。思いやりがあるから、けんかにはならないけれど、人の意見も聞けるといいよ。

友だち運
やさしくされたら、相手にもやさしくして、友情をはぐくむ人。相手にすなおに気持ちをつたえるから、いい関係をきずけるよ。

友運アドバイス
思いやりがあってフレンドリーだけど、よゆうがなくなると、カッとなっちゃうことが。冷静にね。

相性がいいのはこの誕生日の人!
ラブ 2月13日、4月20日
友だち 2月11日、4月13日、11月29日

この日生まれの男の子
ひたむきで純粋。根がやさしくて、人にたよられるタイプだよ。目標を持っていっしょうけんめいがんばっている女の子にひかれるよ。共通点があるとさらにいいかも!

あなたの才能
人をかばったり、たすけたりできる才能をいかすとかつやくできるよ。

向いてぃる職業
救急救命士、インテリアプランナー

ラブ運
いちずに愛をささげるタイプ。すきになったらまっすぐに気持ちをアピールできるから、すんなり恋がはじまりそう!

おしゃれアドバイス
リボンをあしらったアイテムで魅力アップ。

あなたへのおまじない
味方や親友ができるおまじないで、友情運をアップ。家や学校の窓ガラスに、指で「FOX」と書いて。それからその窓をきれいにふけばOK。

神秘のアイテム
クロス(十字架)
魔よけのパワーを持つクロス。モールやフェルトで十字の形を手作りしてもOK。それをカバンにいれて持ちあるくと効果バツグンだよ。

今日の運勢 なにかとまよいやすい日。さいごは自分で決断するのが正解!

まとめ上手な かしこいリーダー

4月3日生まれ おひつじ座

ラッキーカラー：黒　ラッキーナンバー：7　パワースポット：広場

あなたは……
頭がよく、ものごとを見きわめる力のすぐれた女の子。ズバリと核心をつく発言で、まわりをおどろかせちゃう。グループでは、いつのまにか中心的な立場にいることが多いみたい。人の役にたつのが大すきだから、友だちや家族からたよりにされるよ。

友だち運
人に必要とされることがよろこびで、友だちにたのまれたら全力でがんばる人。グループを上手にまとめる力もあるよ。

友運アドバイス
ユーモアがあって友好的だけど、感情にムラがあるみたい。気持ちがおちつかないときは、友だちに相談を。

相性がいいのはこの誕生日の人!
ラブ　7月9日、8月22日
友だち　1月31日、3月30日、8月1日

おしゃれアドバイス
髪を少しカールさせて、やわらかいイメージに。

この日生まれの男の子
おだやかでひかえめなカレ。みんなの意見をうまくとりいれられるから、グループの中心的存在だよ。友だち思いのやさしい女の子にひかれちゃうよ。

あなたの才能
ものごとを見とおして、グループをしきる能力がすぐれているよ。

向いている職業
映画監督、レストランの店長

ラブ運
すきな人をさりげなくリードするタイプ。気持ちを正直につたえられる人。告白したらいっきに恋へと発展するよ。

あなたへのおまじない
負けられない試合や勝負の前に、勝負運アップのおまじないを。赤い折り紙の赤い面に、勝負デーを書きこみ、きき手で9回タッチすればOK。

神秘のアイテム
クラウン(王冠)
クラウンは力のシンボル。成功や美をもたらしてくれるよ。クラウンのストラップをつけたり、絵にかいてかべにはったりすると効果大。

4月

今日の運勢　どうしても理解できなかったことが、「そうだったのか」と霧が晴れたようにわかる日。

4月4日 生まれ

おひつじ座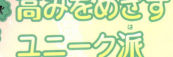

高みをめざすユニーク派

 ラッキーカラー 茶
 ラッキーナンバー 8
パワースポット 地下にあるお店

あなたは……
考え方がとても個性的。よくばりなところもあって、まわりの人から反感を買うこともあるけど、あなたならではのアイデアで、ピンチを切りぬけちゃう。向上心がつよくて、努力をおしまない人。リーダーにも向いているから、人と協力するようにすると無敵!

友だち運
うらおもてのない正直さで、少しずつと友だちの輪をひろげていくよ。お世話になったらかならずお礼をする、義理がたいところもある人だね。

友運アドバイス
友だちのために力をつくすあなただけど、ちょっぴり短気なところが。イライラしたら、深呼吸でリラックスを。

相性がいいのはこの誕生日の人!
ラブ 6月11日、8月23日
友だち 1月21日、5月21日、12月1日

この日生まれの男の子
考え方が新しくてユニークなカレ。トップやリーダーの座をめざしてがんばる人だよ。冷静なアドバイスをしてくれる女の子が、ベストパートナーになりそう。

あなたの才能
グループを管理する能力をいかすと、かつやくできるよ。

向いている職業
広告プロデューサー、ショップの店長

ラブ運
思いたったらすぐに行動してしまい、あとで後悔するタイプ。ほんとうの気持ちはどうなのか、まずは冷静に考えてみて。

おしゃれアドバイス
オレンジ色のリップで女子力アップ☆

あなたへのおまじない
苦手分野を克服して、勉強運をアップさせるおまじない。南の方向に向かってたち、両腕をひろげたまま、5回ゆっくりと深呼吸すればOK。

神秘のアイテム
チョウ
幸運をはこんでくれるチョウ。チョウのグッズを身につけたり持ちあるいたりすると、いいことがあるかも。チョウの絵を手帳やノートにかいておくのも◎。

今日の運勢 ● ヒミツが不運のひきがねに。本音はかくしすぎないように!

バツグンな集中力の持ち主

4月5日生まれ
おひつじ座

ラッキーカラー：紫　ラッキーナンバー：9　パワースポット：校門

あなたは……
おちついていて存在感のある女の子。すごい集中力の持ち主で、周囲がうるさくても、集中できちゃう。ひかえめで気どらないところも魅力。人に口だしされたり、もめごとにまきこまれたりするのは苦手みたい。自由な自分の世界をだいじにするタイプ。

友だち運

安定も自由ももとめるあなたにとって、友だちは、こまったときにたすけあい、元気をあたえあうたいせつな存在だよ。

あなたの才能
ひとりで集中してできる仕事にとりくむと、将来大物に!?

向いている職業
小説家、職人

ラブ運
心の内をあまりおもてにださないから、相手に誤解されがち。気持ちをすなおにアピールすると、恋はうまくいくよ。

友運アドバイス
自由人のあなたには、気持ちがかわりやすいところがあるの。でも長くつきあえる友だちはわかってくれるよ。

相性がいいのはこの誕生日の人！
ラブ　7月13日、11月25日
友だち　1月20日、3月9日、10月29日

おしゃれアドバイス
うすいピンクのリップでぷるぷるの口もとに！

この日生まれの男の子
自信にあふれ、堂々としたふんいきを持った人。軽いおしゃべりはすきだけど、しつこく聞かれるのは苦手。友だちのように気軽に話せる子がすきだよ。

あなたへのおまじない
男子からモテモテになっちゃうくらいラブ運をアップさせるおまじない。スケジュール帳のさいごのページにオレンジ色のペンで自分の名前を書くといいよ。

神秘のアイテム
花
花には愛される力を高めるパワーがあるよ。あなたには、赤いチューリップが◯。チューリップの絵をかいて部屋のかべにはっておくとバッチリだよ。

4月

今日の運勢 ✕ あまりやる気がおきない日かも。でも、あそびにさそわれたら参加して！

4月6日生まれ

真実をつきとめる努力家

 ラッキーカラー　赤
 ラッキーナンバー　1
 パワースポット　山がまぢかに見える場所

おひつじ座

あなたは……
好奇心がつよくて、フシギに思ったことは自分でためして理解しようとするよ。ものごとをこまかくチェックして、しくみを知り、本質をつきとめる努力家。ときどき大まじめにとっぴょうしもないことをやって笑いをさそうこともあるよ。とてもやさしい女の子。

友だち運
やさしくて思いやりがあるよ。でも、いうべきことはハッキリいうので、友だちから相談を持ちかけられることも多いよ。

友運アドバイス
仲間となにかをするのが大すきなあなただけど、夢中になると自分中心になることも。みんなのことも考えてね。

相性がいいのはこの誕生日の人！
ラブ　5月15日、8月25日
友だち　3月2日、6月6日、9月14日

この日生まれの男の子
疑問を持つと、真相をとことん調べたくなるカレ。恋愛にのめりこみすぎて、すきな人をこまらせることもあるかも。ひかえめで、すなおな女の子がタイプだよ。

あなたの才能
疑問をとことんつきつめる力をいかすとかつやくできるよ。

向いている職業
地質学者、新聞記者

ラブ運
予測できない言動で相手をふりまわしがち。あなたのペースについてこられる人が、ベストパートナーに♡

おしゃれアドバイス
カチューシャをつけると魅力アップ。

あなたへのおまじない
友だちと仲よくなれる、友情運をアップさせるおまじないを。銀色の折り紙のうらに、友だちと自分の名前を書き、折って手帳にはさめば◯。

神秘のアイテム
貝

たいせつな人とのきずなを深めたいときには、二枚貝のアイテムを使ってね。貝がらを小皿のかわりにしてアクセなどをのせて使うと効果テキメンだよ。

4月

今日の運勢　全力投球するとかならず成果がでる日！　がんばったら自分をほめてあげてね。

114

前向きで エネルギッシュ

4月7日生まれ おひつじ座

白 ラッキーカラー / 2 ラッキーナンバー / 花をかざってある部屋 パワースポット

あなたは……
どんなことも前向きに、全力でとりくむエネルギッシュな人。委員長やクラブの部長など、みんなのお手本になる立場で、能力を発揮しちゃうよ。短気なところもあるけど、しだいにおちつきがでてくるよ。将来はパワーをいかして大かつやくするかも!?

友だち運
やさしくされたら、おなじように相手にもやさしく接する人。リーダーシップがあるので、グループのまとめ役に向いているよ。

友運アドバイス
友だちとの関係は安定しているあなただけど、いそがしいとおこりっぽくなるよ。心によゆうを持ってね。

相性がいいのはこの誕生日の人!
ラブ 4月16日、6月25日
友だち 2月25日、3月19日、12月25日

おしゃれアドバイス
ぼうしのおしゃれで魅力がさらにアップ。

この日生まれの男の子
熱血系のカレ。好奇心がつよく、新しいことやかわったことが大すき。恋愛でもしばられるのはすきじゃないみたい。ハラハラ、ドキドキさせられる女の子がタイプね。

あなたの才能
行動力と、変化をたのしめる才能があるよ。

向いている職業
ツアーコンダクター、レポーター

ラブ運
カッとなるとすきなに人でも遠慮しないから、ケンカになっちゃう。おおらかにあなたをつつんでくれる人と、うまくいくよ。

あなたへのおまじない
フシギにツキがめぐってくるなど、ラッキーをよぶおまじないを。金色の折り紙でツルを1羽折り、それを机の上においておけばバッチリ。

神秘のアイテム 虹
虹がでると幸運がやってくるといわれているよ。虹のグッズを持つのはもちろん、7色のレインボーカラーを使ったグッズでも効果は絶大だよ。

4月

今日の運勢
ひらめきがある予感。ぼーっとした一瞬におもしろいアイデアがうかぶかも。

115

4月8日生まれ おひつじ座

人のためにがんばる子

あなたは……
とても思いやりがあって、友だちや家族をたいせつにするよ。プレッシャーにつよくて、たよりになるタイプ。正義感がつよく、めだつ存在だけど、じつはとてもシャイ。やさしすぎて、自分のことはあとまわしにしちゃうこともあるよ。ときには自分を優先してね。

友だち運
おおぜいの友だちといるときは場をもり上げ、親友とはうちとけて接するなど、その場にあわせた友だちづきあいができる人だよ。

友運アドバイス
なにごとにも柔軟に対応できるかわりに、優柔不断なところもあるね。きっぱりした態度も必要だよ。

相性がいいのはこの誕生日の人!
ラブ 4月17日、8月13日
友だち 2月26日、7月2日、11月25日

この日生まれの男の子
思いやりがあり、よわい人の味方になるタイプ。すきな人にはなにかをしてもらうより、してあげたいと思うみたい。いっしょうけんめいな女の子にひかれるよ。

あなたの才能
思いやりの心と、正義感のつよさをいかすとかつやくできるよ。

向いている職業
警察官、社会福祉士

ラブ運
気持ちを胸の内にひめがちかも。グイグイひっぱってくれる積極的なカレとなら、ハッピーな交際ができるよ。

おしゃれアドバイス
髪のどこかをむすぶとキュートさアップ。

あなたへのおまじない
不安をとりのぞき、勇気がでるおまじないを。左のてのひらに右手の中指で星マークをかいて、そのてのひらを頭や肩にあてればいいよ。

神秘のアイテム
リンゴ
リンゴは美と愛のシンボル。リンゴをあしらった小物を部屋においておくと女子力アップ。リンゴの写真や絵を部屋にかざっておくのもいいよ。

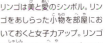

今日の運勢 「笑う門には福きたる」だよ! 思いきり笑ってね!

ユニークな行動派

4月9日生まれ

おひつじ座

- 黄 ラッキーカラー
- 4 ラッキーナンバー
- バスの停留所や駅 パワースポット

あなたは……
想像力がゆたかで、それを実行する才能がある人。自分の意見をはっきりいって、積極的に行動するよ。とちゅうであきらめない姿勢は、みんなを感心させるよ。ただ、はっきりした発言が、ときとしてわがままと誤解されることもあるみたい。

友だち運
親切で、たよりになるので、リーダーになることも多いタイプ。しっかりと自分の意見を持っていて、友だちに影響されずにつらぬくよ。

友運アドバイス
自分とちがう意見にも、意外な発見があることもあるよ。みんなの声にも耳をかたむけてみて。

相性がいいのはこの誕生日の人！
ラブ 4月18日、10月12日
友だち 1月1日、3月5日、9月9日

おしゃれアドバイス
前髪を軽くおろして、やわらかいふんいきに。

この日生まれの男の子
個性的で自分の世界を持っている人。恋愛では、自分のペースに相手があわせてほしいと思うタイプ。明るくて、積極的な女の子にひかれるみたい。

あなたの才能
想像力と実行力、チャンスを見きわめる力がバツグン！

向いている職業
放送作家、トラベルプランナー

ラブ運
恋愛では気持ちを口にだすのが苦手で、なかなか相手に思いがつたわらないかも。友だちの協力や、手紙が効果的。

あなたへのおまじない
成績をアップさせたいときのおまじない。がんばりたい科目の教科書のうら表紙に、青ペンで自分の名前をローマ字で書きこめばいいよ。

神秘のアイテム
四つ葉のクローバー
クローバーにはしあわせをよぶパワーがひそんでいるよ。クローバーをあしらったアクセを身につけると、フシギとツキがめぐってくるよ。

4月

今日の運勢　やる気がみなぎる日だよ。新しいことをはじめるのに絶好のチャンス！

4月10日生まれ

おひつじ座

型にはまらない個性派

 ラッキーカラー 黄緑
 ラッキーナンバー 5
 パワースポット 並木道

あなたは……
自分らしい生き方をつらぬこうとする、独立心がつよい人。型にはまるのがきらいだよ。この日生まれの女の子には、技術や才能をとことんみがくタイプと、社交的なリーダータイプがいるけど、どちらも状況を見きわめる力がすぐれているよ。

友だち運
あえて苦手な人と仲よくなろうとしたり、新しいグループにとびこんだりと、新しい友だちをもとめて自分から人間関係を開拓していくよ。

友運アドバイス
あなたには無鉄砲なところがあるから、友だちはハラハラしちゃう。あまり心配させないようにしてね。

相性がいいのはこの誕生日の人!
ラブ 4月10日、6月19日
友だち 2月19日、3月16日、10月28日

この日生まれの男の子
大たんで型やぶりなカレ。独立心がつよく、へいぼんにすごすことがないかも。でも、恋人にはやすらぎをもとめ、あまえるタイプだよ。楽天的な女の子がこのみ。

あなたの才能
独立心や個性をいかすと、飛躍できるよ。

向いている職業
脚本家、インストラクター

ラブ運
いやしをもとめるタイプ。安心してあまえられるカレが理想。いつでもそばにいてくれる人と、おだやかな恋をするよ。

おしゃれアドバイス
ビーズアクセをつけるとキュート♪

あなたへのおまじない
ピンチに負けないおまじない。目の前に直径10センチくらいの黒い円をイメージして。そこに向かって、おなかの底からゆっくり息をはけばOK。

神秘のアイテム
エンジェル(天使)
エンジェルの羽には飛躍するという意味があるよ。羽がモチーフのアクセや小物を身につけるとバッチリ。エンジェルの絵をかざるのもOK。

今日の運勢 気持ちが不安定になりがち。なんでも批判するのはやめたほうがいいよ。

4月11日生まれ

気のきいたリーダー

おひつじ座

ラッキーカラー: うすいピンク
ラッキーナンバー: 6
パワースポット: 鏡のある部屋

あなたは……

ひかえめだけど、しっかり者。みんなの意見をまとめたり、ケンカの仲なおりをさせたりできるから、リーダーとしてかつやくするよ。友だちや家族からとてもたよりにされているみたい。想像力がゆたかで、アイデアをあれこれ考えるのが大すき！

友だち運

交友関係がひろく、人にプレゼントをもらったり、やさしくしてもらったり、愛を受けとることが多い人だよ。そして、きちんと愛をおかえしすることができる人。

友運アドバイス

親しみやすいタイプで、友だちの世話を焼くのもすき。でも、やりすぎるとおせっかいになっちゃうから気をつけて。

相性がいいのはこの誕生日の人！

ラブ: 4月2日、11月13日
友だち: 2月2日、4月4日、9月11日

おしゃれアドバイス

赤い石がついたアクセサリーをつけてね。

この日生まれの男の子

はでな存在ではないけれど、リーダーになるタイプ。ケンカの仲裁も得意。なにごとにもいっしょうけんめいで、自分のことを必要としてくる女の子にひかれちゃうよ。

あなたの才能

おおぜいの人をまとめていける力をいかすとグッド！

向いている職業

教師、映画監督

ラブ運

恋にもひかえめなタイプ。でも、聞き上手だから、カレはあなたといると安心して話がはずむよ。ゆっくり恋を育ててね。

あなたへのおまじない

ツキがめぐってきて、運気が高まるおまじない。目をとじて、上からキラキラした星くずがおちてくるようすをイメージして。それを3日間つづければOK。

神秘のアイテム
馬の蹄鉄

勝負デーには蹄鉄の力をかりて。蹄鉄のイラストをかき、それをバッグにしのばせて。U字のくぼみに幸運がたまっていき、勝率アップ。

4月

今日の運勢 ✕ 赤ちゃっちゃうことが。目上の人やたよりになる友だちに相談してみて。

4月12日生まれ

おひつじ座

ラッキーカラー	ラッキーナンバー	パワースポット
ベージュ	7	たてものの2階

ユーモアのある情報通

あなたは……
流行にびんかんで、新しい情報をすばやくキャッチするよ。社会のいろいろなことにひろく興味を持っていて、熱く議論することがすき。なにかと人に口だしをして、もめちゃうことも。でも、持ち前のユーモアセンスで、その場をなごませて解決しちゃう。

友だち運
めだつタイプで、包容力もあり人の心をつかむので、友だちが多いよ。交友関係をひろげるほど、自分も成長できそう。

友運アドバイス
エネルギッシュなあなた。熱中すると、友だちも目にはいらなくなっちゃう。ときどきまわりを見わたしてみて。

相性がいいのはこの誕生日の人！
ラブ　4月3日、11月3日
友だち　1月13日、4月9日、9月14日

この日生まれの男の子
世のなかのいろいろなことにびんかんで、つねに情報のアンテナをはりめぐらせているよ。自分の話を聞いてもらいたいから、聞き上手な女の子がすきだよ。

あなたの才能
社会情勢や法律にかんする意識の高さや、議論ずきをいかしてね。

向いている職業
コメンテーター、弁護士

ラブ運
恋にやすらぎをもとめるタイプ。のんびりしていて、いやし系のカレと相性がいいよ。アプローチはあなたからが◎！

おしゃれアドバイス
おでこをだしたヘアスタイルで魅力アップ！

あなたへのおまじない
テストやコンクールなどに合格するおまじない。目をとじて深呼吸したら、「ジュピターよ　まもりたまえ」ととなえて。前日と直前にやってね。

神秘のアイテム
テントウムシ
ヨーロッパでは、テントウムシがからだにとまると幸運がおとずれるといわれているよ。テントウムシのアクセやストラップを持つと効果バッチリ。

4月

今日の運勢　なにがあってもさいごはうまくいくよ。自分のペースでいけば◎だよ！

意志がつよくて マイペース

4月13日生まれ おひつじ座

ラッキーカラー：こい茶
ラッキーナンバー：8
パワースポット：飼育小屋や動物園

あなたは……

人とはちょっとちがった考え方を持っていて、その考えをつらぬくタイプ。型にはまらず大たんで、いちどきめたら、反対されても自分のやり方をつらぬくよ。ヒミツ主義のところがあって、まわりに誤解されることもあるけど、友だちがたすけてくれるよ。

友だち運

心がオープン。人を第一印象できめつけず、公平に接するよ。うれしいことはひとりじめせず、友だちとわかちあいたいと思っているよ。

友運アドバイス

度胸があって大たんなのはいいところだけど、ちょっとルーズなところもあるので気をつけて。

相性がいいのはこの誕生日の人！

ラブ：7月27日、9月1日
友だち：2月13日、7月4日、10月22日

おしゃれアドバイス

ピンクのリップで女の子らしさをアップ。

この日生まれの男の子

意志がとてもつよい人。ふうがわりといわれても、自分の信じた道をまっすぐにつきすすむタイプ。話し上手で個性的な女の子がこのみだよ。

あなたの才能

いちど経験したことを、次に上手にいかす才能があるよ。

向いている職業

心理カウンセラー、フードプランナー

ラブ運

恋愛では、ふたりの世界をたいせつにするよ。まわりに気づかれない、友だちどうしのような恋をしたいタイプだね。

あなたへのおまじない

長所をのばして、もっとステキ女子になるおまじない。南の空に向かって、指で大きく○をかき、そのまんなかに点をかいて。パワーがもらえるよ。

神秘のアイテム：月

ねがいごとがかなう象徴とされている月。月のイラストのはいった本を持っていると、フシギとツキをよんでくれるよ。月の絵をかくのも効果的。

第4月

今日の運勢：仲よくなりたいと思っていた子と共通点がみつかるかも。話しかけてみるといいよ。

4月14日生まれ

歴史ずきで古風な子

おひつじ座

ゴールド
ラッキーカラー

9
ラッキーナンバー

イベント会場
パワースポット

あなたは……
伝統や歴史に興味を持っている女の子。歴史上の人物にあこがれて、自分も名をのこしたいとひそかに考えているかも。状況を正しくつかむ力や、先を見とおす力がすぐれているよ。しきりたがりで、気になると友だちや家族にあれこれさしずしちゃうことも。

友だち運
友だちとほどよい距離をキープしながら仲よくしていけるタイプ。友だちにたよりすぎず、孤立もせず、いい関係でいられるよ。

友運アドバイス
強情なところがあるけれど、自分にないものを持った友だちと接することで、成長できるよ。

相性がいいのはこの誕生日の人！
ラブ　4月5日、8月19日
友だち　1月29日、3月14日、6月23日

この日生まれの男の子
ひそかにトップの座をねらう野心家。そのために友だちをまきこむこともありそう。恋でもリードするタイプで、おとなしくてすなおな女の子がすきだよ。

あなたの才能
伝統技術や歴史への関心をいかすと、かつやくしちゃうよ。

向いている職業
郷土研究家、茶道の先生

ラブ運
つきあっていくうちに、あまえてわがままになっちゃうタイプ。あなたをつつんでくれる、楽天的なカレがピッタリ。

おしゃれアドバイス
勝負デーにはコットンブラウスがバッチリ。

あなたへのおまじない
すきな男の子と仲よくなれるおまじないを。手鏡に自分の顔をうつし、そこにカレのイニシャルを指で書いて。それからニッコリ笑顔になればOK。

神秘のアイテム
★ 星
星は希望のシンボル。流れ星を見たらねがいごとをとなえるとかなうといわれているけれど、流れ星の絵をかくのも◎。机まわりにはっておいてね。

4月

122　今日の運勢　✗　やる気だけがからまわりしそう。できないことは手をださないほうがいいかも。

まじめな現実主義者

4月15日生まれ

おひつじ座

 赤 ラッキーカラー
 1 ラッキーナンバー
 部屋の南がわ パワースポット

あなたは……

なにごとにもまじめにとりくみ、現実をしっかり見ようとするタイプ。友だちや家族のようす、世のなかの状況など、すごく気になっちゃう。ただ、見たままで判断するから、人の本音などを見ぬくのは苦手かも。新しい企画やグループをたちあげる力もあるよ。

友だち運

気くばりができ、友だち思い。心がひろく、自分のてがらもみんなでわかちあおうとするよ。そんなやさしさが人気のヒミツ。

友運アドバイス

こだわりをつよく持っていて、融通がきかないことがありそう。友だちに歩みよることも意識するとカンペキ。

相性がいいのはこの誕生日の人!

ラブ 4月6日、10月16日
友だち 3月6日、5月5日、12月6日

おしゃれアドバイス

ボーダーがらのアイテムがステキ♪

この日生まれの男の子

自分のまわりのいろいろなことがとても気になるタイプ。ものごとが計画どおりにすすまないと混乱しがちかも。かざらない清楚な女の子にひかれるよ。

あなたの才能

状況を判断する力や、新しい会社などをたちあげる能力が◎。

向いている職業

イベントプランナー、会社の社長

ラブ運

すきなのに、すなおになれないところがあるよ。自分から心をひらいていけば、恋はすんなりと進展しちゃうよ。

あなたへのおまじない

だいじなときに緊張しないおまじない。両方のてのひらを上に向け、その手にグリーンのベールをかぶせるイメージをしてからとりかかればバッチリだよ。

神秘のアイテム
鍵

鍵には、可能性をひろげるという意味もあるよ。夢や目標をかかげたら、鍵の絵をかいて部屋にかざっておくとどんどん効果がでてくるよ。

4月

今日の運勢 ✕ 仲よしの子も、あなたとおなじ男の子をすきかも。いまは考えすぎずに友情を育んで。

123

4月16日生まれ

おひつじ座 ♈

たのしい お笑いアイドル

ラッキーカラー：白
ラッキーナンバー：2
パワースポット：ぬいぐるみのある部屋

あなたは……

すなおでかしこく、人を笑わせることが大すきな人気者。自分の理想を追いもとめてがんばるタイプだよ。ただ、がんばりすぎるとまわりが見えなくなって人をきずつけちゃうことが。でも、根はやさしくて気配りができるから、みんなからすかれているよ。

友だち運

気さくで温和だから、友だちと仲よくできるよ。向上心がつよく、自分にないものを持った人や、年上の人にも積極的に接していくよ。

友運アドバイス

ほんとうはさびしがりや。そんなよわさからか攻撃的になっちゃうことも。気持ちをすなおにつたえるといいよ。

相性がいいのはこの誕生日の人！
ラブ　5月25日、10月17日
友だち　3月1日、8月7日、12月7日

この日生まれの男の子

人をたのしませるのが大すきなお人よし。恋人には誠実で、大切に接するタイプ。でも、なにより自分の夢を優先させるから、彼女にさびしい思いをさせるかも。

あなたの才能

人を笑わせる才能で、有名になれちゃうかも!?

向いている職業

お笑い芸人、放送作家

ラブ運

夢をかなえたい気持ちがつよく、恋をあとまわしにしがち。でも恋をしたら、笑いのたえないのしい恋愛になりそう♡

おしゃれアドバイス

黄色いビーズアクセを身につけるといいよ。

あなたへのおまじない

友だちとのきずなをつよめるおまじない。銀色の折り紙のうらに∞のマークをかき、左の○に友だち、右の○に自分のイニシャルを書けばOK。

神秘のアイテム
スプーン

銀のスプーンをくわえて生まれてきた子は、しあわせになれるといういいつたえがあるよ。スプーンモチーフのアクセをつけると、ハッピーなできごとが。

今日の運勢　好調デー！　でも、休んでパワーチャージすることも必要だよ。

4月17日生まれ

おひつじ座

おそれを知らない冒険家（ぼうけんか）

 青 ラッキーカラー
 3 ラッキーナンバー
 体育館 パワースポット

あなたは……

才能ゆたかで、はじめてのことにも、おそれずに一歩をふみだすチャレンジャー。興味を持つと、それが大冒険でも、いどんでいくよ。自分を信じているから、かべにぶつかっても、たいていのことは切りぬけてしまえる人。まじめで正義感もつよいよ。

友だち運

まわりに友だちがあつまるタイプ。よわい者いじめやひきょうなことがきらいで、力でねじふせる人を見ると、だまっていられないよ。

友運アドバイス

おなじ趣味を持っている友だちとすごす時間はとてもたのしいし、おたがいに成長できるよ。たいせつにしてね。

相性がいいのはこの誕生日の人！
ラブ 1月8日、4月8日
友だち 2月16日、7月11日、9月8日

おしゃれアドバイス

キラキラのヘアアクセで魅力をひきだして☆

この日生まれの男の子

まじめで責任感のつよい人。いざというときにすきな人をまもる、たよれる男らしいタイプだよ。なにごとにもいっしょうけんめいな子が大すきみたい。

あなたの才能

自分の信念をつらぬき、その信念を表現する才能があるよ。

向いている職業

まんが家、エッセイスト

ラブの運

相手に愛されたいと思うタイプ。やさしくて、気配りのできるカレとなら、ハッピーな恋ができるよ。

あなたへのおまじない

理解力が高まり、勉強がたのしくなるおまじない。えんぴつかシャープペンを持ったら、その手に向かって、反対の手の指で○をかいて。8個かけばOK。

神秘のアイテム
リボン

ラブ運アップ、女子力アップにはリボンがオススメ。リボンつきの服、リボンつきのバッグ、リボンつきのアクセなど、リボンを身につければバッチリだよ。

4月

今日の運勢 ほしかったものが手にはいるかも。情報をキャッチするのが鍵だよ。

4月18日生まれ

誠実な上品ガール

おひつじ座 ♈

シルバー
ラッキーカラー

④
ラッキーナンバー

大きな鏡のある場所
パワースポット

あなたは……
おちついていて、品のある女の子。誠実で正義感がつよく、友だちや家族をまもろうとするよ。でも、まもりたいあまり、口をだしすぎてしまうことも。プライドが高く、失敗すると、ぜったいばんかいしようとするがんばり屋。伝統文化や歴史に関心がつよいよ。

友だち運
ものおじせずに話しかけて、だれとでもすぐに友だちになれるよ。習い事やイベントで知りあった子とも親交を深め、友情をはぐくめるよ。

友運アドバイス
友だちと仲よくすごせるけど、気分のいいときと、ヘコんでいるときの差が大きいほう。友だちを心配させないようにね。

相性がいいのはこの誕生日の人！
ラブ 2月27日、4月27日
友だち 2月6日、5月26日、9月17日

この日生まれの男の子
プライドが高く、きずついたら回復に時間がかかるタイプ。誠実でまじめな女の子がすきだよ。じっと自分だけを見つめてもらえるとメロメロになっちゃう♡

あなたの才能
伝統を重んじる意識や、正義感のつよさがあなたの持ち味。

向いている職業
巫女、警察官

ラブ運
すきになると積極的に気持ちをアピールするよ。誠実なので、いったん交際をはじめれば、しあわせになれるよ。

おしゃれアドバイス
上品なヘアアクセで魅力満開。

あなたへのおまじない
金運がアップするおまじないを。黄色がはいったハンカチでさいふをつつんで。それを、部屋の西がわに1時間、さわらずにおいておくといいよ。

神秘のアイテム
錨
錨には、人生の荒波から身をもってくれる力がひめられているよ。錨のグッズで運気アップ。錨の絵をかくのもいいね。

4月

126 今日の運勢 ● 集中力がなくなりがち。ウソにひっかかりやすいのでご用心！

しきり上手のがんばり屋さん

4月19日生まれ
おひつじ座 T

ラッキー☆カラー：緑
ラッキーナンバー：5
パワースポット：花だんのそば

あなたは……
高い目標や夢をかかげ、それに向かってひたすら努力をするタイプ。現実的でがんばり屋だから、少しくらいの困難にはへこたれないよ。新しくなにかをつくったり、人がつくったものを改良したりするのが得意みたい。みんなをまとめるのも、上手だよ。

友だち運
友だちを信じ、友だちからも信じられ、たしかな友情をきずけそう。明るくて正直だから、みんなの信頼をえて、まとめ役としても力を発揮するよ。

友運アドバイス
おだてによわくて、だまされやすいところがあるけれど、友だちのアドバイスがたすけてくれるはず。

相性がいいのはこの誕生日の人！
ラブ 6月28日、9月7日
友だち 1月19日、3月31日、11月1日

おしゃれアドバイス
花のアクセでキューティーに。

この日生まれの男の子
しきり屋タイプのカレ。将来は仕事も家庭も、自分の理想の形にきずき上げたいとねがっているよ。自分についてきてくれる、おとなしくてやさしい女の子がすき。

あなたの才能

ゼロからものをつくりあげる能力をいかせば有名に！？

向いている職業
会社の社長、小説家

ラブ運
すきな気持ちをすなおにアピールするタイプだよ。相手をコントロールしようとしすぎるところがあるみたい。注意してね。

あなたへのおまじない

みんなにすかれ、人気運がアップするおまじない。白い紙に緑のペンで星マークをかいて。その紙に両手のてのひらでタッチすればいいよ。

神秘のアイテム
ハート
ハートには幸福をもたらす力があるよ。ぐうぜんハートの形のものを見かけたら、写真にとっておくといいよ。ハートのアクセをつけるのも効果バッチリ。

4月

今日の運勢 ● ひとつのことにひたすら集中したい気分。ジグソーパズルや手芸、部屋のそうじもいいかも。

4月20日生まれ

おひつじ座 ♈

 ピンク　ラッキーカラー
 6　ラッキーナンバー
 庭のある家　パワースポット

向上心のつよいパワフルガール

あなたは……
つねに上をめざしていく女の子。夢をかなえるためには、少し高いハードルも苦にならず、むしろ、イキイキとしてくるタイプ。でも、少しデリケートな面もあるね。いちど気むずかしくなると孤立しちゃうことも。ストレスをためずゆったりとかまえて。

友だち運
おだやかで自然体、フシギな存在感が魅力で、友だちがあつまるよ。順応性があり、だれにでも思いやりを持って接するよ。

友運アドバイス
気持ちの表現のしかたがどくとくなところがあるよ。友だちに誤解されないよう、すなおにつたえるようにしてみてね。

相性がいいのはこの誕生日の人！
ラブ 4月20日、11月4日
友だち 2月21日、4月22日、12月11日

この日生まれの男の子
向上心のつよいリーダータイプのカレ。いっぽう、感受性がゆたかでデリケートなところもあるから、こまやかな気配りができる女の子がすきだよ。

あなたの才能
向上心はバツグン。社会のためになる仕事がピッタリ。

向いている職業
医者、ジャーナリスト

ラブ運
さりげない気配りで、カレのハートをつかめるよ。でも、ときどきわがままをいってしまうことがあるから注意して。

おしゃれアドバイス
スカーフ使いで魅力アップ。

あなたへのおまじない
理想的な女の子になれるおまじない。コップに水をいれ、その水に向かって「ビーナス」ととなえて。その水でつめをみがくといいよ。

神秘のアイテム
イルカ

イルカは愛と美の女神ビーナスの使者。イルカグッズで、ラブ運とビューティー運をアップ。イルカのイラストをお守りにして持つとグッド。

今日の運勢　強気にでることで勝利を勝ちとれそう。自信を持っていこうね！

心やさしい カンペキ主義者

4月21日生まれ
おうし座

ラッキーカラー：黒
ラッキーナンバー：7
パワースポット：家の1階

あなたは……
いちどひき受けたことは、さいごまでやりとげ、カンペキをめざす女の子。誠意があり、自分の発言に責任を持つので、まわりからたよりにされるよ。心やさしくて、うつくしいものが大すき。失敗するとはげしくおちこむことがあるけど、たちなおりは早いほう。

友だち運
おおぜいとペースをあわせるよりも、少人数の友だちと深くつきあうほうだね。向上心のつよい友だちといっしょに成長していくよ。

友運アドバイス
めんどうみがよくて、責任感がつよいあなた。友だちのためにがんばりすぎることも。むりしないでね。

相性がいいのはこの誕生日の人！
ラブ 4月12日、10月22日
友だち 1月12日、5月9日、12月29日

おしゃれアドバイス
お気にいりのネックレスをつけるとイキイキかがやくよ。

この日生まれの男の子
なんでも自分でこなせてしまうカレ。愛したいという気持ちがつよく、たくさんの恋愛をしていくタイプだよ。なんにでもいっしょうけんめいにとりくむ子がすきだよ。

あなたの才能
すぐれた美的センスをいかすと、かつやくできちゃう。

向いている職業
料理研究家、デザイナー

ラブ運
いつもだれかに恋をしている、恋多きタイプ。愛情は深いけど、ちょっぴりヤキモチ焼きなところもあるよ。

あなたへのおまじない
ステキな恋ができるおまじない。白い紙にピンク色のキャンドルの絵をかいて。そのキャンドルに両手をかざし、「ハッピーロマンス」ととなえればOK。

神秘のアイテム
鍵
鍵は幸運の扉を開けるといわれているよ。鍵型のペンダントやストラップも◎。本物の鍵ならもっといいよ。

4月

今日の運勢　委員会やクラブ活動で重要な仕事をまかされちゃうかも。ガッツでがんばろう。

4月22日生まれ

おうし座 ♉

おだやかで堂々とした子

 ラッキーカラー：グレー
 ラッキーナンバー：8
 パワースポット：商店街

あなたは……
もの静かでおだやかな女の子。めだつことが苦手でひかえめなんだけど、堂々とした存在感があるよ。人と仲よくなるのは時間がかかるけど、友だちになったら、深くつきあうタイプ。人をまとめてグループをつくる能力があり、まわりからいちもくおかれているよ。

友だち運
空気が読めて、順応性も高いよ。誠実さがすかれて、あなたをたすけようと思ってくれる友だちがふえるから、交友関係もひろがっていくよ。

友運アドバイス
みんなのふんいきを読むのが上手なのに、自分によゆうがなくなるとわがままがでちゃうことも。ひと呼吸おいてみて。

相性がいいのはこの誕生日の人！
ラブ 6月29日、9月17日
友だち 1月30日、5月3日、11月22日

この日生まれの男の子
おだやかで心やさしい人。状況にあわせて自分の態度をかえられるから、友だちともめることは少ないよ。口のかたい子がすき。もしヒミツをうちあけられたら脈あり！

あなたの才能
どんな分野でも、組織をつくってまとめる力を発揮するよ。

向いている職業
ネットショップの経営者、テレビディレクター

ラブ運
すきな人にはまっすぐに気持ちをアピールするよ。ふたりだけの約束をすることで、仲を深めていくよ。

おしゃれアドバイス
ガーリーなおしゃれがピッタリ。

あなたへのおまじない
集中力を高めるおまじないを。がんばりたい本番の前にやってね。胸の前で左右の人さし指の先をあわせ、目をとじて6つかぞえればバッチリだよ。

神秘のアイテム
エンジェル（天使）
あなたをまもってくれるエンジェル。エンジェルの絵をノートにはさんでおくのもいいよ。不安になったとき、その絵にタッチするとバッチリだよ。

今日の運勢 ◎ グループ行動が吉。自分の考えをおしつけなければ、なおよし！

安定をもとめる社交派

4月23日生まれ おうし座

あなたは……
頭の回転が速くて、だれとでもうまくつきあえる女の子。するどい直感力で人の個性を見ぬき、自分の能力をいかしてくれる相手や場所を見きわめちゃう。安定をもとめるから、将来は、いちどついた仕事を一生つづけようとするよ。

友だち運
社交的で人をたのしませることが大すき。とくに、少人数の仲間といっしょに行動するのがすきで、イベントも企画しちゃうよ。

友運アドバイス
口の悪いところが玉にキズ。こだわりを持つのはいいことだけど、まわりに歩みよると友だちの輪がもっとひろがるよ。

相性がいいのはこの謎生日の人!
ラブ 6月1日、11月16日
友だち 1月23日、3月18日、9月5日

おしゃれアドバイス
耳をだすヘアスタイルがオススメだよ☆

この日生まれの男の子
安定をもとめるいっぽうで、変化や刺激もすきなカレ。うたれづよくてたましい女の子にひかれるよ。まずは友だちとして仲よくなって、恋へ発展させて。

あなたの才能
まわりにあわせる才能アリ。おおぜいの人とかかわる仕事が◎。

向いている職業
調理師、キャビンアテンダント

ラブ運
恋には冷静なタイプ。クールなところがあるので、恋がはじまりにくいかも。笑顔をわすれずにいればだいじょうぶ。

あなたへのおまじない
くじ・懸賞運がアップするおまじない。オレンジ色の折り紙を切りとり、☆を7枚つくって。それをさいふにいれて、発表の日まで持ちあるくといいよ。

神秘のアイテム
星
星は希望の象徴。うまくいかないことがあったら、星のアイテムからパワーをもらってね。星のモチーフのネックレスやブレスレットをつけるだけで気分がアップ。

今日の運勢 ○ 自分のルーズなところをなおしたくなる日。なんでもきちんとしたくなるよ。

4月24日生まれ

おうし座 ♉

ラッキーカラー 赤

ラッキーナンバー 1

パワースポット 職員室

表現力がゆたかな世話ずきタイプ

あなたは……
友だちや家族など、たいせつな人にはこまやかに気を配ったり、世話を焼いたりして、たくさん愛情をそそぐよ。そのぶん、相手に無視されると、はげしくへこんじゃう。自分が感じたことを、文章やことばで表現するのが得意。恋より仕事を優先するかも。

友だち運
思いやりがあって、聞き上手。社交的で、人の輪の中心にいることが多いタイプ。グループの調整役としてみんなをまとめるよ。

友達運アドバイス
自分にきびしいので、必死でがんばるあまり、人にも強引になりがち。ときには力をぬいてみて。

相性がいいのはこの誕生日の人！
ラブ 4月15日、8月24日
友だち 3月11日、7月15日、10月13日

この日生まれの男の子
こまやかな愛情を持つ世話ずきな男の子。たいせつな人たちをまもろうとする気持ちがつよい。包容力のあるお母さんのようなタイプの女の子と相性◎。

あなたの才能
ゆたかな表現力をいかした文章や、ことばを使う仕事がピッタリ。

向いている職業
編集者、エッセイスト

ラブ運
愛情深く、すきな人につくすタイプ。世話をしすぎて、恋人というより母親のような存在になっちゃう可能性も!?

おしゃれアドバイス
ピンク色のリップで女の子らしさアップ。

あなたへのおまじない
学校がもっとたのしくなるおまじない。学校内の日のあたる場所にたち、「エンジョイ スクール」ととなえて、深呼吸すればバッチリだよ。

神秘のアイテム
チョウ

さなぎからうつくしいすがたにかわるチョウは、成長と美のシンボル。チョウのイラストをかざるのもグッド。チョウのペンダントやブローチもステキだよ。

今日の運勢 ✗ ものごとをあまり見て失敗しちゃうかも。自信過剰はキケンだよ！

存在感のある頭のいい子

4月25日生まれ

あなたは……

口数は少ないけれど、ズバッと話の核心をつく頭のいいタイプ。少し口が悪いところがあるけれど、洗練されたふんいきと存在感はバツグンで、周囲のあこがれの的。おせじがきらいで、口のうまい人は信用しないよ。ちょっとガンコなところがあるかも。

友だち運

ひろくあさくではなく、せまくても深くつきあえる友だちをもとめるタイプ。趣味やこのみがおなじ人とは、じっくりと友情をはぐくんでいけるよ。

友運アドバイス

気持ちが高ぶると、衝動的な行動をとって、友だちをびっくりさせちゃうことも。おちついた行動を心がけて。

相性がいいのはこの誕生日の人!
ラブ 4月7日、6月25日
友だち 2月7日、8月7日、12月7日

おしゃれアドバイス

毛先を少しカールすると、キュート♡

この日生まれの男の子

無口だけど、存在感のあるカレ。おせじがきらいだよ。少しくらい要領が悪くても、心のあたたかい女の子にひかれるよ。恋愛でもけっしてうらぎらないタイプだね。

あなたの才能

ひとりで、ものごとをこつこつこなす才能があるよ。

向いている職業

パティシエール、アロマセラピスト

ラブ運

軽いノリの男の子には見むきもせず、不器用でもすなおな人にひかれるよ。心がつうじあう、あたたかい恋をするよ。

あなたへのおまじない

困難やトラブルに負けないおまじない。胸の前で両手をあわせ、「プロブレム ソルビング」ととなえ、目をとじて心をおちつければいいよ。

神秘のアイテム

スプーン

銀色のスプーンには魔よけの力があるといわれているの。小さな銀色のスプーンを、小物入れやひきだしなどにいれておくと効果がバツグン。

4月

今日の運勢 ◎ あなたのコーデが注目されるよ。美的センスがさえる日。

4月26日生まれ

おうし座

妥協しない根性ガール

あなたは……

はじめたことは、どんなに時間がかかっても、目標を達成するまでがんばる根性の持ち主。ひとつの考えにしばられやすくて、ちょっぴりガンコなところも。仲間とすごす時間が大すき。自分をあとまわしにしてでも友だちや家族をたいせつにするよ。

友だち運

心がやさしくてポジティブだから、人の長所に目がいくことが多く、ステキな人とは、すすんで友だちになろうとするよ。

友運アドバイス

まじめすぎて、なにかに熱中すると、そばにいる人のことも考えられなくなっちゃう。ときどき気分転換してね。

相性がいいのはこの誕生日の人!

ラブ 1月17日、9月14日
友だち 3月8日、5月4日、12月26日

この日生まれの男の子

どんなに時間がかかっても、かならず目的を達成する根性タイプ。恋をすると、自分の気持ちをグッとおさえてしまいがち。フレンドリーな女の子がすきみたいだよ。

あなたの才能

妥協しないこだわりが才能。得意分野でいかすと大成功!

向いている職業

CGクリエイター、ソムリエ

ラブ運

すきな気持ちを相手になかなかつたえられないタイプ。笑顔を心がけていれば、恋のチャンスはふえるよ。

おしゃれアドバイス

ネックレスやストールなどで首まわりをおしゃれに。

あなたへのおまじない

もっとかわいくなれるおまじない。ピンクの折り紙の上に、水をいれたコップをのせて。コップの水を人さし指につけ、くちびるをぬらせばOK。

神秘のアイテム

テントウムシ

しあわせのシンボルとして親しまれている、テントウムシ。成功したいとき、テントウムシのがらやワンポイントがついた小物を身につけると効果バッチリ。

今日の運勢
夢を実現するためのサポーターがあらわれそう。まわりの人に感謝!

才能ある はたらき者

4月27日生まれ おうし座

シルバー / 4 / 階段
ラッキーカラー / ラッキーナンバー / パワースポット

あなたは……
だれにも負けない得意分野を持っている女の子。主役になるより舞台うらでがんばることで、才能を発揮するよ。人の役にたつことにしあわせを感じ、ひたむきに努力するタイプ。失敗しても、それをバネにしてやりなおすから、さいごは成功を勝ちとるよ。

友だち運
いちずできまじめな人。友だちとは軽いつきあいをするよりも、心の底からわかりあいたいと思うから、親友をつくれるよ。

友運アドバイス
深い話になると、友だちと議論になりがち。気軽におしゃべりをたのしむことも心がけてみて。

相性がいいのはこの誕生日の人!
ラブ 1月3日、10月30日
友だち 2月28日、5月17日、12月23日

おしゃれアドバイス
プチペンダントで女の子らしさアップ。

この日生まれの男の子
ひかえめであたたかな、縁の下の力持ち的存在。恋をするとつくすけれど、相手にもおなじことをもとめるタイプ。おっとりした明るい子がこのみだよ。

あなたの才能
うらかたで実力を発揮するタイプ。ひとりでこなす仕事も◎。

向いている職業
栄養士、演出家

ラブ運
恋にはやすらぎをもとめるよ。明るくはげましあうなど、おたがいに元気になれる、たのしい恋ができるよ。

あなたへのおまじない
すきな人がふり向いてくれるおまじない。カレを見かけたら背中に向かって、♡をかくイメージを。これをくりかえせばいいよ。

神秘のアイテム 虹
幸運のサインとして有名な虹。虹の絵や写真をかざるだけでもパワーがもらえるけれど、虹の7色に光るアクセや小物も効果バッチリだよ。

4月

今日の運勢 ゆったりとした音楽と相性がいい日だよ。ストレスも消えそう。

4月28日生まれ

おうし座 ♉

おしゃれなしっかり者

- ラッキーカラー：黄緑
- ラッキーナンバー：5
- パワースポット：花がさいている道

あなたは……
はじめたことは、どんなにたいへんでもさいごまでやりとげる女の子。しっかり者で、ものごとを見ぬく力があるから、大きな失敗はしないよ。いうことに説得力があり、たよりがいがあるから、したってくる友だちがいっぱい。おしゃれにとても気をつかう人だよ。

友だち運
かかわった人に幸運をもたらす、フシギな力を持った人。存在感バツグンで、思いやりもあるので、人気者だよ。

友運アドバイス
がんばり屋さんだけど、がんばりすぎると人への気づかいができなくなっちゃう。ときどきたっぷり休んでね。

相性がいいのはこの誕生日の人！
- ラブ 4月28日、8月26日
- 友だち 1月15日、3月25日、10月27日

この日生まれの男の子
ピンチにつよく、みんなからたよりにされている人。友だちや恋人を思いやり、だいじにまもっていくタイプだよ。清潔感と品のある女の子がこのみみたい。

あなたの才能
ものをつくりあげる、クリエイティブな能力が◎。

向いている職業
雑誌編集者、グラフィックデザイナー

ラブ運
堂々とした存在感で、男子の注目をあつめるよ。ヤキモチを焼きやすいので、誠実なカレとなら相性バッチリ。

おしゃれアドバイス
パステルカラーのブレスで魅力アップ！

あなたへのおまじない
再チャレンジが成功するおまじない。両手のてのひらを自分に向けてひろげて、親指に力をいれてパー、そこからグーへ。これを4回やればOK。

神秘のアイテム
花

花は女らしさのシンボル。部屋にかざったり身につけたりするだけであなたの魅力がアップするよ。花がらのスカートやポーチもステキだよ。

今日の運勢 ● 直感がはずれがち。まわりのアドバイスはきちんと聞いてね！

4月29日生まれ

おうし座

ラッキーカラー ピンク
ラッキーナンバー 6
パワースポット 音楽室

たよれるリーダー

あなたは……
しっかりとした自分の考えがあって、なにごとにも自信を持ってとりくむよ。みんなからたよりにされ、責任ある立場にたつことも多いの。友だちや家族には心をゆるすけど、そのほかの人によく思われたくて、マナーや服装などを気にしすぎることも。

友だち運
義理がたく、友だちをたいせつにするので、交友関係にめぐまれるよ。やさしくされたら、心をこめたおかえしをする人。

友運アドバイス
失敗するとネガティブになって、まわりの人を心配させそう。友だちと思いきりあそんで気分転換してね。

相性がいいのはこの誕生日の人！
ラブ 2月22日、11月22日
友だち 3月11日、5月1日、11月2日

おしゃれアドバイス
服にパステルカラーをいれると魅力アップ！

この日生まれの男の子
おちついていて考え深く、まわりから信頼されているよ。自分をたよりにしてくれる、けなげな女の子がすき。カレにとってリラックスできる存在になるみたい。

あなたの才能
時代の流れを読む才能アリ。社会の最先端でかつやくできるよ。

向いている職業
スタイリスト、アートディレクター

ラブ運
恋のはじめは、カレにたいしてぎこちなくなっちゃうかも。時間をかけながら、親しくなっていくよ。

あなたへのおまじない
もっとステキに変身するおまじないを。消しゴムのへっていく面に黒ペンで自分のにがお絵をかいて。その顔が消えるまで使えばOK。

神秘のアイテム
貝
ピッタリとペアになっている二枚貝は、きずなのシンボル。はなれてもひきあう力があるの。友だちとはなれるとき、貝がらを1枚ずつ持つと◯。

第4月

今日の運勢　金運アップの予感。おこづかい帳をつけるといいよ。

4月30日生まれ

おうし座

ラッキーカラー：青
ラッキーナンバー：7
パワースポット：教室のろうかがわ

まじめでたよれるお姉さんタイプ

あなたは……
責任感がつよくてまじめな女の子。まちがったことがきらいで、どんなときもちゃんとルールをまもろうとするよ。たよれるあなたは、年下の子から尊敬される存在。でも、たのまれるとあっさりひき受けて、あとからたいへんな思いをすることがあるので要注意。

友だち運
正義感があってやさしいので、尊敬され、したわれるよ。友だちとの交流をとおして成長し、かつやくの場をひろげていくよ。

友運アドバイス
せっかちなところがあるので、たまにはペースをおとして、まわりの人と歩調をあわせるように心がけてね。

相性がいいのはこの誕生日の人！
ラブ 7月0日、0月19日
友だち 1月3日、3月2日、7月12日

この日生まれの男の子
たいせつな友だちや家族をまもろうとするタイプ。あらそいごとはきらい。おだやかでやさしい子がすきだよ。おねがいによわいから、キュートにあまえてみて！

あなたの才能
きめたことをまもる責任感、めんどうみのよさがバツグンだよ。

向いている職業
銀行員、アナウンサー

ラブ運
すきになるのは、相手が尊敬できる人かどうかがポイントみたい。すなおな気持ちを、さりげなくつたえてみて。

おしゃれアドバイス
きゃしゃなタイプのアクセをつけて女の子っぽく。

あなたへのおまじない
女子力がさらにアップするおまじない。オレンジ色のモールで、ハートの形を1個つくって。それを手帳のしおりにして持ちあるくといいよ。

神秘のアイテム
月は女らしさの象徴といわれているよ。女子力をさらにアップさせたいというときは、月にねがったり、月のモチーフのアクセを持つと効果的。

4月

今日の運勢 パワフルにがんばれる日だよ。でも、ブレイクタイムはとってね。

5月1日生まれ

おうし座

ラッキーカラー: ピンク
ラッキーナンバー: 6
パワースポット: 月が見える部屋

じっくりとものごとを見きわめる子

あなたは……

まわりの人や世のなかのできごとをじっくり観察し、慎重にものごとの本質を見きわめようとする人。自分の気持ちをきちんとつたえようとするから、まわりからとても信頼されているよ。口数は少ないけど、発言にセンスがあるところも魅力。

友だち運

ユーモアセンスがあってとても社交的だけど、深いつきあいをする友だちは少数だね。仲よくなりたいなと思った子には自分から声をかけていくよ。

友運アドバイス

あせると、自分の意見を強引にとおしちゃうことも。そんなときは深呼吸しておちついてみてね。

相性がいいのはこの誕生日の人!

ラブ: 1月14日、5月19日
友だち: 3月1日、6月1日、9月1日

おしゃれアドバイス

カットソーのトップスをステキに着こなして。

この日生まれの男の子

なにごとにも誠実で、ユーモアセンスのある男の子。おしゃれなデートにあこがれるよ。自分のギャグを笑ってくれる子や、聞き上手な女の子にひかれちゃう。

あなたの才能

会話や文章の表現力がピカイチ!

向いている職業

アナウンサー、エッセイスト

ラブ運

恋愛になると、外見やムードのよさだけですきになっちゃうことも!? まずは友だちからはじめて、相手の人柄をしっかり知ってね。

あなたへのおまじない

得意分野をレベルアップさせたり、特技を持てたりするおまじない。東の方角に向かって両腕をひろげたら、深く深呼吸して。勇気とパワーをもらえるよ。

神秘のアイテム

錨

錨は海上で船をとめることから、力や希望のシンボルともされているの。錨の小物をそばにおいておくとパワーアップ!

今日の運勢

失敗やミスをしてもだいじょうぶだよ。次がんばればいいんだよ。

5月

5月2日生まれ

おうし座

ラッキーカラー：黒
ラッキーナンバー：7
パワースポット：クッションのある部屋

器用なカンペキ主義者

あなたは……
ものごとを分析し、本質を見ぬく、するどい力を持っている人。なんでもカンペキをめざしてムダなくすすめ、まとめあげるよ。美的センスもあって、手先も器用だから、なんでも手作りしちゃう！ついことばがキツくなっちゃうこともあるよ。気をつけようね。

友だち運
誠実で思いやりのある人だよ。はじめての人ともなじみやすく、少しずつ仲よくなるの。長くつきあうほど好感度がアップしていくよ。

友運アドバイス
カンペキ主義者だから、ちゃんとわかってもらいたくて、ちょっぴり話がまわりくどくなることも。なるべく話は簡潔に。

相性がいいのはこの誕生日の人！
ラブ 5月11日、11月2日
友だち 3月4日、5月4日、10月29日

この日生まれの男の子
なにごとにもカンペキをめざす子。そのぶん、いやされるような恋愛をしたいみたい。温和でやさしい子がタイプだから、カレを気づかう電話などでアプローチを。

あなたの才能
手先の器用さがバツグン！クリエイティブな仕事がピッタリ。

向いている職業
調理師、彫刻家

ラブ運
つきあう人にはやすらぎをもとめるよ。愛されたい気持ちがつよいから、だんだんにヤキモチ焼きな面がでちゃうかも……。

おしゃれアドバイス
ネックレスで首もとをおしゃれにかざって！

あなたへのおまじない
気のあう友だちや親友ができて、友情運をさらにアップするおまじないだよ。鏡に自分のイニシャルを指で書き、フッと息をふきかければOK。

神秘のアイテム
イルカ
群れをなしておよぐイルカは、友情運を高める動物としてたいせつにされているよ。イルカの小物をお守りにして持ちあるくと、人気もアップ！

今日の運勢：自分らしさが吉とでるよ。自分のスタイルはかえないでね！

ユーモラスな リーダー

5月3日生まれ

ラッキーカラー：茶
ラッキーナンバー：8
パワースポット：小さいお店

5月

あなたは……
人の心を理解できる、やさしい女の子。冷静で、現実的な考え方ができるから、こまっている人に的確なアドバイスができる、たよりになるリーダーね。ユーモアのセンスもバツグンで、気のきいたコメントができるから場をなごませるよ。

あなたの才能
商売の才能アリ。たくみなおしゃべりをいかすと大成功！

向いている職業
会社の社長、ラジオパーソナリティ

友だち運
しぜんと人の心をつかんじゃうタイプ。人気者で友だちも多く、そのなかから、おたがいに成長しあえるような親友も生まれるよ。

ラブの運
恋には消極的で、相手に気持ちをつたえるのに時間がかかるね。ここ！というときに少しの勇気をだして。きっとうまくいくよ。

友運アドバイス
愛嬌があっておだやかな性格だけど、ときどきわがままになっちゃうことも。そんなときは意識して人とあわせてみてね。

相性がいいのはこの誕生日の人！
ラブ 8月27日、9月21日
友だち 2月2日、6月16日、8月31日

おしゃれアドバイス
腕時計をつけて大人っぽくキメて。

あなたへのおまじない
試合やライバルとの勝負の前にこのおまじないを。青い折り紙の青い面で、自分の頭、肩、てのひら、足を順になでていけばバッチリだよ。

この日生まれの男の子
ユーモアにあふれているカレ。でも、じつは恋愛にはとてもおくびょうなタイプなんだよ。ぐいぐいリードしてくれる、積極的で明るい女の子にひかれるよ。

神秘のアイテム
月

ラッキーモチーフのなかでも有名な月。このアイテムを持ちあるくことで幸運になれるよ。月のチャームのついたペンダントも効果バツグン。

今日の運勢
いいほうに大逆転がおこるかも！たのしみにして。

141

5月4日生まれ

世話ずきなチャレンジャー

おうし座 ♉

- ラッキーカラー：青緑
- ラッキーナンバー：9
- パワースポット：駅前の広場

あなたは……

人づきあいがよくて、とても愛想がいい女の子。しっかり者で世話ずきだから、みんなからたよりにされているよ。むずかしいことをやりとげることによろこびを感じるから、責任ある役をまかされると勇気を持ってチャレンジするよ。

友だち運

自由にふるまっているように見えて、ほんとうは安定をもとめている人。まわりにはいつも友だちの存在があって、いろいろなタイプの人があつまるよ。

友運アドバイス

マイペースになりすぎるとまわりをふりまわしがちかも。ちょっぴりガンコな面もあるから注意してね。

相性がいいのはこの誕生日の人！
- ラブ：7月11日、9月1日
- 友だち：1月13日、3月13日、11月13日

この日生まれの男の子

いつもにこやかで、めんどうみのいい男の子。人見知りをしないので、女の子ともすぐに仲よしになれるタイプだね。気さくでよく笑う子にひかれるみたい。

あなたの才能

芸術的センスが高く、キャリアをかさねるほど開花するよ。

向いている職業

美容師、イラストレーター

ラブ運

愛想のよさが男の子にも人気だよ。初対面でもすぐに仲よくなれちゃう。すきな人には、こまめに世話を焼きたくなるよ。

おしゃれアドバイス

フェミニンなおしゃれがステキ。

あなたへのおまじない

苦手な科目や分野などを克服し、勉強運をさらに高めるためのおまじないだよ。水曜日の朝、左のてのひらを頭の上にのせて5つかぞえればOK。

神秘のアイテム
貝

女性の象徴ともされる貝の力をかりて、女子力をアップ！ 貝のついたアクセを身につけると、あなたの魅力がまして、ますますかがやくよ。

今日の運勢　友情運がアップ！ 人の長所を見つけたらほめてみて！

142

おしえ上手な さびしがり屋さん

5月5日生まれ
おうし座

オレンジ　ラッキーカラー
1　ラッキーナンバー
畑のそば　パワースポット

5月

あなたは……
エネルギッシュさとユニークさをあわせ持った人だよ。頭の回転が速くて、ものごとを見きわめる力も持っているから、人になにかをおしえるのがとても上手。話に説得力があるから、アドバイスをするのがうまいの。

あなたの才能
頭のよさとおしえ上手の才能をいかすと、成功できるよ。

向いている職業
教師、保育士

友だち運
さびしがり屋だけど気さくな人だから、友だちも多いよ。まわりの空気が重いと、さりげないじょうだんで笑わせるなど、ムードメーカーになれちゃうよ。

友運アドバイス
第一印象や思いこみで判断しちゃうところがあるかも。気をつけてね。

ラブ運
すきな人には自分の気持ちをこまめにアピールできる女の子。気持ちをおしつけすぎると逆効果になるから、注意して。

相性がいいのはこの誕生日の人!
ラブ　9月5日、11月5日
友だち　2月23日、5月10日、12月20日

あなたへのおまじない
ラブ運がさらにアップして、モテモテになるおまじない。ピンク色の折り紙の表面を、髪の毛、ほお、手……と全身にあてていけばバッチリだよ。

おしゃれアドバイス
アニマルのストラップでキューティーに。

この日生まれの男の子
頭がとても切れて、おしえ上手な男の子。すきな人の前では、ハデにさわいでしまうタイプね。聞き上手な子がすきだから、カレの話をじっくり聞いてあげると仲よくなれるかも。

神秘のアイテム
花

女子力アップには花のパワーを。あなたにはカスミソウの花が効果絶大だよ。カスミソウの写真や絵を、手帳やノートにはさんでおくといいよ。

今日の運勢　自分の不注意で、だれかにもうしわけないと思うことが。あやまればゆるしてくれるよ。

5月6日生まれ

おうし座 ♉

思いやりあふれる指導者

 黄 ラッキーカラー
 2 ラッキーナンバー
時計のある部屋 パワースポット

あなたは……
思いやりにあふれていて、たとえ自分がこまっていても、人のためにつくす女の子。人生を生きぬく知恵と勇気を持ち、それを周囲につたえられるから、たよりにされているよ。がまんづよい面もあり、将来は社会でとてもかつやくできる人だよ。

友だち運
フレンドリーで、正義感がつよく、人の役にたつのがすき。ズバリ本質をつくするどい発言から、あなたにあこがれをいだく人もいるよ。

友運アドバイス
責任感がつよすぎるあまり、自分だけでなくまわりにもきびしくしてしまうことも。ときには力をぬくことも必要だよ。

相性がいいのはこの誕生日の人！
ラブ 7月6日、11月6日
友だち 3月8日、6月25日、9月24日

この日生まれの男の子
情にあつくて、こまっている人には手をさしのべる男の子。後輩からしたわれるような、思いやりのある女の子にひかれるよ。カレには大たんに告白するのがいいかも♡

あなたの才能
指導力、想像力の才能がそなわっているよ。

向いている職業
舞台演出家、心理カウンセラー

ラブ運
すきだといわれると、はっきりことわれないタイプね。自分の気持ちにすなおになって、ほんとうにすきな人をたいせつにして。

おしゃれアドバイス
首もとに光るものをつけると魅力アップ。

あなたへのおまじない
友だちともっと仲よくなるための、友情運アップのおまじない。ノートにサクランボの絵をかき、左に友だち、右に自分のイニシャルを書けばOKだよ！

神秘のアイテム
馬の蹄鉄
馬は勝負運のシンボルとされているの。とくに馬の蹄鉄は、レベルアップしたいときに、つよい味方になってくれるよ。蹄鉄のアクセをつけるのもグッド。

今日の運勢 共同作業中にもめごとがあるかも。自分の意見をとおしすぎないことがたいせつだよ。

優雅でデリケートな女の子

5月7日生まれ おうし座

ラッキーカラー：水色
ラッキーナンバー：3
パワースポット：3階だてのたてもの

あなたは……
ものごしが優雅で、品のある人。感受性がゆたかで、美的センスはバツグン。美術、音楽、文学の分野で才能を発揮するよ。カンがよくて、ズバリと核心をついた発言をしちゃうことも。デリケートな面もあるけど、気持ちをうまくコントロールするよ。

友だち運
ふだんはおだやかに見えるけど、思いきりのいいタイプ。すなおにものをいうだけに、まわりにもハッキリしたタイプの人があつまってくるよ。

友運アドバイス
面と向かってキツイいい方をする人は、じつはあなたを評価しているのかも。不愛想にならず、笑顔になってみてね。

相性がいいのはこの誕生日の人！
ラブ 7月5日、9月25日
友だち 1月7日、4月14日、10月8日

おしゃれアドバイス
小花がついたネックレスで首もとを上品に。

この日生まれの男の子
センスがあってうつくしいものを愛し、繊細な心を持っている男の子。すきな人にはたっぷりの愛情をそそぐタイプだよ。天然系の純粋な女の子がすきだよ。

あなたの才能
うつくしいものをつくりあげる才能をいかすと大かつやく！

向いている職業
アーティスト、ネイリスト

ラブ運
ムードによわいロマンチスト。愛情深くて、すきな人にはいっしょうけんめいになっちゃう。ちょっぴりヤキモチ焼きな面も。

あなたへのおまじない
ピンチを回避し、ラッキーをよびこむおまじない。東がわに向き、両手で水をすくうような形をつくって。そこに星がたまるイメージをして3秒おけば◯。

神秘のアイテム
鍵
鍵は富や健康などのしあわせをよびこむといわれているの。おしゃれなカギを見つけたら、お気にいりのチェーンやリボンをつけておくといいよ。

5月

今日の運勢 「この人とおなじクラスでよかったな〜」と思うことがあるかも。

5月8日生まれ

おうし座 ♉

まじめで たよれる女の子

シルバー
ラッキーカラー

4
ラッキーナンバー

階段のある公園
パワースポット

あなたは……

おちついたムードの、まじめな女の子。自分に自信があり、じっくり考えてから発言することばには、とても説得力があるよ。昔からの習慣や伝統的なことがすき。でも、それにとらわれずに、新しいものをどんどん吸収する積極性もあるよ。

友たち運

思いやりにあふれていて、親友にもめぐまれているよ。深くつきあいたいと思った人には、あえてきびしいアドバイスをすることが多いの。

友運アドバイス

まわりとこじれてしまうと意固地になり、ひっこみがつかなくなることも。すなおになって、人にあわせることもだいじね。

相性がいいのはこの誕生日の人！
ラブ 3月17日、9月26日
友たち 1月25日、3月5日、11月18日

この日生まれの男の子

自分に自信を持っている男の子。友だちや恋人をたいせつにし、いいかげんな発言はしない人だよ。すきな子にはいつもまじめに向きあうよ。誠実な女の子にひかれるみたい。

あなたの才能
説得力をいかせば、ひろくかつやくできるよ。

向いている職業
小説家、政治家

ラブ運
すてきな人ができると積極的にアプローチしちゃう。つきあったら、相手のことを思いやって、けっしてうらぎらないよ。

おしゃれアドバイス
うすいピンクのリップでかわいさアップ。

あなたへのおまじない

不安をとりのぞき、勇気をだせるおまじないを紹介。左のてのひらを、にぎりこぶしにした右手でトンと1回、つよめにたたくの。これで勇気注入だよ。

神秘のアイテム
クラウン（王冠）

持つ人に力をあたえ、幸運をよびよせてくれるクラウン。金色の折り紙やシールで小さなクラウンを手作りすると、パワー倍増だよ。

今日の運勢 ❌ なまけ心がでてきそう。いちどきめたら、さいごまでやりとげてね。

146

正義感あふれるカリスマ

5月9日生まれ
おうし座

ラッキーカラー 緑
ラッキーナンバー 5
パワースポット 校門

あなたは……
正義感にあふれていて、まちがったことはほうっておけない人。だれにたいしても公平に接するよ。内面からパワーがみなぎっていて、カリスマ的な存在になる可能性も!? ふだんはおだやかでやさしいけど、たまに短気なところもあるから注意して。

友だち運
人の悪口をいわず、長所を見つけてほめるので、だれとでもたのしくすごせちゃう。ものおじせず、いろいろな人とすすんで友だちになろうとするよ。

友運アドバイス
問題は自分だけでかかえずに、まわりにあまえたり、たのんでみたりしてね。友だちはきっとたすけてくれるよ。

相性がいいのはこの誕生日の人!
ラブ 1月9日、9月27日
友だち 2月14日、4月30日、9月16日

おしゃれアドバイス
レース使いのトップスで魅力的に。

この日生まれの男の子
ふだんはおおらかでやさしいけれど、ずるいことはゆるせないカレ。すきな女の子は、ひとりじめしたい気持ちがつよいよ。正直でウソをつかない子がタイプね。

あなたの才能
芸術的センスだけでなく、商売の才能もバツグン。

向いている職業
金融ディーラー、絵本作家

ラブ運
女の子らしい魅力を持っていて、とてもモテるタイプ。相手に口だししすぎなければ、ハッピーな恋ができるよ。

あなたへのおまじない
成績をさらにアップさせたいときのおまじないを紹介。青い折り紙に「マーキュリーの力」と書いて折りたたみ、ペンケースにいれておけばいいの。

神秘のアイテム
クロス（十字架）
神秘の力を持つといわれるクロス。わざわいからまもってくれるパワーもあるの。クロスのついたアクセを身につけると効果テキメンだよ。

5月

今日の運勢 気分転換するとどんどんラッキーデーになっていくよ。

5月10日生まれ

おうし座

ラッキーカラー：ピンク
ラッキーナンバー：6
パワースポット：テレビのある部屋

ダイナミックな行動派

あなたは……
発想がユニークで、個性的。おもしろいと思ったら、まわりが見えなくなるくらい夢中になるし、「これだ！」と思ったらすぐ行動する大たんさもあるよ。先を読む力があるから、うまく世のなかの流れにあわせて動けるの。ピンチのときでもへこたれないよ。

友だち運
なにごとも友だちにたよらず、自分でなんとかしようとする。人にあまえたり、弱みを見せたりするのが苦手かも。リーダーとしての素質もじゅうぶんだよ。

友達アドバイス
プライドが高く、なかなか本音をいわないため、まわりから誤解されることも。ときには本心をさらけだしてみて。

相性がいいのはこの誕生日の人！
恋：5月9日、11月10日
友だち：3月10日、4月20日、10月10日

この日生まれの男の子
どんな人ともうまくやっていけるカレ。すきな子にはがんがんアタックしたり、ぎゃくにそっけなくしたりして、少しずつ距離をちぢめていくタイプ。よく笑うまじめな子がすきだよ。

あなたの才能
ユニークな発想と、創造力をいかすと◎だよ。

向いている職業
舞台演出家、デザイナー

ラブ運
品があって魅力的だからモテるね。すきになると、大たんにアピールしていくよ！ 絶妙なかけひきで相手をとりこにしちゃう。

おしゃれアドバイス
ねんいりなお手入れで、ツヤツヤヘアをキープ。

あなたへのおまじない
ピンチなときも負けないおまじないだよ。まずは大きく深呼吸をして。それから「悪！運！撃！退！」と心のなかで1回となえればいいの。

神秘のアイテム
四つ葉のクローバー
クローバーには金運を高めるパワーがひそんでいるの。グリーンのフェルトを四つ葉の形に切って、さいふのなかにいれておけばOK。

今日の運勢：なにかをするときは、時間をかけてがんばってみて！ かならず自分のためになるよ。

5月11日生まれ

おうし座

ラッキーカラー: ベージュ
ラッキーナンバー: 7
パワースポット: 図工室

むじゃきなユニークガール

あなたは……
想像力がゆたかで、たのしいことが大すきな女の子。どくとくな世界観を持っているよ。じょうだんやおもしろい話で会話をもり上げるのが上手だから、いつも友だちがあつまってくるの。自信を持っているけれど、ときどき不安になることも。

友だち運
気配り上手で、機転がきくから、しぜんとムードメーカー的な役わりをこなしているよ。人気も高く、年上の人からかわいがられることも多いよ。

友運アドバイス
心配性なため、イライラしてしまうことも。友だちに心配かけないように、ひらきなおるくらいでちょうどいいかも。

相性がいいのはこの誕生日の人!
ラブ: 3月11日、11月11日
友だち: 2月21日、8月15日、10月11日

おしゃれアドバイス
銀色のアクセをつけると魅力アップだよ。

この日生まれの男の子
友だちを笑わせるのがたのしくて、すきな子にもじょうだんばかりいっているよ。ふともらす本音を聞きのがさないで。笑顔をたやさない、聞き上手な子にひかれるよ。

あなたの才能
まわりがおどろくような発想力と、ゆたかな想像力をいかして！

向いている職業
お笑い芸人、アートディレクター

ラブ運
すきな人には気持ちをうまく表現できず、じょうだんばかりいっちゃうみたい。すなおになって、まじめに気持ちをつたえてね。

あなたへのおまじない
フシギと運がアップしてくるおまじないだよ。金色の折り紙に100円玉を1枚のせて、すきなようにつつんで。それをカバンにいれて持ちあるけばいいの。

神秘のアイテム
テントウムシ
ヨーロッパのある国では、テントウムシは聖母マリアのお使いといわれているよ。テントウムシの写真やイラストを持っていると、しあわせが到来！

5月

今日の運勢 ✗ ちょっとしたからかいに、ショックを受けないようにね。大げさにとらないほうがいいよ。

5月12日 生まれ

おうし座

- 茶 ラッキーカラー
- 8 ラッキーナンバー
- 図書室 パワースポット

おおらかなリーダー

あなたは……
楽天的でおおらかな女の子。頭がよくて、ものごとを深く、すじ道をたてて考えることができるよ。信頼され、実力をみとめられているリーダータイプ。一見、近よりがたいイメージだけど、ほんとうはおちゃめでユーモアたっぷりな人だよ。

友だち運
責任感がつよく誠実だから、友だちにたのまれたことはきちんとやるよ。こまっている人をたすけるのも得意。あまりベタベタしない友だち関係をつくるよ。

友運アドバイス
すきなことは全力投球、いやなことは全力で抵抗しがち。いやなことにも挑戦すると、友だちの輪もさらにひろがるよ。

相性がいいのはこの誕生日の人!
ラブ 1月30日、11月13日
友だち 3月12日、8月23日、12月21日

この日生まれの男の子
とっつきにくい印象だけど、じつはおおらかで明るいカレ。友だちもすきな子ともともだいじにするよ。へこたれないがんばり屋さんがすき。ちょっぴりヤキモチ焼きだよ。

あなたの才能

クリエイティブな才能をいかして!

向いている職業
まんが家、小説家

ラブ運
本心をかくしがちで、気持ちをつたえるのに時間がかかるよ。すきな相手にはいっしょうけんめいつくすタイプだよ。

おしゃれアドバイス
カラーストーンのペンダントで魅力満開。

あなたへのおまじない

テストやコンクールなどに合格するおまじない。しずかに目をとじ、目の前に太陽がかがやくのをイメージして。ゆっくり目をあけたら深呼吸してね。

神秘のアイテム
ハート
愛の象徴であるハートは、持つ人をしあわせにする力があるの。ハートのついたストラップをカバンにつけておくと、しあわせがやってくるかも。

今日の運勢 積極的な発言が吉! 意見はみんなの前で堂々といってね!

5月13日生まれ

おうし座 ♉

マイペースな人気者

ラッキーカラー: 赤紫
ラッキーナンバー: 9
パワースポット: 学校の特別室

あなたは……
なにごともむりをしないで、マイペースに自分のやり方ですすめていける人。みんなが苦労しても手にいれられないようなものを、あっさりとつかんでしまう強運を持っているよ。向上心もあり、つよい意志を持つことで、より大きな成功をつかめるよ。

友だち運
社交的で人をたのしませるのが大すき。謙虚なので、みんなからすかれているね。いろいろなタイプの友だちがいるよ。とくに年上の人からかわいがられるよ。

友運アドバイス
友だちのためにあれこれ考えすぎて、からまわりしちゃうこともあるよ。肩の力をぬいて行動してみてね。

相性がいいのはこの誕生日の人！
ラブ 7月2日、7月20日
友だち 1月22日、4月26日、7月13日

おしゃれアドバイス
大きめのアクセでかわいい印象づけて。

この日生まれの男の子
ムリはきらい。なにをするにも自然体の男の子だよ。すきな子にはマメにつくすタイプ。女の子から積極的にせまられるとクラッときちゃうみたい。明るい行動派の子がすき。

あなたの才能
芸術的センスや、ユーモアセンスをいかすといいよ！

向いている職業
脚本家、イラストレーター

ラブ運
男の子にも人気があるから、恋のチャンスも多いね。モテモテだけど、すきになると、カレだけをたいせつにするよ。

あなたへのおまじない
長所をのばし、さらにステキな女の子になるおまじない。東の方角の青空に向かって指で大きな○をかき、そのまんなかに点をかけばOK。

神秘のアイテム
魚

魚はたくさんの卵を生むことから、幸運をよぶといわれているよ。魚のモチーフのついたアクセを身につけると、うれしいできごとがおきるかも。

今日の運勢: 窓をあけて深呼吸。頭がスッキリしたら世界がかわる日。

5月14日 生まれ

おうし座 ♉

ラッキーカラー　赤

ラッキーナンバー　1

いい香りのするところ　パワースポット

カンペキをめざす流行のリーダー

あなたは……
なにごとにもカンペキをめざし、ものすごいいきおいでがんばるエネルギッシュな女の子。まじめで自分をあまやかさず、そのぶん人にもきびしいかも。流行を先取りするのが得意で、チャンスをうまくつかんでいくよ。

友たち運
明るくて気さくで周囲をひきつける魅力を持っているけど、本音はあまりださないよ。あなたをしたう、ほんとうの気持ちをわかってくれる人と友情をはぐくむよ。

友運アドバイス
カンペキをめざすあまり、ちょっぴりガンコなところがあるよ。友だちの気持ちを傷つけないよう気をつけるといいね。

相性がいいのはこの誕生日の人！
ラブ　9月14日、12月25日
友だち　2月21日、4月28日、12月20日

この日生まれの男の子
カンペキをめざす情熱派。なやみがあっても、ひとりでかかえちゃうの。恋には不器用みたい。なにかを協力して、いっしょにがんばった子をすきになっちゃうタイプね。

あなたの才能
時代を先取りする感覚、将来を見とおす力がすぐれているよ。

向いている職業
雑誌編集者、ゲームプランナー

ラブ運
恋では、自分の気持ちをおさえちゃうほう。すきな気持ちを行動であらわせば、ハッピーな恋がやってくるよ。

おしゃれアドバイス
印象的な指輪でおしゃれ度アップ。

あなたへのおまじない
すきな男の子ともっと仲よくなるおまじないだよ。西の方角に向かい、まず、一礼してから、カレのフルネームを心のなかでとなえればバッチリだよ。

神秘のアイテム
スプーン
スプーンにはしあわせのおすそわけという意味があるよ。自分だけのスプーンを持っておくと、幸運がまいこむよ。スプーンの絵をかざってもOK！

今日の運勢　なにかに挑戦すると吉。なにごともおそれずトライしてみて！

フシギな魅力をはなつカリスマ

5月15日生まれ

おうし座

ラッキーカラー：レモンイエロー
ラッキーナンバー：2
パワースポット：花屋さん

あなたは……
ひかえめだけど、仲よくなるにつれてまわりをとりこにしていく、フシギな魅力の持ち主。そのカリスマ的魅力で、まわりから尊敬されることも。自分の世界を持ち、ひとりで行動することも多いみたい。得意な分野で努力して、将来は人気者になっちゃうかも。

友だち運
正直で、調子のいいことをいったりウソをついたりしないから、友だちからの信頼度も高いよ。友情にあつく、いちど友だちになったら、長くつきあうよ。

友運アドバイス
まわりの意見を気にしすぎるところがあるよ。たまにはまわりにあまえてね。できる範囲でやればだいじょうぶだよ。

相性がいいのはこの誕生日の人！
ラブ　7月15日、10月3日
友だち　2月24日、8月24日、11月15日

おしゃれアドバイス
洋服のどこかに紫色をとりいれると◎だよ。

この日生まれの男の子
ひかえめでめだたない印象だけど、とてもやさしいカレ。恋をするとイキイキとかがやいてくるタイプだよ。おなじ趣味を持つ女の子とたのしくすごしたいと思っているよ。

あなたの才能
想像力がとってもゆたか。それを表現できるといいよ。

向いている職業
調理師、陶芸家

ラブ運
恋には消極的になっちゃうほう。もっと気持ちをつたえるようにすると、恋のチャンスもふえ、ハッピーな恋ができるよ。

5月

あなたへのおまじない
だいじなときに緊張しないおまじない。上に向けた左のてのひらを、手刀にした右手でトントントンとたたいて。次に手をいれかえて、おなじようにやれば◎。

神秘のアイテム
★ 星 ★
星は神秘な力の象徴。あなたのなかにひそんでいる能力をひきだすパワーがある。星のついたおき物や星のストラップを持つといいよ。

今日の運勢　計画をたてるのにいい日。なにかたのしいことをはじめて。

5月16日生まれ

おうし座

ラッキーカラー 青
ラッキーナンバー 3
パワースポット 教室の窓ぎわ

感情ゆたかなアーティスト

あなたは……
おだやかなふんいきだけど、心にはゆたかな感情を持っているの。それをストレートにおもてにだす前に、うまく心のなかでバランスをとることができる人。美的センスにすぐれていて、自分だけのスタイルをつくりあげて成功しちゃう才能があるよ。

友だち運
友だちへの思いやりと包容力があるよ。ステキな友だちにめぐまれ、なにかとまわりからやさしくされるよ。きちんとお礼もいえるから、いい友運をきずけるね。

友運アドバイス
相手を思うあまり、口うるさくなっちゃうことも多いから、そこは気をつけようね。

相性がいいのはこの誕生日の人！
ラブ 2月25日　11月16日
友だち 1月16日、4月8日、10月25日

この日生まれの男の子
おっとりした感じに見えて、熱い感情を持つカレ。ドラマチックな恋にあこがれているの。明るくて、芯のつよい女の子がすきだよ。

あなたの才能
美的センスをいかし、芸術やデザインなどでかつやくするよ。

向いている職業
華道の先生、デザイナー

ラブ運
ロマンチックな恋にあこがれるタイプ。愛されたい思いがつよくて、ささいなことでヤキモチを焼いちゃうことがあるみたいね。

おしゃれアドバイス
ほんとうに気にいっているヘアアクセをつけてみて。

あなたへのおまじない
友だちとのきずなを深めるおまじないだよ。緑の折り紙のうらに∞のマークをかき、左の○に友だち、右の○に自分のイニシャルを書けばバッチリ。

神秘のアイテム
チョウ
ステップアップしたい、かわいくなりたいというときは、チョウのパワーだよ。チョウのがらの小物やチョウの写真、チョウのアクセもグッド。

今日の運勢 ✕ 心がどんよりする日かも。うつくしいものでいやされるといいよ。

ひたむきな一匹狼
（いっぴきおおかみ）

5月17日生まれ
おうし座

ラッキーカラー シルバー
ラッキーナンバー 4
パワースポット 鏡のあるところ

あなたは……
なにごとにもひたむきにとりくむ女の子だよ。自分の考えを曲げず、信念をつらぬくよ。夢中になると、すごい集中力を発揮するけれど、長くはつづけられないみたい。それでも、人にたよらずさいごまで自分の力でやりとげるの。お人よしな面もあるよ。

友だち運
思慮深くておだやかな人。まわりにどう接したらいいのかとあれこれ思いなやみ、友だちづくりに積極的になれないことも。でも年をかさねるごとに交際上手になるよ。

友運アドバイス
自分にカンペキをもとめがちなあなただけど、じつは、まわりにスキを見せるほうが人気が上がるよ。

相性がいいのはこの誕生日の人！
ラブ 5月26日、9月22日
友 1月26日、3月23日、10月26日

おしゃれアドバイス
ラメ使いのアイテムでランクアップ。

この日生まれの男の子
プライドの高い男の子。ひとりで行動することも多いけど、心はだれよりも愛情をもとめていて、友だちや家族、愛する人にささえられることでしあわせを感じるよ。いちずな子がすきる。

あなたの才能
ひたむきさと、責任感のつよさをいかすとかつやくできるよ。

向いている職業
美術の先生、国会議員

ラブ運
すきな相手にもかんたんには本心をあかさないタイプね。ゆっくり仲よくなっていくよ。愛されることで気持ちが安定するよ。

あなたへのおまじない
理解力が高まり、勉強がたのしくなるおまじない。紫色の折り紙のうらに、花丸マークをかいて。それを四つ折りにしてペンケースにいれておけばいいの。

神秘のアイテム
月

ラッキーモチーフの月のアイテムを持ちあるくことで、幸運をつかめるよ。月のストラップやアクセを身につけてもいいし、月の写真集を持つのもいいね。

5月

今日の運勢 ✗ だれかのことばが耳からはなれなくなっちゃう。気分転換をしてね。

5月18日 生まれ

理想をもとめる しっかり者

おうし座 ♉

ラッキーカラー 黄緑
ラッキーナンバー 5
パワースポット 木の多い公園

あなたは……
高い理想を持ち、それに向かってつきすすむ人。想像力がゆたかないっぽうで、すじ道をたててものごとを考えられるよ。なにごとも着実にこなすしっかり者で、不公平なことは大きらい。理想をもとめて夢中になり、自分が見えなくならないようにね。

友だち運
ひかえめで、自分からすすんで話しかけることができないこともあるけど、思いやりがあるあなただから、心をひらいていれば、友だちはふえていくよ。

友運アドバイス
交友関係から世界がひろがっていくよ。ただ、協調性にかけるところも。意識して周囲にあわせることもだいじだよ。

相性がいいのはこの誕生日の人！
ラブ 7月9日、10月6日
友だち 2月9日、8月2日、9月28日

この日生まれの男の子
ずるいことはゆるさず、フェアをのぞむカレ。すきな人ができると、夢中になるタイプ。まわりが見えなくなるくらいだよ。いやし系の女の子にひかれるよ。

あなたの才能
伝統的なものと新しいものを、うまくとりいれる才能があるよ。

向いている職業
ルポライター、インテリアデザイナー

ラブ運
恋愛ではやすらぎをもとめるタイプ。さりげなくフォローしてくれるかしこいカレと、ハッピーな恋をするよ。

おしゃれアドバイス
髪の毛をふんわりまとめてキュートに！

あなたへのおまじない
金運がアップするおまじない。三日月の夜に、さいふを持って月の光を6秒間あびたら、さいふがキラキラとベールをまとうイメージを持ちましょう。

神秘のアイテム
鍵
鍵には新しい扉をひらくという意味があるよ。新たな可能性や富へとみちびいてくれるの。新しいことをはじめるとき、鍵モチーフのものを身につけて。

今日の運勢 頭の回転が速くなりそう。おしゃべりがもり上がるよ。

おしゃべり上手なリーダー

5月19日生まれ おうし座

ラッキーカラー ピンク
ラッキーナンバー 6
パワースポット 校舎のうら

あなたは……
コミュニケーション能力が高く、話に説得力がある人だよ。エネルギーにあふれていて、まわりをひっぱっていく力があるの。直感にすぐれていて、あれこれ考えるよりも、心で感じたままに動くほうが成功するみたい。ただ、気まぐれには注意だよ。

友だち運
にぎやかな社交運を持っているよ。昔からの友だちも、新しい友だちも、とてもたいせつにする人。しぜんとグループのまとめ役になることも多いよ。

友運アドバイス
友だちはたくさんいるけど、気分の波が大きくて不安定になりがち。心をゆるせる親友をつくると最高だよ。

相性がいいのはこの誕生日の人！
ラブ　5月28日、8月4日
友だち　4月2日、7月28日、12月19日

おしゃれアドバイス
黄色のアクセサリや服がオススメだよ。

この日生まれの男の子
おしゃべり上手でエネルギッシュな男の子。聞き上手でやさしい子にひかれるよ。女の子の友だちも多いから、彼女になるとちょっとハラハラしちゃうかも。

あなたの才能
直感力や、リーダーの素質がそなわっているよ。

向いている職業
テレビプロデューサー、ファッションジャーナリスト

ラブ運
恋愛をしても自由でいたいあなた。カレにしつこく聞かれたり、あれこれ指示されたりすると、スッとにげちゃうタイプかも。

あなたへのおまじない
みんなにすかれ、人気運がアップするおまじないだよ。右手の小指にフッと息をふきかけ、その指で、愛用の手鏡のフチをなぞればバッチリ！

神秘のアイテム
リボン
むすびつけるという意味を持つリボン。リボンを使って、ステキな縁をゲットしましょ。リボンモチーフのアクセはもちろん、リボンがついた服や小物もいいよ。

5月

今日の運勢　あなたのよさがめだつ日。注目をあびるかもしれないから、身だしなみには気をつけて。

5月20日生まれ

おうし座

うつり気なチャレンジャー

ラッキーカラー：黒

ラッキーナンバー：7

パワースポット：自分の部屋

あなたは……

なんにでも好奇心を持って、興味のあることにはつぎつぎとチャレンジする女の子。頭の回転が速くて、のみこみがよく、なんでもうまくこなしちゃうよ。でも、どこかさめた目で世のなかをながめている、そんな大人っぽい面も持っているよ。

友だち運

協調性があってフレンドリーだよ。友だちの気持ちをくみとるのが得意。人との交流をふやすほど、友だち運はアップしてハッピーに。

友運アドバイス

なにかにハマると、まわりが見えなくなっちゃうことも。夢中になってもよゆうは持つようにしてね。

相性がいいのはこの誕生日の人!

ラブ　5月2日　12月22日
友だち　2月11日、8月29日、11月29日

この日生まれの男の子

いつもまわりをドキドキさせる行動派の男の子。でも、意外にクールな面も持っているよ。たのしい恋をしたいみたい。気さくで頭の切れる女の子がこのみだよ。

あなたの才能

ゆたかな表現力を文化や芸術関係でいかすと◎だよ。

向いてい職業

舞台俳優、写真家

ラブ運

友だちどうしのようなたのしい恋をするタイプだよ。重いふんいきがニガテで、頭のいいカレと、笑いのたえない恋をするよ。

おしゃれアドバイス

アクセやぼうしで頭のおしゃれ度をアップして。

あなたへのおまじない

理想的な女の子になれるおまじないだよ。ピンクの紙の上に水を入れたコップをおき、6つかぞえて。その水を6回にわけて飲みほすとバッチリ。

神秘のアイテム

クロス（十字架）

神秘の力を持つといわれるクロス。わざわいからもあなたをまもってくれるよ。クロスのついたアクセや、クロスの形のカラーストーンもあなたをまもるよ。

今日の運勢　つかれやすいかも。夜ふかしは厳禁だよ！

夢をかなえる リーダー

5月21日生まれ ふたご座 II

ラッキーカラー: 茶
ラッキーナンバー: 8
パワースポット: 部屋のかべぎわ

あなたは……

大きな目標を持ち、それに向かってねばりづよくがんばる女の子。かべにぶつかっても投げだしたりせず、むしろやる気がわいてくるタイプだよ。そして、さいごまでひとりでやりとげちゃう。みんなをひっぱっていくのがすきな、たのしい人ね。

友だち運

頭の回転が速く、バツグンのトークセンスを持っているよ。たのしいあなたのまわりには、いつも友だちがたくさんあつまるよ。SNS上でも人気者になれそう。

友運アドバイス

自分がしゃべるだけじゃなく、友だちの話をしっかり聞いて。聞き上手をめざせば、さらに人気もアップするよ。

相性がいいのはこの誕生日の人!

ラブ 5月30日、10月21日
友だち 2月20日、6月21日、11月30日

おしゃれアドバイス

黄色のはいったビーズアクセがステキ。

この日生まれの男の子

大きな目標も、くじけずに達成させることができる男の子。恋でも女の子をぐいぐいリードするよ。じゃまがはいるほど燃えるタイプ。自分の夢を持っている子にひかれるよ。

あなたの才能

ゆたかなアイデアと、つよい自立心をいかすと成功するよ。

向いている職業

会社の社長、イベントプランナー

ラブ運

すきな人にはいろいろしてあげようとするのに、自分があまえるのはヘタ。カレにはよわい面も見せて、あまえてみて。

あなたへのおまじない

ステキな恋ができるおまじない。左のてのひらに右の指で大きな♡マークをかき、そのなかに?マークをかいて。その手を左胸に6秒間あてればOK。

神秘のアイテム 虹

虹は希望のシンボルとして有名。夢や目標をかなえたいなら、虹のグッズがオススメ。虹の絵をかいてかざっておくのもいいよ。

5月

今日の運勢 めんどうだと思う仕事もひき受けて。きっとハッピーがかえってくるよ。

5月22日生まれ ふたご座 ♊

ラッキーカラー: ゴールド
ラッキーナンバー: 9
パワースポット: プラネタリウム

ねばりづよいコレクター

あなたは……
いったん手をつけたことは、さいごまでやりとげる人。ものをあつめたり、おなじことをくりかえす作業が大すきな、ねばりづよいタイプだよ。たとえ失敗をしても、たちなおりが早いから、気持ちを切りかえて次のことにチャレンジできるよ。

友だち運
豊富な知識と情報を持ち、おしゃべりも上手だから、あなたと話したくて友だちがあつまってくるよ。情報の発信がきっかけで、友情を深めていけるよ。

友運アドバイス
人にじゃまをされるとカッとなりやすいところも。夢中になりすぎないように気をつけようね。

相性がいいのはこの誕生日の人！
ラブ 5月31日、10月17日
友だち 1月4日、2月28日、10月31日

この日生まれの男の子
目的を見つけると、なにがあっても達成させるがんばり屋。友情や愛情はたいせつな心のささえだから、本気の恋をするよ。おだやかで明るい子がすきね。

あなたの才能
長時間つづけられる作業能力の高さをいかすと大かつやく！

向いている職業
ドッグトレーナー、家庭教師

ラブ運
フレンドリーだから男の子にも人気があるよ。ゆっくりと愛をはぐくむタイプで、おだやかな性格の男の子と相性がいいよ。

おしゃれアドバイス
オレンジ色のリップでかわいさアップ。

あなたへのおまじない
集中力を高めるおまじない。がんばりたい本番前にやってね。目をとじたら、大きな矢印を思いうかべ、それがグングン上がっていくイメージをすればOK。

神秘のアイテム
エンジェル

恋のパワーを高めてくれるエンジェル。手紙やプロフをわたすときに、エンジェルのイラストをかいたりシールをはったりすると、仲よくなれそう。

今日の運勢: たのしいことがありそう。パーッとはじけちゃおう！

5月23日生まれ

ふたご座 ♊

意欲あふれるアーティスト

ラッキーカラー 赤
ラッキーナンバー 1
パワースポット 教壇

あなたは……
明るくて活発な女の子。自分の気持ちをすなおにアピールできる人だよ。あらそいごとがきらいで、ケンカしている友だちどうしを仲なおりさせちゃうことも。手先が器用だから、なんでも上手に手作りするよ。ものをつくっている時間が大すきね。

あなたの才能
音楽や美術などの、クリエイティブな才能をいかすと成功！

向いている職業
作曲家、ウェブデザイナー

友だち運
好奇心が旺盛で、バイタリティーにあふれたタイプ。自分よりも友だちのことを優先する思いやりもあるね。そんなあなたと友だちになりたい人は多いよ。

友運アドバイス
ものごとをきめつけてしまうことも。友だちとの信頼関係がこわれないよう、まずは確認するようにしてみてね。

ラブ運
女の子らしい魅力にあふれていて、とてもモテるよ。友だちから恋に発展する場合が多そうだね。空気の読める人がタイプだよ。

相性がいいのはこの誕生日の人！
ラブ 9月1日、10月11日
友だち 1月14日、6月5日、8月14日

あなたへのおまじない
くじ・懸賞運がアップするおまじない。白い紙を切って6枚の☆をつくって。それを部屋の西がわにおき、星がかがやくイメージを思いえがいて。

おしゃれアドバイス
手作りアクセを身につけるとステキ度アップ。

この日生まれの男の子
頭がよく、男らしい魅力があってモテモテだよ。すきな子がよろこぶとしあわせを感じ、いざというときはまもろうとするの。気さくですなおな子がタイプだよ。

神秘のアイテム
イルカ
イルカは幸運の使者であると同時に、開運のシンボルでもあるの。イルカのストラップやキーホルダーを持っているといいよ。

今日の運勢 苦手だと思っていた人とペアになることが。だけど、意外なおもしろさを発見！

5月24日生まれ

ふたご座 II

白
ラッキーカラー

2
ラッキーナンバー

たれ幕があるところ
パワースポット

頭の切れる話しずきな子

あなたは……
頭の回転が速く、おしゃべりずき。世のなかの流行から笑える話まで、話題を豊富に持っている人だよ。親しみやすくて話に説得力があるから、たくさんの友だちからすかれているよ。よわい人の味方をするやさしい面も持っているよ。

友だち運
コミュニケーション能力が高くて、聞き上手でもあるあなた。相手の気持ちをくんで柔軟に対応するから、とくにグループではかかせない存在だよ。

友運アドバイス
人から指摘されるのが少し苦手みたい。意見はすなおに受けいれてみてね。

相性がいいのはこの誕生日の人！
ラブ 7月2日 10月12日
友だち 2月15日、8月14日、12月1日

この日生まれの男の子
だれにでも親しみやすい人だけど、自分のことに口だしされるのはきらいなカレ。聞き上手な子がすきだよ。気まぐれだから、恋は長つづきしにくいかも。グループ交際がいいよ。

あなたの才能
自己表現力がゆたか。それをいかした仕事で成功しそう。

向いている職業
評論家、レポーター

ラブ運
男の子ともすぐに仲よくなれる人。でも、ちょっとほれっぽいところがあるみたいね。友だちみたいな交際がオススメだよ。

おしゃれアドバイス
前髪をおろしたヘアスタイルで魅力アップ。

あなたへのおまじない
学校がもっとたのしくなるおまじない。学校の方角に向かって、指で地図の学校マーク（文）を書いて。マークがオレンジ色にそまるイメージをすればOK。

神秘のアイテム
ハート
ハートは愛の象徴。持つ人をしあわせにする力があるよ。ハートがらのハンカチやポーチもいいし、ハートのシールを持ちあるいてもいいよ！

今日の運勢 ✦ 自分を信じて正解！ いままでのやり方を見なおすと、もっと◎だよ！

相手を思いやる哲学者

5月25日生まれ ふたご座 II

ラッキーカラー: 青
ラッキーナンバー: 3
パワースポット: たてものの最上階

あなたは……

自分の意見を持ち、ものごとを根本からとらえようとする、哲学的な考えの持ち主。とても誠実で、責任感も人一倍あり、いつも相手のことを思って接するやさしい人。多才でなんでもうまくこなせるから、興味がいろいろうつってしまうところもあるみたい。

友だち運

洞察力があり、自分のことだけでなく、友だちのことも冷静に見ることができる人。好奇心がつよく、たのしい友だちにめぐまれるよ。

友運アドバイス

ナイーブな面があり、人に弱みを見せるのが苦手なので、心をゆるせる親友がいてくれると最高だよ。

相性がいいのはこの誕生日の人！
ラブ 5月7日、7月23日
友だち 3月6日、6月7日、10月7日

おしゃれアドバイス
ブローチで胸もとをかざるとステキだよ。

この日生まれの男の子
世のなかの流れに、うまくあわせていけるタイプ。とても誠実なのに、恋愛には不器用で、告白するのが苦手なの。フレンドリーで積極的な子にひかれるよ。

あなたの才能
状況にあわせて行動する才能がバツグン！

向いている職業
キャビンアテンダント、新聞記者

ラブ運
すきな人をとてもたいせつに思うのに、それを表現するのが苦手。もっと自分に自信を持つと、とても魅力的になるよ。

あなたへのおまじない
困難やトラブルに負けないおまじないを紹介するよ。ピンチになったら、「サートゥルヌスのご加護」と、心のなかで8回となえればいいの。

神秘のアイテム
馬の蹄鉄
蹄鉄はヨーロッパで厄をよせつけないお守りとして使われているの。蹄鉄のアクセサリーやキーホルダーは、あなたをまもってくれるよ。

今日の運勢 なんとなく勇気がわく日。思いきって自分から発言して。

5月26日生まれ ふたご座 ♊

黄
ラッキーカラー

4
ラッキーナンバー

自宅の机まわり
パワースポット

自由をもとめる まじめガール

あなたは……
慎重でまじめで、とてもあたたかい心を持った女の子。常識があって責任感もつよいよ。ときに自分の感情をおさえてしまうことも。心のどこかでは、思うままに行動したいとねがっていて、とつぜん大たんなことをして、まわりをびっくりさせちゃうかも。

友だち運
たのまれたらさいごまでやりとげるから、信頼度はバツグン。人の役にたちたいと思っているし、自分の気持ちをきちんとつたえるので、友だち運も良好だよ！

友運アドバイス
友だちをふりまわしちゃったなと思ったときは、いちど深呼吸してね。いつもの自分をとりもどしたら笑顔になって。

相性がいいのはこの誕生日の人！
ラブ 8月10日、10月14日
友だち 2月8日、6月20日、9月2日

この日生まれの男の子
まじめで慎重なカレ。だれのことがすきかは友だちにもいわないけど、なにかのひょうしに大たんな告白をすることも。気さくで明るい子がすきだよ。共通点を見つけて話をしてみて。

あなたの才能
マイペースに自分のやり方でコツコツこなす能力が高いよ。

向いている職業
ネットショップの経営者、ゲームクリエイター

ラブ運
すきだとなかなかつたえられないタイプ。心のこもったお菓子など、差しいれをさりげなくわたすと好意がつたわるかも。

おしゃれアドバイス
オレンジ色のブレスレットでかわいさアップ

あなたへのおまじない
もっとかわいくなれるおまじないを紹介。おフロあがりにやってね。すきな歌のサビを鼻歌でうたい、さいごに2回、手をたたけばバッチリだよ。

神秘のアイテム
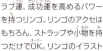
リンゴ
ラブ運、成功運を高めるパワーを持つリンゴ。リンゴのアクセはもちろん、ストラップや小物を持つけてもOK。リンゴのイラストをかくのもいいよ。

今日の運勢 ビッグな成果をあげられそう！ 集中力がカギだよ。

ユニークなセンスの持ち主

5月27日生まれ
ふたご座 Ⅱ

ラッキーカラー：深緑
ラッキーナンバー：5
パワースポット：芝生のある場所

あなたは……
ちょっとかわったユーモアセンスを持つ人。機転がきくけど、タイミングのとり方がちょっぴりヘタかも。得意なことにはとても努力をするよ。いまの場所にとどまらず、ひろい世界にでて成功しそう。人からのアドバイスによく耳をかたむけると、うまくいくよ。

友だち運
コミュニケーションをとるのがすきで、積極的に情報交換をすることで、友だち運がアップしていくタイプ。人に親切にすると、友だちの輪もひろがっていくよ。

友運アドバイス
感情の波がはげしくなりがち。気持ちをおちつかせて、友だちにはいつもやさしく接するよう意識してね。

相性がいいのはこの誕生日の人！
ラブ 7月18日、10月15日
友だち 2月27日、6月28日、10月6日

おしゃれアドバイス
前髪も少しおろしたヘアスタイルがキュート♡

この日生まれの男の子
ねばりづよくて、さいごまでやりとげる精神力のある男の子。どくとくのユーモアで、明るく告白するよ。よく笑ってくれる子がすきね。友だちのような関係がベストだよ。

あなたの才能
ユーモアセンスがハツクン！専門分野でかつやくできるよ。

向いている職業
お笑い芸人、イベントプランナー

ラブ運
すきだという気持ちをつたえ、積極的にアピールできる人。告白したらすぐに交際できそう。デートは屋外がいいよ♪

あなたへのおまじない
すきなカレがふり向いてくれるおまじない。オレンジ色の折り紙のうらに、カレの名前を書き、それでツルを折って。それをカバンにいれておくといいよ。

神秘のアイテム
エンジェル（天使）
恋の守り神、守護天使とよばれるエンジェル。そのアイテムを持っているだけで幸運をよべるよ。

5月

今日の運勢 やさしい気持ちを持つとやさしくされ、いじわるな気持ちだときつくあたられる。そんな日だよ。

5月28日生まれ

ふたご座 Ⅱ

ピンク
ラッキーカラー

6
ラッキーナンバー

日あたりのいい場所
パワースポット

アイデアあふれるパイオニア

あなたは……
行動的で、なにかを新しく考えて、スタートさせるのが大すきな女の子。オリジナリティあふれるアイデアを形にしていくことに、この上ないよろこびを感じるみたい。集中し、夢中でとりくむよ。やりたいことが多すぎて、中途半端にならないようにね。

友だち運
ポジティブで、大きな目標を持つタイプ。誠実でリーダーシップもあり、多くの友だちから心づよい存在としてすかれているよ。

友運アドバイス
行動的だけど、ルーズなところもあって、友だちをふりまわしてしまうことも。ていねいなおこないを心がけてみよう。

相性がいいのはこの誕生日の人！
ラブ 1月14日 5月1日
友だち 4月11日 6月1日 8月19日

この日生まれの男の子
いつも新しい刺激をもとめている積極的な男の子。ときどき中途半端なところが玉にキズかな。友だちから恋に発展しやすいタイプだよ。好奇心のつよい明るい子にひかれるよ。

あなたの才能
ユニークなアイデアと行動力をいかすとかつやくするよ。

向いている職業
放送作家、タレント

ラブ運
友だちどうしのような、たのしい恋をするタイプ。グループ交際から恋がはじまったり、友情から恋がめばえたりしそう。

おしゃれアドバイス
イヤリングで個性的なおしゃれを。

あなたへのおまじない
再挑戦が成功するおまじない。自分の顔を鏡にうつし、舌をだしたまま、自分の名前のひらがなの数だけ息を短くはいて。それから深呼吸すればOK。

神秘のアイテム
★ 星
星は希望の象徴。うまくいかないことがあったら、星のアイテムからパワーをもらってね。星のついたヘアアクセやストラップをつけてみて。星座の本もいいよ。

今日の運勢 ✕ 協調性がなくなりがち。人の意見をムシしてはダメだよ。

正義感あふれる みんなのリーダー

5月29日生まれ ふたご座 Ⅱ

ラッキーカラー 黒
ラッキーナンバー 7
パワースポット ブランコのあるところ

あなたは……
正義感がつよくて、ずるいことやひきょうなことが大きらい。まわりをひっぱっていくリーダータイプだよ。ドラマチックなことが大すきな面も。頭の回転が速く、ユーモアがあるから、おしゃべりが上手で、討論にも燃えちゃう人。

あなたの才能
コミュニケーション能力や、自分を表現する力をいかして。

向いている職業
声優、レポーター

友だち運
まじめながんばり屋さんで、人望があついよ。こまったときは、まわりの友だちがたすけてくれるよ。感謝の気持ちをちゃんとつたえて、友情のきずなを深めて。

友運アドバイス
気分がかわりやすいところがあって、ふだんとのギャップに友だちがおどろくことも。じっくりとりくむことを意識してね。

ラブ運
たのしくおしゃべりができるから、男の子に人気があるよ。聞き上手なカレと、親友どうしみたいな恋ができるよ。

相性がいいのはこの誕生日の人!
ラブ 3月29日、12月13日
友だち 3月31日、6月2日、10月29日

おしゃれアドバイス
オレンジ色のリップがオススメ。

この日生まれの男の子
頭がよくて、ユーモアセンスもバツグンの男の子。愛情が深くて、すきな人のためにいっしょうけんめいになれる人だよ。ちょっぴり天然で、よく笑う子がすき。

あなたへのおまじない
もっとステキに変身するおまじないだよ。南の方角に向かってすわり、笑顔をキープしたまま、「ハッヒッフッヘッホッ」と息をはけばいいよ。

神秘のアイテム
イルカ
アニマルセラピーでも使われるイルカは、いやしのシンボル。イルカのぬいぐるみをだきしめると、リラックスして元気になれそう。イルカの小物も効果アリ。

今日の運勢
いつもより早め早めにとりかかろう。すべてがスムーズにいくよ。

5月30日生まれ

器用なリーダータイプ

ふたご座 Ⅱ

ラッキーカラー：グレー　ラッキーナンバー：8　パワースポット：プール

あなたは……
几帳面で器用な女の子。すばやく決断できて、ものごとの先を見とおす力を持つリーダータイプね。将来は、仕事やグループでトップにたつ人になるよ。どくとくな考えやものの見方ができて、それを表現するのも上手だよ。

友だち運
明るくてトークセンスもバツグンの人気者。友だちがどんどんふえて、友だちをとおしてかつやくの場がひろがり、将来は有名人になっちゃうかも。

友だちアドバイス
ちょっぴり気分がかわりやすいところもあるので、ときどき意識してまわりにあわせるようにすれば、だいじょうぶだよ。

相性がいいのはこの誕生日の人！
ラブ：8月27日、11月30日
友だち：2月12日、4月9日、8月3日

この日生まれの男の子
おおらかで、自由をもとめる人。おなじことをやりつづけるのは苦手かも。恋では、友だち以上恋人未満の関係が長くつづくかも。流行にびんかんで活発な子がタイプだよ。

あなたの才能
個性的な考えと、流行を先取りする力をいかすと大かつやく。

向いている職業
ジャーナリスト、スタイリスト

ラブ運
自分のやりたいことに夢中になると、恋愛はあとまわしにするタイプ。心にゆとりを持つようにすると、いい恋ができるよ。

おしゃれアドバイス
毎日のブラッシングで髪をツヤツヤに！

あなたへのおまじない
女子力がさらにアップするおまじないだよ。いつも使っている鏡の四すみに、指で星のマークをかいて。それから自分の笑顔をうつすとバッチリだよ。

神秘のアイテム
リボン
むすびつけるという意味を持つリボンでステキな縁をゲット。リボンのアクセもいいし、お気にいりの布でリボンをつくり、バッグやペンケースにつけてもかわいいよ。

今日の運勢：いまの状態をキープすれば吉！今日はようすを見るだけにしてね！

5月31日生まれ

ふたご座 Ⅱ

一見クールな情熱家

あなたは……
クールな印象だけど、ほんとうは思いやりにあふれた心のあたたかい女の子。個性的な考え方をするから、ひとたび熱くなると、人とぶつかっちゃうことも。でも、空気を読んで、状況に自分をあわせて解決できるよ。おちこんでも、たちなおりが早いの。

友だち運
おしゃべり上手で気配りもできるよ。友だちに少しキツイいい方をしても、根っこがやさしいのでゆるされちゃう。たすけあえる友だちがいつもいるよ。

友運アドバイス
ちょっぴりワガママになるときも。友だちにはいつもすなおな気持ちで、自分から歩みよるようにすればバッチリだよ。

相性がいいのはこの誕生日の人！
- ラブ　1月8日、5月22日
- 友だち　4月17日、6月24日、12月18日

おしゃれアドバイス
金色のアクセで魅力もキラキラに。

この日生まれの男の子
正直者でまじめ、でもちょっぴりめだちたがり屋のカレ。恋をして成長していくタイプ。なにごとにも全力投球する、がんばり屋さんの女の子にひかれるよ。

5月

あなたの才能
たくさんの才能を持つよ。世間に注目される職業がいいね。

向いている職業
作曲家、エッセイスト

ラブ運
恋には情熱的なタイプ。おなじ目標や趣味を持って、おたがいに高めあっていける人が理想の相手ね。

あなたへのおまじない
元気モリモリ、パワーアップするおまじないだよ。晴れた日にやってね。東の方角に向かって、「ゼノビアよ　力、あたえたまえ」ととなえればいいよ。

神秘のアイテム
スプーン

銀色のスプーンには魔よけの力があるといわれているの。小さな銀色のスプーンをふくろにいれて、ポーチやカバンにいれておくといいよ。

今日の運勢　あなたがおもしろいと思ってはじめたことが、クラスで流行しそう！

6月1日生まれ

ふたご座 II

ラッキーカラー 黒
ラッキーナンバー 7
大きなテーブルのある部屋 パワースポット

おしゃべり上手のさびしがり屋さん

あなたは……
好奇心旺盛で、新しいものが大すき。頭の回転が速くて勇かんな女の子だよ。よく観察をしていてカンもするどいので、ドキッとするような指摘をしてまわりにいちもくおかれることも。手先も器用だよ。あきっぽい面は集中力を高めてクリア。

友だち運
話題が豊富でおしゃべりがたのしいから、友だちにいつもかこまれているね。じつは、ひとりでいるのが苦手なさびしがり屋さんだよ。

友運アドバイス
さいしょはうちとけない友だちも、あなたと接するようになると、つよい味方になってくれるよ。

相性がいいのはこの誕生日の人!
ラブ 7月10日、10月20日
友だち 2月10日、4月10日、8月10日

この日生まれの男の子
人をたのしませるのが大すきで、友だちが多いカレ。でもほんとうはさびしがり屋で、恋人といつもいっしょにいたいと思っているの。やさしく、まめな子がタイプだよ。

あなたの才能
お金を上手につかう才能と、人のまねがうまい特技をいかすと◎。

向いている職業
税理士、ものまね芸人

ラブ運
男の子ともすぐに仲よくなれるタイプ。おなじ趣味の子と恋におちちゃうかも。親友どうしのような交際をするよ。

おしゃれアドバイス
2色以上はいったアクセがかわいいよ。

あなたへのおまじない
じまんできるような特技を持てるおまじないだよ。晴れた日、てのひらで青空をさわるようにひろげて。これを10秒間やるの。太陽には顔を向けないでね。

神秘のアイテム
スプーン
スプーンには魔よけのパワーがあるの。スプーンがモチーフのアクセは災難から身をまもってくれるよ。本物のスプーンを持ちあるくのも◎。

今日の運勢 ペースダウンしそう。なまけていてはダメだよ!

社交的なチャレンジャー

6月2日生まれ ふたご座 Ⅱ

- ラッキーカラー：こげ茶
- ラッキーナンバー：8
- パワースポット：写真をかざっている部屋

あなたは……
積極的で、いつもチャレンジしている女の子。どんなむずかしいことにも勇気を持ってたち向かい、失敗してもめげるどころかどんどんたくましくなっていくね。おしゃべり上手で機転がきくよ。人といることがすきな社交的な人だね。

あなたの才能
ゆたかな社交性がポイント。ひろくかつやくできそう。

向いている職業
編集者、保険外交員

友だち運
周囲の空気を読みながら、まわりに上手にあわせていけるの。どんどんきめる決断力があるから、みんなからたよられる存在だよ。

ラブ運
ミステリアスなムードの人にひかれるよ。もともと男子と仲がいいから、恋愛でも友だちどうしのようなつきあいをしそう。

友運アドバイス
小さなことにこだわっちゃうと、まわりとのペースをみだすことも。歩みよる気持ちを持てばバッチリね。

相性がいいのはこの誕生日の人！
- ラブ　4月4日、10月21日
- 友だち　3月14日、7月2日、10月3日

おしゃれアドバイス
月のモチーフのアクセが◎だよ。

この日生まれの男の子
いつもなにかをしていないと気がすまない行動派の男の子。すきな子には、さりげなくアプローチするよ。ミステリアスなムードを持った子にひかれるよ。

6月

あなたへのおまじない
気のあう仲間や親友ができ、友情運をさらにアップさせるおまじない。学校か家の窓ガラスに、自分の名前を書き、息をふきかけてから、みがけばOK。

神秘のアイテム
月

昔から月が満ちると財運が満ちるといわれてきたよ。月には金運アップの力がある。月のイラストを持ちあるくと、思わぬおこづかいがもらえるかも。

今日の運勢　これからの計画をたてるのにいい日。まずは1年間のことを考えてみては？

6月3日生まれ

ふたご座 II

ラッキーカラー: うす紫

ラッキーナンバー: 9

パワースポット: 川原

まわりをもり上げる頭脳派

あなたは……

活発で、いつでも自分の意見をはっきりと主張できる、頭のいい人。おしゃべりも大すきで、話題が豊富なうえに気のきいたことをいえるから、まわりの人をたのしませちゃう。おおらかさもいいところ。いいかげんにならないていどにゆるくいこうね。

友だち運

ユーモアセンスがあって、もり上げ上手なムードメーカー。おしゃべりもうまいけど、聞き上手でもあるから、人気も高いよ。

友運アドバイス

もり上げるあまり人をきずつけるような発言にならないようにね。相手の気持ちを考えて話すことを心がけて。

相性がいいのはこの誕生日の人!

ラブ: 9月3日、10月23日
友だち: 1月29日、6月18日、8月12日

この日生まれの男の子

頭の回転が速い男の子。すきな子には、おしゃべりのとちゅうや、じょうだんまじりにサラッと告白しちゃうよ。笑顔で話を聞いてくれるやさしい子がタイプだよ。

あなたの才能

説得力とコミュニケーション能力をいかして。

向いている職業

心理カウンセラー、コンサルタント

ラブ運

すきという気持ちをまっすぐつたえられるすなおな人。おしゃべりをやさしく聞いてくれる、聞き上手な男の子にひかれるよ。

おしゃれアドバイス

バッグにキラキラグッズをつけると◎。

あなたへのおまじない

試合や勝負の前に、おまじないで勝負運をアップさせて。東の方角に一礼し、それから南の方角に一礼して。たたかうパワーがもらえるよ。

神秘のアイテム
魚

魚は幸運をよぶ生き物だけど、とくに2匹の魚にはラブ運を高めるパワーがあるの。魚のイヤリング、ペアのストラップが◎。2匹の魚の絵もいいよ。

今日の運勢: 勝負運が高まる日。まずは肩の力をぬいてからチャレンジ!

話し上手な リーダータイプ

6月4日生まれ
ふたご座 Ⅱ

オレンジ
ラッキーカラー

1
ラッキーナンバー

テニスコート
パワースポット

あなたは……
頭の回転が速く、話し上手な女の子。自分の意見をわかりやすくつたえ、相手の話もちゃんと聞くから、まわりからとても信頼されているよ。技術を身につける能力が高いので、なんでもこなしちゃう。将来は仕事でバリバリかつやくしそう。

あなたの才能
技術力や、ものごとを見きわめる力が高いよ。

向いている職業
音楽家、コンシェルジュ

友だち運
たくさんの人と友だちになりたいと思い、そのとおりに友だちをふやしていけるタイプ。責任感があり、空気も読めるので、グループのまとめ役もできちゃう。

ラブ運
考えすぎちゃって、ほんとうの気持ちをつたえられないタイプね。気持ちをストレートにあらわすと、しあわせな恋ができるよ。

友運アドバイス
おこりっぽくなっちゃうときには、深呼吸がいちばん！ ゆったりかまえるといいよ。

相性がいいのはこの誕生日の人！
ラブ 2月8日、6月22日
友だち 2月13日、5月27日、12月29日

おしゃれアドバイス
星のモチーフのアクセをつけると魅力アップ。

あなたへのおまじない
苦手科目を克服し、得意分野をのばすなど、勉強運をアップさせるおまじないだよ。南の方角に向かって「水星パワー」と5回となえればバッチリ。

神秘のアイテム
馬の蹄鉄
蹄鉄には不運をよせつけない力があるよ。蹄鉄の絵をかき、自分の部屋のドアやかべなどにはると、よくない考えや不安が消えて集中力がアップするよ。

この日生まれの男の子
ものごとを見きわめる力があって、場の空気を読める男の子。カンがするどく、第一印象で恋の相手を見つけちゃうよ。ユーモアに笑ってくれる子にひかれるよ。

6月

今日の運勢 ● 整理整頓をするとモヤモヤがすっきりしたり、だいじなことを思いだすよ。

6月5日生まれ ふたご座 Ⅱ

負けずぎらいのおしゃべりずき

あなたは……
人とおしゃべりするのが大すきな女の子だよ。正義感がつよくてとてもまじめ。なにごともきちんとしてないと気がすまなくて、カンペキをもとめてがんばる人だよ。競争心もつよくて負けずぎらい。ライバルがいると、さらに燃えるよ。

友だち運
いいたいことがわかってもらえないと、おちこんじゃうけど、いろいろな人と意見交換したいという気持ちがつよいから、友情をはぐくみながら成長していけるよ。

友運アドバイス
人とちがうことをしたくて、自由すぎる行動にでちゃうことも。ときにはまわりと歩調をあわせるとグッド。

相性がいいのはこの誕生日の人！
ラブ 4月7日、10月1日
友だち 3月1日、4月7日、11月29日

この日生まれの男の子
コミュニケーションをだいじにするまじめなカレ。ライバルの存在を知ると、恋に火がつくタイプだよ。まじめにじっくりと話を聞いてくれる子にひかれるよ。

あなたの才能
きちんとしたところや、気がきくところがすばらしいよ。

向いている職業
秘書、レストランの店長

ラブ運
おしゃべり上手だから、すきな男の子ともすぐに仲よくなれるよ。聞き上手な子とつきあったらハッピーな交際ができるよ♡

おしゃれアドバイス
ピンク色のリップでかわいく！

あなたへのおまじない
モテモテになるかもしれない、ラブ運がアップするおまじないだよ。お気にいりのアクセを左の手で持ち、「ビーナスパワー」ととなえてから身につけてね。

神秘のアイテム
イルカ
アニマルセラピーにも使われ、いやしのシンボルとされるイルカ。イルカの絵や写真をかざっておくと、リラックスできるよ。イルカのアクセもステキだね。

今日の運勢　冷静さが幸運のカギ。決断はあわてずおちついて！

夢を追う アイデアガール

6月6日生まれ ふたご座 Ⅱ

ラッキーカラー　ラッキーナンバー　パワースポット

あなたは……
とても個性的で、夢をいっしょうけんめい追いかけてがんばるよ。アイデアがユニークで、夢をかなえるためにとんでもない行動にでることも。慎重に行動してね。でも、その個性的なふんいきが魅力で、みんなをフシギとひきつけちゃう人だよ。

友だち運
愛情が深く、人の気持ちを読みとるのが得意だよ。状況を見て、気配りもできるので、友だち運は良好。友だちとすごす時間をとてもたいせつにしているよ。

友運アドバイス
気をつかいすぎないようにね。つかれちゃうよ。もっとゆるくかまえていていいんだよ。

相性がいいのはこの誕生日の人!
ラブ　10月4日、12月7日
友だち　4月5日、7月15日、10月24日

おしゃれアドバイス
ピンク色のはいったおしゃれがオススメ。

この日生まれの男の子
かわったことやユニークなものがすきな個性派。恋ひとすじにはならないタイプかも。あまりヤキモチを焼かない、おおらかなタイプにひかれるよ。

あなたの才能
ゆたかな想像力をいかすと、文字や芸術の世界で有名に!

向いている職業
演出家、舞台監督

ラブ運
人をひきつける魅力が◎だよ。カレはあなたのユニークな言動から目がはなせなくなるの。おなじ趣味をいっしょにたのしんでね。

6月

あなたへのおまじない
友情運をさらにアップさせるおまじないだよ。左のてのひらに友だち、右のてのひらに自分のイニシャルをイメージしてから、てのひらをあわせればOK。

神秘のアイテム
花

花のなかでも、アジサイには金運やビューティー運を高める力があるよ。写真を部屋にかざったり、アジサイにまつわるものを持つのも◎。

今日の運勢 ● がまんしていたことをはきだしちゃう日。ぶつけた相手には誠実にね。

6月7日生まれ ふたご座 II

ラッキーカラー シルバー

ラッキーナンバー 4

パワースポット 本屋さん

おちゃめなエンターテイナー

あなたは……
明るくて、人をたのしませるのが大すき。人をびっくりさせたり、じょうだんで笑わせたりするのが得意で、身ぶりや表情など、全身を使って表現するよ。かっこつけたり、じまん話をしたりしない、気どらないタイプだよ。

友だち運
あたたかい心を持ち、まわりのふんいきに自分をあわせられるから、だれとでもすぐになじめるよ。いったん友だちになると、とても心をゆるして友情を深めるよ。

友運アドバイス
気持ちのうきしずみが大きいところも。おちこんだときに話を聞いてくれる友だちがいると、バッチリだよ。

相性がいいのはこの誕生日の人！
ラブ 4月10日、10月0日
友だち 1月28日、3月28日、9月25日

この日生まれの男の子
人を笑わせるのがすきなエンターテイナータイプ。ギャグを笑ってくれた女の子には、すぐに好意を持っちゃうよ。笑顔のたえない女の子がすきだよ。

あなたの才能
全身で気持ちを表現できる才能をいかせば、将来は大物に!?

向いている職業
俳優、ダンサー

ラブ運
ナチュラルさが大きな魅力だよ。すきな気持ちをことばと行動でつたえてね。かざらないふんいきで、たのしく恋が進展するよ。

おしゃれアドバイス
シルバーカラーのアクセがピッタリ！

あなたへのおまじない
ツキをよびこむ、幸運度アップのおまじないだよ。木曜日の夜、空に向かって星マークを指でかいて。その星をきき手でつかむようにすれば幸運ゲット！

神秘のアイテム 虹
虹は、がんばっているあなたにしあわせをはこんできてくれるの。虹色にかがやくペンダントやビー玉、虹の写真を持っておくと◎だよ。

今日の運勢 ● 自信をうしないそうになっているよ。もっと自分に自信を持って！

むこう見ずだけど品のある子

6月8日生まれ ふたご座 Ⅱ

 ラッキーカラー 緑
 ラッキーナンバー 5
  パワースポット 野球場

あなたは……
頭の回転が速くて、なんでも上手にこなせちゃう。とても品があって、まちがったことがきらいな女の子。まわりがとてもむりだと思うことにもチャレンジする、こわいもの知らずなところもあるの。でも、その勇気が魅力でもあるよ。

あなたの才能
多才でなんでもこなせるけど、とくに専門分野で力を発揮。

向いている職業
歯科衛生士、ふりつけ師

友だち運
尊敬できる年上の人と交流し、自分をみがきながら成長していくよ。人の心をつかむのが上手で、いざというときに多くの友だちがたすけてくれそう。

友運アドバイス
ちょっぴり短気で、だから、つい人にお説教をしちゃうことが……。いいすぎないように気をつけてね。

ラブ運
男の子からは、とっつきにくく見えることも。あなたのやさしさがつたわれば、恋が生まれるよ。相手に誠実なタイプだよ。

相性がいいのはこの誕生日の人！
ラブ 2月17日、10月22日
友だち 2月5日、5月29日、12月13日

おしゃれアドバイス
色を2色以上使ったブレスレットをすると◎。

この日生まれの男の子
まがったことやズルイことがきらいで、責任感のつよいカレ。すきだと告白したつもりが、相手につたわってなかったりと、恋には不器用。ウワサ話をしない子がすきだよ。

あなたへのおまじない
不安をとりのぞいて、勇気をだすためのおまじない。にぎりこぶしにした左手で、右のてのひらをつよめに1回たたくと、勇気をガッツリ注入だよ。

神秘のアイテム クロス（十字架）
クロスは生きる力の象徴とされているの。クロスを身につけると魔よけになるよ。アクセはもちろん、ストラップでもOKだよ。

6月

今日の運勢 ● 先生や、年上の人のことばに目がさめることが。すなおに聞いてね。

6月9日生まれ

ふたご座 Ⅱ

ラッキーカラー ピンク／ラッキーナンバー 6／パワースポット 遊園地

ふたつの顔を持つフシギな女の子

あなたは……
頭が切れて、すじ道をたててものごとを考えられる、大人っぽいタイプ。かと思うと、むじゃきでおさない態度をとることもある人だよ。強引かと思えばおくびょうだったりと、正反対の性格をあわせ持つ、フシギな魅力を持っているよ。

友だち運
第一印象や思いこみだけで人を判断せず、だれとでも友だちになれるよ。頭の回転が速く、イベントでは司会役をまかされることも多いよ。

友運アドバイス
すなおで感じたことをストレートに口にしちゃうから誤解をまねくことも。誤解されたと思ったら、早めに話しあおうね。

相性がいいのはこの誕生日の人!
♥ 10月7日、10月19日
友だち 1月27日、8月9日、10月9日

この日生まれの男の子
自分の意見をはっきりというカレ。すきな子への気持ちはおさえちゃってなかなか告白しないほうだけど、両想いになると、いきなり大たんに！ おおらかでやさしい子にひかれるよ。

あなたの才能
判断力と行動力を、子どもと接する仕事でいかせば◎だよ。

向いている職業
幼稚園の先生、塾の先生

ラブ運
はじめは消極的だけど、しだいに積極的になるタイプ。フレンドリーなムードから、いっきに交際に発展しちゃうかも。

おしゃれアドバイス
チェックがらの洋服がオススメだよ♪

あなたへのおまじない
成績をアップさせるおまじないだよ。いつも使っているペンケースかペンたてを、日光に8秒間あてて。これを5回やると、パワーをもらえるよ。

神秘のアイテム
テントウムシ
大きな成功をもたらすといわれているテントウムシ。ノートのすみにテントウムシの絵をかくと、苦手科目も克服できちゃうかも。

6月

今日の運勢 今日はとってもさえてるよ！ 直感を信じてすすむといい結果に。

6月10日生まれ ふたご座 Ⅱ

ラッキーカラー ベージュ / ラッキーナンバー 7 / パワースポット 砂場のある公園

へこたれないチャレンジャー

あなたは……
とても積極的で、チャレンジ精神旺盛な女の子。また、とんでもなくいいことがあるかと思うと、苦しいこともある波乱の運命の持ち主。でも、ピンチをのりこえるたくましさがあるよ。経験をかさねるほど、パワフルなデキる女性へと成長するよ。

友だち運
だれとでも仲よくできて社交的。状況をよく見て、友だちどうしのアクシデントも上手に解決。いろいろな人と交流し、友だちの輪をひろげていけるよ。

友運アドバイス
考えすぎてなやんじゃうことも。友だちに相談してみて。あっさり解決することが多いよ。

相性がいいのはこの誕生日の人！
ラブ 6月19日、11月23日
友だち 2月12日、5月31日、11月28日

おしゃれアドバイス
ネイルシールをはり、指先をはなやかにするといいかも！

この日生まれの男の子
ピンチにつよい、たくましい男の子。感情の波がはげしく、すきな子にも、すきといったり、そっけない態度をとったりと、ふりまわしちゃうことも。楽天的で明るい子がタイプだよ。

あなたの才能
すぐれた分析力をいかしてね。調査や実験などの仕事がいいよ。

向いている職業
統計学者、科学者

ラブ運
自分の感情で、すきな男の子をふりまわしちゃうタイプ。まずは友だちとして仲よくなると、恋に発展していくよ。

あなたへのおまじない
ピンチに直面しても負けないおまじない。まずは、おなかの底から息をゆっくりとはいて。それから指でハサミをつくり、その息をチョキンと切ってね。

神秘のアイテム
リボン
リボンは、むすびつけることから、いい出会いを生みだすパワーがあるよ。リボンのついた小物はもちろん、手作りのリボンも効果バツグンだよ。

6月

今日の運勢 友だちが協力してくれる日。自分ひとりではたいへんだったことがあっさりおわっちゃうよ。

6月11日生まれ ふたご座 Ⅱ

限界にいどむ勇者

あなたは……
なんにでも全力をつくすがんばり屋さん。限界にチャレンジしようとするところがあり、つらくてもぎりぎりのところまでがんばって、その道をきわめちゃう。行動範囲がひろく、エネルギッシュ。また、ものごとを深く考え、こまやかな気配りもできる人だよ。

友だち運
すぐれた判断力と行動力から、リーダーとしてかつやくできるよ。でもでしゃばらず、友だちをたいせつにするから、とっても信頼されているよ。

友運アドバイス
カンペキをもとめすぎ、こまかいところまでつい自分でしきりたくなっちゃう。役わり分担をしてみんなで力をあわせよう。

相性がいいのはこの誕生日の人!
ラブ 2月2日、10月30日
友だち 1月30日、5月26日、12月23日

この日生まれの男の子
なにごとも投げださないで、さいごまでねばりづよくとりくむカレ。恋愛より友情を優先するタイプだよ。自分の考えをしっかり持っている、芯のつよい子にひかれるよ。

あなたの才能
持続力バツグン。ひとつの道をきわめると成功につながるよ。

向いている職業
日本語教師、ピアニスト

ラブ運
すきだと思ったら、すなおに気持ちをつたえられるよ。ライバルがあらわれると、ますます燃えちゃうタイプだね。

おしゃれアドバイス
どこかに赤いものを身につけるといいよ!

あなたへのおまじない
フシギと運がアップしてくるおまじないだよ。金色の折り紙のうらに、2と書いてからツルを折って。それをカバンにいれて持ちあるけばバッチリ。

神秘のアイテム
エンジェル(天使)
エンジェルの羽は、あなたの能力を高めてくれるラッキーアイテム。羽のモチーフがついたアクセやストラップがあったらゲットして。イラストでもOK。

今日の運勢 ● 計画性が成功の鍵に。予定をたてるといいよ。

人気者の
アクティブガール

6月12日生まれ ふたご座 Ⅱ

ゴールド　ラッキーカラー
9　ラッキーナンバー
話題のお店　パワースポット

あなたは……
明るくてさっぱりした女の子。天真らんまんで、たのしいから、いっしょにいる人をあきさせないよ。じっとしているのは苦手。まわりの影響を受けて考えがかわりがち。初心をつらぬくことも意識してみてね。のりものにのるのも大すきみたい。

友だち運
責任感がつよく、誠実。思いやりがあってあたたかく、友だちにやさしいから、人気も高いよ。仲よしの友だちを家にまねいたりして、友情を深めていくよ。

友運アドバイス
なやみがあっても、あまり人には見せないね。ひとりでかかえないほうがいいよ。友だちに相談してみてね。

相性がいいのはこの誕生日の人！
ラブ 9月21日、11月24日
友だち 2月1日、6月9日、10月2日

おしゃれアドバイス
トリートメントで、つや髪をキープしてね☆

この日生まれの男の子
行動派で、責任感もつよいカレ。笑いが恋のキューピッドに。すきな芸人やジョークで話をすれば、いい感じになるかも。よく笑う、明るい女の子がすき。

あなたの才能

ことばのセンスがあるよ。大すきなのりもの関係の仕事でも成功！

向いている職業
キャビンアテンダント、放送作家

ラブ運
たのしくて話題がいっぱいだから、男の子の間でも人気者だよ。笑いのツボがおなじカレとなら、ハッピーな交際ができるよ。

あなたへのおまじない

テストやコンクールなどに合格するおまじないを。両手を青空にかざし、太陽のパワーをてのひらで受けとるイメージをすればOK。

神秘のアイテム

ハート

ハートの形には人をしあわせにする力があるの。ハートのグッズを持ちあるくのもいいし、折り紙やフェルトなどをハートの形に切って、お守りにするのも◯。

6月

今日の運勢　年下の子に親切にするといいことがありそう。

6月13日生まれ

ふたご座 Ⅱ

赤　ラッキーカラー　｜　1　ラッキーナンバー　｜　学校の水飲み場　パワースポット

スリルをたのしむチャレンジャー

あなたは……
夢に向かってがんばる女の子。その夢や理想はとてつもなく大きくて、たびたび不安になることも。でも、「やってできないことはない！」をモットーにつきすすむよ。からだを動かすことが大すきで、スリルを感じることにも、思いきってチャレンジしちゃうよ。

友だち運
ポジティブで責任感がつよく、たのまれたらきちんとやりとげるから、信頼度はバツグン。年下の子の相談にのったり、サポートしたりとめんどうみもいいよ。

友運アドバイス
友だちの意見にもちゃんと耳をかそうね。ちがう考えにも、はっと気づくことがあるよ。

相性がいいのはこの誕生日の人！
ラブ　6月22日、9月2日
友だち　3月7日、8月6日、12月2日

この日生まれの男の子
ヒーローにあこがれる冒険家。すなおな子の王子さまでいたいのに、意識すると緊張しちゃうカレ。いっしょにいてリラックスできる、明るく気さくな女の子がタイプだよ。

あなたの才能
努力がピカイチ。科学や芸術にも目を向けると大かつやく！

向いている職業
CGクリエイター、科学者

ラブ運
恋をすると相手を王子さまのように理想化しちゃうところがあるみたい。もう少し現実的になると、ハッピーな恋愛をたのしめるよ。

おしゃれアドバイス
チェックがらのものを身につけると魅力アップ。

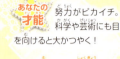

あなたへのおまじない
長所をのばし、さらに魅力的な女子になるおまじないを紹介。小指のつめを反対の親指で3回なでて。手をいれかえておなじようにやればバッチリだよ。

神秘のアイテム
錨

錨にはラブ運を高める力がこめられているの。錨のアクセを身につけるといいよ。写真や絵をかざっておいても効果バッチリ。

今日の運勢　ピンチを上手にのがれられる日。自分の直感を信じて！

正義感のつよい情熱家

6月14日生まれ ふたご座 Ⅱ

 黄 ラッキーカラー
 2 ラッキーナンバー
 学校の周辺 パワースポット

あなたは……
状況をしっかりとらえ、正確に判断ができる人。トラブルも冷静に解決するから、まわりの信頼はあついよ。正義感がつよくて、いんちきやごまかしが大きらい。マイペースで自由をだいじにするけど、じつは負けずぎらいで、ライバルが登場すると燃えちゃうよ。

友だち運
社交的でいろいろな人とすぐに友だちになっちゃう。交流の輪がどんどんひろがり、友だちはいっぱい。おおぜいでもり上がってあそぶことが多いね。

友運アドバイス
気持ちがゆれ動いて、考えがかわりやすいところがあるよ。まよったら友だちに相談するのもいいよ。

相性がいいのはこの誕生日の人！
ラブ 6月22日、8月23日
友だち 2月2日、4月9日、10月12日

おしゃれアドバイス
女の子らしいパンツスタイルがステキだよ。

この日生まれの男の子
がんばり屋さんでまじめなカレ。恋をすると、世話焼きになるかも。いざというとき、恋人をさいごまでまもりぬくタイプだよ。ほんわかした、いやし系の子がこのみ。

あなたの才能
ものごとを見きわめる力、説得力をいかすと成功するよ。

向いている職業
雑誌記者、アナウンサー

ラブ運
すきな人には、だれよりも愛情深く、真心をこめて接するよ。恋をすることで人としても成長していくタイプだよ♡

あなたへのおまじない
すきな人ともっと仲よくなれるおまじないだよ。夕日に向かって、指でハートをかき、そのなかに、相手の男の子のフルネームを書くといいよ。

神秘のアイテム
クラウン（王冠）
勝利をよびよせる力を持つクラウン。クラウンのイラストや小物を持つといいけど、手作りもグッド。紙などでつくったら、部屋にかざってね。

6月

今日の運勢　ほんとうにたいせつな人がだれか、気づける日。

6月15日生まれ ふたご座 Ⅱ

ユニークな魅力の賢者

 ラッキーカラー 紺
 ラッキーナンバー 3
パワースポット デパートの屋上

あなたは……

たのしくてとってもユニークな、フシギな魅力を持った女の子。頭の回転が速く、その場にあわせた柔軟な対応ができるよ。たのしい会話とゆたかな知識で、人を説得するのも上手で、人をヤル気にさせる才能もあるから、リーダーに向いているよ。

友だち運
だれとでもすぐに仲よくなっちゃうよ。相手の気持ちを考えて行動するから、みんなからすかれているの。まわりから相談されることも多いよ。

友運アドバイス
自分が相談する相手がいなくて、孤独を感じることがあるかも。先生やたよれる先輩との縁をたいせつにするといいよ。

相性がいいのはこの誕生日の人！
ラブ 8月8日、10月10日
友だち 1月26日、5月24日、12月9日

この日生まれの男の子
みんなのまとめ役。カリスマ的でまわりから尊敬されることも。あの手この手ですきな子の心をがっちりつかむ、恋のテクニシャンだよ。頭の回転が速い子がすき。

あなたの才能
指導力、話術の才能がとくにすばらしいよ。

向いている職業
学校の先生、司会者

ラブ運
魅力的でモテるタイプ。親しみやすいから、気になるカレともすぐ仲よくなれちゃう。かけひきをしながらカレの心をゲット。

おしゃれアドバイス
明るい色のヘアアクセでキメて！

あなたへのおまじない
だいじなときに緊張しないおまじない。両手のてのひらを上に向けてひろげて。親指から人さし指、中指と順に折っていき、小指から順にひろげていけばOK。

神秘のアイテム チョウ
みにくいさなぎから、うつくしいすがたにかわるチョウは、成長や美のシンボルとされているの。チョウのアイテムを身近においておくといいよ。チョウの写真も◎。

今日の運勢 × ささいなことでカッとしそう。人のミスは笑ってゆるしてね！

将来を見すえる直感タイプ

6月16日生まれ ふたご座 Ⅱ

ラッキーカラー シルバー
ラッキーナンバー 4
パワースポット ファストフード店

あなたは……
想像力がとてもゆたかな女の子。同時に、現実的にものごとを考えることもできるよ。目先のことにとらわれず、長い目でものを見られる人。状況におうじてやり方をかえる、やわらかい考えも持っているね。直感がするどく、人を見る目もあるよ。

あなたの才能
先を読む力、直感力をいかすと、将来かつやくできるよ。

向いている職業
インテリアコーディネーター、ファイナンシャルプランナー

友だち運
思いやりにあふれていて、まわりの人とちょうどいい距離をとれるので、友だちとの関係は良好だよ。友だちえらびは慎重みたいね。

ラブ運
あうかあわないかを第一印象で感じとるよ。時間をかけて心をひらいていくタイプね。グループ交際からはじめるのが◎。

友運アドバイス
ひかえめで、ほんとうの気持ちが相手につたわりにくいところも。ときにはすなおに本音をいってもいいんだよ。

相性がいいのはこの誕生日の人！
ラブ 6月25日、8月5日
友だち 2月25日、4月18日、10月14日

おしゃれアドバイス
すじぐも色のリップがかわいいよ♪

あなたへのおまじない
友だちとのきずなを深めるおまじないだよ。白い紙に友だちと自分の名前をならべて書き、右手をその文字をおおうようにおいて、6つかぞえればOKだよ。

この日生まれの男の子
しんぼうづよく、現実的。直感がするどくて、相手の人柄をすぐに見ぬくよ。恋は、友だちからはじめて、ゆっくり深めていくタイプ。まじめな子にひかれるみたい。

神秘のアイテム ★ 星
昔、船のりは星を見て進路をきめていたよ。星は人生のみちびき手でもあるの。星のアクセを身につけると、目標や夢にぐんと近づきそうだよ。

❉ 6月 ❉

今日の運勢 ● ほんとうにほしいものは、思いきって家族に相談してね。ちゃんと理由を説明しようね。

6月17日生まれ ふたご座 II

積極的なまじめガール

あなたは……
一見、気らくそうに見えるけど、ほんとうは目標のためにいつも積極的にがんばっているよ。自分にきびしく、とってもまじめね。目標を達成するだけでなく、まわりの人の役にたちたいという気持ちもつよいみたい。話にも説得力があるから、人気もあるよ。

友だち運
好奇心が旺盛で、社交的なタイプ。はじめての人ともすぐになじめるから、友だちも多いよ。友だちの輪をひろげていき、情報交換しながらもり上がったりもするよ。

友運アドバイス
少し話をふくらませちゃうことがあるかも。気をつけてね。マイペースになりすぎるのにも注意して。

相性がいいのはこの誕生日の人！
ラブ 2月17日、8月9日
友だち 1月17日、5月23日、12月2日

この日生まれの男の子
信頼されるためにがんばる男の子。一見チャラそうに見えるけど、恋にはまじめだよ。すきな子に告白するときは超しんけん。自分の考えをちゃんと持っている子がすきだよ。

あなたの才能
すぐれた方向感覚、空間のセンスがそなわっているよ。

向いている職業
インテリアデザイナー、ツアーコンダクター

ラブ運
すきな人には、とにかく話しかけちゃうタイプ。なんでもサクサクとこなす、デキる男の子にひかれるよ。

おしゃれアドバイス
ドットがらのアイテムで魅力的に♪

あなたへのおまじない
理解力が高まり、勉強が楽しくなるおまじないだよ。いつも使っているノートの表紙の四すみに？マークを青ペンで書きいれるとバッチリだよ。

神秘のアイテム

リンゴ
リンゴは愛の女神の果実としても有名。そんなリンゴモチーフの小物をそばにおいておくと、ラブ運がアップ！アクセを身につけるのもバッチリ。

今日の運勢 ● いいことがありそう！ 思いやりをわすれないで！

たよりになる サポートリーダー

6月18日生まれ ふたご座 Ⅱ

ラッキーカラー：ピンク
ラッキーナンバー：6
パワースポット：ペットショップ

あなたは……
年をかさねるごとに力をつけ、成長していく人。楽天的でものおじしないし、新しい刺激もすき。自立心がつよく、たいていのことは自分ひとりでやりとげようとするよ。向上心はあるけれど、リーダーよりリーダーをたすける役のほうがすきみたい。

あなたの才能
管理能力にすぐれているよ。

向いている職業
税理士、心理カウンセラー

友だち運
思いやりがあって、人の気持ちや苦しみを考えられるから、友だちの相談にのることが多いよ。友だちや家族はずっとたいせつにする人だよ。

友運アドバイス
こまったときは、友だちにたすけをもとめて。いっしょに考えてくれるし、それがきっかけで友情もさらに深まるよ。

ラブ運
つきあったら、真心を持ってカレをたいせつにするよ。「いいな」と思う男の子はたくさんいても、カレをうらぎることはないよ。

相性がいいのはこの誕生日の人！
ラブ　7月27日、10月16日
友だち　2月18日、6月3日、10月9日

おしゃれアドバイス
カラフルなブレスレットをつけると魅力アップ。

この日生まれの男の子
トップをめざす人。やさしいけど、おちつきがないところもあるよ。すきな人には誠実で、愛されるより愛するタイプだね。自分の夢を持っている元気な子が大すき。

あなたへのおまじない
金運がアップするおまじないだよ。あらってきれいにした10円玉をアルミホイルでつつんで。それをカバンにいれて持ちあるくといいよ。

神秘のアイテム
鍵
鍵をひろうと、宝物を見つける前ぶれだといわれているの。鍵は幸運のアイテムなんだ。鍵がモチーフのアクセを身につけるとツキがめぐってくるよ。

6月

今日の運勢　あなたのアイデアが採用されるよ！

6月19日 生まれ ふたご座 Ⅱ

 ベージュ ラッキーカラー
 7 ラッキーナンバー
 昇降口 パワースポット

へこたれない タフガール

あなたは……
目標を達成するために、へこたれずにがんばる女の子。多少のピンチはなんとも思わず、前にすすみつづけるよ。人にいわれるより自分で考えて行動し、まわりも動かそうとするの。パワフルでいろんなことをやりすぎてつかれてしまうことも。

友だち運
ピュアな心を持っていて、人の長所にしぜんと目がいくので、ナチュラルにほめ上手だよ。友だちのアドバイスは、すなおに聞くよ。

友運アドバイス
気分の波は大きいほうだよ。心によゆうを持つようにするといいね。

相性がいいのはこの誕生日の人！
ラブ 4月1日、6月1日
友だち 3月31日、7月28日、12月13日

この日生まれの男の子
たのまれるとノーといえない、誠実なカレ。恋愛では、しばられるのがなにより苦手。すきな子にはもうれつにアピールするよ。さっぱりした明るい子がタイプみたい。

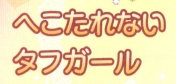

あなたの才能
すぐれた話術と知性がそなわっているよ。

向いている職業
教師、ノンフィクション作家

ラブ運
すきな人には積極的だよ。自分をわかってほしくて、とにかく話したり、いっしょに行動したりと、コミュニケーションをとるよ。

おしゃれアドバイス
髪の毛をふんわりカールさせるとかわいいよ。

あなたへのおまじない
みんなにすかれ、人気運がアップするおまじない。左右のくすり指の先をくっつけ、目をとじたまま、「スターダスト」と5回となえればOKだよ。

神秘のアイテム
四つ葉のクローバー
四つ葉のクローバーは形がクロス（十字架）であることから、幸運をもたらすといわれているよ。緑の折り紙を四つ葉の形に切って、しおりにするのもグッド。

今日の運勢　口はわざわいのもと。ことばで人をきずつけないよう注意！

感情ゆたかなカリスマ

6月20日生まれ ふたご座 II

グレー　ラッキーカラー
8　ラッキーナンバー
体育倉庫　パワースポット

あなたは……
もの静かだけど、ゆたかな感情、ゆたかな想像力を持っている人。ものごとのよしあしがわかっていて、トラブルがおきても冷静に判断することができるよ。そんなところがまわりの人をひきつけ、影響をあたえるから、カリスマ的存在に。

友だち運
その場の空気を読める人。友だちの笑顔が大すきだから、みんなが公平に発言ができ、たのしくいられるふんいきをつくる努力をしているよ。

友運アドバイス
仲よくなってなんでもいえる友だちには、ちょっぴりワガママになることも。気まぐれな発言はわざわいのもとだよ。

相性がいいのはこの誕生日の人！
ラブ　6月2日、10月18日
友だち　1月29日、8月14日、12月14日

おしゃれアドバイス
毎月のブラッシングで、ツヤ髪をキープして☆

この日生まれの男の子
自分のいうことや行動が、まわりに影響をあたえちゃうカレ。恋をすると、感情がゆれやすく、相手をふりまわしちゃうことも。おおらかで心のひろい子がタイプだよ。

あなたの才能
ゆたかな想像力をのびのびいかせる仕事がいいよ。

向いている職業
舞台演出家、絵本作家

ラブ運
恋をするとおちつかなくなり、あれこれなやんじゃうタイプ。考えすぎていきなりおどろくような行動をとることも。

あなたへのおまじない
理想的な女の子になれるおまじないだよ。満月の夜にやってね。月の光をあびながら、「ビーナスへつづく道」と3回となえればバッチリだよ。

神秘のアイテム
ハート
幸運のモチーフとしてとっても有名なハート。ハートのついた小物やハートのがらのクッションなどを部屋においておくと、フシギとツキがやってくるよ。

6月

今日の運勢　いままで気にしていなかった男の子の、いいところに気づけちゃうかも。

6月21日 生まれ

ふたご座 II

好奇心あふれる個性派

あなたは……

たくさんのことに興味があり、いろいろな体験をしたくて積極的に行動するよ。うつくしいものにつよくひかれ、自分ならではの考えを持つ個性的な人。人にみとめられたいという気持ちがつよく、自分の個性をアピールするよ。なにかにはまると夢中になりすぎちゃう。

友だち運

すなおで心がひろいから、友だちからたのまれごとも多いよ。パワフルだけど、じつはさびしがり屋さん。そんなあなたを理解してくれる心づよい友だちがいるはずだよ。

友運アドバイス

自分のことをわかってもらえないとおちこんで、急に気弱になっちゃうことも。心をゆるせる友だちに話してみて。

相性がいいのはこの誕生日の人！

ラブ 9月20日、12月22日
友だち 3月27日、7月3日、10月11日

この日生まれの男の子

強烈な個性を持っている男の子。恋をしたいとつよく思っていて、すきになったら情熱的だよ。けっして相手をうらぎらないよ。すなおでやさしい子がタイプだよ。

あなたの才能

向上心と、強烈な個性をいかして得意分野をきわめて。

向いている職業

まんが家、ショップの店長

ラブ運

情熱的な恋をするタイプ。全身で、めいっぱい愛情を相手に表現するよ。女の子らしい魅力にあふれているから、モテるよ。

おしゃれアドバイス

パンツスタイルよりも短めのスカートが◎。

あなたへのおまじない

ステキな恋ができるおまじない。左のてのひらに♡をかき、そのなかに？をかいて。両手をあわせたら、その手をほおに6秒間あてるの。

神秘のアイテム

スプーン

幸運の象徴とされているスプーンの力をかりてね。銀色のスプーンを枕まわりにおいておくと、予期せぬうれしいできごとがおこるかも。

今日の運勢　強運デー！　自分を信じていけばだいじょうぶだよ。

夢見るロマンチスト

6月22日生まれ
かに座

ラッキーカラー オレンジ
ラッキーナンバー 1
パワースポット 夕日の見える窓

あなたは……
好奇心がつよくて、想像力がゆたか。ロマンチックな生き方にあこがれているよ。ときめくような経験やドキドキするような冒険をしたいと思っているね。人の気持ちを読みとるのが上手で、相手の立場にたって考えられる人だよ。

あなたの才能
人の気持ちを読みとる力、ゆたかな想像力がすばらしいよ。

向いている職業
社会福祉士、ゲームプランナー

友だち運
やさしくて人あたりがいいよ。ちょっぴりナイーブで、心をひらくまでに時間がかかるけど、いったん友だちになったら、とてもたいせつにするよ。

ラブ運
すべてに全力をそそぐ人だから、ひとたびすきになると、まわりが見えなくなるほど、カレに夢中になってしまうの♡

友運アドバイス
こまったら、やせがまんをせず、友だちに協力をたのんでね。

相性がいいのはこの誕生日の人！
ラブ 1月4日、8月11日
友 2月3日、4月19日、9月22日

おしゃれアドバイス
乳白色のアクセを身につけると魅力アップ。

この日生まれの男の子
全力投球のカレ。すきな人ができたら、すぐまわりにバレるくらい熱くなるタイプだよ。情熱的なぶん、つめたくされるとおちこんじゃう。聞き上手なやさしい子がこのみ。

あなたへのおまじない

集中力を高めるおまじない。がんばりたい本番前にやってね。左のてのひらに、自分の下の名前のイニシャルを、右手の指で書いて。それを飲むようにして。

神秘のアイテム
月
気持ちを安定させたいときには月の力をかりてね。ながめているだけで心がおちつくよ。月の写真や絵をクリアファイルにいれておくといいよ。

6月

今日の運勢 ● 完成するよろこびをあじわえるよ。がんばったぶんうれしさもマックス！

6月23日 生まれ

かに座

 白 ラッキーカラー
 2 ラッキーナンバー
 家の庭 パワースポット

恋に芸術に生きる女の子

あなたは……
恋愛のない人生はないと思うくらい、恋に生きるタイプ。すきな人ができたらみんなにいって祝福されたいと思うよ。感受性がつよく、美術や音楽、文学への関心も高いの。芸術はあなたをはげまし、勇気づけ、いやしてくれる、必要不可欠なものになるよ。

友だち運
すなおで謙虚な人がらだから、ピンチの場面でたすけてくれる友だちにめぐまれるよ。もちろんたすけてもらうだけでなく、すすんで人に親切にするよ。

友運アドバイス
ささいなことでおちこみやすいかも。つらくなったら、友だちとのおしゃべりがいちばんだよ。

相性がいいのはこの誕生日の人!
ラブ 6月5日 12月24日
友だち 1月23日、4月14日、12月8日

この日生まれの男の子
表現力がゆたかで、おしゃべりが大すきな男の子。すきな子にはあの手この手でアタックして、わき目もふらず、愛をささげるよ。話を静かにニコニコ聞いてくれる子がすきだよ。

あなたの才能
ゆたかな感受性、芸術センスがずばぬけているよ。

向いている職業
詩人、トリマー

ラブ運
なによりも、恋人といる時間をたいせつにしたい人。すきになったらいちずだよ。相手のすべてを愛しちゃうよ。

おしゃれアドバイス
レースのかざりがついた洋服を着てみてね♪

あなたへのおまじない
くじ・懸賞運がアップするおまじない。黄色い折り紙のうらに、あたってほしい賞品の名前を書き、ふたつ折りにして。それをまくらの下にいれてねてね。

神秘のアイテム
魚
魚はたくさんの卵を生むことから、人生をゆたかにしてくれる守り神とされてきたの。魚の形のアクセを身につけるとしあわせがおとずれるよ。

今日の運勢 マイペースが吉。ときには肩の力をぬいてパワーチャージを。

自分のやり方を あみだす子

6月24日生まれ かに座

ラッキーカラー：青
ラッキーナンバー：3
パワースポット：ファンシーショップ

あなたは……
新しくものをつくりだす、クリエイティブな人。興味を持ったことは自分なりのくふうをしてとりくむよ。集中力が高く、むずかしいことでもかならずマスターしちゃう。ひとりですきなことをする時間をたいせつにするよ。大人になるにつれ尊敬される存在に。

友だち運
温和で親しみやすい人。友だちをたいせつにしたいという気持ちをつよく持っているよ。友情のきずなをはぐくもうと、あつまりやイベントを企画したりするよ。

友運アドバイス
なまけグセがあるかも。友だちとの約束はなまけないようにね。意識してなおすようにすればカンペキだよ。

相性がいいのはこの誕生日の人！
ラブ　8月2日、12月25日
友だち　3月9日、7月6日、11月7日

おしゃれアドバイス
ビーズアクセを身につけるとかわいさアップ。

この日生まれの男の子
なにごとも自分のやり方をつらぬくカレ。すきな人を、やさしさと愛でつつみこんじゃうタイプだよ。いっしょにいてなごむ子がすきだよ。

あなたの才能
クリエイティブな才能と、手先の器用さをいかすと◎だよ。

向いている職業
陶芸家、写真家

ラブ運
人生の最大のテーマが愛。愛する人とのむすびつきをなによりもだいじにする。すきな人にはいちずな愛をささげるよ。

あなたへのおまじない
学校がもっとたのしくなるおまじない。学校にはいていくくつの左右に、指で？マークをかいてから、くつ全体がオレンジ色にそまるイメージをすればOK。

神秘のアイテム　馬の蹄鉄
蹄鉄は厄をよせつけないとされ、ヨーロッパではお守りとして使われているの。蹄鉄のイラストをかいて、かざるのもグッド。

6月

今日の運勢
恋愛運がすごくいいよ。気になっていた子にも、ほかの子にもなぜか話しかけられるよ。

6月25日生まれ

かに座

直感にすぐれた実力者

ラッキーカラー 黄

ラッキーナンバー ④

パワースポット 校庭

あなたは……
なにかをまもったり育てたりする能力が高い女の子。その力は、植物を育てる、才能を育てる、財産をふやすことにも発揮されるよ。夢や目標をかなえるために必要なこと、役にたつことが直感でわかる人。冷静な判断力がそなわると無敵だよ！

友だち運
頭の回転が速く、おしゃべり上手。心がピュアで親しみやすいから、あなたのまわりはいつもおだやかなふんいきだよ。

友運アドバイス
スムーズにいかないこともたまにはあるよ。経験をつむことで自分をみがき、ステキな人間関係をきずいていくよ。

相性がいいのはこの誕生日の人!
ラブ 1月06日、11月12日
友だち 3月10日、7月13日、10月19日

この日生まれの男の子
才能ゆたかな男の子。恋人はたいせつにするけど、てれかくしに、人前ではわざとそっけなくすることも。ちょっぴり天然系の明るい子にひかれるよ。

あなたの才能
直感力と、まもる、育てる、ふやすという才能をいかして。

向いている職業
証券アナリスト、学校の先生

ラブ運
すきな人がいても人前では気持ちをかくして、わざとつめたいことをいったりするよ。すなおになってみて。

おしゃれアドバイス
小指にネイルシールをはるとグッド！

あなたへのおまじない
困難やトラブルに負けないおまじない。ピンチのとき、フーッとつよく息をはき、目を閉じてスマイルマークを思いえがいて。そしてもういちど息をはけばOK。

神秘のアイテム
イルカ

いやしのシンボルでもあるイルカ。あらそいごとをよせつけないパワーも持っているよ。イルカの絵や写真をかざると気持ちがおちつくよ。イルカのアクセもいいね。

194　今日の運勢　友情運が吉。たのしいことはみんなでわかちあおうね。

みんなにたよられる女の子

6月26日生まれ かに座

- ラッキーカラー：緑
- ラッキーナンバー：5
- パワースポット：観葉植物のあるところ

あなたは……
ふだんはとても慎重で、あらそいごとはきらいな、おだやかな女の子。でもピンチや勝負のときには、にげずに行動力を発揮するしっかり者だから、まわりからの信頼はあついよ。心をゆるせる家族や親友といるときが、なによりリラックスできる時間だよ。

友だち運
なにかをしてもらったら、ちゃんとおかえしをするよ。それどころか、見かえりを期待せずに友だちのためにつくそうとするから、感動されることが多いよ。

友運アドバイス
ちょっぴり融通がきかないガンコなところがあるみたい。意識して人にあわせるのもたまにはいいかも。

相性がいいのはこの誕生日の人!
- ラブ 1月4日、11月14日
- 友だち 2月23日、5月2日、11月5日

おしゃれアドバイス
プチペンダントで女子力アップ♡

この日生まれの男の子
責任感がつよいしっかりした男の子。愛する人をまもりたいという気持ちがつよく、いざというときは全力でたたかうよ。正直でウソをつかない子にひかれるよ。

あなたの才能

お金に対する感覚、運動能力がとてもすぐれているよ。

向いている職業
銀行員、スポーツインストラクター

ラブ運
恋愛に関心がないように見えるから、恋のチャンスは多くないかも。でも、スポーツつながりでステキな恋人ができる運勢ね。

あなたへのおまじない
もっとかわいくなれるおまじない。両目を両手でおおい、すきな花の花束を思いうかべて。さらに、花を1本ずつ人にあげているところをイメージしてね。

神秘のアイテム
花
元気をだしたいときは、女子力をアップさせる花のパワーをかりてみて。花のヘアピン、花のアクセ、花もよう、もちろん本物の花もOKだよ。

♥ 6月 ♥

今日の運勢 しっかりやってきた係の仕事が評価されるよ。

6月27日生まれ

あまのじゃくな
がんばり屋さん

かに座

ラッキーカラー ピンク

ラッキーナンバー 6

パワースポット 家の勉強部屋

あなたは……

すきなことは夢中になってがんばるよ。自分のたいせつな人やものを、いっしょうけんめいまもるよ。人の感情にびんかんで、相手の気持ちがわかる人。ときどきあまのじゃくで、気持ちと反対の発言をすることもあるみたい。

友だち運

心やさしく、思いやりがあるよ。とても律儀だけど気まぐれになったり、さびしがり屋なのにひとりがすきだったりと、二面性を友だちに見せる人。

友運アドバイス

気持ちの波が大きいところがあって、まわりはふりまわされちゃうことも。深呼吸して心をおちつけてから行動しよう。

相性がいいのはこの誕生日の人!

💛 9月3日、11月10日
友だち 1月18日、7月9日、10月27日

この日生まれの男の子

負けずぎらいなカレ。恋人のことはまもりぬくよ。相手の気持ちに気づいているのに、わざと意地悪なことをいったりするけど、きらいじゃないんだよ。楽天的な明るい子がタイプ。

あなたの才能

経営のセンス、表現力がとってもすばらしいよ。

向いている職業

ショップの経営者、エッセイスト

ラブ運

恋愛ではお姉さんタイプで相手をさりげなくリードするよ。ときどきあまのじゃくなことをいうのが玉にキズだよ。

おしゃれアドバイス

ちょっとカールしたヘアで女の子らしく♪

あなたへのおまじない

すきな人がふり向いてくれるおまじない。5円玉にピンクの糸をとおし、糸の両はしを持って5円玉をくるくるまわしながら、カレの名前を1回となえてね。

神秘のアイテム 虹

虹は、がんばっているあなたにしあわせをはこんできてくれるの。虹色にかがやくペンダントやビー玉、虹の写真を持っておくのも○。

今日の運勢 ✗ ネガティブになりがちだよ。深刻に考えすぎないで!

ぬかりのない ユーモアガール

6月28日生まれ
かに座

 黒
ラッキーカラー

 7
ラッキーナンバー

 部屋の東がわ
パワースポット

あなたは……
ユーモアがあって明るい女の子。まわりの人をひきつける魅力にあふれているよ。お気らくそうに見えて、じつは、こまかいところまで計画をたてているぬかりのないタイプ。みんなのことをよく観察し、まとめる力もあるよ。

あなたの才能
ユーモアセンス、こまかくていねいな計画性、観察力をいかすと◎。

向いている職業
心理学者、獣医

友だち運
愛情深く、友だちに気配りができる人。さりげなくサポートしたり、調整役をひき受けたりするので、みんなから感謝され、いちもくおかれているよ。

友運アドバイス
もしもひとりでなやんでしまったら、えんりょせず友だちをたよってみてね。友情のきずなが深まるはずよ。

相性がいいのはこの誕生日の人!
ラブ 4月28日、12月29日
友だち 2月19日、8月10日、12月31日

おしゃれアドバイス
チェックがらのものを身につけると魅力アップ。

この日生まれの男の子
なにごとも手ぬきをしないカレ。すきな人にはすなおな感情をぶつけ、ハデに動いて積極的にアプローチするよ。こまかいことに気づくまめなタイプにひかれるみたい。

ラブ運
わざとおこらせたり、ジョークをいって笑わせたりして、インパクトをあたえることで、すきな人の気をひいちゃうタイプだね。

あなたへのおまじない
再チャレンジが成功するおまじないだよ。左のてのひらに右手の指で?マークをかいて。そのマークが赤くなるのをイメージしてからグーにするとバッチリ。

神秘のアイテム
クロス(十字架)

わざわいから身をまもってくれるクロスのグッズで幸運をゲットして。クロスのイラスト入りの小物、クロスの手作りアクセも効果バツグン。

※6月

今日の運勢 × なくしものをする予感。気をつけてね。

6月29日生まれ

かに座

ラッキーカラー 茶

ラッキーナンバー 8

パワースポット 図書室

夢に向かう元気ガール

あなたは……
たのしいことが大すきで、陽気な女の子。夢をたくさん持っていて、それを実現させる行動力もあるよ。むじゃきなふんいきなのに、ゆたかな知識と高い実力があって、まわりをおどろかせちゃう。競争を勝ちぬいて、出世しちゃう可能性も高いの!

友だち運
温和で寛大なタイプで、友だちのために動きたいと思う人。おかえしをしてもらえるとはかぎらないけど、それでも愛をそそぐやさしい人だよ。

友運アドバイス
友だちにかこまれていても、ひとりになりたくなるときもあるね。しっかり充電して、ふたたびパワー全開になろう!

相性がいいのはこの誕生日の人!
ラブ 2月29日、11月11日
友だち 4月18日、5月1日、10月29日

この日生まれの男の子
競争心が旺盛なカレ。すきな人にはストレートに告白するよ。彼女をいちずに愛しぬく、誠意あふれる男の子だよ。活発でノリのいい子がこのみみたいだよ。

あなたの才能
知識が豊富。得意分野で、有名になっちゃうかも!?

向いている職業
うらない師、テレビプロデューサー

ラブ運
すきなカレとすごす時間を、なによりたいせつにするタイプ。つよがらずに、自分の弱点も見せると、きずなが深まるよ。

おしゃれアドバイス
リボンかざりがついたヘアゴムをつけると◎。

あなたへのおまじない
もっとステキに変身するおまじない。両手のてのひらに、指で星マークをかき、てのひらを上に向けて。そこから星がたくさんかび上がるイメージをして。

神秘のアイテム
テントウムシ
テントウムシがからだにとまると、心配ごとがなくなるといわれているよ。テントウムシがモチーフのアクセをつけると、スッキリ気分になれちゃう。

今日の運勢 ムリしないのがベター。流れに身をまかせてみて!

才能をひめた楽天家

6月30日生まれ
かに座

あなたは……
楽天的でおおらかなムードを持っている女の子。じつはたぐいまれなる才能をそなえている人。専門の分野で名人芸を習得できるくらい、高い能力の持ち主だよ。少し人見知りをするほうだけど、心から信じた友だちはとてもたいせつにするよ。

ラッキーカラー ゴールド
ラッキーナンバー 9
パワースポット ステージ

友だち運
初対面の人ともじょじょに友だちになれるよ。やさしく気づかいができて、緊張している人の心をほぐしてあげるのも上手。

友運アドバイス
いろいろな人と接することで、自分をみがき、成長していけるよ。気まぐれになりすぎないよう意識するとさらにグッド。

相性がいいのはこの誕生日の人！
ラブ 9月3日、11月18日
友 1月12日、6月27日、10月28日

おしゃれアドバイス
オレンジ色のリップで魅力アップ☆

この日生まれの男の子
なんでもできちゃう優秀なカレ。でも恋には不器用で、気持ちをつたえるのは苦手。共通の趣味が、ふたりが近づくきっかけになりそう。すなおで世話ずきな女の子がすき。

あなたの才能
ものごとを表現する力がとてもすぐれているよ。

向いている職業
映画監督、まんが家

ラブ運
すきな人ができても、自分の気持ちをおさえちゃうことが。じゅうぶんにその人を知ってからでないと、ふみこめないみたい。

あなたへのおまじない
女子力がさらにアップするおまじないだよ。すきな色のゼムクリップ6本をつなげて輪にしてね。それをカバンにいれて持ちあるくといいよ。

神秘のアイテム
四つ葉のクローバー
4つのしあわせをつかめることを意味する四つ葉のクローバー。見つけたら、おし花のしおりにするのも◎。絵をかいて持っておくのもいいよ。

6月

今日の運勢 いままで興味がなかったことをはじめてみると、夢中になれる予感。

7月1日生まれ

かに座

ラッキーカラー
グレー

ラッキーナンバー
8

パワースポット
寝室

思いやりのあるデリケートな人

あなたは……
思いやりがあって、人の気持ちがよくわかる人。人になにかをしてもらうよりも、してあげるほうがすきだから、まわりからたよりにされているね。繊細できずつきやすいけど、がまんづよいから、さいごには勝利をつかむことができるよ。

友だち運
場をもり上げて、みんなを笑わせるのが大すきなあなただから、まわりには友だちがたくさん。相手をたいせつにするから、ずっと友だちでいられるよ。

友運アドバイス
持ち前の好奇心を発揮して、いままでしゃべったことがない子にも話しかけてみて。たのしいことがもっとふえるよ。

相性がいいのはこの誕生日の人!
ラブ 7月10日、11月10日
友だち 1月10日、4月1日、11月6日

この日生まれの男の子
多才だけど、繊細な男の子。愛する人にはとてもやさしくて、愛情をそそぐタイプだよ。人の気持ちをわかってあげられる、やさしい女の子にひかれるみたいね。

あなたの才能
がまんづよさと、その場にあわせて行動できる才能が◎。

向いている職業
キャビンアテンダント、コンシェルジュ

ラブ運
ヤキモチを焼いたり不安になったりすると、すきなのにつめたくすることも。気持ちと反対の行動をとってしまうから、自分に正直に。

おしゃれアドバイス
パワーストーンのついたネックレスをつけて。

あなたへのおまじない
得意分野ができて、さらにレベルアップさせたいときは、このおまじない。身近にある植物の緑の葉っぱに、ポンポンと10回タッチすればバッチリだよ。

神秘のアイテム
貝

多くの貝は母なる海で生まれるの。パワーアップしたいとき、貝がらを目に見える場所においてからねむると、翌日から元気モリモリですごせるよ。

7月

今日の運勢 ラッキーデー。がんばればトップを勝ちとっちゃう!

感受性がつよくひかえめな子

7月2日生まれ
かに座

 ゴールド ラッキーカラー
 9 ラッキーナンバー
 グラウンド パワースポット

あなたは……
人の気持ちをさっすることができる、感受性がゆたかなやさしい人。ちょっぴり自分に自信が持てないところがあるけど、人にたよらず自分の力でがんばるよ。自分のために努力すればするほど、あなた自身の成長にもつながっていくよ。

友だち運
協調性があって、グループでの自分の役わりをちゃんとわかっている人。相手のようすを見て柔軟に対応するから、仲間からとても信頼されているよ。

友運アドバイス
ちょっぴり意地っぱりになっちゃうときもあるよ。そんなときは、友だちのことばにすなおに耳をかたむけてみて。

相性がいいのはこの誕生日の人！
ラブ 1月2日、11月20日
友だち 5月4日、6月29日、10月30日

おしゃれアドバイス
うすいピンク系のリップを使ってね♪

この日生まれの男の子
繊細だけど責任感はとてもつよい男の子。すきな人に刺激を受けながら、少しずつ成長していくタイプね。包容力があって、おおらかな女の子がすきだよ。

あなたの才能
ゆたかな想像力や、責任感のつよさがそなわっているよ。

向いている職業
看護師、セラピスト

ラブ運
恋をすることで、人生の運気がアップしていくタイプ。相手にはすなおな気持ちをつたえる努力をしてみてね。

あなたへのおまじない
つよい味方や親友ができ、友情運を高めるおまじない。銀色の折り紙のうらに自分のイニシャルを書き、二つ折りにして、手帳にはさんでおけば○。

神秘のアイテム
花

花はしあわせのシンボルとされているよ。花モチーフのストラップや花のチャームつきネックレスなどをつけると、うれしいハプニングの予感。

7月

今日の運勢 だれにでも明るく、たのしいことをかけられる日。鼻歌もでるくらい気分がいいよ。

7月3日 生まれ

かに座

好奇心がつよくて観察力にすぐれた人

ラッキーカラー オレンジ
ラッキーナンバー 1
パワースポット デパートの屋上

あなたは……
個性的なふんいきを持っていて、気持ちのままに行動することが多いよ。好奇心が旺盛で、まわりの人を観察するのが大すき。しぐさや言動から、心のなかまで感じようとするの。好奇心がつよいぶん、知識も豊富。直感力もすぐれているよ。

友だち運
心はデリケートだから、人との交流には慎重なタイプ。クラスのなかでの役わり分担がはっきりしているほうがやりやすいかも。

友運アドバイス
ちょっぴりあきっぽいところがあるの。友だちといっしょにとりくめば、さいごまでがんばれて、もっと仲よくなれるよ。

相性がいいのはこの誕生日の人！
ラブ 6月6日、10月01日
友だち 1月13日、6月30日、12月29日

この日生まれの男の子
相手がどんな人かを直感的に見ぬく力を持っている男の子。恋をすると、相手の気持ちが気になってしかたがないタイプ。なんでも話せる、聞き上手な女の子がこのみだよ。

あなたの才能
旺盛な好奇心と、行動力で、マスコミ関係でかつやくできそう。

向いている職業
記者、レポーター

ラブ運
すきな人ができたら、その人に向かって一直線！　カレがよろこんでくれたときにしあわせを感じるタイプね。

おしゃれアドバイス
カラフルなヘアゴムをつけると、かわいさアップ！

あなたへのおまじない
試合などのだいじな勝負の前日に、このおまじないで勝負運をアップしてね。足を肩幅にひろげ、背すじをのばしてたち、「勝つ」と9回となえればバッチリ！

神秘のアイテム
スプーン
しあわせをすくいとるといわれているスプーンは金運をアップ！ スプーンの絵をかいたしおりを手作りし、それを手帳や本にはさんでおくと◎。

7月

今日の運勢　チャンス到来！　思いきって決断するとうまくいくよ！

思いやりがあって故郷を愛する人

7月4日生まれ かに座

- ラッキーカラー: 黄
- ラッキーナンバー: 2
- パワースポット: 高原

あなたは……
人の気持ちをわかってあげられる人。むやみに相手の心にまでふみこまない、やさしい人ね。仲よしのグループをとてもたいせつにしていて、みんなのために力をつくすの。生まれた場所に愛着を持ち、故郷をわすれずにたいせつにしようとするよ。

友だち運
すぐれた判断力を持っていて、人をひきつけるよ。人によって態度をかえたりせず、だれにでも公平に接することができるよ。

友運アドバイス
調子をあわせるだけの人はちょっぴり苦手。そこをつめたいと誤解されることもあるから、あなたから笑顔で話しかけて。

相性がいいのはこの誕生日の人!
- ラブ: 3月8日、11月1日
- 友だち: 2月27日、5月6日、11月9日

おしゃれアドバイス
だいじな日はワンピースでバッチリきめて。

この日生まれの男の子
人の気持ちがよくわかるカレ。いざというとき、からだをはってすきな人をまもる男らしいタイプ。のんびりした明るい子がすき。だれにでもやさしいから誤解をされることも。

あなたの才能
公平さと故郷への愛着から、環境や地域をまもる仕事が◎だよ。

向いている職業
自然保護官、地方公務員

ラブ運
愛する人とのきずなをだいじにするよ。いったん交際をはじめたら、いちずな愛をつらぬくタイプだよ♡

あなたへのおまじない
苦手科目の克服、得意分野のレベルアップなど、勉強運を高めるおまじない。学校や部屋の照明にてのひらを向けて8秒キープ。勉強パワーをゲットして!

神秘のアイテム
馬の蹄鉄
馬は勝負運を高める象徴で、蹄鉄は幸運をかきあつめるとしてお守りに使われているの。蹄鉄のアクセやストラップをつけるのもグッド。

今日の運勢: 苦手なことに、もういちどチャレンジ! がんばったぶん、むくわれる日だよ。

7月5日生まれ

かに座

変化をもとめるカリスマ

ラッキーカラー 青
ラッキーナンバー 3
パワースポット 通学路

あなたは……
はなやかなふんいきを持っているよ。ときに大たんでカリスマ性があり、周囲をひきつけちゃう！つぎつぎと新しいことに興味を持ち、とくに奇抜で目をひくものが大すき。世のなかの変化を見ながら、自分がかつやくするチャンスをねらえる人だよ。

友だち運
クラスの人気者だね。特技を披露して、友だちをよろこばせたりすることも。でも、じつはさびしがりやで、人にすかれたいという気持ちがつよい人。

友運アドバイス
仲よくしたくて、人にあわせすぎてつかれちゃうことも。ひとりの時間もだいじにするといいよ。

相性がいいのはこの誕生日の人！
♡ 5月7日、11月20日
友だち 3月5日、5月3日、9月9日

この日生まれの男の子
好奇心旺盛なカレ。やりたいことが多すぎて、恋はあとまわしにしがちだけど、恋をしたらすなおに気持ちをつたえるよ。ひかえめだけど明るい子がすきだよ。

あなたの才能
ゆたかな想像力と、旺盛な好奇心をいかすといいよ。

向いている職業
雑誌記者、ウェブライター

ラブ運
恋でも積極的にアプローチしていくタイプ。でも、自分の趣味に夢中になると、恋人の存在をわすれちゃうことがあるかも。

おしゃれアドバイス
女子度高めのヘアスタイルも、たまには◎。

あなたへのおまじない
ラブ運がアップして、モテモテになっちゃうかもしれないおまじないだよ。金曜日、西の方角に向かって、「ラブパワーをあたえん」と1回となえればバッチリ！

神秘のアイテム
花
美のシンボルとされる花は、あなたの魅力をより高めてくれるよ。花のヘアピンや、大たんな花がらのスカートがあなたのはなやかさをひきたてるよ。

7月

今日の運勢 なまけグセがつきそう。自分をあまやかしちゃダメだよ！

信じた道をつきすすむ子

7月6日生まれ
かに座

ラッキーカラー: シルバー
ラッキーナンバー: 4
パワースポット: パソコンのある部屋

あなたは……
いったんきめたことには、どんなことがあっても全力でとりくむがんばり屋さん。うまくいかないとおちこんじゃうこともあるけど、苦労をかさねるぶん、どんどん成長していけるよ。いずれ、大物になる運を持っている人。エレガントでやさしい心の持ち主だよ。

友だち運
感受性がつよく、的確な判断力を持っているので、こまっている友だちを見たらだまってサポートするよ。だから信頼度もバツグン。

友運アドバイス
ちょっぴり協調性にかけるところがあるよ。ときには意識して歩みよってみるといいよ。

相性がいいのはこの誕生日の人！
ラブ 5月15日、7月24日
友だち 1月15日、6月24日、10月24日

おしゃれアドバイス
フルーティーな香りのものを身につけて魅力アップ♪

この日生まれの男の子
自分がこうと信じた道を、つきすすもうとする男の子。じつはロマンチックな恋にあこがれていて、すきになったらいちずなの。夢を持っているがんばり屋さんの子がタイプだよ。

あなたの才能
直感力がバツグン。専門的な仕事をすると、かつやくできるよ。

向いている職業
まんが家、美容師

ラブ運
いったんすきだと思ったら気持ちをとめられない。すきな人に彼女がいても、熱烈にアタックしちゃうかも!?

あなたへのおまじない
きずなを深めるなど、友情運をさらにアップさせるおまじない。緑の折り紙の左半分に友だち、右半分に自分の名前を書いて手帳にはさんでおいてね。

神秘のアイテム
魚
熱帯魚は幸運をよんでくれる生き物だよ。熱帯魚の写真やグッズで、そのパワーをかりちゃおう。ノートに熱帯魚の絵をかくのも効果があるよ。

今日の運勢 ひとりの時間が充実するよ。本を読んだり音楽を聞いたり、すきなことを思いきりしたい日だね。

7月7日 生まれ

かに座

ラッキーカラー

ラッキーナンバー

はち植えのある場所
パワースポット

人なつっこい正直ガール

あなたは……
自分の心の内を、すべて話しちゃうすなおな人。なんでもいっちゃうのに、その人なつっこさでだれとでもうまくいくの。友だちづきあいも活発で、まとめるのも上手。自分以外の人がリーダーでも、したがう柔軟性もあるよ。冷静で、直感力もさえているの。

友だち運
人なつっこい笑顔で、だれとでも友だちになれるいやし系ね。グループやクラスのなかでも重要な役わりをはたしているよ。

友運アドバイス
友だちには、すべてを話してほしいと思っちゃうところがあるかも。自分とちがう考えの人もいることをわすれないで。

相性がいいのはこの誕生日の人!
ラブ 3月16日、9月5日
友だち 2月23日、4月30日、10月25日

この日生まれの男の子
自分の気持ちにすなおに行動できる男の子。いちずにすきになるけど、相手にもとめすぎるところも。すなおであまえんぼうタイプの女の子がすき。

あなたの才能
クリエイティブな才能をいかすと、かつやくできるよ。

向いている職業
編曲家、イラストレーター

ラブ運
すきな人には、自分のことをまず理解してほしいと思うタイプ。思いやりを持ちつづければ、しあわせになれるよ。

おしゃれアドバイス
髪の毛を、ふわりとカールさせると◎だよ。

あなたへのおまじない
ピンチを回避し、幸運をよびこむおまじない。木曜日、東の方角に向いてたち、「ラッキースターをわたしのもとへ」と、1回となえてから一礼すればOK!

神秘のアイテム
鍵
鍵は希望の扉をひらくシンボルとされているの。鍵のがらのスカーフや鍵のアクセを身につけるといいよ。手帳やノートに鍵の絵をかくのも◎。

7月

今日の運勢 ❌ 急がばまわれ！ あせらず、安全な方法をえらんでね。

責任感がつよくて心のあたたかい子

7月8日生まれ かに座

ラッキーカラー ピンク
ラッキーナンバー 6
パワースポット ソファのある部屋

あなたは……

責任感がつよく、リーダータイプのまじめな女の子。いちどはじめたことは、やりとげるがんばり屋さんね。まわりには、心のなかを全部は見せないよう、無意識にガードしちゃうところがあるかも。ほんとうは親しみやすくて、あたたかい心の持ち主だよ。

友だち運

なにげないことばや表情から相手がどうしてほしいかわかるから、友だちとはおたがいに、ここちいい関係でいられるよ。

友運アドバイス

ちょっぴりガンコなところがあるので、意識して心をひらくようにしてみるといいよ。

相性がいいのはこの誕生日の人！
ラブ 1月8日、11月5日
友 1月6日、7月4日、12月26日

おしゃれアドバイス

貝がらモチーフのアクセを身につけるといいよ。

この日生まれの男の子

とても冷静で、なにごとにも慎重な男の子。でも、恋をするとまわりが見えなくなるくらい夢中になるよ。「しっかり者に見えるけど、ホントは天然系」という子によわいみたい。

あなたの才能

リーダーシップを発揮して、組織を動かしていく才能があるよ。

向いている職業

レストランの経営者、心理カウンセラー

ラブ運

すきな人ができると、全力でその人のことを考えちゃうタイプ。役にたてることで、しあわせを感じられるみたいね。

あなたへのおまじない

不安をとりのぞき、勇気をだしたいときのおまじないだよ。左手をにぎりこぶしにしたら、右手でそれをつつみこむように、9秒間にぎればバッチリ。

7月

神秘のアイテム
馬の蹄鉄

ヨーロッパでは魔よけとして蹄鉄が使われているよ。机まわりやかべに蹄鉄の絵をはって、幸運をゲット。Uの字になるように向けておいてね。

今日の運勢　新しい友だちができるかも。クラスがちがう子から声をかけられるかもね。

207

7月9日 生まれ

かに座

好奇心旺盛な行動派

 ベージュ ラッキーカラー
 7 ラッキーナンバー
 学校のろうか パワースポット

あなたは……
好奇心が旺盛で、興味を持ったことはとことん知りたくなるよ。そのときの行動力はバツグン！　なんでも自分でやりとげるから、将来はまだ女性のかつやくが少ない仕事につくかも。状況をきちんと理解して、たしかな判断ができる力も持っているね。

友だち運
その場のふんいきを明るくするムードメーカー。友だちのめんどうもよく見るから、みんなにしたわれているね。心をゆるした友だちを、とてもたいせつするよ。

友運アドバイス
笑ったりおこったり、感情の波が大きいところがあるかも。イライラしそうになったときは深呼吸するといいよ。

相性がいいのはこの誕生日の人！
恋 6月20日、6月27日
友だち 2月12日、6月26日、10月13日

この日生まれの男の子
ものごとをとことん追求するカレ。包容力もあるよ。恋人ができたら、その子のためにむりをしてもがんばっちゃうタイプ。活発に行動する女の子がすきだよ。

あなたの才能
ゆたかなアイデアを持っているよ。それをいかして！

向いている職業
ミュージシャン、コピーライター

ラブ運
すきな人には積極的にアプローチするよ。おしがつよくて、いちどすきになったら、かんたんにはあきらめないタイプだよ。

おしゃれアドバイス
赤いビーズのアクセサリーでかわいさアップ！

あなたへのおまじない
さらに成績を上げたいときのおまじないだよ。勉強や授業の前に、「これより　マーキュリーの階段を上がります」と心の中で1回となえればいいよ。

神秘のアイテム
クロス（十字架）

わざわいからまもってくれるクロスの力をかりましょう。ちょっと冒険をしたいときに、クロスのアクセをつけておくと、成功率がアップするよ。

今日の運勢　たのしいアイデアは提案してみて。人気者になれそうだよ。

デリケートな芸術家

7月10日生まれ
かに座

ラッキーカラー: こげ茶
ラッキーナンバー: 8
パワースポット: 駅のまわり

あなたは……
学校やクラスでめだっているパワフルな女の子。でも、じつは、感受性がつよくてデリケートな心の持ち主だよ。ひとりで静かにすごす時間をとてもたいせつにしているの。相手を思いやって、気をつけてことばをえらぶやさしい人だよ。

友だち運
心がひろくおおらかで、親しみやすいムードを持っているから、友だちから相談を受けることも多いよ。芯もつよいから、信頼度はバツグンね。

友運アドバイス
相手にあわせすぎて、自分の気持ちがわからなくならないように気をつけてね。思いつきの行動はひかえめに。

相性がいいのはこの誕生日の人!
ラブ: 5月12日、7月28日
友だち: 2月24日、7月5日、11月16日

おしゃれアドバイス
キラキラのネイルシールがすてきだよ。

この日生まれの男の子
めだつのが苦手で、マイペースな男の子。すきな人のことは、そっと見守る心のあたたかい人だよ。気配りのできる女の子にひかれるみたい。

あなたの才能
すぐれた感受性を、アートや映像の分野でいかすと成功しそう。

向いている職業
弁護士、イラストレーター

ラブ運
話しかけたり、告白をしたりするのに時間がかかるタイプ。タイミングを待ちすぎて、チャンスを見うしなわないようにね。

あなたへのおまじない
ピンチに負けないおまじないを紹介。まずは、左のてのひらに向かって、おなかの底から息をはくの。それからてのひらをはらえば、厄をおとせるよ。

神秘のアイテム
クローバー

元気パワーをもっともっとだしたいとき、クローバーの力をかりてね。クローバーのイラストをかいて部屋にかざっておくと、元気がみなぎってくるよ。

7月

今日の運勢 ● 人のうわさにまどわされないようにね。自分が見たことをまず信じよう。

7月11日生まれ

かに座

コミュニケーション上手な情報通

ラッキーカラー：うす紫
ラッキーナンバー：9
パワースポット：すきなお店

あなたは……
いつでも、いろんなことにアンテナをはりめぐらせていて、最新情報をいち早くキャッチ！ その場にあった会話がうまくて、ときには演技をまじえて相手をたのしませるよ。また、なんとなく先のことを予測しちゃうカンのよさもあるよ。

友だち運
ひかえめだけど友だちのめんどうみがいいから、だれからもすかれているよ。友だちのなかでは、世話ずきのお母さんのように安心できる人みたいね。

友運アドバイス
友だちのためにカンペキでいようと思うところがあるね。もっと肩の力をぬいていいよ。

相性がいいのはこの誕生日の人！
♪ 1月28日、10月10日
友だち 3月11日、7月13日、9月2日

この日生まれの男の子
社交的で情報通の男の子。だれとでもかしこくコミュニケーションをとれるよ。すきな女の子には積極的にアプローチするカレ。おだやかな性格で聞き上手な子にひかれるよ。

あなたの才能
幅ひろい知識と、すぐれたコミュニケーション能力でかつやくするよ。

向いている職業
インタビュアー、フリーライター

ラブ運
恋のかけひきじょうず。たのしい会話で相手にすきだと思わせたり知らん顔したりして、ハートをしっかりつかんじゃう。

おしゃれアドバイス
左右の小指にネイルシールをはるとカワイイ♪

あなたへのおまじない
フシギとツキがめぐってきて、運気がアップするおまじない。木曜日、太陽の下で、「女神よあたえん」と心のなかで3回となえるの。

神秘のアイテム
クロス（十字架）
わざわいから身をまもってくれるクロスのグッズで幸運をゲットして。クロスのストラップ、クロスのイラストも効果バツグン。

7月

今日の運勢　ゆとりが成功のカギ。がんばったら、ときどき休んで！

おしゃべり上手な ユーモアガール

7月12日生まれ かに座

- ラッキーカラー: 赤
- ラッキーナンバー: 1
- パワースポット: 学校のろうか

あなたは……
ユーモアセンスにあふれていて、おしゃべり上手。大笑いさせるというより、たのしい会話と的確に空気を読む力で、相手をひきこんじゃうの。すじ道をたてて話ができるから、人を説得するのも上手。まわりからいちもくおかれた存在だよ。

友だち運
ほがらかで、オープンなふんいきを持っているから人気があるよ。義理がたいので、いったん友だちになると、友情を長くはぐくんでいくよ。

友運アドバイス
ピュアすぎて、だまされやすいところも。不安になったら、親友にアドバイスをもとめるといいよ。

相性がいいのはこの誕生日の人!
- ラブ: 5月18日、11月30日
- 友だち: 4月10日、6月12日、12月21日

おしゃれアドバイス
ウエストをマークしたおしゃれでキュートに。

この日生まれの男の子
話し上手で、説得力があるカレ。すきな子には自分の理想に近づいてほしくて、ケンカになっちゃうことがあるかも。自分の考えに共感し、信じてよってくれる子にひかれるよ。

あなたの才能
会話のテクニックと空気を読む力、説得力をいかすといいよ。

向いている職業
評論家、司会者

ラブ運
恋には積極的。カレを自分の思いどおりにしたいという、ちょっぴり強引なところがあるかも。対等につきあうことが◎だよ。

あなたへのおまじない
試験やコンクールなどに合格するおまじない。黄色の折り紙のうらに自分の名前を書き、それでツルを折ってお守りにしてね。

神秘のアイテム
貝

女子力をアップさせたいときは、貝のパワーを使ってね。ねる前に、貝がらをさわるといいの。お気にいりアクセを貝がらにのせておくのもグッドだよ。

7月

今日の運勢 ● うれしくない恋のうわさが聞こえてきても、だいじょうぶ。カレを信じてね。

7月13日生まれ

かに座

ねばりづよいポジティブガール

あなたは……
夢をかなえるために、ねばりづよくチャンスを待てる人。つらいことがあっても夢のためなら決心はゆるがず、後悔もしないの。頭の回転が速いし前向きな考え方ができるよ。表現力も豊かで、いいたいことをわかりやすくつたえられるよ。

友だち運
社交的なので、たくさんの友だちといることが多いよ。友情をとてもたいせつにするけれど、自分とあわない人には、ちょっぴりクールになることも。

友運アドバイス
たいてい自分のやり方がとおっちゃうけど、ときどきはまわりとリズムをあわせるよう意識すると、信頼度がアップ！

相性がいいのはこの誕生日の人！
ラブ 5月17日、12月1日
友だち 3月19日、8月22日、10月22日

この日生まれの男の子
自分に自信と誇りを持っている男の子。すべてに愛情が深くていちずだよ。まじめでしっかりした子がタイプ。つきあいはじめると、けっしてうらぎることはないよ。

あなたの才能
大たんさとねばりづよさ、タイミングのよさをいかすといいよ。

向いている職業
タレント、保育士

ラブ運
恋にいちずで、すきなカレには誠意をつくす人。そのぶん、相手からなにもかえってこないと、おちこんじゃうことも。

おしゃれアドバイス
オレンジ色のリップで明るくさわやかに。

あなたへのおまじない
長所をのばして、もっとステキ女子になるおまじない。鏡に自分の顔をうつし、鏡のなかのほおにチョンチョンチョンと3回タッチ。これを左右やればいいの。

神秘のアイテム
クラウン（王冠）
しあわせをゲットしたいときにクラウンはつよい味方になるよ。クラウンの小物を持っていてもいいし、絵にかいても効果があるよ。いつも持ちあるく手帳にかいてね。

今日の運勢 ❌ カンがはずれそう。自分の意見をおしつけないでね。

人をひきつける魅力の持ち主

7月14日生まれ
かに座

 こげ茶 ラッキーカラー
 3 ラッキーナンバー
2階だてのたてもの パワースポット

あなたは……
気どらない、親しみやすい魅力を持った女の子。話に説得力があり、まじめで自信にあふれているから、みんなから信頼されているよ。ひとりになると、あれこれネガティブに考えちゃうけど、とことん考えつくしたら、パッと気持ちを切りかえられるよ。

あなたの才能
人の心をつかむ才能アリ！ なにかを表現する仕事が◎だよ。

向いている職業
舞台俳優、インテリアデザイナー

ラブ運
女の子らしいことばづかいや行動で、いつのまにか相手はあなたに夢中。自分の気持ちのままに行動する人だよ。

友だち運
やさしくて、人と接するのが大すき。気持ちをくみとるのが上手だから、しぜんとまわりはあなたにひきつけられるよ。人とかかわることで成長していくよ。

友運アドバイス
気が小さいところがあるから、心をゆるせる親友をつくってね。話を聞いてもらうとパワー復活！

相性がいいのはこの誕生日の人！
ラブ　5月16日、12月2日
友だち　2月25日、6月23日、12月6日

おしゃれアドバイス
シトラスの香りがするものを持っていると魅力がアップ！

この日生まれの男の子
親しみやすくてユーモアセンスがあるモテモテのカレ。女の子を上手にエスコートし、夢中にさせてしまうの。ひかえめでおとなしい、すなおな子がすきね。

あなたへのおまじない
すきな男の子と仲よくなれるおまじないだよ。ピンクの折り紙をだ円形に切りとり、そのなかにカレの名前を書いて。それに6回タッチすればOK。

神秘のアイテム
錨
錨は海の上で船を固定させる役わりから、安定や希望のシンボルとされているの。錨のワンポイントがある服や小物を持っておくとバッチリね。

7月

今日の運勢　おこづかいがピンチなのに、むだなものを買っちゃいそう。がまんもたいせつ。

7月15日 生まれ

かに座

シルバー ラッキーカラー
④ ラッキーナンバー
プラネタリウム パワースポット

まわりをひっぱる グループリーダー

あなたは……
判断力がすぐれていて、責任感もつよい女の子。ことばに説得力があるから、うまくみんなをのせて目標を達成させる力を持っているの。まわりへの影響力がつよいぶん、よく考えて行動することがだいじだよ。ひとつのことに熱中しやすい面もあるよ。

友だち運
頭がよくて、話も上手だから友だちから尊敬されているよ。いばらずに気さくで明るく、思いやりもあるから人気もバツグン！

友運アドバイス
自分がふきげんになっちゃったときは、深呼吸して心をおちつけて。友だちのことばがスーッと胸にはいってくるよ。

相性がいいのはこの誕生日の人！
ラブ 5月26日、12月3日
友だち 1月15日、3月14日、8月18日

この日生まれの男の子
目標があると、どんな努力もおしまずに達成しようとする男の子。恋人にはちょっぴりヤキモチ焼きかも。すなおで、自分の気持ちをわかってくれる子がタイプだよ。

あなたの才能
説得力、判断力がピカイチ。みんなをみちびく仕事がオススメだよ。

向いている職業
教師、ニュースキャスター

ラブ運
明るいから男の子の友だちも多いよ。告白されると自分もすきだと思っちゃうかも。すきになったら、恋をかなえようとがんばるよ。

おしゃれアドバイス
赤いアクセサリーをつけるととってもキュート♪

あなたへのおまじない
だいじなときに緊張しないおまじないだよ。東西南北の四方が星にかこまれているのをイメージして。それから大きく1回深呼吸。これでバッチリ！

神秘のアイテム
ハート
恋をかなえたいとき、しあわせになりたいときにはハートのパワーを使おう。ハートの形に切ったピンクのフェルトを、ポーチにそっといれておいてね。

7月

今日の運勢 習い事や趣味でいい結果をだせそう。すきなことは、とことんがんばって！

情熱的なロマンチスト

7月16日生まれ
かに座

ラッキーカラー: 黄緑
ラッキーナンバー: 5
パワースポット: 植物のある場所

あなたは……
「恋がしたい」「ステキなできごとがおこってほしい」と、いつも胸をときめかせている、とても情熱的な女の子。物語のような、ロマンチックなシーンにあこがれているよ。また、目標があると、それを達成するまであきらめない、つよい精神力の持ち主だよ。

友だち運
気さくで思いやりのあるタイプ。人と交流するのがすきだけど、友だちの数をふやしたいのではなく、人数は少なくても、深くつきあえる人をもとめているね。

友運アドバイス
ときどき気持ちが不安定になることがあるかも。イライラしそうになったら、親友に話を聞いてもらうといいよ。

相性がいいのはこの誕生日の人!
ラブ: 5月9日、7月7日
友だち: 3月13日、6月28日、11月3日

おしゃれアドバイス
ブラッシングで髪をツヤツヤにたもって!

この日生まれの男の子
忍耐づよく、夢がかなうまであきらめない男の子。恋もおなじで、じゃまをするものがあるほど燃えあがるタイプ。すぐにおこったりしない、やさしい子がすきだよ。

あなたの才能
精神力、忍耐力が人一倍そなわっているよ。

向いている職業
テレビディレクター、スポーツインストラクター

ラブ運
すきになったら、どんなに可能性が低い恋でもあきらめない情熱家♡ 信念を持っている人にあこがれるよ。

あなたへのおまじない
友情を深めるおまじない。5センチ四方の白い紙に∞マークをかき、左右の○のなかに友だちと自分のイニシャルを書いて。それを手帳にはさんでね。

神秘のアイテム
イルカ

幸運の使者とよばれるイルカ。イルカのモチーフの小物、イルカのアクセで運気をアップしてね。自分でイルカの絵をかくのもいいよ!

7月

今日の運勢: 自分のほうがデキルと思っていた子がかつやくしそう。ライバルがふえてやる気全開に!

7月17日生まれ

かに座

ラッキーカラー ピンク
ラッキーナンバー ６
パワースポット 音楽が流れる店

ひかえめな野心家タイプ

あなたは……
まじめでもの静かだけど、ほんとうはユーモアセンスがある、とてもたのしい女の子。向上心もあって、コツコツ努力して上をめざそうとするね。忍耐力があるから、経験をかさねて将来はある分野のトップになったり、仕事で成功をおさめたりすることができるよ。

友だち運
友だちにはすなおに接するよ。自分に自信を持っていて、ものごとの本質をついたストレートな意見をいうから、有能な人だとみんなに思われているよ。

友運アドバイス
自信があるだけに、自分のやり方にこだわりすぎることが。ときには、まわりの意見をとりいれると、人気がアップするよ。

相性がいいのはこの誕生日の人！
ラブ 8月26日、10月5日
友だち 1月17日、9月8日、12月26日

この日生まれの男の子
ひかえめに見えるけれど、心のなかでは野心を燃やしているカレ。すきな子とは、少しずつ仲よくなっていくタイプ。まじめながんばり屋さんにひかれるよ。

あなたの才能
自分でスケジュール調整ができるところが才能だよ。

向いている職業
まんが家、フリーライター

ラブ運
静かでおとなしい見た目と、内面のユニークさのギャップが魅力だよ。すきになったらその人だけに愛情をそそぐよ。

おしゃれアドバイス
洋服か小物にパステルカラーをとりいれると◎。

あなたへのおまじない
理解力が高まり、勉強がたのしくなるおまじないだよ。いつも使っているえんぴつかシャーペンを、部屋の照明に8秒間かざしてから使えば◎！

神秘のアイテム
スプーン
金運を高めるといわれているスプーン。とくに銀色のスプーンをバッグにいれておくと、臨時収入やおこづかいアップが期待できるかも。

7月

今日の運勢　勝利を勝ちとれそう！　まもるより、攻めの姿勢が吉だよ。

勇かんな個性派

7月18日生まれ
かに座

- ラッキーカラー: 黒
- ラッキーナンバー: 7
- パワースポット: 動物園

あなたは……
個性的で、創造力がゆたかな女の子だよ。はっきり自分の目標や意見を持っていて、それを実現させるためにがんばるの。すぐれた理解力と行動力で、クラスやグループを上手にまとめるよ。人との交流をひろげることで、人生の可能性もひろがっていくよ。

友だち運
オープンで、ものおじしないパワフルな愛されキャラ。自分のことはあとまわしにしても、仲間のことを考え、まもろうとする勇かんなところもあるね。

友運アドバイス
うまくいかなくなると、イライラしてなにもかも投げだしたくなるの。そんなときは友だちに助言をもとめるといいよ。

相性がいいのはこの誕生日の人!
- ラブ: 4月21日、12月6日
- 友だち: 2月12日、5月20日、10月22日

おしゃれアドバイス
前髪をふんわりおろしてナチュラルに。

この日生まれの男の子
個性的で、感情がゆたかな男の子。ほんわかと、いやされる恋がしたいと思っているよ。おおらかでつつみこんでくれるような、やさしい女の子がすきだよ。

あなたの才能
人をまとめる力を持っているよ。大きな会社で実力を発揮できるよ。

向いている職業
グランドスタッフ、芸能マネージャー

ラブ運
カレにすかれているなって、いつも実感したいタイプ。でないと不安になっちゃうみたい。自分では全力で愛を表現するよ。

あなたへのおまじない
金運がアップするおまじないだよ。10円玉を黄色の折り紙でつつみ、指でポンポンポンと6回つついてから、さいふのなかにいれておくといいよ。

神秘のアイテム
クローバー
さまざまな幸運をもたらしてくれるというクローバー。毎日使っている手帳やノートにクローバーのイラストをかけば◎。シールをはってもいいよ。

7月

今日の運勢 ✕ あたふたしているうちに、みんな先へ。予習や準備はしておいたほうがいいよ。

7月19日 生まれ

かに座

 グレー ラッキーカラー
 ⑧ ラッキーナンバー
 体育館 パワースポット

向上心のある上品な人

あなたは……
感受性がつよくて、感情がゆたか。そのぶん、気分で行動しちゃうこともあって、ときどきまわりをまきこむことも。向上心があり自己管理もできて、自分を成長させようと日々努力しているよ。しぐさやことばづかいが優雅で、上品な印象を人にあたえるよ。

友だち運
友だちにたいして自分の感情をすなおに表現するよ。情熱的で前向きな言動から、年下や後輩にもしたわれているの。おしゃれなところも人気。

友運アドバイス
つよい信念から、なんでもひとりできめて人とぶつかることも。まわりの意見を参考にすると、さらにパワーアップ！

相性がいいのはこの誕生日の人！
♡ラブ 3月19日、7月1日
友だち 4月18日、8月1日、10月10日

この日生まれの男の子
やるべきことは、あとまわしにせずにさっとおわらせるなど、自己管理が上手な男子。おしゃれでスマートな恋愛が理想ね。明るくて、なんでもいっしょにたのしめる女の子がすきだよ。

あなたの才能
人前にでると実力を発揮できる才能があるよ。

向いている職業
美容アドバイザー、キャビンアテンダント

ラブ運
女子度が高くて男の子のあこがれのまと。カレができても男女問わずあそぶから、ヤキモチを焼かれちゃうことも。

おしゃれアドバイス
休日は毛先を軽くカールさせるのもかわいい！

あなたへのおまじない
人気運がアップするおまじない。朝、でかける前にやってね。手鏡に自分の笑顔をうつし、顔全体がキラキラ光るイメージをすればOKだよ。

神秘のアイテム
エンジェル（天使）
恋のパワーを高めてくれるエンジェル。手紙を書くときやプロフをわたすときにエンジェルのイラストをかくと、気持ちがつたわり、仲よくなれるよ。

7月

今日の運勢 ●ペースダウンしそう。ときにはまわりと歩調をあわせて！

デリケートなチャレンジャー

7月20日生まれ かに座

ゴールド ラッキーカラー／9 ラッキーナンバー／ポスターのある部屋 パワースポット

あなたは……
もし試練があっても、それをのりこえ成長しようと、あえてむずかしいことにチャレンジしていく人。感受性がゆたかで繊細だから、いつもなにかに感動する毎日をおくっているよ。まわりのことばにきずつきやすい面もあるから、気持ちをおおらかに持ってね。

友だち運
やさしくて、サービス精神が旺盛。わけへだてなく人とつきあえるので、男子にも女子にも人気が高いよ。友だちから相談されることも多いね。

友運アドバイス
まわりに左右されやすいところがあるよ。まよったときは親友に相談すると、すんなり心がきまりそう。

相性がいいのはこの誕生日の人！
ラブ　1月29日、12月8日
友だち　3月2日、6月15日、8月11日

おしゃれアドバイス
ビーズのブレスレットがかわいいよ。

この日生まれの男の子
感受性がゆたかで繊細で、人の気持ちがよくわかる男の子。愛情が深くて、いちずに愛するけど、愛情表現は不器用ね。自分のことを静かに見守ってくれる女の子にひかれるよ。

あなたの才能
ゆたかな想像力と感受性をいかすと大かつやく！

向いている職業
小説家、俳優

ラブ運
恋をしたら、いちずに愛情をそそぐタイプ。ほかの人に目うつりなんてしないし、すきな人をうらぎることはけっしてないの。

あなたへのおまじない
あなたが理想だと思う女の子になれるおまじないだよ。銀色の折り紙の上に、コップにいれた水を6秒間おいて。それを6回にわけて飲みほすとバッチリ。

神秘のアイテム　虹
虹には、平和を約束する、というメッセージがこめられているの。手帳やノートに、7色の虹の絵をかいておけば、毎日を笑顔ですごせるよ。

7月

今日の運勢 だれかのなやみを聞くかも。グチだとしても、じっくり話を聞いてあげて。

7月21日生まれ

かに座

- ラッキーカラー: 赤
- ラッキーナンバー: 1
- パワースポット: テーマパーク

スリルをもとめるめだちたがり屋さん

あなたは……

ユーモアセンスがあり、おしゃべりが上手。人前にでることや、めだつことが大すきね。コミュニケーション能力が高く、頭の回転も速いから、トラブルがおこっても、うまく解決してしまうの。スリルが大すきで、ホラー映画や絶叫マシンにもはまっちゃう。

友だち運

気配りができて、社交的。アクティブで行動範囲もひろいので、たくさんの友だちができるよ。オープンにつきあうほど運気もアップ！

友運アドバイス

友だち関係によゆうがなくなると、「もういい！」と投げやりになりがち。深呼吸しておちつくといいよ。

相性がいいのはこの誕生日の人！

- ラブ: 1月21日、10月0日
- 友だち: 1月30日、5月23日、12月12日

この日生まれの男の子

おもしろいことをするのが大すきな、めだちたがり屋のカレ。つきあうならたのしい恋をしたいと思っているよ。よく笑う、明るい女の子がこのみだよ。

あなたの才能

その場の空気を読めるから、臨機応変に対応する力がすごいよ。

向いている職業

司会者、コンサルタント

ラブ運

たのしいおしゃべりから恋がはじまるよ。グループでにぎやかなデートがすき。いきなり大たんな告白をしちゃうこともありそう。

おしゃれアドバイス

どこかにリボンをあしらったおしゃれがグッド♪

あなたへのおまじない

ステキな恋ができるおまじないだよ。手鏡に指でキャンドルの絵をかいて。そのあとで自分の笑顔をうつし、「ハッピーラブ」ととなえればOKだよ。

神秘のアイテム 月

月はその表情をかえていくことから、成長のシンボルとされているの。月の写真を手帳にはさんで持ちあるくと、ハッピーになれるよ。

7月

今日の運勢: ステップアップできそう。目標は高くね。

ダイナミックなチャレンジャー

7月22日生まれ
かに座

ラッキーカラー：白
ラッキーナンバー：2
パワースポット：図書館

あなたは……
勇気があって積極的。いちどきめたら、どんなにむずかしくても自信を持って挑戦するよ。ただ、先を考えずに行動するところがあるから、失敗もダイナミックかも!? 大たんだから山あり谷ありの人生を歩めるけど、将来は大きな成功をつかんじゃう！

友だち運
友だちにはやさしいリーダータイプ。感受性がつよく、空気も読めるので、仲間やクラスのなかでも、どこかカリスマ的なムードを持っているよ。

友運アドバイス
たよられることが多くて、プレッシャーを感じることがありそう。心をゆるせる親友になんでも話して。

相性がいいのはこの誕生日の人！
ラブ 5月8日、12月10日
友だち 1月12日、3月28日、8月22日

おしゃれアドバイス
ネックレスをかさねづけすると魅力アップ！

この日生まれの男の子
向上心がつよく、大たんな自信家。すきな人にはズバリと告白するタイプだよ。さりげなくフォローしてくれる、明るい女の子がすきね。

あなたの才能
大たんさ、勇気、積極性がバツグン！ めだつ仕事が◎だよ。

向いている職業
舞台俳優、タレント

ラブ運
積極的にアプローチするよ。両想いになってハッピーと思ったら、ちょっとちがうかな〜と思っちゃったり、何度か恋を経験しそう。

あなたへのおまじない

集中力を高めるおまじない。がんばりたい本番前にやってね。左のてのひらに右手の指で矢印↑を書いたら、左手をにぎり、右手でつつめばOK。

神秘のアイテム
テントウムシ
テントウムシは恋のねがいをかなえてくれるといわれているの。テントウムシのブローチをつけてでかけると、近いうちに恋がはじまるかも。

7月

今日の運勢　ドタキャンされるかも。そのかわりに、もっとたのしいことがおこる予感。

7月23日生まれ

しし座

好奇心旺盛な知りたがり屋さん

ラッキーカラー
ネイビー

ラッキーナンバー
3

パワースポット
展望台

あなたは……
興味を持ったことは徹底的に調べて、疑問はすべて解決してしまうよ。人と人をつなぐから、トラブルのときには間にはいって仲をとり持つことができる人。まわりの影響を受けやすく、ときどき自分の気持ちを見うしなうこともあるかも。気をつけてね。

友だち運
するどい感性を持っていてとても個性的なので、共感してくれる人とはすぐに仲よくなれるよ。そうでない人とは一定の距離をおいたままかも。

友運アドバイス
少なくていいので、心をゆるせる友だちをつくっておくと、こわいものなしね。

相性がいいのはこの誕生日の人！
ラブ 7月14日、11月20日
友だち 1月26日、6月3日、12月15日

この日生まれの男の子
繊細で思いやりにあふれているよ。すきな人と、いやし、いやされながら、愛を深めてしあわせになれるよ。包容力のあるいやし系の女の子がすきみたい。

あなたの才能
徹底的に調べたくなる性格と、人をいやす力がすばらしいの。

向いている職業
心理学者、弁護士

ラブ運
自分の気持ちに気づくのに時間がかかっちゃう。すきな気持ちをつたえるのも苦手かも。やさしくリードしてくれる男子が◎。

おしゃれアドバイス
ドットがらの洋服や小物でチャームアップ！

あなたへのおまじない
くじ・懸賞運がアップするおまじないだよ。黄色い折り紙にあたってほしい賞品の名前を書いて。それを部屋の西がわにおいておくといいよ。

神秘のアイテム
リボン
きずなのシンボルとされているリボン。リボンをあしらったグッズはもちろん、自分でリボンをむすんでもいいの。ステキな縁をむすべるはずだよ。

7月

今日の運勢　のんびりいこうね。まよったらムリにきめなくてもいいよ！

かわったものに ひかれる女の子

7月24日生まれ　しし座 ♌

レモンイエロー　♡　4　友だちの家
ラッキーカラー　ラッキーナンバー　パワースポット

あなたは……
積極的で、想像力がとてもゆたか。ユニークな人、めずらしいもの、かわった体験などにひかれるところがあるの。フシギなことがすきないっぽうで、まわりにどう見られているかをとても気にしている面も。あまりまわりを気にしなくていいよ。

友だち
エネルギッシュで、ひとりでどんどん行動しちゃう。人に関心が低いわりに、あなた自身は友だちをひきつけるし、注目をあつめてしまうよ。

友運アドバイス
交流をひろげるほど運気がアップするよ。友だちの友だちなど、積極的に輪をひろげるといいよ。

相性がいいのはこの誕生日の人！
ラブ　5月24日、12月12日
友だち　2月2日、6月15日、9月29日

おしゃれアドバイス
キラキラのヘアゴムをつけると魅力がアップ。

この日生まれの男の子
自信家のカレ。かわったものにひかれ、気持ちがかわるのが早くてマンネリが苦手。たくさん恋を経験するタイプで、個性的な女の子にひかれるよ。

あなたの才能

クリエイティブな能力をいかすと、すばらしい作品が生みだせそう！

向いている職業
舞台演出家、デザイナー

ラブ運
わくわくさせてくれるような恋をしたいタイプ。ドラマチックにエスコートしてくれる人にひかれちゃうの。

あなたへのおまじない

学校がもっとたのしくなるおまじない。オレンジの折り紙のうらに、赤ペンで地図の学校マーク（文）を書いて。それを四つ折りにし、カバンにいれておくと◎。

神秘のアイテム
スプーン
幸運の象徴とされているスプーン。その力をかりてみよう。銀色のスプーンを部屋の机のひきだしやかざりだなにおいておくと、うれしいできごとがおこるかも。

7月

今日の運勢　コツコツがんばって正解の日。集中すればするほど運気アップだよ！

223

7月25日
生まれ
しし座

ラッキーカラー（深緑）

ラッキーナンバー（5）

パワースポット（水辺）

夢に向かう冒険家

あなたは……
ビッグな夢をかかげ、それに向かってつきすすむがんばり屋さん。たとえ結果が理想どおりにいかなくても、がんばった過程からまなび、成長するよ。批判はすなおに受けとめるけど、自分が正しいと思ったことはけっして曲げないよ。

友だち運
ピュアな心を持った、気さくなタイプ。その魅力が愛されているよ。ちょっと特別あつかいされて、ワガママもゆるされがち。

友運アドバイス
思ったことを大たんに表現するため、ときには相手の気にさわることも。いいすぎたらすぐにあやまってね。

相性がいいのはこの誕生日の人！
ラブ 5月10日、7月10日
友だち 3月31日、6月1日、10月16日

この日生まれの男の子
理想が高く、ヒーロー願望がつよいカシ。恋愛にはドラマチックさをもとめ、ドキドキするようなデートがすき。注目をあびているはなやかな子がこのみだよ。

あなたの才能
勇かんさ、いさぎよさ、ねばりづよさがそなわっているよ。

向いている職業
ミュージシャン、写真家

ラブ運
ドラマチックな恋にあこがれるタイプ。ちょっぴり理想が高いかも。大たんに告白するのも、されるのもすきね♡

おしゃれアドバイス
リップとネイルのケアをねんいりにね。

あなたへのおまじない
困難やトラブルに負けないおまじない。胸の前でてのひらをあわせ、その手を頭より高く上げてね。それから息を大きくはけばいいの。

神秘のアイテム
クロス（十字架）
わざわいからまもってくれるクロス。ちょっと冒険をしたいときに、クロスのネックレスやストラップを身につけると、成功率がアップ！

7月

今日の運勢 人気が急上昇！誠実な態度が人気アップのカギだよ。

周囲にびんかんなチャレンジャー

7月26日生まれ
しし座

ラッキーカラー：ピンク
ラッキーナンバー：6
パワースポット：人形のある部屋

あなたは……
気配り上手で世のなかのこと、自分のまわりのことによく気がつくよ。状況をすばやく見ぬいて、的確な判断力と説得力で周囲をなっとくさせちゃう。いっぽうで、情熱的で危険もおそれないチャレンジャー。なっとくのいく結果がでるまで、あきらめないよ。

友だち運
思いやりにあふれていて、めんどうみもいいから友だちは多いよ。正義感がつよく、友だちがひどい目にあっていたらすぐさま抗議する熱い心も持っているよ。

友運アドバイス
ちょっぴりガンコなところがあるので、たまには人にあわせることを意識するといいかも。

相性がいいのはこの誕生日の人！
ラブ　9月3日、12月14日
友だち　5月1日、10月17日、12月17日

おしゃれアドバイス
朝のブラッシングでつやつやヘアにしてね。

この日生まれの男の子
自分で自分の道を切りひらいていこうとするタイプ。熱い気持ちを持っている男の子だよ。恋をしたら情熱的。あたたかく見まもってくれる女の子がすきみたい。

あなたの才能
知識や説得力をみがいていく力があるよ。それを表現する仕事を。

向いている職業
画家、絵本作家

ラブ運
堂々とした魅力を持つ人にひきつけられるよ。自分の気持ちをストレートにつたえるほうだけど、告白されるのもすきね。

あなたへのおまじない
もっとかわいくなれるおまじないを紹介。西に向かってたち、胸の前で両手の指を組んで、「プリティ　ビーナス」ととなえればバッチリ。

神秘のアイテム
クローバー
元気パワーが必要なときは、クローバーの力がいいよ。クローバーがついたストラップやキーホルダー、イラストを持っていると元気がみなぎるよ。

7月

今日の運勢　部屋のもようがえが。本の場所をかえたり、クッションカバーをかえるだけでもいいよ。

7月27日
生まれ
しし座

ラッキーカラー 黒
ラッキーナンバー 7
パワースポット 公園

パワフルで堂々たるリーダー

あなたは……
クラスやグループをまとめるのが得意なリーダータイプ。堂々とした態度やことばが、友だちに影響をあたえるよ。自信たっぷりに見えるけど、じつはちょっぴり不安になることも。気持ちに正直に行動すれば、こまっていたことも、スムーズにすすんでいくよ。

友だち運
前向きでいっしょうけんめいなところが、人にすかれるよ。アドバイスをすなおに受けとめれば、サポートしてもらえるし、運気もアップするよ。

友運アドバイス
ちょっぴり誤解されやすいところがあるかも。自分のすなおな気持ちをつたえればだいじょうぶ。

相性がいいのはこの誕生日の人！
❤ 4月21日、10月16日
友だち 2月3日、4月19日、6月8日

この日生まれの男の子
決断力があって、人をまとめるのが得意な、たよれる男の子。でも、恋愛では不器用になってしまうタイプだよ。ひかえめだけど明るくてやさしい子がこのみ。

あなたの才能
向上心と分析力をいかした、マネジメントをする仕事が◎。

向いている職業
ショップの経営者、マネージャー

ラブ運
すきな人には、正直になれずに意地をはってしまう不器用なタイプ。すなおになれば、ふたりの仲は順調によくなっていくよ。

おしゃれアドバイス
赤みのつよいピンクのリップで魅力アップ☆

あなたへのおまじない
すきなカレがふり向いてくれるおまじない。もようい折り紙を3×8センチに切り、うらに緑のペンでカレのイニシャルを書いて。それを手帳にはさめばOK。

神秘のアイテム
エンジェル（天使）
あなたをまもってくれるエンジェル。エンジェルの絵をノートにはさんでおくのもいいよ。勝負デーの朝、その絵にタッチしておくとバッチリだよ。

今日の運勢 ✕ ものごとをかんたんにあきらめがちになってない？ チャンスがくるのを待つこともだいじだよ！

情熱的なトップランナー

7月28日生まれ
しし座

 茶 ラッキーカラー
 8 ラッキーナンバー
飼育小屋 パワースポット

あなたは……
情熱的で、どんなことでもトップをめざしてがんばるタイプだよ。どんどん成長していきたいという気持ちがつよく、その競争心と情熱は人一倍。でも負けることも経験のひとつ。そこからまなび、さらに大きく成長できる人でもあるよ。リーダーの素質もアリ。

友たち運
多面的な魅力を持っているから、さまざまなタイプの友だちができるよ。親友であり、ライバルでもあるというような存在の友だちも持てるよ。

友運アドバイス
よゆうがなくなると、自分勝手になっちゃうことも。深呼吸して、心をおちつけるといいよ。

相性がいいのはこの誕生日の人！
ラブ 3月28日、12月16日
友だち 4月1日、6月19日、8月10日

おしゃれアドバイス
オレンジの香りをつけると魅力がアップするよ。

この日生まれの男の子
とにかく一番をめざす男の子。恋愛でも、相手をひっぱっていくし、立場が上でいたいと思う気持ちがつよいみたい。ひかえめでやさしい女の子にひかれるよ。

あなたの才能
上をめざす気持ちと、ダイナミックな行動力をいかすと大成功！

向いている職業
ショップの経営者、タレント

ラブ運
すきなカレとも、ついはりあってしまう。相手の意見を聞き、思いやりを持てば、ハッピーがつづくよ。

あなたへのおまじない
再チャレンジが成功するおまじないだよ。火曜日にやってね。東の方角に向かってたち、胸の前で両手の指を組んだら「ウィンへGO」ととなえればOK。

神秘のアイテム
魚
魚はたくさんの卵を生むことから、人生をゆたかにしてくれる守り神とされてきたの。魚の形のアクセを身につけると、しあわせがおとずれるよ。

7月

今日の運勢 ✗ がんばったことがむくわれないかも。でもだいじょうぶ。べつのところであなたのためになっているよ。

7月29日生まれ

しし座

ラッキーカラー：ゴールド　ラッキーナンバー：9　パワースポット：バス停

観察力がするどい女の子

あなたは……
冷静で、判断力にすぐれているよ。人を観察するのがすきで、するどく相手の性格や考えを見ぬいちゃう。トラブルがおきても、状況を見て上手にその場をおさめるよ。思いやりがあり、相手に負担をかけないような、さりげない気づかいができる人ね。

友だち運
友だち思いで、仲よしのグループをたいせつにするから、まわりからも信頼され、周囲の評価はとても高いよ。

友運アドバイス
苦手な人になれなれしくされると全力で拒否しちゃうことも。もう少し、やんわりした態度を意識してね。

相性がいいのはこの誕生日の人！
ラブ　7月2日、12月17日
友だち　3月9日、9月12日、12月20日

この日生まれの男の子
仲よしの友だちをたいせつにする、友情にあついタイプ。すきな子ができても、冷静に相手の性格を見るよ。女友だちの多い子がすきみたい。

あなたの才能
人を見ぬく力や観察力、判断力がすばらしいよ。

向いている職業
幼稚園の先生、声優

ラブ運
ずっと相手をたいせつにするし、けっしてうらぎることはないから、カレにとって最高のパートナーになれるタイプだよ。

おしゃれアドバイス
セミロングヘアが大人っぽくてオススメ。

あなたへのおまじない
もっとステキに変身するおまじないだよ。金曜日にやってね。南の方角に向かってすわり、「アフロディーテ　チャーム」と6回となえればいいの。

神秘のアイテム
貝

友だちや家族など、人とのきずなをだいじにするあなたは、貝のアイテムをお守りにして。二枚貝の貝がらを、机の上やひきだしにいれておけばOK。

7月

228　今日の運勢　いいことがありそう。今日の目標を書きだしてみるといいよ！

しっかり者の努力家

7月30日生まれ
しし座

ラッキーカラー：赤
ラッキーナンバー：1
パワースポット：キッチン

あなたは……
考え方が現実的なしっかり者。でもチャレンジ精神がバッチリあって、自分の弱点を克服しようとがんばるよ。ものや友だち、夢など、いろんなものをほしいと思う気持ちがつよく、それをかなえるために努力をするよ。健康や、スタイルにも関心がつよいね。

あなたの才能
まじめにコツコツと経験をつんでいけるのも大きな才能だよ！

向いている職業
介護福祉士、パティシエール

友だち運
前向きで社交的。みんなをもり上げたり、連けいをとったりと、上手にひっぱっていくよ。義理がたく、たのまれたらムリをしてもがんばるよ。

ラブ運
恋には不器用かも。自分の気持ちを表現するのが苦手で、相手に誤解されることも多いの。思いきってつたえると◎だよ。

友運アドバイス
自分によゆうがなくなると、人の意見を聞かなくなることもあるので、気をつけてね。

相性がいいのはこの誕生日の人！
ラブ　7月3日、9月7日
友だち　1月22日、6月26日、10月13日

あなたへのおまじない
女子力がさらにアップするおまじないだよ。銀色の折り紙を4分の1に切り、おもてにマニキュアで自分の下の名前を書いて。それを手鏡のうらにはればOK。

おしゃれアドバイス
フローラル系の香りがするものを身につけて。

この日生まれの男の子
なにごとも、あいまいにしておくのがきらいな人。恋愛でも、すきなのかきらいなのか、はっきりさせたいタイプみたい。心をいやしてくれる、おおらかな女の子にひかれるよ。

神秘のアイテム
リンゴ
リンゴにはハッピーロードへみちびく力があるの。うまくいかないことがあってもあきらめないで。リンゴモチーフの小物を持ちあるくとバッチリだよ。

7月

今日の運勢 前にした失敗を思いだして、ひとりではずかしくなっちゃうかも！ わすれて次へGO！

7月31日 生まれ

しし座 ♌

白 — ラッキーカラー
2 — ラッキーナンバー
白いたてもの — パワースポット

人なつっこいアーティスト

あなたは……
心がひろく、おだやかな人だよ。人と接することが大すき。いろんな人の行動をするどく観察したり、観察したことを話すのもすきみたいね。また、表現力にもすぐれているから、文章を書いたり芸術分野ですばらしい作品をのこせるかも。

友だち運
友だち思いで、きずなをたいせつにするよ。大すきな友だちでも、自分のパーソナルスペースにはふみこんでほしくないという気持ちも持っている人だよ。

友運アドバイス
自分が理解されないとおちこんだり、人のことばにびんかんすぎるところも。もっと気らくにかまえるといいよ。

相性がいいのはこの誕生日の人！
ラブ 7月4日、10月10日
友だち 1月31日、6月4日、10月1日

この日生まれの男の子
自己主張がつよいけれど、じつは繊細な人。すきな人との会話やふれあいでいやされるよ。自分の気持ちをすなおにあらわせる子にひかれていくよ。

あなたの才能
するどくものごとを見ぬく力と、すぐれた表現力をいかして！

向いている職業
写真家、作曲家

ラブ運
すきな人を見ているだけでしあわせで、アプローチするまでに時間がかかるよ。グループ交際から恋がスタートするタイプ。

おしゃれアドバイス
おでこを見せたヘアスタイルで明るさアップ。

あなたへのおまじない
元気モリモリ、パワーアップするおまじないだよ。折り紙を葉っぱの形に切りとって、赤ペンで♂のマークをかいて。それに両手を9秒間かざせばOK。

神秘のアイテム
チョウ
チョウを見るといいことがおきるといわれているの。チョウのグッズを持っていると、フシギとツキがめぐってきそうだよ。チョウの写真でもOK。

7月

今日の運勢 — 暴走しがち。気持ちがもり上がっても、まずは冷静に！

個性的で話し上手な子

8月1日生まれ

しし座

ラッキーカラー：ワインレッド
ラッキーナンバー：9
パワースポット：博物館

あなたは……

まじめでおとなしそうに見えるけど、ほがらかでとても話し上手な女の子。信頼されているから、まわりの人はみんな味方。プライドが高いところもあって、一番になっても満足できないかも。なやみはひとりでかかえないでね。

友だち運

その場の空気を読んで、周囲のムードを明るくさせるよ。みんなのモチベーションをナチュラルに刺激する存在。

友運アドバイス

よゆうがなくなると、友だちへの気づかいができなくなることも。深呼吸して気分をいれかえてね。

相性がいいのはこの誕生日の人!

ラブ　4月5日、12月20日
友だち　3月1日、5月1日、12月1日

おしゃれアドバイス

フルーツ系の香りをつけると◎。

この日生まれの男の子

いつでもトップをめざしているカレ。恋愛では、持ち前のトークセンスでたのしい時間をすごさせてくれそう。聞き上手な女の子がタイプだよ。

あなたの才能

会話のセンスとユーモアのセンスがバツグン。その才能をいかして。

向いている職業

ラジオパーソナリティー、コメンテーター

ラブ運

人にあまえるのが苦手。ひとりでがんばっちゃうから、そばでそっと、ささえてくれるカレがピッタリだよ。

あなたへのおまじない

だれにもまねできない特技がほしいときは、このおまじないでパワーアップを。火曜日の午前中、東の方角に向かって、1回手をたたけばOK。

神秘のアイテム
馬の蹄鉄

蹄鉄を家の扉に打ちつけておくと、不運をよせつけないといわれているよ。ノートの表紙に蹄鉄のイラストをかいておくだけでも効果があるよ。

8月

今日の運勢　気になることばを、辞書で調べてみてね。アイデアがひらめく予感。

8月2日生まれ

しし座

オレンジ (ラッキーカラー) ／ 1 (ラッキーナンバー) ／ 小高い丘 (パワースポット)

才能ゆたかなチャレンジャー

あなたは……
高い目標をかかげて、それに向かって挑戦するがんばり屋さん。いろいろな分野で才能を発揮して、だれにもマネできない、あなたならではの成果をのこすよ。気の小さいところがあり、人にたよるのは苦手だから、ひとりでがんばっちゃうことが多いみたい。

友だち運
ポジティブで人情味あふれるタイプ。人と人をつなぐのが得意で、人をあつめてイベントを企画したり、人に友だちを紹介したりするよ。

友運アドバイス
人の目が気になって、なやんだり不安になったりしたら、親友に相談を。信頼関係が深まるよ。

相性がいいのはこの誕生日の人！
ラブ 2月22日、10月21日
友だち 1月4日、5月11日、10月31日

この日生まれの男の子
高い目標を持ち、チャレンジしつづけるカレ。恋でも理想が高くて、相手をえらぶのに慎重になりがち。自分の意見を持っている、明るい女の子がすきみたいだよ。

あなたの才能
その場にあわせて行動できる判断力と、マルチな才能をいかして。

向いている職業
演出家、CMプランナー

ラブ運
理想が高いので、なかなかすきな人ができないタイプ。でも、すきな人ができると、燃えるような恋をするよ！

おしゃれアドバイス
背すじをのばしたいい姿勢でモデルみたいにかっこよく。

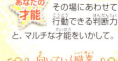

あなたへのおまじない
親友やたのしい仲間ができるおまじないで、友情運をアップ。机の上に指で○をかき、そのなかに自分のイニシャルを書けばバッチリ。

神秘のアイテム
クラウン（王冠）
パワーアップしたいときは、クラウンのパワーをかりて。紙でつくったクラウンを、身近においておくのもグッド。金銀の光る紙を使うとさらにいいよ。

今日の運勢　努力がむくわれそう。がんばった自分をほめてあげよう。

ドキドキしたいヒロインタイプ

8月3日生まれ

しし座

 レモンイエロー 2 校門
ラッキーカラー　ラッキーナンバー　パワースポット

あなたは……

理想をもとめるロマンチストで、刺激的なことが大すきな女の子。物語のヒロインにあこがれる気持ちがつよくて、ちょっとスリリングな冒険でも、おそれず挑戦しちゃう。でも、いざ行動するときは、ちゃんと状況を見て的確に動くことができる人だよ。

友だち運

観察力のある社交派。人の心をつかむのが上手で、自信のないふりをして、みんなのやる気をおこさせたりすることも。

友運アドバイス

誤解されやすいところがあるみたい。友だちに誤解されてるなと感じたら、早めに話しあうことがたいせつ。

相性がいいのはこの誕生日の人！
ラブ 4月16日、8月30日
友だち 1月1日、3月3日、10月19日

おしゃれアドバイス

毛先をくるんとカールしたヘアスタイルが◎。

この日生まれの男の子

刺激をもとめる、こわいもの知らずの冒険家タイプ。自信家で、恋をしたら思いこみがはげしくなる面も。ひかえめで、おしとやかな女の子がこのみみたいだよ。

あなたの才能

なんでも自分の力でやりたいと思う気持ちと、勇気が才能だよ。

向いている職業

救急救命士、記者

ラブ運

思いこみが少しつよくて、恋でもときどきかんちがいしちゃうことが。気らくな友だちからはじめてみて。

あなたへのおまじない

負けられないだいじな勝負や試合で、実力を発揮できるおまじない。勝負のようすを思いうかべながら、「ビクトリー」と9回となえればOK。

神秘のアイテム
花

女の子の魅力を高めてくれるバラの力をかりて。勝負デーにはバラのがらの服が◎。バラの写真をお守りとして持ちあるくのもいいよ。

8月

今日の運勢 ✕ 明るくふるまえない気分の日。でも返事はちゃんとしようね。これはだいじだよ。

8月4日 生まれ

しし座

ラッキーカラー 青

ラッキーナンバー 3

パワースポット デパートの屋上

お手本となる みんなのリーダー

あなたは……
とっても行動的。リーダータイプで、みんなのお手本となることが多いよ。空気を読むことが上手で、頭の回転が速いから、判断力バツグン。意志がつよく決断力もあるので、どんなときでもすばらしい力を発揮するよ。将来は大物になっちゃうかも!?

友だち運
行動範囲がひろく、人づきあいが上手なタイプ。律儀だけど、ちょっぴり天然キャラの要素もあり、そんなギャップが人気をよぶよ。

友運アドバイス
将来友だちとコンビを組んで成功するかも。気のあう人と本音でつきあおう。

相性がいいのはこの誕生日の人！
ラブ 9月1日、9月12日
友だち 2月25日、9月18日、12月15日

この日生まれの男の子
頭の回転が速くて行動的。グループでは中心的な存在のカレ。自分のすることに、たくさん反応をかえしてくれる、すなおな女の子にひかれるよ。

あなたの才能
状況を判断し、ものごとを決断する力がずばぬけているよ。

向いている職業
ショップの経営者、会社の社長

ラブ運
愛するより愛されたいタイプ。無視されるのがなによりつらいから、かまってくれるまめなタイプのカレがピッタリ♡

おしゃれアドバイス
オレンジ色のリップで元気オーラがアップ！

あなたへのおまじない
得意分野のレベルアップ、苦手科目の克服のおまじない。授業や勉強の前に、両手を組み、その手を頭の上に5秒間のせればOK。

神秘のアイテム 錨
錨は船を固定させることから、力や希望のシンボルとされているよ。自分をパワーアップさせたいときには、錨の形やがらのグッズを持つとバッチリ。

8月

234 今日の運勢 ひらめきデー！ アイデアはメモっておいて！

なにごとにも動じない勝ち気ガール

8月5日生まれ

しし座 ♌

シルバー ラッキーカラー
4 ラッキーナンバー
運動場 パワースポット

あなたは……

いちどきめたことは、さいごまでやりぬく意志のつよい女の子。自分の感情をコントロールすることも上手で、いやなことがあっても冷静さをたもつことができるよ。負けずぎらいだけど、大人になるにつれて、思いやりにあふれる心を持つようになるよ。

あなたの才能
冷静さと知性をいかし、さらにからだも使う仕事がオススメ。

向いている職業
スポーツ選手、探偵

友だち運
順応性が高く、こまやかな気配りができるあなた。なにげないやさしさが人の心をとらえ、友だちの輪がどんどんひろがっていくよ。

ラブ運
恋に恋しちゃうタイプ。相手からのたっぷりの愛情をもとめがちかも。恋愛の経験で自分を成長させていくよ。

友運アドバイス
友だちのいやな部分が見えてくると、関係をたち切ってしまうドライなところが。おおらかな気持ちをたいせつにね。

相性がいいのはこの誕生日の人！
ラブ 3月28日、12月24日
友だち 1月25日、6月7日、10月12日

おしゃれアドバイス
フローラル系の香りをつけるといいよ！

この日生まれの男の子
負けん気と情熱をひめたカレ。思いやりにあふれ、すなおに愛情を表現できるよ。大人になればなるほど、いい恋愛をするタイプ。ひかえめで思いやりのある子がすきだよ。

あなたへのおまじない
男子からの人気が高まり、ラブ運がアップするおまじない。金曜日の朝、深呼吸をして、からだからピンクのオーラがでるのをイメージして。

神秘のアイテム
リボン
すきな人や友だちとの仲を深めたいときは、リボンの力をかりて。リボンのイラストをノートにかいたり、手作りのリボンをお守りにしたりするとグッド。

8月

今日の運勢 ● 片思いなら、まずは話しかけてみよう。話す内容をイメージしてみてね。あとは勇気！

8月6日生まれ ♌しし座

ラッキーカラー：黄緑

ラッキーナンバー：5

パワースポット：芝生のある公園

刺激をもとめるロマンチスト

あなたは……
未知の世界やハプニングなど、刺激的なことが大すきな女の子。おなじような毎日がつづくと、とつぜんちがうことがしたくなっちゃうよ。想像力がゆたかで、発想も個性的。自分の限界に挑戦したくなるタイプで、まわりをハラハラさせることもあるよ。

友だち運
包容力があり、思いやりがあるあなた。気さくなので、友だちも多いよ。年下の子にもしたわれるよ。

友運アドバイス
よゆうがなくなると、ガンコな面がでてきちゃう。意識してみんなに歩みよるようにするといいよ。

相性がいいのはこの誕生日の人！
ラブ 1月19日、12月25日
友だち 2月24日、3月25日、10月22日

この日生まれの男の子
好奇心旺盛で、行動的。カレにとって恋愛は人生最大のテーマで、ドラマチックな恋をしたい！と思っているよ。頭がよくてたのしい子がこのみ。

あなたの才能
個性的な考えでものごとをつくりあげる才能が◎。

向いている職業
お笑い芸人、テレビプロデューサー

ラブ運
ドラマのような恋にあこがれるロマンチスト。理想が高いから、恋がはじまるまでに時間がかかるかも。

おしゃれアドバイス
キラキラ光るアクセをつけると魅力的☆

あなたへのおまじない
友だちとの仲が深まる、友情運アップのおまじない。銀色の折り紙のうらに、友だちと自分の名前を書き、四つ折りにして手帳にはさんで。

神秘のアイテム
ハート
ハートは愛のシンボル。愛を深めたい、すてきな恋をしたいときには、ハートのモチーフの小物を持つといいよ。ハートのアクセも効果バツグン。

今日の運勢：なにかとあせりモード。でも、できる人をねたんではダメだよ！

ユーモアたっぷりな ミステリアスガール

月日生まれ しし座

- ラッキーカラー：ピンク
- ラッキーナンバー：6
- パワースポット：学校のうら門

あなたは……

ヒミツや神秘的なことにひかれる好奇心旺盛な女の子だよ。歴史やミステリーなどに興味津々。謎をときあかすことに夢中になっちゃう。人をたのしませようとするサービス精神も旺盛。いっぽう、自分の気持ちはかくしがちで、ミステリアスな一面も。

友だち運

おだやかで、コミュニケーション能力の高いタイプ。たのしい交流をもとめているので、気があう人とは積極的に友だちになるよ。

友運アドバイス

気があわないと感じた友だちと、距離をおきがち。ちょっと批判的になるときがあるので、注意してね。

相性がいいのはこの誕生日の人！
- ラブ：2月7日、12月5日
- 友だち：3月7日、9月7日、12月16日

おしゃれアドバイス

ヘアアクセサリーをつけると魅力アップ。

この日生まれの男の子

謎ときが大すきで、ユーモアもあるカレ。デートでは、サプライズをしかけてたのしませてくれそう。好奇心旺盛で、よく笑う女の子にひかれるよ。

あなたの才能

持ち前の好奇心と、人と出会うことがすきな性格をいかして。

向いている職業

ジャーナリスト、レポーター

ラブ運

ミステリアスな恋をするタイプ。すきな人にもすべてをさらけだすことはなく、心にヒミツを持っているよ。

あなたへのおまじない

ツキがめぐり、ラッキーな運をよびこむおまじない。晴れた日の朝、東の方角に向かって深呼吸を。そして、パンと手をたたけばバッチリ。

神秘のアイテム クロス（十字架）

気合をいれてがんばりたいときは、クロスの力をかりましょう。生きるパワーをもらえるよ。クロスの絵をノートの表紙にかくのもグッド。

8月

今日の運勢 自分ににあう服を絵にかいてみて。気分がとっても上向くよ。

8月8日生まれ

しし座 ♌

才能あふれる しっかり者

あなたは……
いろいろな才能を持ち、なにごともきちんとこなす、しっかり者。責任感がつよく、係や委員会など、自分の役わりはカンペキにこなしちゃう。ほめられたい気持ちもつよいけれど、失敗しても、気持ちの切りかえが上手。アドバイスを受けいれるなおさも長所だよ。

友だち運
人をいやすことができるよ。友だちとはおだやかな時間をたのしむよ。ずるいことやウソがきらいで、えこひいきしないから、友だちから信頼されているよ。

友運アドバイス
自分とちがう意見の人を、ムキになって攻撃しちゃうこともあるので、気をつけてね。

相性がいいのはこの誕生日の人!
ラブ 4月3日、12月27日
友だち 2月26日、7月7日、12月29日

この日生まれの男の子
あたえられた課題はきちんとこなす責任感のつよい男の子。恋をしているだけで元気がでて、パワーアップしちゃう。気が長くてのんびりしてる子が安心できるみたいだよ。

あなたの才能
器用で責任感もつよいから、専門分野をきわめると成功するよ。

向いている職業
パティシエール、タレント

ラブ運
じっくりと恋をはぐくむタイプ。すきになったら夢中。恋が心のささえになって、なんでもがんばれちゃう。

おしゃれアドバイス
ネイルシールをつけると魅力的☆

あなたへのおまじない
不安を消して、勇気をだしたいときのおまじない。右のてのひらを左胸にあてたまま、9かぞえて、「いでよ、マーズ」ととなえればバッチリ。

神秘のアイテム 虹
幸運のサインとして有名な虹。虹の絵や写真をかざるだけでもパワーがもらえるけれど、虹の7色を使った小物も効果バッチリだよ。

みんなをささえる
人望あるリーダー
(じんぼう)

8月9日
生まれ
しし座

ゴールド　♡　8　♡　たたみの部屋
ラッキーカラー　ラッキーナンバー　パワースポット

あなたは……

友だちをささえてあげようとする、リーダータイプ。いっしょうけんめいチームをもり上げ、ひっぱっていくよ。自分の意見をしっかりと持っていて、それを主張することもできるね。やさしくて、人の気持ちを考えられるから、みんなのたよれるアドバイザーだよ。

友だち運

心やさしく、人望のあるタイプ。人間関係のキーパーソンとなることが多いよ。あなたのひとことで人生がかわるという人もいそう。

友運アドバイス

こまっている人を見るとほうっておけないあなただけど、安うけあいをすると失敗も。話をしっかり聞いてからね。

相性がいいのはこの誕生日の人!
ラブ　4月18日、9月17日
友だち　3月9日、6月11日、11月27日

おしゃれアドバイス

髪をむすぶヘアスタイルが好印象!

この日生まれの男の子

責任感がつよく、リーダー的存在のカレ。すきな人をたのしませることがすきで、よろこんでもらうために、すごくはりきっちゃうタイプ。おとなしくてやさしい子にひかれるよ。

あなたの才能

チームをまとめ、ものごとの本質を見ぬく才能をいかしてね。

向いている職業

スポーツ選手、イベントプランナー

ラブ運

恋をすると、なんでもしてあげたくなっちゃうみたい。カレのことを考えている時間がとってもしあわせ♡

あなたへのおまじない

成績をアップさせるためのおまじないを。がんばりたい科目の教科書を、太陽の光に8秒間かざしてから使って。パワーをもらえるよ。

神秘のアイテム
リンゴ

リンゴは成功をもたらすフルーツ。そんなリンゴの力をかりて、レベルアップを。リンゴの小物やリンゴの絵をかざっておくと◎。

8月

今日の運勢　◎　委員会などの仕事がたいへんになるかも。友だちに手伝ってもらうと運気上昇。

8月10日生まれ

しし座

ラッキーカラー 紫

ラッキーナンバー 9

パワースポット 図書室

生まれながらのエンターテイナー

あなたは……
明るくてユーモアのある女の子。おしゃべり上手で人をたのしませるのが大すきな、エンターテイナー。人と接することで元気になるから、友だちといるときがハッピー！　よゆうがなくなると、強引になることも。気持ちをおちつかせればだいじょうぶ。

友だち運
情があつく、熱意がある人。まっすぐに気持ちをつたえてくれる友だちがすき。友だちがこまっていたら、すぐたすけようとするよ。

友運アドバイス
人になかなか本音をいえないところがあるみたい。なやんだときは、友だちにうちあけるといいよ。

相性がいいのはこの誕生日の人！
ラブ　2月28日、12月20日
友だち　3月19日、8月14日、9月30日

この日生まれの男の子
存在感があって、まわりをたのしませるカレ。すきな人に夢中になるタイプだよ。ほんとうにすきな子にだけ本心をうちあけるよ。聞き上手でやさしい子がすきみたい。

あなたの才能
得意のおしゃべりや、ゆたかな表現力をいかせば有名になれるよ。

向いている職業
声優、ナレーター

ラブ運
すきな人のためなら、少しくらいむりもしちゃう。相手によろこんでもらうことで自分も満足するタイプだよ。

おしゃれアドバイス
ピカピカにつめをみがくと◎！

あなたへのおまじない
ピンチに負けないためのおまじない。まずは深呼吸をして。それから、フッフッフッといきおいよくおなかから息を3回はきだせば、厄をおとせるよ。

神秘のアイテム
魚
幸運をよんでくれる魚として有名な熱帯魚。熱帯魚の写真や絵を部屋にかざっておくと運気がアップ。熱帯魚の小物をおいておくのも◯。

今日の運勢　❌　イライラしがち。人の失敗をせめちゃダメだよ！

真実を追いもとめるしっかり者

8月11日生まれ しし座

ラッキーカラー：赤　ラッキーナンバー：1　パワースポット：校庭

あなたは……
しっかり者で、見かけにだまされず、ほんとうのことを知ろうとする人。うやむやにされることが苦手で、ものごとをきちんと見きわめようとして、真実をつきとめちゃう。人の気持ちを見ぬくのも得意。明るくて、人をひきつける魅力の持ち主でもあるよ。

友だち運
人にあまえないので、おなじように自立心のつよい人と波長があうみたい。適度な距離をたもちながら、友情をはぐくんでいけるよ。

友運アドバイス
友だちとのグループ活動に積極的に参加するね。ストレートな性格で、人とぶつかることも。注意してね。

相性がいいのはこの誕生日の人!
ラブ　3月20日、12月30日
友だち　1月22日、8月4日、12月9日

おしゃれアドバイス
毛先をふんわりカールさせると魅力アップ☆

この日生まれの男の子
人の気持ちを見ぬいちゃうタイプ。すきな人にはすなおになれず、気をひきたくて、反対にいじわるをしちゃう。おおらかにつつみこんでくれる女の子がすきだよ。

あなたの才能
ものごとを見ぬく才能と、真実をもとめる探究心がピカイチだよ。

向いている職業
ジャーナリスト、心理カウンセラー

ラブ運
恋愛では、すなおになるのが苦手。相手のことをなんでも知りたがるといやがられちゃうから、気をつけて。

あなたへのおまじない
フシギと運気がアップするおまじないを。銀色の折り紙のうらに自分の名前を書き、四つ折りにし、その上に100円玉をのせておくといいよ。

神秘のアイテム　月
月は女らしさの象徴といわれているよ。女子力をさらにアップさせたいときは、月のペンダントを身につけると効果テキメンだよ。

8月

今日の運勢 いまワクワクしているものをとことん追求してみて。ワクワクがどんどんひろがっていくよ。

8月12日生まれ

しし座

伝統を重んじるクリエイター

ラッキーカラー 黄 / ラッキーナンバー 2 / パワースポット 水辺

あなたは……
新しい情報にびんかんな、もの知りタイプ。興味を持つと熱中しやすく、知識をえるためには、苦労もいやがらないよ。そのいっぽうで、伝統をだいじにする一面も。昔ながらのものをまもりつつ、そこから新しいものを生みだせる人だよ。

あなたの才能
古いものと新しいものを組みあわせる能力が高いよ。

向いている職業
陶芸家、舞台俳優

ラブ運
恋にはおくびょうなあなた。力をぬいて、自分の気持ちにすなおになれば、しあわせな恋ができるよ。

友たち運
ポジティブな行動派。自分の気持ちに正直に行動し、弱点もかくさないところが、カリスマ的な魅力に。友だちには親切で義理がたいので、信頼度もバツグン。

友運アドバイス
思いこみがはげしい面があるので、友だちの気持ちを確認してから行動にうつすといいよ。

おしゃれアドバイス
ピンク色のリップを使うといいよ。

あなたへのおまじない
テストやコンテストに合格するおまじない。青い折り紙のうらに自分の名前を書いてからツルを折ってね。それをお守りにするといいよ。

相性がいいのはこの誕生日の人!
♡ 2月27日、10月01日
友だち 2月12日、7月3日、10月19日

この日生まれの男の子
もの知りでまじめなカレ。すきな子にはひたすら愛情をそそぐタイプだよ。でもマイペースすぎて、恋人をふりまわすところがあるかも。聞き上手でやさしい子がすき。

神秘のアイテム
イルカ
友情運とラブ運を高めてくれるイルカ。イルカのグッズをそばにおいて、毎日をエンジョイして。イルカの小物を手作りするのもグッド。

8月

今日の運勢 もり上がりそう！ ハメをはずしてみるのもいいよ！
242

道を切りひらく チャレンジャー

8月13日生まれ
しし座

 水色
 3
 湖の見える場所
ラッキーカラー　ラッキーナンバー　パワースポット

あなたは……
人なつっこくてすなおな女の子。むずかしいことにも積極的にチャレンジするね。ユニークな感性を持ち、自分の道を切りひらいていくよ。失敗すると自己嫌悪におちいっちゃうこともあるけれど、自力でたちなおれる、前向きなパワーにみちあふれているよ。

友だち運
ものごとに動じず、その場の状況を見て、ほどよいたち位置で人と接することができるよ。めんどうみがいいから友だちにすかれているよ。

友運アドバイス
友だちのなかでは、世話役的な役わり。思うようにすすまないとふきげんになりがちなので、よゆうを持って。

相性がいいのはこの誕生日の人!
ラブ 4月26日、8月31日
友だち 1月26日、6月13日、10月17日

おしゃれアドバイス
指先をきれいに見せてかわいさアップ。

この日生まれの男の子
むずかしいことにあえてチャレンジするのがすきなカレ。元気がよくて個性的な女の子にひかれるよ。おとなしすぎる子は苦手かも。

あなたの才能
ユニークな個性と、チャレンジ精神をいかすと大かつやく！

向いている職業
ルポライター、マジシャン

ラブ運
恋にはブレーキがかかりがち。男の子の友だちはすぐできるけど、恋は時間をかけて育てるタイプだよ。

あなたへのおまじない
長所をのばし、もっとステキな女の子になるおまじない。手鏡のうらに、4分の1に切った金色の折り紙をはり、その鏡を6回使えばOK。

神秘のアイテム
四つ葉のクローバー
しあわせをはこぶ植物として、ひろく知られているクローバー。人気者になれるという力もあるよ。クローバーのストラップをカバンにつけると◯。

8月

今日の運勢
仲が悪くなっていた子となかなおりができそう。目をそらさずに、にっこりしてみてね。

8月14日生まれ

しし座

たのもしいアドバイザー

あなたは……
観察力や分析力がするどくて、人の性格から世のなかの動きまで、本質をズバリ見ぬいちゃう。きびしいこともいうけれど、あたっているので、みんなからはいちもくおかれる存在。相談にのったりアドバイスをしたりするのが上手で、みんなにたよりにされるよ。

友だち運
スケールの大きい人間関係をこのみ、たのしい友だちにめぐまれるタイプ。気のあう仲間とステキな思い出をつみかさねていけるよ。

友運アドバイス
将来は有名人と友だちになれるかも。ただ、ちょっと軽はずみなところがあるから、行動は慎重にね。

相性がいいのはこの誕生日の人！
ラブ　1月2日、3月19日
友だち　2月5日、5月14日、9月26日

この日生まれの男の子
するどい分析力を持ち、思ったことをズバッと発言する人。まわりのみんなの相談役になっているよ。自分とにている性格の女の子がこのみみたい。

あなたの才能
ものごとを見ぬく力と、分析力がずばぬけているよ。

向いている職業
ノンフィクション作家、レポーター

ラブ運
恋愛には冷静。でもときどき、衝動的に動いちゃうことも。自分とにている性格の男の子にひかれるみたい。

おしゃれアドバイス
キラキラのヘアアクセをつけると魅力アップ。

あなたへのおまじない
すきな男の子と仲よくなれるおまじない。ピンクの折り紙で、直径2センチの円を6枚つくって。それを手鏡の上にのせて一晩おいたらバッチリ。

神秘のアイテム
テントウムシ
病気を持っていってくれるといわれているテントウムシ。テントウムシのがらの小物を持ちあるくと、元気いっぱいで毎日をすごせそう。

今日の運勢　グループ活動が吉。人の意見をとりいれるとグッド！

愛にあふれた リーダー

8月15日生まれ　しし座

ラッキーカラー 深緑
ラッキーナンバー 5
パワースポット 大きな木のあるところ

あなたは……
心がひろく、こまかいことにこだわらないタイプ。とてもやさしくて、愛にあふれているよ。積極的で、グループではリーダーになることが多いの。みんなの先頭にたっているときがいちばん自分らしくいられるみたい。ピュアな心を持った人気者だね。

友だち運
ずるがしこさやひきょうなところがないので、だれからも愛されているよ。なにげなくつぶやいたことばが、その場をなごやかにすることも。

友運アドバイス
人気者でたくさんの友だちがいるあなた。マイペースでまわりをふりまわすことがあるので、気をつけてね。

相性がいいのはこの誕生日の人！
ラブ 4月15日、8月24日
友だち 1月31日、3月15日、10月13日

おしゃれアドバイス
フローラル系の香りをつけるとグッド！

この日生まれの男の子
おおらかなリーダータイプ。恋をすると、気持ちをストレートに告白して、いちどことわられたくらいではあきらめないよ。ひかえめな女の子がすき。

あなたの才能
人をひっぱっていくリーダーの資質をいかすと成功するよ。

向いている職業
映画監督、ショップの店長

ラブ運
恋には積極的。自分の気持ちを正直につたえるよ。ねばりづよくアプローチすれば両想いに。

あなたへのおまじない
だいじなときに緊張しないおまじない。両手を胸の前であわせ、その手が緑のベールでつつまれるのをイメージしよう。それからとりかかってね。

神秘のアイテム　星
しあわせをよびこむだけでなく、魔よけの力を持つ星。星グッズを身につけると、不運をよせつけないよ。星グッズは部屋においておくだけでも○。

8月

今日の運勢
もっとがんばりたいという気持ちがわいてくるよ。今日はじめることは、このあとにつながるよ。

8月16日生まれ

しし座

魅力あふれる人気者

ラッキーカラー ピンク
ラッキーナンバー 6
パワースポット 自分の部屋

あなたは……
上品で、洗練されたふんいきの女の子。健康的で明るく、人をひきつけるよ。じっとしていることが苦手で、めだつことが大好き。人前にでると、その魅力がより光りかがやくよ。デリケートできずつくこともあるけど、くじけない心のつよさもそなえているね。

友だち運
すすんで交友関係をひろげるタイプではないけれど、自然体で接しているだけで、友だちがふえるよ。共通点のある人と相性がいいよ。

友運アドバイス
大たんで、存在感のつよいあなただけど、こまったときには友だちにたよって。きずながつよくなるよ。

相性がいいのはこの誕生日の人！
ラブ 1月4日、0月7日
友だち 2月7日、6月16日、9月16日

この日生まれの男の子
洗練されたオーラのなかに、熱いものを持っているカレ。恋をすると、その子のことで頭のなかがいっぱいになっちゃうタイプ。ポジティブでいっしょうけんめいな子が好き。

あなたの才能
人の注目をあつめるから、人前にでる仕事がぴったり！

向いている職業
俳優、司会者

ラブ運
魅力的でモテるタイプ。恋にのめりこみやすく、いちどすきになったら、まわりが見えなくなっちゃうかも。

おしゃれアドバイス
ビーズアクセをつけると女子力アップ！

あなたへのおまじない
友だちとのきずなを深めるおまじない。北西の方角に向かって、友だちと自分の名前を心のなかでとなえて。それから一礼すればOK。

神秘のアイテム
鍵
健康や富、さらには魔よけとしてのパワーもある鍵。鍵のついたストラップやアクセは効果バツグン。おしゃれな鍵の絵をかくのもいいよ。

今日の運勢 作品づくりのチャンス。自分なりの表現をしてみて！

しきり上手な パワフルガール

8月17日生まれ しし座

ラッキーカラー：黒　ラッキーナンバー：7　パワースポット：夜空の見える窓辺

あなたは……
パワフルで、ものごとをとりまとめるのが上手な根っからのリーダータイプ。センスがよく、大人っぽいふんいきもあるから、あなたにあこがれている子も多いよ。もの静かで、心のなかにだれにもいえない不安をかかえているような、繊細な一面もあるよ。

友だち運
友だちを元気づけるのが得意だよ。相手のことをしんけんに考え、たすけるので、まわりのみんなからの信頼度はバツグン。

友運アドバイス
たよれるリーダーのあなた。でもよゆうがなくなると、感情的になりやすいので、ときどき深呼吸を。

相性がいいのはこの誕生日の人！
ラブ　6月8日、8月8日
友だち　1月24日、4月13日、10月6日

おしゃれアドバイス
ふわっと髪の毛をカールさせてみて♪

この日生まれの男の子
責任感がつよく、パワフルなカレ。女の子をひっぱっていくよ。じつはひそかに、燃えるような恋をしたいと思っているみたい。まじめでおしとやかな子がすき。

あなたの才能
しっかりした考え方と多方面の才能で、かつやくの場はひろいよ。

向いている職業
司会者、ショップの経営者

ラブ運
恋に白黒つけたがる人だよ。つきあいはじめると、すきな人のことならなんでも知りたくなっちゃう。しつこくならないようにしてね。

あなたへのおまじない
理解力が高まり、勉強がたのしくなるおまじないを。勉強をはじめる前に、右手の人さし指で机の上に？マークをかき、深呼吸すればOK。

神秘のアイテム
スプーン
しあわせをよぶスプーンの力をかりてね。銀色のスプーンをバッグのなかにいれて持ちあるけば、ハッピーなできごとがおとずれそうだよ。

8月

今日の運勢 みんなに期待されちゃうよ。いいカッコしようとしないで、自分らしくがんばって！

8月18日 生まれ

しし座

ねばりづよい リーダータイプ

あなたは……
どんな困難もいっしょうけんめいに解決していく、がんばり屋さん。かべが大きければ大きいほど燃えるみたい。弱音をはかず、いつでも全力をつくす、たよれるリーダーだよ。熱くなりやすいところもあるけど、友だち思いで、みんなからしたわれているよ。

友だち運
人見知りだけど、積極的に友だちをつくろうと努力するタイプ。友だちとのつきあいのなかで、リーダーシップもみがかれるよ。

友運アドバイス
友だちの相談にしんけんにのることが多いあなただけど、おちこんだときは、友だちにたよってみて。

相性がいいのはこの誕生日の人！
ラブ 4月9日、8月27日
友だち 2月2日、3月19日、12月19日

この日生まれの男の子
がんばり屋さんで、みんなからたよられる存在だよ。すきな子には全力でアタックし、やさしくリードしていくタイプ。気配りのできる女の子にひかれるみたい。

あなたの才能
状況にあわせて行動できる才能と、ものごとの本質を見ぬく力が◎。

向いている職業
演出家、ツアーコンダクター

ラブ運
すきになると全力投球しちゃう。カレについていくと見せかけて、じつは自分が上手にリードしちゃうよ。

おしゃれアドバイス
片方に三つ編みをたらすなど、左右ちがう髪型が◎。

あなたへのおまじない
金運アップのおまじない。あらってキレイにした10円玉を右のてのひらにのせ、左の手でフタをしたら、それがキラキラかがやくのをイメージして。

神秘のアイテム
チョウ

愛と美のシンボルとされるチョウ。チョウの小物やアクセをつけると、女子力がアップして、人気も高まるよ。チョウの絵をかくのもいいよ。

今日の運勢 ✗ あせりモード。イライラしたらいったんおちついて！

流行を生みだす大物ガール

8月19日生まれ　しし座

ラッキーカラー：紫
ラッキーナンバー：9
パワースポット：食事をする場所

あなたは……
こつこつと努力をつみかさね、大きい夢をかなえようとする女の子。世のなかの流れにびんかんで、将来、自分で流行をつくりだすだけでなく、時代の流れをかえる可能性をひめた大物タイプ。ほんとうの自分をなかなか見せないけど、意外な一面がありそう。

友だち運
たのしいムードが大すきで、友だちにもいつも笑顔。ときにはハイレベルな友だちに刺激を受けながら、大きく成長していくよ。

友運アドバイス
いろいろなタイプの人と積極的に交流するあなた。ひとりよがりにならないように、意識してね。

相性がいいのはこの誕生日の人！
ラブ　1月7日、9月27日
友だち　3月10日、6月6日、9月28日

おしゃれアドバイス
足をそろえてすわるとクッと魅力的☆

この日生まれの男の子
慎重だけど情熱も持っているカレ。恋をしても、すぐには気持ちをあらわさないで、じっくりと準備をしてからアプローチするよ。明るくて誠実な子がすき。

あなたの才能
時代を先取りするセンスがそなわっているよ。

向いている職業
CMプランナー、スタイリスト

ラブ運
恋には慎重なほうだね。まず、相手をよく知ろうとするよ。時間をかけすぎて、チャンスをのがさないようにね。

あなたへのおまじない
みんなにすかれるおまじない を。左手に右の指で星マークをかき、それをかこむように○をかいて。それから両手をあわせればOK。

神秘のアイテム
エンジェル（天使）
神の使者であるエンジェル。エンジェルがかかれた小物をそばにおいておくと、いいことがありそう。小物がなければ絵をかいてもOK。

8月

今日の運勢　✕　アイデアがでてこなかったら、今日はあきらめて。早くねて、早おきしたらいいことあるかも。

8月20日 生まれ

もの静かな やさしい子

ラッキーカラー 赤

ラッキーナンバー 1

パワースポット 校門

しし座

あなたは……

もの静かでやさしいふんいきを持つ女の子。想像力がゆたかで思いやりが深いから、人の気持ちを考えることができるよ。こまっている友だちからたよりにされることも多いみたい。ひかえめで、注目されるのは苦手。きずつきやすいデリケートな面もあるよ。

友だち運

包容力のあるあなたは、友だちにこまやかな気づかいができるよ。交友関係はかわりやすいほうだけれど、親友もできるよ。

友運アドバイス

よわい自分を見せたくなくて、むりをして誤解されがちだよ。友だちの前では肩の力をぬいてね。

相性がいいのはこの誕生日の人！
ラブ 4月24日、8月29日
友だち 1月13日、2月20日、12月18日

この日生まれの男の子

思いやりがあってやさしいカレ。すきな人ができても、うちとけるまでに時間がかかるみたい。じっくり愛をはぐくんでいくよ。よく笑う、すなおな子がすき。

あなたの才能

新しいものを創造したり、人をいやす仕事が◎。

向いている職業

作詞家、アロマセラピスト

ラブ運

いいなと思っても、「すき」だと自分で気づくまで時間がかかるよ。でも、信頼できると感じたとたん、すなおにとびこむよ。

おしゃれアドバイス

いちばんお気にいりのアクセをつけてね。

あなたへのおまじない

理想的な女の子になれる満月の夜のおまじない。満月を6秒間見つめてから、白い光が全身をつつむのをイメージすればバッチリだよ。

神秘のアイテム
貝

気持ちによゆうを持ちたいときには、貝のパワーをかりて。大きな海のように気持ちを安定させてくれるよ。きれいな貝がらを机の上においておけばOK。

今日の運勢 ◎ 順調だけど、つかれ気味。でも、さいごまであきらめなければいい結果に！

人をひきつける カリスマガール

8月21日 生まれ
しし座 ♌

白 ラッキーカラー

2 ラッキーナンバー

本屋さん パワースポット

あなたは……
魅力的なキャラとかわいさで、まわりの注目を一身にあつめちゃう女の子。でもちょっと内気で、心のなかはなかなかあかさない繊細なところも。誠実な人だから、うわべだけのことばはきらい。かんたんにはだまされないしっかり者でもあるよ。

友だち運
特技や才能をみがいて、人とつながろうと考えるあなた。中立の立場でみんなをまもる公平さを持つので、友だちがふえるよ。

友達アドバイス
苦手な人とかかわることを、断固として拒否するところがあるよ。もう少し歩みよる気持ちを持ってみて。

相性がいいのはこの誕生日の人！
ラブ 4月25日、8月30日
友だち 2月29日、6月21日、10月28日

おしゃれアドバイス
ネックレスなど、首もとのおしゃれが魅力的☆

この日生まれの男の子
口先だけの話はズバリ見ぬいてしまう。すきな子ができても慎重で、交際がスタートするまで時間がかかるタイプだよ。明るく、まっすぐな子にひかれるよ。

あなたの才能
縁の下の力持ちとして、かげで人をささえるのが得意だね。

向いている職業
看護師、コンサルタント

ラブ運
口がうまいだけの軽い感じの男の子は苦手。口は悪くても、正直な男の子にひかれるよ。

あなたへのおまじない
ステキな恋ができるおまじない。南に向かって、♡マークをかいて。そのなかに？マークをかき、その絵がピンク色にそまるのをイメージして。

神秘のアイテム
花
花は女らしさのシンボル。部屋にかざったり身につけたりするだけで、あなたの魅力がかがやくよ。花の絵をかべにはっておくのもグッド。

8月

今日の運勢 ◎ たのしくごはんを食べてね。いいことがひとつおこるかも。

8月22日生まれ

しし座 ♌

ラッキーカラー **ネイビー**
ラッキーナンバー **3**
パワースポット **グラウンド**

ミステリーずきなしっかり者

あなたは……
好奇心が旺盛で、観察力があり、謎やヒミツをときあかすのが大すき。想像力がゆたかで、ひらめいたアイデアをちゃんと実行にうつす行動力もあるよ。なにかにとりくむときは、しっかりと計画をたてて、タイミングを見きわめるから、成功させる確率が高いよ。

友だち運
自分から友だちをつくるほうではないけれど、さまざまなタイプの人と友だちになれるよ。積極的になれば、交友関係はさらに充実。

友運アドバイス
友だちには誠実で、ごまかさずに正直な意見をいうけど、ちょっぴりガンコなところも。やわらかい気持ちでね。

相性がいいのはこの誕生日の人!
フノ 2月22日、9月01日
友だち 3月22日、6月13日、12月13日

この日生まれの男の子
好奇心がつよくてしっかりした男の子。すきな人ができると、つきあってからのことまでよく考えてからアプローチするよ。気さくで明るい子にひかれるみたい。

あなたの才能
スケジュールを組むのが上手。アイデアもいかせる仕事が◎。

向いている職業
編集者、グラフィックデザイナー

ラブ運
恋をはぐくんでいく名人。男の子にリードしてもらっているように見せて、じつは自分が上手にリードしちゃうよ。

おしゃれアドバイス
フルーツ系の香りをつけてさわやかに。

あなたへのおまじない
がんばりたいときに、集中力を高めるおまじない。左のてのひらに右手の指で大きな○をかき、まんなかに点をかいて、左手をにぎればOK。

神秘のアイテム
馬の蹄鉄
蹄鉄を家の扉に打ちつけておくと、不運をよせつけないといわれているよ。蹄鉄のイラストをかいたカードを部屋にかざっておくといいよ。

今日の運勢 なにかとまよいがち。人のアドバイスをよく参考にしてね。

ひとりがすきな情熱家

8月23日生まれ
おとめ座 ♍

レモンイエロー / 4 / 写真のある部屋
ラッキーカラー / ラッキーナンバー / パワースポット

あなたは……
クールに見えるけど、心には情熱があふれている女の子。なにがあってもとちゅうで投げださないがんばり屋さん。目標に向かって、一直線にすすんでいくよ。やさしくて、よわい人やこまっている人の味方。ひとりですごす時間をたいせつにする一面もあるよ。

あなたの才能
手先が器用で、ものやお金を管理する才能にすぐれているよ。

向いている職業
金融ディーラー、パティシエール

友だち運
判断力にすぐれ、責任感のつよいあなた。まわりから期待され、それにこたえようとがんばるので、友だちも手伝ってくれるよ。

ラブ運
恋に刺激をもとめるタイプ。たのしい人にひかれ、すきになったら積極的にアプローチするよ。

友運アドバイス
たいへんなときほど意地をはりがち。友だちとのおしゃべりで気持ちがラクになるから、ためしてみて。

相性がいいのはこの誕生日の人!
ラブ 3月1日、8月23日
友だち 1月28日、6月25日、12月17日

おしゃれアドバイス
リボンの形のアクセをつけてかわいさアップ♡

この日生まれの男の子
リーダーシップがあり友だちも多いけど、ひとりの時間もすきなカレ。すきな子はたいせつにして、自分だけを見てほしがるよ。いちずでやさしい子がすき。

あなたへのおまじない
くじ・懸賞運がアップするおまじない。白い紙にあたってほしい賞品名を書き、それをアルミホイルでつつんで、さいふにいれておくといいよ。

神秘のアイテム
イルカ
イルカは愛と美の女神ビーナスの使者。イルカグッズで、ラブ運とビューティー運をアップ。イルカのイラストをお守りにして持つとグッド。

8月

今日の運勢 すごくかわいくて、おこづかいで貰えるものを見つけちゃうかも。

253

8月24日生まれ

おとめ座 ♍

 ラッキーカラー 黄緑
 ラッキーナンバー 5
 パワースポット 駅

あなたは……

頭がよくて、ミステリアスな魅力にあふれる女の子。世のなかのいろいろな謎に興味津々で、フシギなことは徹底的に調べたくなっちゃう。パズルや推理小説も大すき。人やものごとを観察する力もあるよ。どくとくな考え方で、まわりをおどろかせることも。

友だち運

温和でおちつきのあるあなた。友だちつながりの縁で、たくさんの人と交流できるよ。まわりの人のささえで、人生がひろがっていくよ。

友運アドバイス

つかれてくると、無反応になって友だちを混乱させちゃうことがあるよ。休けいはとるようにしてね。

相性がいいのはこの誕生日の人！
ラブ 1月10日、1月22日
友だち 2月17日、5月6日、12月15日

この日生まれの男の子

頭の回転が速くて、どこかフシギな人。すきな子にも、なかなか本音を見せないよ。恋が進展しにくいタイプかも。ちょっと天然のなごみ系がタイプだよ。

謎にひかれるミステリアスガール

あなたの才能

すぐれた観察力と、調べることがすきな性格をいかすと大かつやく！

向いている職業

うらない師、ペットブリーダー

ラブ運

恋をすると、相手のことは知りたがるのに、自分の気持ちはかくしがち。相手がとまどうこともありそう。

おしゃれアドバイス

洋服や小物にシックな色をとりいれるとステキ。

あなたへのおまじない

学校がもっとたのしくなるおまじない。学校内の、日のあたる場所にたち、左右のくつのつま先を、地面にそれぞれ1回ずつトンとあてればOK。

神秘のアイテム
★ 星

星にはチャンスをよびこむパワーがあるよ。星の形をした小物や、星のイラスト入りの小物などをゲットしたら、見える場所においておくと◎。

今日の運勢 人気運が急上昇。まわりの人への気配りをわすれないで。

頭がよくて
アピール上手

8月25日生まれ
おとめ座 ♍

ラッキーカラー ピンク / ラッキーナンバー 6 / パワースポット 通学路

あなたは……
アクティブで知的な女の子。どんな場面でも自分を上手にアピールできるよ。男女にこだわらず、人と仲よくするのがすき。もしかしたら、自分の外見にコンプレックスを持っているかも。でも、そんな一面もあなたの魅力のひとつ。自信を持ってね。

友だち運
いろいろな人に興味を持ち、積極的に友だちの輪をひろげていくよ。相手のことをたいせつに思うので、相手からもすかれるタイプ。

友運アドバイス
敵意を向けてくる人がいても、本音で語りあってみて。いつか友だちになって、つよい味方になってくれるよ。

相性がいいのはこの誕生日の人！
ラブ 1月13日、8月16日
友だち 4月2日、9月25日、11月25日

おしゃれアドバイス
おフロのあとはクリームで保湿して！

この日生まれの男の子
社交的で、めだつことが大すき。すきな子にはストレートに告白し、ふり向いてくれるまでアタックするよ。さりげなく気配りのできる子がすきみたい。

あなたの才能

知性と外見をよりみがいていけば、将来有名になるかも！

向いている職業
俳優、タレント

ラブ運

大たんで、すきになったら告白。ことわられても、かんたんにはあきらめず、愛をつらぬくタイプだよ。

あなたへのおまじない

困難やトラブルに負けないおまじない。「プロブレム ソルビング」ととなえ、目をとじて8つかぞえて。それから作戦を考えれば、いいアイデアがうかぶよ。

神秘のアイテム
リボン
すきな人や友だちとの仲を深めたいときは、リボンの力をかりて。リボンのイラストをノートにかいたり、バッグの持ち手にリボンをむすんだりするのもグッド。

今日の運勢
すごくさえているよ！ いまなにをしなければいけないか、一瞬でわかってすぐに行動できるよ。

8月26日生まれ

おとめ座 ♍

チームプレーの天才

ベージュ
ラッキーカラー

7
ラッキーナンバー

土にさわれる場所
パワースポット

あなたは……

まじめで、目標に向かってみんなと協力するのがすきな子。チームプレーで力を発揮するよ。人のためになることにやりがいを感じ、みんなのサポート役をひき受けるよ。でも将来、自分自身が注目をあつめる、はなやかな道を歩む可能性が！

友だち運

思いやりがあって、責任感がつよいあなた。人の役にたちたいという気持ちがつよく、友だちの輪がひろがるほど、イキイキするよ。

友運アドバイス

友だちとの交流は、才能をのばすきっかけになるよ。自分の考えにこだわりすぎないように、心がけてね。

相性がいいのはこの誕生日の人！

ラブ 0月01日、12月4日
友だち 1月22日、4月22日、7月16日

この日生まれの男の子

ひかえめで、グループの一員として力を発揮するカレ。すきな人ができても、自分の気持ちをおさえちゃう傾向があるよ。あまえ上手な子によわいみたい。

あなたの才能

人と協力して、人のためにつくせる才能をいかしてね。

向いている職業

保育士、キャビンアテンダント

ラブ運

恋にはおくびょうで、なかなか気持ちをつたえられないよ。ライバル出現であきらめちゃうことも。

おしゃれアドバイス

毎日のブラッシングでツヤ髪をキープして。

あなたへのおまじない

もっとかわいくなれるおまじない。まず、いつも使っているリップクリームを、右手の小指につけてぬって。あとはいつものようにぬればOK。

神秘のアイテム

魚

たくさんの卵を生むことから、魚は富のシンボルとされているの。魚がらのはいったおきものや、金魚の絵などもパワーがあるよ。魚のアクセもグッド。

今日の運勢　調子がいい日だよ！だけど、ときには慎重になることも必要だね。

理想をもとめて つくす女の子

8月27日生まれ

おとめ座 ♍

ラッキーカラー: こげ茶

ラッキーナンバー: 8

パワースポット: 体育館

あなたは……
自分のまわりや世のなかをよりよくしようという高い理想を持ち、そのために力をつくすよ。友だちや家族をたいせつにし、社会の役にたちたいと思っているの。人のためになることをつねに考え、ボランティア活動に参加するなど、まじめにとりくむ人だよ。

友だち運
クールに見えて、ほんとうはさびしがり屋さん。サービス精神があるので、たくさんの友だちにめぐまれ、たよりにされているよ。

友運アドバイス
ひとりで行動するよりも、グループで行動するほうが成功するタイプ。友だちとのつきあいをたいせつにね。

相性がいいのはこの誕生日の人!
ラブ 4月4日、8月18日
友だち 2月9日、5月27日、11月2日

おしゃれアドバイス
ヘアアクセで魅力アップ

この日生まれの男の子
一見ぶっきらぼうだけど、人のために力をつくせるやさしいカレ。すきな子には、世話を焼いたりたすけてあげたりして、さりげなく好意をつたえるよ。まめで気のきく子がすき。

あなたの才能
人のためになることをしたいという気持ちにあふれているよ。

向いている職業
介護福祉士、社会福祉士

ラブ運
恋には消極的。すきな人によろこんでもらうのがしあわせだよ。ライバルがあらわれると弱気になることも。

あなたへのおまじない
すきなカレがふり向いてくれるおまじないを。カレに向かって♡マークを指でかいて、そのハートがキラキラ光るところをイメージをすればいいよ。

神秘のアイテム
スプーン
財産のシンボルともされているスプーン。自分用のスプーンを手にいれると、金運がアップするよ。スプーンにすきな色のリボンをむすんでおくのも◯。

今日の運勢 ◎ 礼儀正しくすることで運気アップにつながりそう。

8月

8月28日生まれ

おとめ座 ♍

ラッキーカラー
ゴールド

ラッキーナンバー
9

パワースポット
遊園地

説得力バツグンの知性派

あなたは……
知的で、話をするのがとても上手な女の子。ものを深く考えることができて、話に説得力があるよ。自分の意見を上手に相手につたえて、なっとくさせるのも得意。友だちや家族から相談を持ちかけられることが多く、まわりからたよりにされているよ。

友だち運
人情にあつい社交派。あたたかい心で友だちと接するので、感謝されるし、信頼度もバツグン。長くつきあうほど、友情が深まるよ。

友運アドバイス
感情の波ははげしいほうだね。友だちをきずつけてしまわないよう、ときどき深呼吸して気持ちをおちつけて。

相性がいいのはこの誕生日の人!
ラブ 1月16日、11月19日
友だち 3月27日、6月6日、9月1日

この日生まれの男の子
話し上手で頭のいい男の子。恋をしたら、たのしくおしゃべりして仲よくなっていくタイプ。おっちょこちょいな、天然系の女の子にひかれるみたいだよ。

あなたの才能
話術をいかせば、幅ひろく大かつやくできるよ。

向いている職業
政治家、心理カウンセラー

ラブ運
すきな人には、会話のなかでさりげなく気持ちをつたえたいあなた。でも、勇気がたりないことがあるかも。

おしゃれアドバイス
前髪を少しおろすようにするといいよ。

あなたへのおまじない
再チャレンジが成功するおまじない。まっすぐにたち、わきをしめたまま、両手を胸の高さに上げ、グーパーを9回くりかえせばバッチリだよ。

神秘のアイテム
エンジェル(天使)
エンジェルの羽には飛躍するという意味がこめられているよ。羽のついたアクセや小物を身につけるとバッチリ。羽の絵をかざるのもOK。

今日の運勢 ❌ やる気がダウンしそう。でも、なまけ心は禁物!

8月

トラブル解決の達人

8月29日生まれ
おとめ座 ♍

ラッキーカラー：オレンジ

ラッキーナンバー：1

パワースポット：学校のろうか

あなたは……
ちょっぴり無愛想なところもあるけれど、ほんとうはとてもやさしい女の子。判断力があり、計画的にものごとをすすめていくタイプ。トラブルがおきてもすぐに解決策を考え、切りぬけちゃう。はっきりしないことがきらいで、白黒つけたがるところもあるよ。

あなたの才能
その場にあわせて判断し、行動できる能力をいかすといいよ。

向いている職業
コンサルタント、ニュースキャスター

ラブ運
気持ちをおさえてしまいがちだよ。大すきなのにすなおになれず、ぎゃくに恋人をほったらかしにすることも。

友だち運
かざらず、こまやかな心配りができるよ。自分から心をひらき、弱みも見せちゃうから、敵をつくらず、味方をふやしていけるよ。

友運アドバイス
自分の意見をとおそうと、むきになることがあるよ。友だちの意見をとりいれるよゆうを持つように心がけてね。

相性がいいのはこの誕生日の人！
ラブ　1月17日、6月22日
友だち　1月9日、5月11日、11月11日

おしゃれアドバイス
耳をだしたヘアスタイルで女の子らしさアップ。

この日生まれの男の子
明るくて頭がいいカレ。だけど、すきな人への愛情表現は苦手で、すきなのに話さなかったり、はなれたりしちゃう。すなおで、のんびりしたタイプの子がすき。

あなたへのおまじない
もっとステキに変身するおまじないを。消しゴムのへっていく面に、青ペンで自分のにがお絵をかいて。その顔が消えるまで使えばOK。

神秘のアイテム
四つ葉のクローバー
4つのしあわせをつかめることを意味する四つ葉のクローバー。見つけたら、おし花のしおりにするのも◎。絵をかいて持っているのもいいよ。

8月

今日の運勢 ✕ いろいろなことが気になりそう。あまり深刻に考えないことだよ。

8月30日生まれ

おとめ座 ♍

- ラッキーカラー: 白
- ラッキーナンバー: 2
- パワースポット: 文房具屋さん

信頼度バツグンのまじめキャラ

あなたは……
自信にあふれている冷静な女の子。計画的で手ぎわがよく、ルールをまもるまじめさがあるよ。まわりからの信頼はバツグンで、たよられすぎて、こまっちゃうことも。また、状況にあわせて行動できたり、お金のあつかいが得意な一面もあるよ。

友だち運
向上心がつよいから、しぜんと勉強熱心で好奇心旺盛な友だちがあつまるよ。そのなかで刺激を受けて、成長していくタイプ。

友運アドバイス
友だちからいろいろなことをまなぶあなた。ときどき友だちに批判的になることもあるので、気をつけてね。

相性がいいのはこの誕生日の人!
- ラブ: 1月19日、4月16日
- 友だち: 1月10日、3月12日、11月3日

この日生まれの男の子
冷静で自信家のカレは、恋に積極的で恋人どうしになるとぜんぶの間にルールをつくったりして、ついつい相手をしばりがち。すなおで誠実な子がタイプだよ。

あなたの才能
お金の管理や、どんなグループにでもとけこめる才能をいかして。

向いている職業
ショップの経営者、ファンドマネージャー

ラブ運
魅力的で男の子たちのあこがれの存在。すきな相手ができたら、すなおにアプローチしちゃうよ。

おしゃれアドバイス
髪にアクセントとしてリボンをつけてみてね。

あなたへのおまじない
女子力がさらにアップするおまじないを。ピンクのモールでリボンをつくってね。そのリボンをポーチにいれて、持ちあるけばいいよ。

神秘のアイテム
テントウムシ
世界各地でしあわせのシンボルとして親しまれているテントウムシ。成功したいときに使うといいの。テントウムシのストラップをカバンにつけるのもグッドだよ。

今日の運勢: 直感がさえる日。人の意見にまどわされないで！

注目をあつめる アイドル

8月31日生まれ おとめ座 ♍

青 / ラッキーカラー　3 / ラッキーナンバー　窓辺 / パワースポット

あなたは……
人をひきつける、魅力的なオーラをはなっているよ。おおぜいのなかにいてもしぜんとめだっちゃう。人の考えや気持ちを読みとることができて、まわりをたのしい気分にさせるのが得意。たのもしくて決断力があって、リーダーにすいせんされることが多いかも。

あなたの才能
たしかな決断力とリーダーの素質がバツグンだよ！

向いている職業
教師、アートディレクター

友だち運
人望があついから、デキる友だちやあこがれの先輩との縁が生まれるよ。おしえ上手で、後輩からとくにしたわれるみたい。

ラブ運
魅力的なのでモテるよ。恋には積極的で、すきな人をたのしませたくて、サプライズを計画することもあるよ。

友運アドバイス
ふきげんなときは、友だちといてもだまってしまうことが、気分を切りかえて、いっしょにいる時間をたいせつにしてね。

相性がいいのはこの誕生日の人！
ラブ　1月19日、8月4日
友だち　1月8日、6月30日、11月7日

おしゃれアドバイス
コーディネートのどこかにチェックがらをとりいれて。

この日生まれの男の子
明るくてめだっている男の子。まわりをたのしくさせるから、モテモテだよ。
恋人のうれしそうな顔を見るのが大すきみたい。明るくてひかえめな子にひかれるよ。

あなたへのおまじない
元気モリモリ、パワーアップするおまじない。白い紙に大木の絵をかいて、幹は茶色、葉は緑色にぬって。それを部屋にかざっておくとバッチリ。

神秘のアイテム　虹
虹は世界共通の幸運のシンボル。虹の写真を持っとりかざったりすると、しあわせ効果大。また、虹色の小物にもききめがあるよ。

8月

今日の運勢
感受性がみがかれる日。まだ読んでなかった本を読んでみるといいよ。

9月1日生まれ

おとめ座 ♍

信念を持った努力家

ラッキーカラー：赤／ラッキーナンバー：1／パワースポット：理科室

あなたは……
おとなしい人と思われることが多いけど、じつは自分の意見をはっきりいえる、つよい信念を持った女の子。目標をきめると、努力してつきすすんでいくがんばり屋さんでもあるね。ファイトにあふれているから、けっしてへこたれず、つよい心でのりこえていけるよ。

友だち運
友だちにとても気配りができるタイプ。あいさつや礼儀がきちんとしているので、人脈は着実にひろがっていくよ。たよられることが多いけど、力になってくれる人も多いよ。

友運アドバイス
よゆうがなくなると、短気になってしまうことが多いかも。気をつけてね。

相性がいいのはこの誕生日の人！
コノ 1月20日、12月16日
友だち 1月19日、7月7日、10月19日

この日生まれの男の子
行動力があって、いつも元気な男の子。どんな困難もおそれずにたち向かっていくよ。恋にも積極的。すきな子にどんどんアタックするタイプ。活発で明るい子がすきだよ。

あなたの才能
個性的なアイデアと、精神力のつよさが才能だよ！

向いている職業
編集者、プランナー

ラブ運
すきになったらカレひとすじのあなた。行動力のある男の子にひかれ、なんでもいっしょにやってみたいと思っているよ。

おしゃれアドバイス
スポーティーなファッションで魅力アップ。

あなたへのおまじない
すきな勉強の科目を得意分野にレベルアップさせたいときのおまじない。東の方角に向かって、指で○をかき、そのまんなかに点をかけばバッチリだよ。

神秘のアイテム
錨
錨は安定と希望のシンボル。パワーアップしたいとき、錨のグッズをそばにおくとバッチリ。錨の絵をかざるのもいいよ。

今日の運勢
友情運がダウン気味。おせっかいしすぎはきらわれるもと！

こまやかな気配り屋さん

9月2日生まれ
おとめ座 ♍

ラッキーカラー：黄
ラッキーナンバー：2
パワースポット：公園

あなたは……
ひかえめでまじめな女の子。やさしくて、まわりへの気配りができる人だよ。観察力にすぐれていて、頭の回転が速いの。ウソやずるいことがきらいで、たまにまじめすぎるオーラをだしちゃうかも。すべて自分でなんとかしようとせずに、友だちにもたよってみてね。

友だち運
人と接することがすきなので、しぜんと友だちがふえていくみたい。友だちとトラブルになったときも、そこから学習していい友情をきずいていけるよ。

友運アドバイス
自信をうしないかけたら、友だちのアドバイスをもらうといいよ。

相性がいいのはこの誕生日の人!
ラブ 1月21日、7月4日
友だち 4月9日、8月5日、10月11日

おしゃれアドバイス
シュシュやピンでヘアアレンジを!

この日生まれの男の子
だれとでも仲よく話せるけど、少しひっこみじあんな面も。すきな子の前だと緊張して、仲よくなるまでに時間がかかるタイプ。ものおじしない元気な子がすきだよ。

あなたの才能
みんなにやさしく、人のためにがんばれる才能がそなわっているよ。

向いている職業
看護師、栄養士

ラブ運
心をひらくまでに時間がかかるほうだね。すなおに気持ちをつたえると、スムーズに恋がすすんでいくよ♡

あなたへのおまじない
つよい味方や親友ができるおまじないで、友情運をさらにアップ! 水曜日の朝、北西の方角に向かって「フレンドリー」ととなえてみてね。

神秘のアイテム
魚
幸運をよぶといわれる魚。魚の絵や写真、小物などを部屋にかざっておくとバッチリ。魚モチーフのアクセを身につけるのもステキだよ。

9月

今日の運勢 ✖ イライラしそうな日。図書館にいくとイライラをなくせるヒントが見つかりそう。

263

9月3日生まれ

向上心がつよいマルチタレント

ラッキーカラー: 青

ラッキーナンバー: 3
パワースポット: たてものの最上階

おとめ座 ♍

あなたは……
前向きで、いろいろな才能にめぐまれている活発なタイプだよ。先を考え、なんでも計画をたててからすすめることができる人。向上心があって自信もあるから、まわりを気にせずに、コツコツと努力をして自分をみがいていくね。とっても明るくて、まじめな女の子だよ。

友だち運
おしゃべりずきで愛想がいいから友だちも多いよ。たいへんな状況でもそれをたのしめちゃうから、友だちに尊敬されているの。マイブームがまわりで流行することも。

友運アドバイス
あきっぽいところがあるから、まわりをふりまわしちゃうことも。さいごまでやりとげる努力も必要ね。

相性がいいのはこの誕生日の人！
ラブ: 1月22日、9月9日
友だち: 2月3日、7月3日、11月3日

この日生まれの男の子
いつも友だちにかこまれて、おしゃべりがすきなカレ。恋をしても、ふたりきりですごすより、みんなとワイワイたのしむほうがすきだよ。気さくで聞き上手な子がタイプね。

あなたの才能
好奇心が旺盛だから、なにかをつくりだす仕事で大成功。

向いている職業
アニメーター、プランナー

ラブ運
男友だちが多い男の子にひかれるみたいね。なんでも話せるフレンドリーな関係から恋がめばえるタイプだよ。

おしゃれアドバイス
水玉やフリルのついたワンピースを着るとグッド！

あなたへのおまじない
だいじな試合や勝負の前に、勝負運を高めるおまじないを。青い折り紙でツルを折り、それを机の上においておくの。勝負の日はお守りに持っていてね。

神秘のアイテム
イルカ
いやしと開運のシンボルとされるイルカ。イルカパワーで運気アップをめざしてね。イルカの小物や、イルカの写真をかざるのも◯。もちろんアクセもグッド。

今日の運勢: 信頼度がアップしそう。友だちのサポートをするといいよ。

9月4日生まれ

おとめ座

シルバー　ラッキーカラー
4　ラッキーナンバー
お気にいりのお店　パワースポット

理知的なお姉さんタイプ

あなたは……
冷静で、効率よく行動する頭脳派タイプ。考えてから行動するしっかり者だから、クラスでは信頼されるお姉さんのような存在だね。とちゅうであきらめないねばりづよさもあるよ。でも、まわりに気をつかいすぎてつかれちゃうことも。息ぬきの時間もわすれずにね。

友だち運
友だちとは情報や知識をおしえあいながら、信頼を深めていくよ。とくに将来は、たくさんの人とのつながりから人生がひらけることもありそうだよ。

友運アドバイス
相手によっては、つめたいイメージを持たれることがあるかも。笑顔をわすれないようにすると、カンペキ！

相性がいいのはこの誕生日の人！
ラブ　1月23日、9月29日
友だち　1月10日、2月18日、8月21日

おしゃれアドバイス
ピンク色のリップをつけると、笑顔が魅力的に！

この日生まれの男の子
なにごとも計画をねってから動く慎重派。恋では、チャンスを待って、ここぞというときにいっきに告白しちゃうタイプだよ。ひかえめでまじめな子にひかれるみたい。

あなたの才能
冷静さやねばりづよさが人一倍そなわっているね。

向いている職業
秘書、システムエンジニア

ラブ運
すきになったら、その人をよく観察して、こまかく分析してからアプローチするオクテなタイプ。まじめで誠実な男の子と相性◎。

あなたへのおまじない
苦手分野も得意分野もさらにレベルアップしたいときのおまじないだよ。南の方角に向き、背すじをのばしてたち、5回、小さく手をたたけばOK。

神秘のアイテム
スプーン
幸運をすくいとるといわれているスプーン。お守り用にスプーンをゲットしてね。お気にいりのリボンをつけてポーチにいれておくと効果バツグンだよ。

9月

今日の運勢　調べものをしていると、効率よくお金をためるためのヒントがえられそうだよ。

9月5日生まれ

おとめ座 ♍

ラッキーカラー 緑

ラッキーナンバー 5

パワースポット 山

いつも本気なアイデアガール

あなたは……

想像力がゆたかで、人をたのしませるのが大すき。いつもワクワクすることを考えて、それを実行しちゃう。まわりを笑わせたり、みんなのためにいっしょうけんめいになるすがたが魅力的ね。ただ、すきなことに熱中すると、それしか見えなくなることも。注意してね。

友だち運

礼儀正しくて人とのきずなをだいじにするから、どんな状況でもかならず味方がいて、あなたをたすけてくれるよ。誠意をわすれなければ友だちにはずっとめぐまれるね。

友運アドバイス

少しだけおっちょこちょいなところがあるよ。思いこみや早とちりには気をつけようね。

相性がいいのはこの誕生日の人！

ラブ 2月14日、9月20日
友だち 1月3日、5月2日、11月8日

この日生まれの男の子

おもしろくて元気いっぱい。頭で考えたことを現実にかえる行動派だよ。すきな子には、ロマンチックなことばでアプローチしちゃう。すなおでやさしい子がタイプだね。

あなたの才能

個性的で、頭の回転が速くて活動的なところが◎！

向いている職業

絵本作家、版画家

ラブの運

男の子からの人気も高くてモテるよ。自然体で堂々とした男の子にひかれるよ。

おしゃれアドバイス

人とちがう個性的なアクセで魅力をひきだして！

あなたへのおまじない

異性からの人気とラブ運がさらにアップしちゃうおまじないだよ。お気にいりのアクセを右手にのせ、左手でふたをして、声にだして6つかぞえればいいよ。

神秘のアイテム 月

心におちつきをあたえてくれる月のパワーを使いましょう。緊張しそうなとき、月の写真にてのひらでタッチするだけでも効果があらわれるよ。

今日の運勢　予想外のいいことがありそう！　でも、よくばりになるのは禁物だよ！

気配り上手な クールガール

9月6日生まれ おとめ座 ♍

 ラッキーカラー ピンク
 ラッキーナンバー 6
 パワースポット 教室

あなたは……
人の意見をすなおに受けとめ、人を深く思いやる心を持つ女の子。家族や友だちをたいせつにするよ。考えがしっかりしていて、冷静だよ。不安を感じるとあきらめそうになるけど、さいごには自分のやり方を見つけてのりこえるつよさを持っているよ。

友だち運
友だちのことをよく考えている、コミュニケーション能力が高い人。友だちの才能を見つけだすのも得意だよ。友だちとはいっしょに成長していけるよ。

友運アドバイス
よゆうがなくなると、ひとりよがりになってしまうことも。気をつけてね。

相性がいいのはこの誕生日の人!
ラブ 3月8日、9月15日
友だち 3月30日、5月6日、11月6日

おしゃれアドバイス
スカーフを使ったおしゃれがバッチリきまるよ。

この日生まれの男の子
やさしくて冷静、身だしなみに気をつかう大人っぽいカレ。恋には慎重で、なかなか気持ちをつたえられないタイプだよ。ひかえめで知的な女の子がすきみたい。

あなたの才能
じっくりとりくめることや、判断力をいかせることで大成功。

向いている職業
ルポライター、学者

ラブ運
恋には慎重なタイプ。相手の性格や趣味などを知ってから少しずつアプローチするよ。おちついたおだやかな交際をしそう。

あなたへのおまじない
友情を深め、友だち運がさらにアップするおまじない。手鏡の鏡面に友だちのイニシャルを指で書いて。そのあと、自分の笑顔を鏡にうつせばバッチリ。

神秘のアイテム
テントウムシ
太陽に向かってとぶテントウムシは、太陽神のもとへいく道をおしえてくれるといわれているの。成功を勝ちとりたいときは、テントウムシのブローチをつけてね。

9月

今日の運勢 ☆ 今日はすきな人に、いつもより積極的にアプローチすると、いいことがありそう!

9月7日 生まれ

おとめ座 ♍

トップをめざす パワフルガール

あなたは……
つよい意志と集中力で、目標に向かってつきすすむがんばり屋さん。さいごにはトップの座をつかんじゃうよ。アクシデントがおきても、どうすればいいかを考えてのりこえられる人。友だちがこまっていたら、すぐに手をさしのべるやさしさも持っているよ。

友だち運
社交的で、思いやりにあふれているよ。型にはまらないスケールの大きい人だから、いろいろなタイプの友だちと仲よくなれるよ。ひとりの時間もたいせつにね。

友運アドバイス
ときどき、人にきびしくなることがあるので気をつけてね。ちょっとしたミスは、おおらかにゆるせるようになろう。

相性がいいのはこの誕生日の人！
ラブ 3月0日、7月1日
友だち 2月7日、4月10日、8月15日

この日生まれの男の子
正義感がつよく行動的で、グループをひっぱっていく男の子。すきな子には積極的だよ。ライバルの存在を知ると、ますます燃えるタイプ!! がんばり屋さんにひかれるよ。

あなたの才能
パワフルさ、頭の回転の速さをいかすと大かつやく！

向いている職業
警察官、裁判官

ラブ運
すきになったら自分からどんどんアプローチできるタイプ。相手がふりむくまで強引にアタックする積極派だよ。

おしゃれアドバイス
前髪をふわっとおろしたヘアスタイルが魅力的♡

あなたへのおまじない
ピンチを回避し、ラッキー運をアップさせるおまじない。星のでている夜、星を両手でかきあつめ、部屋にいれるイメージをすればOK。

神秘のアイテム
チョウ
人間関係やラブ運を高める力を持つチョウ。チョウのグッズをそばにおくと、ハッピーなことがおきるかも。アップリケや刺繍のデザインも◎。

今日の運勢 自分に自信がなくなりそう。人のことばに流されすぎないこと！

しんのつよい リーダー

9月8日 生まれ
おとめ座 ♍

- ラッキーカラー: 茶
- ラッキーナンバー: 8
- パワースポット: ベンチのある公園

あなたは……
頭の回転が速くて話し上手、まわりを笑わせるのが大すきな女の子。まじめで、とてもしんがつよいよ。行動力があってたのもしいから、リーダーの素質もじゅうぶん。たまに無愛想に見えることもあるから、ミステリアスな人と思われているかも。

友だち運
ユーモアセンスがあり、だれとでも仲よくなれるよ。とても気さくで、初対面なのにいつのまにか深い話をしているような、相手がつい心をひらいてしまう人。

友運アドバイス
自分の意見を人におしつけがちなところがあるので、そこを気をつけるとカンペキだね。

相性がいいのはこの誕生日の人！
- ラブ: 3月10日、9月17日
- 友だち: 1月26日、4月27日、8月26日

おしゃれアドバイス
うすいピンクのリップで女らしさをアップ。

この日生まれの男の子
誠実であたたかいハートを持っているカレ。笑いすきな子のハートをつかんじゃう。恋人への注文が少し多いタイプかも。気づかいのできる子がすきだよ。

あなたの才能

話し上手な才能、正義感のつよさがそなわっているよ。

向いている職業
教師、アナウンサー

ラブ運
たのしい友だちだと思っていたら、ある日すきだと気づくタイプ。おしゃべりがはずめば、いっきに告白しちゃうことも。

あなたへのおまじない

不安をとりのぞき、勇気をひきだすおまじないだよ。まずは両手をにぎりこぶしにして。それから、両手で3回グータッチすればOKだよ。

神秘のアイテム

リンゴ

平和のシンボルでもあるリンゴは、ラブ運も高めちゃう。リンゴのアクセを身につけると、すてきな恋ができるかも。リンゴの写真や絵をかざるのもOK。

今日の運勢 ○ いきづまりそうな日。いつもとちがう考え方をしてみると、いい解決方法が見つかるよ。

9月9日生まれ

おとめ座 ♍

信じる道をつきすすむ子

あなたは……
どんなに大きな目標でも、決心したら、ねばりづよく自分の力で達成しようとするパワフルガール。冷静に考えることができるから、ものごとを強引におしすすめたりはしないよ。トラブルがおきても、さっと解決しちゃう。デリケートでさびしがりやの面もあるよ。

友だち運
友だちのなかで存在感のあるタイプ。心がひろく、説得力のあるトーク術や勇気ある行動から、あなたをたよりにする人も多いの。しぜんと人の上にたつような器だよ。

友運アドバイス
ときどき感情的になってしまうことも。心をおちつけてストレスをためないようにしてね。

相性がいいのはこの誕生日の人！
ラブ 1月29日、10月19日
友だち 1月18日、2月28日、9月30日

この日生まれの男の子
勇気とファイトを持っている男の子。でも、女の子の前ではとてもシャイになっちゃうよ。すきな子とはゆっくり少しずつ仲よくなるタイプ。まじめで明るい子がすきね。

あなたの才能
ひたむきさと人一倍のファイトがあなたの才能だよ！

向いている職業
大学の先生、会社の社長

ラブ運
恋はゆっくりタイプ。はじめはうまくいかなくても、少しずつ話して仲よくなっていくよ。やさしい男の子と相性◎。

おしゃれアドバイス
フェミニンなおしゃれで魅力アップ☆

あなたへのおまじない
成績をさらにアップするためのおまじないだよ。がんばりたい科目のノートのさいごのページに、青ペンで「水星の力、あたえたまえ」と書いておけばOK。

神秘のアイテム
リボン
たいせつな人とのきずなを深めたいときは、リボンがオススメ。リボンのついたアクセはもちろん、小物も◎。むすんでつくったリボンも効果バッチリ。

今日の運勢 チャレンジ運が吉。興味のあることにはトライしてみて！

情熱的な チャレンジャー

9月10日生まれ

おとめ座 ♍

ラッキーカラー：オレンジ
ラッキーナンバー：1
パワースポット：夕日の見える窓辺

あなたは……

人の意見にまどわされない、つよい意志の持ち主。なんでも前向きにチャレンジするよ。おちついて見えても心には情熱をひめていて、勉強や委員会活動などをテキパキこなすよ。がんばりすぎていっぱいいっぱいにならないよう、たまには息ぬきしてね。

友だち運

友だちといっしょにいるのが大すきで、いろいろなあそびを企画しちゃう。たまに大たんな行動をとってまわりをびっくりさせることも。思いやりにもあふれているよ。

友運アドバイス

短気になりやすい部分があるので、気をつけるといいよ。イラっときたら深呼吸だね。

相性がいいのはこの誕生日の人!

ラブ　1月29日、12月7日
友だち　2月1日、8月1日、10月13日

おしゃれアドバイス

耳をだしたヘアスタイルで魅力アップ!

この日生まれの男の子

頭の回転が速く、人の性格やものの本質を見ぬける人。自分と気があう女の子が直感でわかるから、ひとめで恋におちるタイプね。おもしろい女の子がすきだよ。

あなたの才能

自分の趣味やすきなことを仕事にすると成功するよ。

向いている職業

スポーツ選手、アートディレクター

ラブ運

恋のきっかけをつかむのは苦手。でも、相手といっしょに成長していける恋愛をするよ。個性的で、しっかり者のカレと相性がいいよ。

あなたへのおまじない

ピンチに負けないおまじないを紹介。左のてのひらに黒い点をイメージして。次に、その点がこなごなに散っていくイメージをすればOKだよ。

神秘のアイテム

クロス（十字架）

はじめてのことにチャレンジするとき、クロスの力をかりましょう。クロスのアクセをつけておくと、パワーがわいて成功率もぐんとアップするよ。

今日の運勢 ● ことばづかいに気をつけたい日。思いやりの気持ちをことばにすると、恋が進展しそう!

9月11日生まれ

おとめ座 ♍

ラッキーカラー 黄

ラッキーナンバー 2

パワースポット 友だちの家

自分流をつらぬく個性派ガール

あなたは……
自由な発想ができる、個性的な女の子。ドキドキするような冒険にあこがれる半面、こわがりで、やすらぎをもとめるよ。きびしいことをいったすぐあとであまえるなど、気まぐれな態度にまわりはびっくりすることも。そんな自分に正直なところも魅力的に見えちゃう人。

友だち運
友だちといる場の空気を読んで、じょうだんをいってなごませるのが得意。まじめなのに、心のなかではハジケたいと思っているの。みんなから愛される人だよ。

友運アドバイス
気をつかいすぎて、どっとつかれてしまうことも。心をゆるせる友だちと、たのしいおしゃべりで発散してね。

相性がいいのはこの誕生日の人！
ラブ 1月30日、9月29日
友だち 4月11日、7月29日、10月30日

この日生まれの男の子
会話がおもしろくてたのしいカレ。でも、ひっこみじあんでひかえめな一面もあるよ。恋には純粋なタイプ。すきになったほかの子には目もくれないよ。誠実な女の子がすき。

あなたの才能
新しいことを考え、実行していく才能をいかすと大成功！

向いている職業
商品プランナー、フラワーコーディネーター

ラブ運
本心が相手につたわりにくく、告白しても「じょうだん？」と思われることも。少しあきっぽいかな？思いやりが恋のカギだよ。

おしゃれアドバイス
レースのついたレギンスで、足首のおしゃれを！

あなたへのおまじない
フシギと運がよくなるおまじないだよ。夜空の星を見ながら、星くずが自分にたくさんふりかかるイメージをして。そのあと、星に両手をあわせればOK。

神秘のアイテム
花
あなたの魅力を倍増させてくれるのがスズランの花。スズランの絵をかいてしおりとして使うと、知性もアップし、モテ度も急上昇しそう。

まっすぐなピュアガール

9月12日生まれ

おとめ座 ♍

ラッキーカラー 紺
ラッキーナンバー 3
パワースポット 通学路

あなたは……

もの静かで礼儀正しく、誠実な子。読書や芸術が大すき。みんなに親切で、人によって態度をかえたりしないから、まわりに安心感をあたえ、とても信頼されているよ。ただ、ルールをやぶったりまちがったことをしたりする人には、少しきびしくなってしまうことも。

友だち運

友だちの輪をひろげるほど、幸運がついてくる運命を持っているあなた。心やさしく、まじめな人柄から、誠実な友だちにめぐまれて、年下の子にもしたわれるよ。

友運アドバイス

責任感からプレッシャーを感じてイライラすることも。友だちにこわがられないよう、肩の力をぬこうね。

相性がいいのはこの誕生日の人！

ラブ 1月31日、9月12日
友だち 1月17日、4月30日、11月30日

おしゃれアドバイス

ブラッシングでさらさらヘアをキープして☆

この日生まれの男の子

部活や係の仕事をすすんでする、行動的で責任感のつよい男の子。すきな子にはおもしろいことをいって笑わせて仲よくなっちゃう。ひかえめだけどよく笑う子にひかれるよ。

あなたの才能

ひたむきさや、美的感覚がそなわっているよ。

向いている職業

スタイリスト、陶芸家

ラブ運

すきな人を遠くから見ているだけでしあわせになれちゃう、恋に消極的なタイプ。積極的にリードしてくれるカレと相性◎だよ。

あなたへのおまじない

テストやコンテストに合格するおまじないだよ。左のてのひらに自分の名前を書き、その手をぎゅっとにぎりしめて4つかぞえればバッチリだよ。

神秘のアイテム
馬の蹄鉄

蹄鉄のＵの字のくぼみに幸運がたまるといわれているの。蹄鉄の絵をかいて、部屋にかざっておくと効果テキメンだよ。

今日の運勢 いろいろな人から人気をあつめそうな日！ でも、相手を思いやる気持ちをわすれないでね。

9月13日生まれ

おとめ座 ♍

全力投球のチャレンジャー

シルバー
ラッキーカラー

4
ラッキーナンバー

駅
パワースポット

あなたは……
高い集中力とねばりづよさで、目標に向かってがんばりつづける意志のつよい人。行動力もあり、どんなトラブルものりこえちゃう。エネルギーにあふれていて、むずかしそうなことにも、ひるまずチャレンジするよ。がんばりすぎはつかれるから、こまめに休けいを。

友だち運
愛情深く、順応性にもすぐれているタイプ。どんな環境にもなじめるから、だれとでも仲よくできるよ。おなじ目的を持つ友だちとは、つよいきずなでむすばれそう。

友運アドバイス
あまりにがんばりすぎてよゆうがなくなると、おこりっぽくなっちゃうことも。気をつけてね。

相性がいいのはこの誕生日の人！
ラブ 2月1日、10月22日
友だち 1月1日、6月4日、7月28日

この日生まれの男の子
パワーにあふれていて元気いっぱいの男の子。すきな子にはズバッと気持ちをつたえて、まじめにおつきあいする誠実なタイプだよ。ひかえめで正直な子がすき。

あなたの才能
バツグンの行動力で、全国をとびまわって活躍できるよ。

向いている職業
ツアーコンダクター、記者

ラブ運
すきな人にも、もののおじせずに、自分の気持ちをすなおにつたえられるよ。心のひろいカレとならハッピーな恋ができそう♡

おしゃれアドバイス
ヘアアレンジをたのしんでね！

あなたへのおまじない
長所をのばし、ステキ女子になるおまじないだよ。南の方角の空に向かって、数字の1を大きく指で書いて。魅力をひきだすパワーをもらえるよ。

神秘のアイテム
ハート
恋をかなえたいとき、ハートは絶大なパワーを発揮してくれるよ。ハートのはいった絵をかいて、部屋にかざっておくのも◎。ハートのアクセもグッド。

今日の運勢 成功運がバツグン。ひとつひとつこなしていくといい結果に！

着実にすすむ プランナー

9月14日生まれ
おとめ座 ♍

- ラッキーカラー: 黄緑
- ラッキーナンバー: 5
- パワースポット: 芝生のある場所

あなたは……
おとなしいけど、意見や目標をきちんと持っている人。こまかく観察し、計画をたててから行動するよ。うまくいかなくても、気持ちの切りかえが速いからすぐにたちなおれるの。ただ、人が自分とおなじペースで行動できないとおちつかなくなることも。

友だち運
コミュニケーション能力にすぐれているよ。趣味があう友だちとは、情報交換などをしながらたのしくすごせるよ。大人や先輩からいちもくおかれることもある人。

友運アドバイス
自分の考えにこだわりすぎると、友だちともめちゃうことに。ほかの人の意見もとりいれるようにしてね。

相性がいいのはこの誕生日の人！
- ラブ: 2月2日、9月23日
- 友だち: 1月5日、6月23日、10月24日

おしゃれアドバイス
個性的なブレスレットでおしゃれにキメて。

この日生まれの男の子
もの静かだけど、自分の意見をはっきりいえる意志のつよいカレ。恋には積極的ではないけれど、気になる子のことはよく観察するよ。明るくて品のある子がすきみたい。

あなたの才能
するどい観察力としっかりした計画性がそなわっているよ。

向いている職業
宝石鑑定士、マーケティングリサーチャー

ラブ運
すきになった男の子には、気持ちを上手にアピールできるよ。カレのほうから告白するように、上手にしむけちゃうことも♡

あなたへのおまじない
すきな子と仲よくなれるおまじない。西の方角に向かい、両手の親指と人さし指で大きなだ円形をつくり、そのなかにカレをイメージしたら一礼するよ。

神秘のアイテム
鍵
しあわせの扉をひらくといわれる鍵の力をかりましょう。鍵のついたアクセはもちろん、鍵のイラスト入りのグッズもOK。持ちあるくと効果バツグンだよ。

9月

今日の運勢 ● こまったときは大人の意見を聞いてみて。いい解決策が見つかりそう。

9月15日生まれ

おとめ座 ♍

親しみやすい前向きタイプ

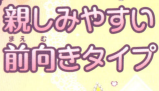

あなたは……
毎日を目いっぱいたのしもうとする、前向きな女の子。なにをするにもとことんやりつくし、その道をきわめていく才能があるよ。初対面の人とも気軽に話ができるから、すぐに友だちができちゃう。そのいっぽうで、自分の本心をかくしたがるところもあるみたい。

友だち運
思いやりと協調性があって、人と交流したいという気持ちがつよいから、友だちがどんどんふえちゃう。しっかり者だけど、おちゃめにふるまうので、人気も高いよ。

友運アドバイス
仲よしの子からちょっと連絡がないだけで、おちこんじゃうことも。なやみすぎず、ゆったりかまえるといいよ。

相性がいいのはこの誕生日の人!
ラブ 2月0日、11月25日
友だち 1月6日、8月15日、12月30日

この日生まれの男の子
どんなことも前向きにたのしんじゃう男の子。友だちどうしのような恋愛をするタイプだよ。話があう子とどんどん仲よくなっていくよ。気さくでたのしい子がすきみたい。

あなたの才能
ひとつのことにじっくりとりくめる才能がすばらしいよ。

向いている職業
気象予報士、フードコーディネーター

ラブ運
共通の話題で気があったら、しぜんに仲よくなって恋にすすむタイプ。おしゃべりを聞いてくれるカレとたのしくすごせるよ。

おしゃれアドバイス
前髪をちょっぴりカールさせるといいよ♪

あなたへのおまじない
だいじなときに緊張しないためのおまじないだよ。おへそに右手をあてて、ゆっくりと3回呼吸をすればOK。次に左手でもおなじようにやればバッチリだよ。

神秘のアイテム
四つ葉のクローバー
ねがいごとがかなうといわれている四つ葉のクローバー。見つけたら、おし花のしおりをつくって、折り紙を四つ葉の形に切っても効果バツグンだよ。

今日の運勢 ✗ つっぱしると失敗する日。人のアドバイスをちゃんと聞いてね!

ねがいをかなえる パワフルガール

9月16日生まれ

おとめ座 ♍

ラッキーカラー：ベージュ
ラッキーナンバー：7
パワースポット：白いかべのたてもの

あなたは……

向上心がつよく、目標に向かってまっすぐにつきすすむアクティブな女の子。意志がつよく根性があるから、少しくらいのトラブルがあっても、さいごにはねがいをかなえちゃう。冒険がすきで、スリルを味わいながら人生をたのしんじゃえる人。

友だち運

やさしい笑顔とことばで接するので、安定した友だち関係をきずけるよ。一時的にはなれても、また仲よくなることも多いの。ケンカでは、ひきさがらないガンコな一面も。

友運アドバイス

めずらしくくじけちゃったとき、友だちといっしょなら、たのしくあそんで元気をとりもどせるよ。

相性がいいのはこの誕生日の人！

ラブ 2月4日、7月7日
友だち 2月12日、6月25日、12月5日

おしゃれアドバイス

ボーイッシュなファッションできめてみて！

この日生まれの男の子

負けずぎらいでエネルギッシュなカレは、恋にも積極的なタイプだよ。ステキなセリフはいえないけど、気持ちを正直に語るの。おちついたムードの子がこのみだよ。

あなたの才能

ねばりづよさで、専門的な技術をしっかり身につけるよ。

向いている職業

会計士、心理カウンセラー

ラブ運

遠まわしの告白やアプローチは苦手。正面から「すき」っていえる、直球で勝負する人。まじめで誠実なカレと相性バツグンだよ。

幸せへのおまじない

友だちとの仲を深めるおまじない。親指と人さし指で○をつくり、左右の○をくっつけ、∞マークにして。そして友だちと自分の名前をとなえるよ。

神秘のアイテム
クラウン（王冠）

成功への力をさずけてくれるのはクラウン。目標を文字にしたら、その横にクラウンの絵をかいてね。これで自分の実力をしっかり発揮できるよ。

9月

今日の運勢 すきな人にメールや手紙を書いてみて。うれしいお返事もありそう！

277

9月17日生まれ

おとめ座 ♍

正義感のつよい努力家

あなたは……

ひたむきにがんばる女の子。責任感がつよく、いちどきめたことはどんなに時間がかかっても達成させるねばりづよい人だよ。正直で、ごまかしやウソがきらい。正義感がつよいから、正しく評価されたいと思っているの。感情はあまりおもてにださないタイプね。

友だち運

年上にも年下にも、幅ひろく友だちがいて、友だちどうしの調整役もこなすよ。なにごとにもまじめにとりくむので、まわりから尊敬されることも多いの。

友運アドバイス

自分をうまくアピールするのは苦手ね。誤解されることもあるかも。気持ちをはっきりいうこともだいじだよ。

相性がいいのはこの誕生日の人！
ラブ 2月5日、5月8日
友だち 1月15日、3月13日、8月26日

この日生まれの男の子
ガンコだけど、プレッシャーにつよく、たのもしいカレ。女の子とはあまり話せない内気なところがあるみたい。すきになるのは、笑顔のかわいいひかえめな子だよ。

あなたの才能

すじ道をたててものごとを解決していく才能があるよ。

向いている職業

裁判官、医者

ラブ運

恋には少しおくびょうで、積極的に男の子と話すのは苦手みたい。包容力のある大人っぽいカレと相性がいいよ♡

おしゃれアドバイス

うすいオレンジ色のリップで口もとを魅力的に。

あなたへのおまじない

理解力が高まり、勉強がたのしくなるおまじないだよ。青い折り紙のうらに青ペンで？マークをかき、それを三角の四つ折りにしてペンケースへいれてね。

神秘のアイテム
🌈 虹

希望の象徴とよばれる虹は、その7つの色にもパワーがあるの。7色でかいた絵、7色がはいったアクセや小物も、効果はバツグンだよ。

今日の運勢　新しい友だちがふえそう！　あいさつは笑顔でね！

まじめなミステリアスガール

9月18日生まれ

おとめ座 ♍

ラッキーカラー: ゴールド
ラッキーナンバー: 9
パワースポット: 絵がかざってある場所

あなたは……
まじめで、ものごとを深く考えている人。気持ちをうまくコントロールできるから、ピンチのときもあわてず対応するよ。人とあらそうことは苦手。人気があって注目されるけど、熱中すると自分の世界にこもっちゃう。そのギャップがミステリアスなふんいきに。

友だち運
謙虚で、相手の身になって考えられる人。人間関係をひろげようとするので、友だちも多いよ。なにごとにもまじめにとりくむから、年上の人にも、いちもくおかれるの。

友運アドバイス
よゆうがなくなると、イライラしがちかも。友だちとあそんで発散するといいよ。

相性がいいのはこの誕生日の人!
ラブ: 2月6日、6月30日
友だち: 1月27日、5月18日、11月27日

おしゃれアドバイス
カチューシャをつけるとかわいいよ。

この日生まれの男の子
けっこうたよりになる男の子。不器用なところもあるから、すきな子になかなか話しかけられないみたい。係の仕事をいっしょにして恋がめばえることも。まじめで明るい子がすき。

あなたの才能
ものをつくるセンスと、すぐれた五感を持っているよ。

向いている職業
野菜ソムリエ、イベントプランナー

ラブ運
愛情深いあなた。でも、その気持ちをなかなかことばにできないタイプね。すなおになれば、恋はスムーズに進展するよ。

あなたへのおまじない
金運がアップするおまじないだよ。あらってキレイにした硬貨を6枚用意して。それを黄色い折り紙にのせて、部屋の西がわにおいておくとバッチリだよ。

神秘のアイテム
エンジェル
天使の羽は飛躍のシンボル。エンジェルのアクセを身につけると、能力や長所をさらに高めてくれるの。羽のついたストラップやアクセもいいよ。

9月

今日の運勢: よゆうを持って行動すると運気が上がるよ!

9月19日生まれ

おしゃれ上手なアーティスト

ラッキーカラー：赤
ラッキーナンバー：1
パワースポット：花屋さん

おとめ座 ♍

あなたは……
うつくしいものが大すきで、持ち物や自分の部屋など、まわりにあるものすべてをきちんとととのえるよ。ファッションセンスもバツグンだから、友だちや年下の子からおしゃれのお手本にされているかも。大きな目標を持っていて、一番をめざすやる気もあるよ。

友だち運
社交的で、初対面の人とも積極的に仲よくなろうとするよ。礼儀正しく、習い事や塾など学校以外の友だちにもすかれるよ。

友運アドバイス
はなやかに見えるから誤解されやすい面もあるね。いろいろ考えすぎずに、すなおな発言を心がけるといいよ。

相性がいいのはこの誕生日の人！
♥ 3月7日、8月10日
友だち 2月10日、5月1日、11月1日

この日生まれの男の子
身だしなみにはこだわりを持っていて、清潔感あふれる男の子。男女かわらずフレンドリーだから、女子からの人気も高いよ。気配りのできる子にひかれるみたい。

あなたの才能
ずばぬけたおしゃれセンスをいかすと大成功！

向いている職業
ファッションデザイナー、ヘアメイクアーティスト

ラブ運
男の子に人気があるタイプだよ。恋のチャンスが多いから、理想の恋をすんなり手にいれられちゃうかも!?

おしゃれアドバイス
おフロ上がりは髪をブローして毎日さらさらにしてね☆

あなたへのおまじない
もっと人気運がアップするおまじない。両手の親指と人さし指の先をくっつけて大きな○をつくり、そのなかに6つの星があつまるようすをイメージして。

神秘のアイテム
星
星にはインスピレーションを高める力があるの。アイデアをだしたいとき、星をあしらった小物にタッチするといいよ。もちろん星のアクセも効果バツグン。

今日の運勢 きのうのつかれがでそう。つらいときはガマンせずにからだを休めて。

9月20日生まれ

おとめ座 ♍

- ラッキーカラー: 黄
- ラッキーナンバー: 2
- パワースポット: 川原

心のひろいお姉さんタイプ

あなたは……

やさしくて友だち思いね。親身になって相談にのったり、こまっている人をたすけたりしようとする、思いやりのある人だよ。順応性が高いから、クラスがえなど環境がかわってもすぐなじめるよ。おこづかいのつかい方が上手で、ムダ使いはしないしっかり者。

友だち運

いちど仲よくなった友だちはたいせつにして、約束もまもるから、友情のきずなはとてもつよいよ。存在感があり、年上の人からもなにかとたよりにされるよ。

友達アドバイス

デリケートで、批判されたりきついことをいわれたりすると、おちこんじゃうかも。あまり気にしないようにね。

相性がいいのはこの誕生日の人!
- ラブ: 7月4日、9月2日
- 友だち: 4月2日、5月26日、10月12日

おしゃれアドバイス

品のあるおしとやかなしぐさで魅力アップ。

この日生まれの男の子

やさしくて、人の話をちゃんと聞ける男の子だから信頼度バツグン。恋をすると夢中になって、まわりが見えなくなるタイプ。おなじ目標を持っている子がベストパートナー。

あなたの才能

食や生活などに関心が高く、その分野で才能を発揮できるよ。

向いている職業

フードコーディネーター、インテリアデザイナー

ラブ運

恋をすると、まわりが見えなくなるほど夢中になるよ。明るくて気さくなカレと、おなじ趣味をたのしむことで仲よくなれるよ。

あなたへのおまじない

理想的な女の子になれるおまじないだよ。満月の日にやってね。ピンクの紙の上に水をいれたコップを6秒間おいて。その水で顔をあらうといいよ。

神秘のアイテム

魚

富をまねくといわれる魚の力をかりましょう。魚の絵のはいった小物をカバンにいれておくと◎。金運がアップするよ。

今日の運勢 ◎ 年上の人のアドバイスをしっかり聞いておくと、あとでピンチをのがれることができるよ。

9月21日生まれ

おとめ座 ♍

流行にびんかんな人気者

ラッキーカラー 青

ラッキーナンバー ３

パワースポット 体育館

あなたは……
流行にびんかんで、おしゃれずき。新発売のゲームや本などの情報をいち早くキャッチしちゃう。ほしいと思ったらがまんができなくて、おこづかいを使いはたしちゃうことも。向上心がつよく、話題も豊富で、いろいろな話でまわりをたのしませる人気者だよ。

友だち運
友だちづくりが上手なタイプ。だれとでも気軽に友だちになって、自分の可能性をひろげていくよ。まとめ役もすすんでひき受けるので人気もバツグン。

友運アドバイス
ときどき友だちにあまえすぎちゃうことが。仲よしだからって、たよりすぎないよう、気をつけるとカンペキ。

相性がいいのはこの誕生日の人！
ラブ 2月9日、6月30日
友だち 2月21日、4月12日、11月7日

この日生まれの男の子
美的センスがあって、新しいものがすきなカレ。ドキドキするような恋にあこがれているよ。しっかりしているようでじつは天然系など、ギャップのあるタイプの子にひかれるの。

あなたの才能
アイデアが豊富で、それを表現する才能も◎だよ。

向いている職業
放送作家、アニメーター

ラブ運
気さくだから男の子からの人気も高いよ。個性的でミステリアスな男の子にひかれるみたい。少しヤキモチ焼きだね。

おしゃれアドバイス
ニットキャップをとりいれてみて。

あなたへのおまじない
ステキな恋ができるおまじないだよ。南の方角に向かってたち、空に♡マークをかいて。その右に？マークをかくの。マークにてのひらをかざせばOK。

神秘のアイテム
馬の蹄鉄
勝負デーには蹄鉄の力をかりて。蹄鉄のイラストをかき、それをバッグにしのばせてね。U字のくぼみに幸運がたまっていき、勝率アップだよ。

今日の運勢 頭がさえる日。うかんだアイデアは友だちに発表してみて！

心やさしい元気キャラ

9月22日生まれ
おとめ座 ♍

ラッキーカラー シルバー
ラッキーナンバー 4
パワースポット ブランコのある公園

あなたは……
あたたかい心の持ち主。少し人見知りで仲よくなるまでに時間がかかるけど、いちど信頼すると一生の友情をきずくよ。元気いっぱいで、じっとしていられず、つぎつぎと新しいことをはじめたり、複数の用事をこなしたりと、アクティブに動いているよ。

友だち運
しっかり者で知識も豊富。記憶力もいいから、友だちから尊敬され、たよられることが多いよ。あっちこっちにひっぱりだこで、自分の時間がなくなることも。

友運アドバイス
自分のやり方をおしえるのはいいけど、おしつけることにならないよう、気をつけるといいよ。

相性がいいのはこの誕生日の人！
ラブ 2月10日、9月4日
友だち 2月15日、5月22日、11月4日

おしゃれアドバイス
清潔でキレイなつめをキープしてね☆

この日生まれの男の子
活発だったり急に無口になったりと、少しつかみどころがない男の子。本心をなかなかおもてにださないから、女の子と会話がはずみにくいかも。頭の切れる子がすきだよ。

あなたの才能
たくさんのことを同時にテキパキこなせる才能アリ。

向いている職業
会社の社長、プロデューサー

ラブ運
すきだという気持ちをおさえちゃうね。意識しすぎて、ぎゃくにはなれようとすることも。いやし系の男の子と相性いいよ♡

あなたへのおまじない
集中力を高めるおまじないだよ。がんばりたい本番前にやってね。両手をグーにしたまま目をとじて。そのまま1回深呼吸すればOKだよ。

神秘のアイテム
スプーン
スプーンにはしあわせのおすそわけという意味があるよ。自分だけのスプーンを持っておくと、幸運がまいこむよ。スプーンの絵をかざってもOK！

9月

今日の運勢 感謝の気持ちをわすれずにすごして。いいことがあるよ！

9月23日生まれ

おとめ座 ♍

しんのつよいしっかり者

ラッキーカラー：緑

ラッキーナンバー：5

パワースポット：通学路

あなたは……

クールなふんいきを持つ女の子。あまりおしゃべりじゃないから、少し近よりがたいと思われることも。でも、トラブルに直面したときは持ち前の勇気とガッツでのりこえるから、信頼されているよ。おちこんでもすぐにたちなおる前向きな心も持っているよ。

友だち運

友だちには律儀で、相手にあわせてつきあっていける人。自分から積極的になるよりも、向こうから持ちかけられた縁をたいせつにするほうが、しあわせにつながる運命だよ。

友運アドバイス

友だちからのアドバイスはぜひ参考にして。マイペースすぎる行動は反発を買うこともあるよ。

相性がいいのはこの誕生日の人！

ラブ　2月11日、11月5日
友だち　4月3日、6月5日、10月9日

この日生まれの男の子

口数は少ないけど、つよい意志の持ち主。すきな人のことは静かに見まもるタイプ。告白はひとこと「すきだ」だけだったりするの。話しずきで活動的な子がすきみたい。

あなたの才能

つよい意志とクリエイティブな才能をいかすと大成功！

向いている職業

雑誌編集者、ツアーコンダクター

ラブの運

恋にはひかえめなタイプだよ。でも無意識の行動が、気があるように見せちゃって、男の子をかんちがいさせちゃうことも！？

おしゃれアドバイス

ミニスカート＋レギンスで元気さをアピール！

あなたへのおまじない

くじ・懸賞運がアップするおまじない。金色の折り紙のうらに、あたってほしい賞品名を書き、ふたつ折りにして。それをまくらの下にいれてねるといいよ。

神秘のアイテム　月

月には女の子の魅力をひきだすパワーがあるの。たとえば、三日月のモチーフのペンダントをするのも◎。ハッピーになれるよ。

今日の運勢　ものごとがうまくすすむよ。自分を信じて行動にでて！

自分の世界を持つドリームガール

9月24日生まれ
てんびん座

- ラッキーカラー：ピンク
- ラッキーナンバー：6
- パワースポット：バス停

あなたは……

想像力がゆたかで空想ずき。ぼーっとしているようで、じつは深く考えていて、ものごとの本質を見きわめる力を持っているの。興味のあることにはとてもびんかんで、知識も豊富。度胸があって、トラブルもたのしみながらのりきる、パワフルな精神力の持ち主ね。

友だち運

気配りができて、社交的なタイプ。相手にあわせた対応ができるので、だれからもすかれるよ。みんなと仲よくあそびたいのに、友だちはあなたを独占したがるかも。

友運アドバイス

あちこち人気があるのはうれしいけど、つかれてしまわないようにね。いちばんの仲よしとホッとする時間を。

相性がいいのはこの誕生日の人！
- ラブ　2月12日、9月6日
- 友だち　3月12日、10月6日、12月12日

おしゃれアドバイス

リップクリームでくちびるのケアをして☆

この日生まれの男の子

好奇心いっぱいで、外であそぶことが大すきな男の子。つきあっても、行動をしばられたくないタイプで、ほかの子に目うつりすることも!? 気さくでサッパリした子がすきだよ。

あなたの才能

ものごとの本質を見きわめる力がすばらしいよ。

向いている職業

弁護士、映画監督

ラブ運

ロマンチックな恋がしたいタイプ。まんがや物語のようなドキドキするシチュエーションにあこがれているよ。

あなたへのおまじない

学校がもっとたのしくなるおまじない。左右のてのひらに、それぞれ反対の指で、地図の学校マーク（文）をかいて。そのあと両手を1回あわせればOK。

神秘のアイテム
テントウムシ

ヨーロッパでは昔から、テントウムシがからだにとまると幸運がおとずれるといわれてきたよ。テントウムシのアクセやストラップを持つと効果バッチリ。

9月

今日の運勢 ✖ 小さな失敗がめだつ日。すなおにあやまればゆるしてもらえるから、ウソはついちゃだめだよ。

9月25日生まれ

てんびん座 ♎

ラッキーカラー 黒

ラッキーナンバー 7

パワースポット 寝室

まじめなカンペキ主義者

あなたは……
まじめで几帳面なタイプ。感情をなかなかおもてにださないから、ちょっぴりクールに思われることも。自分にも人にも、少しきびしくなりがち。でも、思いやりがあふれている人だよ。責任感がつよく、委員や係の仕事はカンペキにこなすから、信頼はとてもあついよ。

友だち運
人の気持ちを察する力が高くて、気配り上手。はずかしがりやだけど、ひとたび友だちになると、やわらかな笑顔で人の話をしっかり聞くから、人の心をなごませるよ。

友運アドバイス
相手にあわせすぎると、どっちつかずになってしまうこともあるよ。自分の意見をはっきりいうことも必要だよ。

相性がいいのはこの誕生日の人！
♡ 2月10日、6月7日
友だち 2月25日、5月27日、11月30日

この日生まれの男の子
無口だけど、仲間のことをたいせつにするやさしい男の子。恋愛にはちょっとおくびょうみたい。両想いになったら時間をかけて愛をはぐくんでいくよ。誠実な子がすき。

あなたの才能
几帳面さと、ものごとを正確に処理できる能力をいかして。

向いている職業
校正者、銀行員

ラブ運
なかなか本心を見せないから、すきになっても気持ちをつたえるのに時間がかかるタイプ。思いやりの深い人と相性ピッタリ。

おしゃれアドバイス
小花つきのヘアピンで、前髪をアレンジしてね。

あなたへのおまじない
困難やトラブルに負けないおまじないだよ。ピンチになったら、右手を左胸にあて「サートゥルヌスの力を」と、心のなかでとなえればOKだよ。

神秘のアイテム
チョウ
自分をもっとみがきたいとき、チョウのパワーをかりましょう。部屋の見えるところにチョウの小物や絵をかざるとバッチリ。チョウのアクセもすてきだね。

今日の運勢 魅力がかがやく日。自分の個性をかくさないで！

少し気ままな しっかり者

9月26日生まれ てんびん座

 こげ茶 ラッキーカラー
 8 ラッキーナンバー
 学校のろうか パワースポット

あなたは……
みんなに信頼されているしっかり者。きめたことはさいごまでやりとげるよ。規則正しい生活を心がけ、なんでもきちんとこなすカンペキ主義者。でも同時に、勝手きままな行動をする二面性も持っているの。自分の気持ちやプライベートを、あまり人にいわないかも。

友だち運
コミュニケーション能力が高くて、相手との距離のとり方や、その場のふんいきづくりが上手なので、友だちも多いよ。なやみ相談を受けることもよくあるよ。

友運アドバイス
口うるさくなってしまうときは、自分によゆうのないときだよ。人にはそれぞれのリズムがあるから気をつけてね。

相性がいいのはこの誕生日の人!
ラブ 2月14日、9月26日
友だち 3月4日、7月6日、12月13日

おしゃれアドバイス
全身を同系色のコーディネートでまとめて。

この日生まれの男の子
あたたかいハートを持っている男の子。すきになったらひとすじで、ねばりづよいアプローチで、相手をふり向かせてしまうの。さりげなくやさしい女の子にひかれるよ。

あなたの才能

つよい意志と忍耐力をいかす仕事がピッタリ☆

向いている職業
秘書、雑誌記者

ラブ運
すきだという気持ちをかくしちゃうから、仲よくなるのに時間がかかるタイプ。心をときほぐしてくれるようなカレと好相性。

あなたへのおまじない
もっとかわいくなれるおまじないだよ。ピンクの折り紙のウラにピンクのペンで♪を6個かいて。それを四つ折りにしてポーチにいれておけばいいの。

神秘のアイテム
 リンゴ
ラブ運、成功運を高めるパワーを持つリンゴ。リンゴのアクセはもちろん、ストラップや小物を持つだけでOK。リンゴのイラストをノートにかくのもいいよ。

9月

今日の運勢 公園など、にぎやかな場所にでかけてみて。すてきな出会いがあるかも?

9月27日
生まれ てんびん座

ラッキーカラー：紫
ラッキーナンバー：9
パワースポット：地下にあるお店

繊細な心の持ち主

あなたは……
なんでも器用にできて、興味のあることはたのしみながら、とことん調べちゃうタイプ。友だちの長所はちゃんとみとめ、こまっていればたすけるやさしさに、男女問わず人気があるよ。繊細なところもあるけど、経験をつむことで、つよくなっていけるよ。

友だち運
協調性があって、ひとりより、友だちといっしょに行動するのがすき。頭の回転が速く、自分の役わりがわかってサッと動けるから、友だちの信頼はあついよ。

友運アドバイス
つかれていると、極端な行動をとってまわりをおどろかせちゃうことも。深呼吸して気持ちをおちつけるといいよ。

相性がいいのはこの誕生日の人！
ラブ：2月15日、6月1日
友だち：4月8日、5月25日、10月29日

この日生まれの男の子
人にたよられるとパワーを発揮するたのもしい男の子。ほんとうはさびしがり屋さんで、あまえてくる女の子によわいみたい。つきあったら、いちずに愛しちゃうタイプだよ。

あなたの才能
やさしく人のお世話ができる才能をいかすとかつやくするよ。

向いている職業
介護福祉士、キャビンアテンダント

ラブ運
直感で恋をするタイプ。自分に気にっている男子はビビッと直感でわかるから、すぐにハッピーな関係になれるよ。

おしゃれアドバイス
かわいいパーカーでボーイッシュに！

あなたへのおまじない
すきなカレがふり向いてくれるおまじないだよ。金曜日の朝に、手鏡に指でカレのイニシャルを書いてね。その鏡に、毎日笑顔をうつせばOK。

神秘のアイテム
リボン
良縁のシンボルといわれているリボン。ラブ運や友だち運をアップさせたいときに使って。カバンにすきな色のテープでリボンむすびをしておけばバッチリ。

今日の運勢 ✕ 思ったとおりにいかない日。ヤケになってはダメだよ。

9月28日生まれ
感情ゆたかでピュアな人

てんびん座

 オレンジ　ラッキーカラー
 1　ラッキーナンバー
 家庭科室　パワースポット

あなたは……
よろこんだりかなしんだり、感情がゆたかで表現もストレートだよ。ずるいことやかけひきなどをまったくしない純粋な人。誠実で、自分がつらいときも、こまっている人をたすけようとするよ。ときどき人をおこらせちゃうことがあるけど、ピュアだから、にくめないの。

あなたの才能

活発で明るいキャラをいかすと、将来は人気者に！

向いている職業
タレント、保育士

友だち運
めんどうみがよくて、協調性もあるよ。活動範囲がひろがるほど、ステキな友だちがふえていくよ。元気がないときにはげましてくれる友だちにもめぐまれるよ。

友運アドバイス
不安なとき、ひとりよがりになっちゃうこも。友だちか家族に気持ちを聞いてもらってね。

相性がいいのはこの誕生日の人！
ラブ　2月16日、9月1日
友だち　2月28日、5月9日、11月19日

ラブ運

恋多き人生をおくるタイプね。女の子らしい魅力たっぷりで、カレの心をバッチリいとめちゃう。すなおな男の子と相性がいいよ。

あなたへのおまじない

再チャレンジでうまくいくおまじないだよ。鏡を見て、目を大きく見ひらき、口もあけて。そのまま息を「ハッハッハッ」と何回かにわけて、はききればOK。

おしゃれアドバイス
ヘアピンでサイドの髪をアレンジしてね。

この日生まれの男の子
スポーツが得意で元気いっぱいの男の子。すきな子にはとてもすなおになるから、ロマンチックなことばで告白しちゃうかも。家庭的なふんいきの子にひかれるよ。

神秘のアイテム
クロス（十字架）
魔よけのパワーを持つクロス。モールやフェルトで十字の形を手作りしてもOK。それをカバンにいれて持ちあるくと、効果バツグンだよ。

今日の運勢　できるだけいろいろな人とお話ししてみて。ためになるお話はメモにのこしておくといいよ。

9月29日生まれ てんびん座

バランス感覚にすぐれたまとめ役

- ラッキーカラー：白
- ラッキーナンバー：2
- パワースポット：文房具屋さん

あなたは……
ゆたかな才能の持ち主。みんなとのきずなをたいせつに考えているよ。人やものごとをまとめる力もすぐれていて、クラスや委員の仕事を積極的にこなしちゃう。魅力にあふれているのに、自分に自信が持てず不安になることも。まわりのことばを信じてね。

友だち運
理性的で、バランスのとれたタイプ。友だちのいいところも悪いところも受けとめることができるの。自分にとって得とか損とかじゃなく、真心で人とつきあえるよ。

友達アドバイス
ありのままのすがたを見せれば、友だちとのきずながもっとつよくなるよ。

相性がいいのはこの誕生日の人！
- ♡ 2月17日、6月17日
- 友だち 1月2日、7月11日、8月23日

この日生まれの男の子
冷静だけど、才能や個性をアピールしたいと思っているカレ。告白したりされたりするきっかけをつかみにくいタイプね。明るくて積極的な女の子にひかれるみたい。

あなたの才能
企画、運営、お金を管理する能力がすぐれているよ。

向いている職業
芸能マネージャー、会社の社長

ラブ運
魅力的でモテるのに、一歩をふみだす勇気が持てないタイプ。ぐいぐいリードしてくれるカレと相性◎だよ。

おしゃれアドバイス
パステルカラーのシューズで足もとをかわいくね。

あなたへのおまじない
もっとステキに変身するおまじないだよ。南の方角に向いてすわり、笑顔をキープしたまま、おへそに両手をあて、ゆっくりと息をはき、鼻からすえばOK。

神秘のアイテム
花

今よりもっとしあわせになりたいというときは、花のパワーをかりましょ。花がらの服を着たり、花のストラップをつけるのも効果バツグンだよ。

今日の運勢　グループ活動が吉。まわりのアドバイスは聞いてね！

好奇心旺盛な おしゃれさん

9月30日生まれ てんびん座

ラッキーカラー 藍色
ラッキーナンバー 3
パワースポット 勉強机のまわり

あなたは……
好奇心が旺盛で、いろいろなことにチャレンジする人。たくさんの経験をするから話に説得力があって、みんなにいちもくおかれているよ。人の気持ちにびんかんで、心を見ぬいてしまうことも。ファッションやたちいふるまいにも気を配るおしゃれさんだよ。

あなたの才能
知識をたくわえていける仕事が◎。

向いている職業
小説家、学者

友だち運
前向きで、カリスマ性のあるタイプ。友だちのプライドをきずつけないようにおしゃべりできるの。しっかりしていて気配りもでき、謙虚な態度にファンは多いよ。

ラブ運
恋には積極的。すすんでおしゃべりにくわわったり、少しめだつような行動をとって気をひいたり、うまくアプローチしていくよ。

友運アドバイス
たのしくなくなると、すべてを投げだしちゃうことも。親友とのたのしい時間でエネルギーをチャージしてね。

相性がいいのはこの誕生日の人！
ラブ 2月18日、9月21日
友だち 4月14日、7月2日、8月21日

あなたへのおまじない

女子力がさらにアップするおまじない。もようがある折り紙のうらに、すきな人のイニシャルを書き、小さくたたんで、ポーチにいれておくといいよ。

おしゃれアドバイス
個性的なファッションで魅力アップ！

神秘のアイテム
馬の蹄鉄
馬は勝負運を高める象徴で、蹄鉄は幸som運をかきあつめるとしてお守りに使われているの。蹄鉄のアクセやストラップをつけるのもグッドだよ。

この日生まれの男の子
自分を人にアピールするのが上手なカレ。両想いになったら相手をリードするタイプ。いろいろ考えてたのしいデートを計画するよ。すなおでやさしい子がこのみ。

今日の運勢 ❌ ちょっとしたことで友だちとけんかしちゃうかも。ムキにならずに、おちついて考えてみて。

10月1日生まれ てんびん座

くじけない リーダー

白	２	教室のろうかがわ
ラッキーカラー	ラッキーナンバー	パワースポット

あなたは……
目標をきめると時間をかけてじっくりとりくみ、カンペキをめざす女の子。ひたすら努力をつづけて、けっしてとちゅうで投げだしたりしないよ。ピンチになっても、バツグンのバランス感覚で自分なりの解決方法を見つけられるよ。公平さと正しさをだいじにする人。

友だち運
すすんで人の輪にはいっていき、仲間をふやすあなた。年齢にこだわらず、だれとでも交流するので、年上の人に見こまれることも。

友運アドバイス
みんなをひっぱっていくリーダータイプだけれど、追いこまれるとひらけなおっちゃうことも。おちついて対処して。

相性がいいのはこの誕生日の人！
ラブ 1月1日、3月1日
友だち 1月5日、2月1日、9月1日

この日生まれの男の子
なっとくするまで勉強し、知識をふやしていくこだわり派のカレ。女の子の理想は高いよ。強気で決断力があって、おおらかな女の子がタイプみたいだよ。

あなたの才能
みんなをまとめる力と、くじけないつよい意志がすばらしいよ！

向いている職業
プロデューサー、ウエディングプランナー

ラブ運
ドラマのような恋にあこがれるロマンチスト。理想が高く、ピッタリの人に出会うまで、時間がかかるかも。

おしゃれアドバイス
スカートのコーデでおしゃれにキメて。

あなたへのおまじない
得意分野が生まれ、自分の才能を発見できちゃうおまじないを。オレンジ色の折り紙にタッチしたあと、それでツルを折って、机の上においておけばOK。

神秘のアイテム
スプーン
銀色のスプーンには魔よけの力があるといわれているよ。ついてないな？と感じたら、机の上にスプーンをおいておくだけで運気がアップするよ。

今日の運勢 ● なまけグセがつきそう……。自分をあまやかしすぎないこと！

明るくおちゃめな人気者

10月2日生まれ てんびん座

ラッキーカラー：青　ラッキーナンバー：3　パワースポット：テーマパーク

あなたは……

人をたのしませるのが大すきな人気者。ちゃめっ気たっぷりで、友だちをどうやっておどろかそうかと考えているよね。自分の意見は持っているけれど、少しおくびょうなところもありそう。あなたの気持ちを、ていねいにつたえればだいじょうぶだよ。

友だち運

なにごともしんけんにとりくむあなたは、がんばっている人に共感するね。めんどうみもよく、おおらかなので、たよりにされるよ。

友運アドバイス

思いやりがあるので、友だちはいっぱい。でも、気分がかわりやすいので、まわりをふりまわさないようにね。

相性がいいのはこの誕生日の人！
- ラブ　1月2日、7月29日
- 友だち　1月13日、4月5日、10月22日

おしゃれアドバイス

かざりつきのヘアゴムで髪をまとめるといいよ♡

この日生まれの男の子

話し上手で、だれとでも仲よくできるカレ。すきな子にも、ジョークばかりいって気持ちをつたえられないタイプだね。積極的で明るい子にひかれるよ。

あなたの才能

人をよろこばせることが大すきなところが才能！

向いている職業

司会者、ラジオパーソナリティー

ラブ運

すきな人ができると、あれこれ考えてばかりで、なかなか行動にうつせないタイプ。ほんの少しの勇気を持てば◎だよ。

あなたへのおまじない

新しい友だちやたのしい仲間ができるおまじない。水曜日、緑色のものにタッチしたまま、自分の名前を心のなかで3回つぶやけばOK。

神秘のアイテム　月

勉強がたのしくなるようにしたいときは、月が持つ知性アップの力をかりてね。月のモチーフのついたストラップをバッグにつけておくとバッチリだよ。

10月

今日の運勢 ✗ あとまわしにしていたことが、いっきにおしよせてくる一日。ひとつひとつかたづけていくしかない！

10月3日生まれ てんびん座

好奇心いっぱいのチャレンジャー

 シルバー ラッキーカラー
 ④ ラッキーナンバー
写真をとった思い出の場所 パワースポット

あなたは……
勉強、スポーツ、おしゃれなど、いろいろなことに興味を持って、つぎつぎにトライしていく元気な女の子。がんばり屋さんだから、集中してしんけんにとりくんだらトップになれちゃうかも。めだつことも大すきで、みんなの注目をあびようとアピールするよ。

友だち運
ユーモアがあって、たくさんの人とにぎやかにつきあっていきたいと思っているよ。友だちのかくれた才能を見つけるのも得意だね。

友運アドバイス
人に見られていないところで、ちょっとなまけちゃうことも。迷惑をかけないようにしてね。

相性がいいのはこの誕生日の人！
ラブ 1月3日、5月20日
友だち 1月9日、4月13日、9月30日

この日生まれの男の子
なんでもトップをめざす、めだちたがり屋。恋では、気持ちをなかなかあかさないタイプだよ。ノリがよくてじょうだんをいいあえる子がすきみたい。

あなたの才能
変化をたのしめる人だから、いろいろな場所へいく仕事が◎。

向いている職業
スポーツジャーナリスト、ツアーコンダクター

ラブ運
あっさりした恋がすき。さびしがり屋だけど、積極的に告白はしないかも。いざというときには勇気をだして！

おしゃれアドバイス
つめをみがいて指先をピカピカにしてね！

あなたへのおまじない
負けられない勝負や試合の前に、勝負運アップのおまじない。東の方角に向かって、にぎりこぶしをつくり、太ももを9回たたけばバッチリだよ。

神秘のアイテム
クローバー
さまざまな幸運をもたらしてくれるというクローバー。毎日使っている手帳やノートにクローバーのイラストをかけば◯。いいことがありそう！

今日の運勢 欲求がバクハツするかも。ときにはがまんも必要！

人づきあいの達人

10月4日生まれ　てんびん座

ラッキーカラー：緑　ラッキーナンバー：5　パワースポット：音楽室

あなたは……
おだやかで、みんなにやさしい気さくな子。人と接するのが上手で、みんなをリードする力もあるよ。考えたり、くふうしたりするのが得意で、ときにはとてもユニークな方法でものごとを解決するね。年をかさねるほど、人の気持ちがわかる人に成長するよ。

友だち運
相手にはおだやかで誠実。出会いやつながりをたいせつにするよ。友だちを紹介して仲をつないだり、サークルをつくったりすることも。

友運アドバイス
みんなのまとめ役のあなた。自立心がつよいため、ひとりよがりになることがあるよ。みんなの声を聞いてね。

相性がいいのはこの誕生日の人！
ラブ　1月4日、12月2日
友だち　1月8日、3月7日、10月11日

おしゃれアドバイス
プリントシャツでキューティーにまとめて。

この日生まれの男の子
少しかわった発想の持ち主。でも、たよりになる人だよ。恋にはとくに慎重で、遠くから見まもるタイプ。恋人をたいせつにするよ。おおらかでたのしい子がすき。

あなたの才能
判断力が高くて、人や動物の世話をする能力も高いよ。

向いている職業
看護師、獣医

ラブ運
恋人をたいせつにする愛情深い人。すきな人には、ゆっくりアプローチするよ。おおらかな人にひかれるね。

あなたへのおまじない
苦手科目を克服し、得意分野をのばすなど、勉強運をアップさせるおまじない。水曜日、レベルアップしたい科目を思いうかべて8つかぞえれば◎。

神秘のアイテム
魚
魚はしあわせをはこんでくれる生き物といわれているよ。なかでも二匹の魚はラブ運のシンボル。魚のイヤリングや、2匹の魚がかかれた絵もグッド。

10月

今日の運勢　人に親切にすると、おなじようにやさしい気持ちがかえってくるよ。

295

10月5日 生まれ

てんびん座

ラッキーカラー ピンク

ラッキーナンバー 6

パワースポット 飼育小屋

正義感のつよい ポジティブガール

あなたは……
まじめで、正義感がつよい女の子。まちがったことがきらいで、公平さをたいせつにしているよ。たのしいことが大すきで、人をよろこばせることをいつも考えているね。へこんだり、つらいことがあったりしても、すぐにたちなおれるポジティブな精神の持ち主。

友だち運
親しい人はもちろん、新しい友だちとの出会いもたいせつにする人。気まずい空気も、いいムードにかえてしまう力を持っているよ。

友運アドバイス
機転がきくムードメーカーのあなただけど、うつり気なのが玉にキズ。みんなをふりまわさないようにね。

相性がいいのはこの誕生日の人!
ラブ　1月8日、10月14日
友だち　2月2日、4月23日、10月10日

この日生まれの男の子
たのしいことを企画して、すぐに実行する行動派。なんにでもいっしょうけんめいがんばっている子にひかれるよ。失恋してもすぐにたちなおるよ。

あなたの才能
正義感のつよさや社交性をいかすとかつやくできちゃう。

向いている職業
弁護士、新聞記者

ラブ運
恋もフェアにいきたいタイプ。正直でまっすぐな人にひかれるよ。すきになったら、その人に夢中になっちゃう♡

おしゃれアドバイス
左右対称のヘアスタイルがいいよ。

あなたへのおまじない
男子にも女子にも人気がでて、ラブ運もアップするおまじない。ピンクの折り紙の上に、鏡やアクセなどのおしゃれ小物をひと晩おいておくといいよ。

神秘のアイテム
鍵
鍵は不吉なものから身をまもる魔よけとしても使われてきたよ。鍵のモチーフの小物を持つことで、不運からのがれられ、フシギとツキがよくなるかも。

今日の運勢
チャレンジが吉。新しいことには積極的にとりくんでみて！

友だち思いの人情家

10月6日生まれ てんびん座

 ラッキーカラー 黒
 ラッキーナンバー 7
 パワースポット 集会所

あなたは……
明るくて積極的。おしゃべり上手で、みんなをたのしませるのがすき。やさしくて、相談を持ちかけられると親身になり、ケンカしている友だちどうしは、仲なおりさせようとがんばるよ。たよりにされたり、話を聞いてもらえたりすると、ますますはりきっちゃう!

友だち運
親しみやすく、人の心をつかむのが上手な人。相手にあわせて接することができて、イヤな気持ちにさせないので、友だちが多いよ。

友運アドバイス
相手の気持ちによりそって共感できるね。でも、優柔不断で友だちをこまらせることも。自分の意志もたいせつにね。

相性がいいのはこの誕生日の人!
ラブ 1月6日、11月14日
友だち 3月6日、7月7日、11月24日

おしゃれアドバイス
首もとをすっきり見せるファッションが◎。

この日生まれの男の子
明るくて誠実で、挑戦や冒険が大きな男の子。恋には、まだあまり興味がないみたい。いっしょにあそんだり、たのしんだりできる子がこのみだよ。

あなたの才能
話し上手で、人をいい気分にさせちゃう才能があるよ。

向いている職業
司会者、保険外交員

ラブ運
恋には積極的だよ。すきな気持ちはかくさないで、がんがんアタックするの。ちょっとくらいの障害には負けないよ!

あなたへのおまじない
友だちとの仲を深め、友情運をアップさせるおまじない。左手に友だち、右手に自分のイニシャルをイメージしたら、てのひらをあわせればバッチリ。

神秘のアイテム
クラウン(王冠)
ビューティーパワーもさずけてくれるクラウンの力を使って。クラウンのアクセをつけると◎。クラウンのイラストをかいて部屋にかざるのもグッド。

10月

今日の運勢 ✗ うっかりいったじょうだんが、相手には重いことばに聞こえそう。今日は少し、しんちょうにね。

10月7日生まれ てんびん座

信念をつらぬく女の子

ラッキーカラー 茶

ラッキーナンバー 8

パワースポット 通学路

あなたは……
感受性がつよくて、ものごとをするどく見ぬく力を持っているよ。相手の気持ちがわかるから、やさしい気づかいができるの。しっかりと自分の考えを持っていて、それをつらぬく一面も。友だちと考えがちがってもへこたれない、つよい精神力の持ち主。

友だち運
友だちのようすを気にかけ、いつも力になろうとするあなた。だから、あなたがおちこんでいるときは、まわりの友だちが手をさしのべてくれるよ。

友運アドバイス
やさしくてめんどうみがいいけれど、自分の思うようにふるまってしまうことも。相手がどうしてほしいかがたいせつだよ。

相性がいいのはこの誕生日の人！
ラブ 1月7日、10月25日
友だち 3月1日、8月5日、9月25日

この日生まれの男の子
考え方がユニークで個性的、自分のやり方をつらぬくカレ。恋にもマイペースで、気持ちは正直にまっすぐつたえるよ。聞き上手な子がタイプだよ。

あなたの才能
相手のために、こまやかな気づかいができる能力はバツグンだよ。

向いている職業
ウエディングプランナー、ケアマネージャー

ラブ運
好意をすなおにつたえられるよ。でも、告白をがんばりすぎて、相手をビックリさせるかも。肩の力をぬいてね。

おしゃれアドバイス
前髪をふんわりカールさせてみて！

あなたへのおまじない
フシギとツキがめぐってきて、ラッキー運をよぶおまじないを。銀色の折り紙に自分の名前を書き、それでツルを折って持ちあるけばOK。

神秘のアイテム チョウ
チョウは変化と成長のシンボル。魅力的にステップアップしたいときは、チョウのパワーをかりよう。チョウの絵をかざったり、アクセをつけるのもいいよ。

今日の運勢　プライドにこだわると運気ダウンだよ。失敗はすなおにみとめて！

個性的な ロマンチスト

10月8日生まれ てんびん座

紫　　　9　　　水辺
ラッキーカラー　ラッキーナンバー　パワースポット

あなたは……
とってもやさしい心の持ち主。感情をあまり表現しないから、とっつきにくく見られることもあるけど、自然や人、町並みや風景などに胸をときめかせるロマンチスト。考えや行動が個性的だから、思いもよらないことをして、まわりをびっくりさせちゃうことも!?

友だち運
さいしょは、相手に気をつかいすぎてぎくしゃくするけど、誠意はつたわるからだいじょうぶ。友だちになると、柔軟に相手に対応できるようになるよ。

友運アドバイス
まっすぐな純粋さがあなたの魅力。ただ、むじゃきな面がですぎると、友だちがとまどっちゃうので気をつけて。

相性がいいのはこの誕生日の人！
ラブ 1月8日、5月31日
友だち 2月5日、6月6日、12月9日

おしゃれアドバイス
レースをあしらったトップスがすてきだよ。

この日生まれの男の子
しばられるのがきらいな個性派。情熱的で、恋のためにはすべてを投げうつこともできる人だよ。個性的な女の子にひかれ、ふたりの時間をたのしみたいと思っているよ。

あなたの才能
自分の世界を、文章で表現する才能をいかすと大かつやく！

向いている職業
脚本家、小説家

ラブ運
恋を空想するのがすき。でも現実には、なかなか想いをつたえられないかも。個性的な男の子にひかれるよ。

あなたへのおまじない
勇気がわいてくるおまじないだよ。まずは両手をあわせて。小指からくすり指、中指、人さし指、さいごに親指と順に組み、3つかぞえればOK。

神秘のアイテム　貝
女子力をアップさせたいときは、貝のパワーを使ってね。ねる前に、貝がらをさわるといいよ。お気にいりアクセを貝がらにのせておくのもグッドだよ。

10月

今日の運勢　思いたったらすぐに行動！ これが運気アップのカギ!!

10月9日生まれ てんびん座

ラッキーカラー：オレンジ　ラッキーナンバー：1　パワースポット：校門

心のひろい人情家タイプ

あなたは……
心がひろくて、友だち思いの女の子。観察力があって、本質をするどく見ぬく力を持っているよ。友だちの才能を見つけたり、アドバイスしたりするのが得意。でも、自分を冷静に見ることは苦手。感受性がつよく、芸術的な才能にめぐまれているよ。

友だち運
はじめて会う人にも、自分から声をかけて友だちになろうとするよ。サービス精神が旺盛で、自分をネタにおどけてその場をなごませることも。

友運アドバイス
フレンドリーなあなたのまわりには友だちがいっぱい。ときには、自分ひとりの時間を持つと、ちがう発見があるよ。

相性がいいのはこの誕生日の人！
ラブ　1月9日、5月23日
友だち　2月9日、4月10日、12月11日

この日生まれの男の子
友だち思いの人情家。恋におぼれやすく、相手がどんな人か、よくたしかめずにつきあっちゃうこともありそう。誠実なタイプの女の子と相性がいいよ。

あなたの才能
人の気持ちを感じとる能力や、指導力がとても高いよ。

向いている職業
小学校の先生、心理カウンセラー

ラブ運
恋に夢中になるタイプ。うらぎられるととてもきずついちゃう。誠実なカレとならハッピーな恋ができるよ。

おしゃれアドバイス
スニーカーでカジュアルにキメると◎。

あなたへのおまじない
成績をアップさせるおまじないだよ。授業や勉強の前に「マーキュリーの力」と心のなかでとなえ、右のてのひらで左胸を軽くおさえればOK。

神秘のアイテム
ハート
幸福をよぶシンボルである、ハートの力を使っつてね。ハートの形の小物を部屋におくのもグッド。ハートのストラップをカバンなどにつけるのもいいよ。

今日の運勢 がんばれば運気上昇。集中力を高めると、結果もよくなるよ！

10月10日生まれ てんびん座

分析上手なのんびり屋さん

あなたは……
気が長くて、おとなしい子。論理的な考え方ができて、冷静にものごとを分析するよ。あまり感情的にならず、ピンチのときも、おちついて考えられる人。なにごとも考えてから行動するので、うっかりミスで失敗することが少ないよ。

 白 ラッキーカラー
 2 ラッキーナンバー
2階だてのたてもの パワースポット

友だち運
その場の空気を読み、相手にあわせた対応ができるあなた。バランスのとれた考え方ができるので、グループのまとめ役にピッタリ。

あなたの才能
すぐれた分析力と、お金を管理する才能があるよ。

向いている職業
コンサルタント、銀行員

友運アドバイス
責任感のつよいしっかり者のあなただけど、おちこんだときに力になってくれる親友をつくっておくといいよ。

ラブ運
相手のことをよく知ってからすきになるタイプ。愛情ゆたかだけど、アプローチするまでに時間がかかるほう。

相性がいいのはこの誕生日の人！
ラブ 1月28日、6月14日
友だち 4月1日、7月1日、9月1日

おしゃれアドバイス
毎朝ブラッシングをすると魅力アップ！

この日生まれの男の子
感情に流されない冷静なカレ。恋愛では、内気なタイプと積極的なタイプにわかれるみたい。ちょっとくらい不器用でも、誠実な女の子にひかれるよ。

あなたへのおまじない
ピンチに負けないためのおまじない。目をとじて両手をおなかにあて、ゆっくり息をはいて。さいごにいきおいよくフッとはききれば、厄をおとせるよ。

神秘のアイテム　錨
錨は力と希望のシンボル。困難にたちむかうパワーをもらえるよ。錨の絵をかざるのもいいし、グッズを持ちあるくのも◯だよ。

10月

今日の運勢 友だちにすごくいやされちゃう。その子になら、なんでもうちあけられそう。

10月11日生まれ てんびん座

チームワークをだいじにする子

ラッキーカラー 紺

ラッキーナンバー 3

パワースポット 体育館

あなたは……
いつもにこやかな、心のやさしい女の子。人の意見をすなおに聞ける、おおらかな心を持っているよ。ただ、めんどうなことはちょっぴり苦手みたい。仲間をだいじにするから、チームで協力したりグループで活動したりするときに力を発揮するよ。

友だち運
冒険心に富んでいて、はじめての人にも積極的に話しかけ、交流を深めるよ。仲間からしたわれ、いつのまにかリーダーになることも。

友運アドバイス
社交的なあなたも、とつぜん弱気になることが。そんなときは、深呼吸してマイペースをとりもどしてね。

相性がいいのはこの誕生日の人!
ラブ 1月29日、7月23日
友だち 3月15日、6月12日、12月15日

この日生まれの男の子
みんなで活動するのがすきな人。恋にはやすらぎをもとめるよ。めんどうなことが苦手で、愛情表現もデートもあっさりしているの。おだやかでやさしい子がすきみたい。

あなたの才能
みんなのことを考え、協力できるところが◎。

向いている職業
プロデューサー、コンシェルジュ

ラブ運
恋では消極的。ライバルがいるとわかると、あきらめちゃうタイプ。ぐいぐいリードしてくれるカレがピッタリ。

おしゃれアドバイス
ソックスやタイツなど、足もとのおしゃれを！

あなたへのおまじない
ツキがめぐって、フシギと運気がアップするおまじない。銀色の折り紙に自分の生年月日を書き、四つ折りにして。それを手帳にはさんでおけば◎。

神秘のアイテム
星
星は希望の象徴。星のアイテムを使うことで、明るい未来へみちびいてもらえるよ。星空の写真や絵を部屋にかざると、運気がアップするよ。

今日の運勢　ラブ運良好。気になる男の子には、リラックスしてどんどん話しかけてみて！

社交的なめだちたがり屋さん

10月12日生まれ
てんびん座

🌸 黄　　④　　デパートの屋上
ラッキーカラー　ラッキーナンバー　パワースポット

あなたは……
陽気でユーモアセンスがある、社交的な女の子。人から注目されるのが大すきで、とてもめだっているよ。まわりをびっくりさせるような、型やぶりな一面も。気前がよくて、人をよろこばせるのもすき。ピンチのときに、ヘコたれないガッツも持っているよ。

友だち運
人なつっこくて、むじゃきだから、友だちがいいづらいことを上手にひきだしてあげるなど、調整役になれる人。あなたにいやされる人も多いよ。

友運アドバイス
人の忠告を無視して大失敗することが。友だちなど、まわりの人の意見をちゃんと受けとめられたら、最高だよ！

相性がいいのはこの誕生日の人！
💗 ラブ　3月1日、5月21日
👭 友だち　3月17日、6月20日、10月9日

おしゃれアドバイス
リップでくちびるのケアをしてね♪

この日生まれの男の子
人づきあいがよく、ユーモアセンスのあるカレ。恋でも、型やぶりなデートを計画したりして、たのしませてくれるよ。ひかえめでおとなしい女の子にひかれるみたい。

あなたの才能
みんなをたのしませる才能をいかし、注目される仕事が◎。

向いている職業
モデル、テーマパークのスタッフ

ラブ運
気持ちをストレートに表現するタイプ。カレにあまえてちょっぴりわがままになることも。こまらせないように気をつけて。

あなたへのおまじない
テストやコンクールなどに合格するおまじない。前日と直前にやってね。両手で頭をつつむようにおおって3回「サクセス」ととなえれば◎。

神秘のアイテム
クロス（十字架）
わざわいから身をまもってくれるクロスのグッズで幸運をゲットして。クロスのイラストいりの小物、クロスの手作りアクセも効果バツグン。

10月

今日の運勢　班で発表をするなど、みんなで協力する作業がスムーズにいく日。みんなのいいところにも気づきそう。

10月13日 生まれ てんびん座 ♎

ひたむきな負けずぎらい

ラッキーカラー：黄緑
ラッキーナンバー：5
パワースポット：水飲み場

あなたは……
責任感がつよく、課題にはさいごまでまじめにとりくむ、ひたむきな女の子。自分の意見をしっかり持っていて、それをつらぬくよ。つらくても、グチやいいわけは、ぜったいにいわないタフさも持っているね。将来、大成功する可能性をひめた人だよ。

友だち運
うわべで判断せずに、すべての人からまなぼうとする姿勢があるよ。気配りができて、人との交流を心からたのしむので、友だちが多いよ。

友運アドバイス
反対されるとムキになっちゃうところがあるね。友だちの意見に耳をかたむけるよゆうを持つといいよ。

相性がいいのはこの誕生日の人！
ラブ 3月2日、10月4日
友だち 2月22日、7月9日、11月4日

この日生まれの男の子
まじめで多才なカレ。一見クールに見えるけど、やさしい人。告白されたら、じっくり考えてから返事をする慎重派だよ。なにごとにも誠実な子がすきみたい。

あなたの才能
集中力や、タフさがずばぬけてすばらしいよ。

向いている職業
科学者、ゲームクリエーター

ラブ運
警戒心がつよく、なかなか恋にふみこめないね。友だちからはじめて、だんだん仲よくなっていくのがオススメ。

おしゃれアドバイス
ヘアはアップスタイルにするとかわいさ満点。

あなたへのおまじない
長所をのばし、もっとステキな女の子になるおまじない。両手のてのひらを真上に向けて、次にてのひらを下に向けるの。天のパワーをもらえるよ。

神秘のアイテム
エンジェル（天使）
エンジェルには恋の力を高めるパワーがあるの。エンジェルか、その羽をあしらった小物を身につけるといいよ。アクセやストラップなども◎。

今日の運勢 ✗ ささいなことでカッとしそう。笑顔をわすれずにね！

マイペースな クールガール

10月14日生まれ てんびん座

 ラッキーカラー ピンク
 ラッキーナンバー 6
 パワースポット コンビニ

あなたは……
いつも節度をまもり、冷静でおちついたふんいきを持っているよ。ものごとにはマイペースにとりくむタイプで、人に急がされるのは苦手みたい。みんなの先頭にたってお手本をしめし、ことばより行動で気持ちをつたえるよ。

あなたの才能
文章力や、芸術的才能が、すぐれているよ。

向いている職業
画家、エッセイスト

友だち運
わけへだてなく人と接するので、ステキな友だちにめぐまれるよ。みんなにやさしいけど、おせっかいは焼かず、適度な距離をたもつよ。

ラブ運
恋にふりまわされやすいみたい。自分の気持ちをたいせつにね。やさしい気づかいができるカレがピッタリ。

友運アドバイス
友だちの要望にこたえようとがんばりすぎて、つかれちゃうことが。ムリはしなくてだいじょうぶだよ。

相性がいいのはこの誕生日の人！
ラブ 3月3日、5月28日
友だち 2月14日、4月14日、10月1日

おしゃれアドバイス
耳を出したヘアスタイルで、女の子らしくきめて。

この日生まれの男の子
口数が少なくて冷静なカレ。恋では、主導権をにぎりたがるよ。話をニコニコしながら聞いてくれる、誠実な女の子にひかれちゃうそう。

あなたへのおまじない
すきな男の子と仲よくなれるおまじない。ピンクの折り紙にカレの名前を書いて、四つ折りにして。それを6回、左手のくすり指で軽くたたけばOK。

神秘のアイテム リンゴ
リンゴにはビューティー運とラブ運を高める力があるよ。リンゴグッズを部屋においておくだけでバッチリ。リンゴのストラップをカバンにつけてもいいね。

10月

今日の運勢
ツイていないと思っていたら、みんなの協力や助けがあって、結局ハッピーにかわる、そんな一日。

10月15日 生まれ てんびん座

魅力あふれる リーダー

 ラッキーカラー: ベージュ
 ラッキーナンバー: 7
 パワースポット: 高原

あなたは……
どういう場所でも主役のオーラがでちゃう大物。そのオーラで人をひきつけ、影響をあたえるの。リーダーシップを発揮して、みんなをひっぱっていくよ。自分に自信があって、めだつことや議論がすき。ときどき無鉄砲な行動をとることもあるみたい。

友だち運
バランス感覚にすぐれた、みんなのリーダー。状況を的確に判断し、ユニークなアイデアで問題を解決するよ。友だちへのサービス精神もバツグン。

友運アドバイス
人の意見にふりまわされてしまうことがあるみたい。そんなときは、いちばん仲よしで信頼できる子の意見を聞こう。

相性がいいのはこの誕生日の人！
ラブ 3月4日、5月11日
友だち 4月6日、7月6日、9月14日

この日生まれの男の子
みんなの中心的存在でいたい人だね。恋愛では、あまりうるさくされるとひいちゃいそう。かげでそっとささえてくれる、やさしいやまとなでしこタイプの子が理想。

あなたの才能
しぜんと人をひきつけちゃう魅力をいかしてね！

向いている職業
タレント、レポーター

ラブ運
恋にはやすらぎをもとめるタイプ。カレにいろいろ口だしされるのはきらい。クールな人と相性◎。

おしゃれアドバイス
おでこをだした髪型で印象づけて♪

あなたへのおまじない
だいじなときに緊張しないおまじない。両手のてのひらを胸の前であわせ、左右の手を軽くおして。これを5回やってから、フッと息をはけばOK。

神秘のアイテム
虹

見るとねがいがかなうといわれている虹。7色のレインボーカラーのはいったグッズを持つと効果大。自分で虹の絵をかいてかざっておくのもいいね。

今日の運勢: たのしい時間をすごせそう。たまにはパーッとはじけてみて！

頭の回転が速い
アイデアガール

10月16日生まれ てんびん座

ラッキーカラー グレー
ラッキーナンバー 8
パワースポット 美術館

あなたは……
なにかにとりくむときに、するどく状況を見きわめ、正確な判断ができる切れ者。想像力がゆたかで、人には思いもよらないような考え方ができる人だよ。でも、自分とはちがう意見もしっかり受けとめる、心のひろさもあるね。

あなたの才能
ゆたかな想像力と、ものごとを見ぬく才能がすぐれているよ。

向いている職業
動物飼育員、インテリアデザイナー

友だち運
いろいろな人と仲よくするよ。しばらくあそんでいなかった子とまた仲よくすることも。友だちのかくれた才能を見つけるなど、するどい洞察力も持っているよ。

友運アドバイス
友だちとの時間はたいせつにしているけれど、とつぜんワガママをいいたくなることが。あまえすぎないようにね。

相性がいいのはこの誕生日の人！
ラブ 3月5日、6月7日
友だち 2月7日、4月9日、11月25日

ラブ運
恋をしても、気持ちを口にしないタイプ。だから、なかなか気持ちがつたわらないよ。すなおになると◎。

10月

あなたへのおまじない
友だちとのきずなをつよくするおまじない。北西の空に向かって、友だちとあなたの名前を指で書いて、それが太陽に照らされるところをイメージして。

おしゃれアドバイス
おしゃれなかわいいスカートをはいてみて！

神秘のアイテム
花
美のシンボルとされる花は、あなたの魅力をより高めてくれるよ。花のチャームのペンダントなど、アクセをつけるとモテモテになるかも。

この日生まれの男の子
人の意見にまどわされず、自分の考えをつらぬく男の子。恋では気持ちをおもてにださないから、理解されにくいよ。明るくてカレヒとすじになってくれる子がすき。

今日の運勢 今日は少しデリケート。友だちのなにげないひとことにぴんかんになっちゃうかも。おおらかにかまえてね。

10月17日生まれ てんびん座

スリルをもとめる女の子

 ラッキーカラー ゴールド
 ラッキーナンバー 9
 パワースポット 商店街

あなたは……
ドラマチックなことやスリルのあることが大すき。この日生まれの人にはふたつのタイプがあるよ。ひとつは、スリルに自分がチャレンジするタイプ。もうひとつはスリルを見たいタイプ。どちらのタイプにも、ゆたかな想像力や集中力があるよ。

友だち運
コミュニケーション能力が高くて、たくさんのチャレンジをしていくから、そのたびにすてきな人との出会いがあるよ。

友運アドバイス
たくさんの人と出会うと、たのしいだけでなく、不安も感じやすいので、ひとりの時間もたいせつにしてね。

相性がいいのはこの誕生日の人!
ラブ 1月17日、5月22日
友だち 2月17日、6月8日、10月13日

この日生まれの男の子
スリルが大すきで、自分のやり方をつらぬくカレ。恋をするとやさしくなるよ。プライドが高いので、自分の気持ちをわかってくれる女の子がこのみみたい。

あなたの才能
集中力がバツグン!マイペースにできる仕事が◎。

向いている職業
ゲームプランナー、書道の先生

ラブ運
恋におちつきをもとめるタイプ。すきな人にはやさしいけど、プライドをきずつけられると、きらいになっちゃうかも。

おしゃれアドバイス
ぼうしをかぶったおしゃれがきまるよ。

あなたへのおまじない
理解力を高め、勉強がたのしくなるおまじない。勉強をはじめる前、左のてのひらに♀マークを指でかき、それを飲みこむまねをするとバッチリ。

神秘のアイテム
テントウムシ
テントウムシがからだにとまると、心配ごとがなくなるといわれているよ。テントウムシのモチーフのアクセをつけると、スッキリ気分になれちゃう。

今日の運勢 なにごともほどほどが吉。あまりよくばりすぎないでね!

10月18日生まれ てんびん座

ラッキーカラー 赤
ラッキーナンバー 1
パワースポット ベランダ

ひかえめなあねごタイプ

あなたは……
想像力がゆたかで、ひらめきがある女の子。友だちといっしょにすごすのがすきで、みんなをひっぱる、あねご肌タイプだよ。でも、いばったりせず、誠実でひかえめだから、みんなから信頼されているね。少しプレッシャーを感じやすいところもあるかも。

あなたの才能
想像力とアイデア力がバツグン！その才能をいかして。

向いている職業
まんが編集者、演出家

友だち運
冒険心がつよくて新しい世界にとびこむから、人脈がどんどんひろがるよ。人をたのしませるのが得意で、そこからチャンスが生まれることも。

友運アドバイス
つぎつぎに新しいことに挑戦するあなた。でもちょっとあきっぽいので、友だちをまきこまないようにね。

ラブ運
恋では、自分からすすんでアプローチするのが苦手な、受け身タイプ。積極的な男の子がピッタリだよ。

相性がいいのはこの誕生日の人！
ラブ 1月18日、11月26日
友だち 1月12日、6月27日、8月2日

おしゃれアドバイス
髪を少しだけむすんだりするといいよ♪

この日生まれの男の子
ひかえめだけど、魅力的でクラスの中心的な存在。恋には不器用なタイプだよ。つきあうまでに時間がかかりそう。おとなしい、けなげな女の子がすき。

あなたへのおまじない
金運がアップするおまじない。あらってキレイにした硬貨を6枚用意して。それをアルミホイルでつつみ、部屋の西がわにおいておくといいよ。

神秘のアイテム
イルカ
アニマルセラピーでも使われるイルカは、いやしのシンボル。イルカグッズを持つことで、リラックスでき、実力も発揮できそう。かくれた才能が見つかるかも。

10月

今日の運勢 気になる相手の情報をキャッチできそう。好感度アップできるチャンスかも。

10月19日生まれ

てんびん座

元気をふりまく自由人(じゆうじん)

黄 ラッキーカラー／2 ラッキーナンバー／勉強机のまわり パワースポット

あなたは……
ひとりでどこへでもでかけ、なんでもやってのけちゃうアクティブな女の子。なにかにしばられるのが苦手な自由人。友だちとのゲームや議論は大すきで休み時間はにぎやかにおしゃべりして、その場をもり上げるよ。負けずぎらいな面もあるね。

友だち運
気さくで順応力があるから、趣味やこのみがちがっても、ひかれあうような友だちができるよ。一時的にはなれても、また仲よくできそう。

友運アドバイス
グループではたよりにされる存在。負けずぎらいだけど、まわりの意見も聞くようにしたらカンペキ。

相性がいいのはこの誕生日の人！
ラブ 1月19日、11月27日
友だち 2月10日、4月18日、10月23日

この日生まれの男の子
行動力があって陽気。短気だけど、さっぱりしたタイプの男の子だよ。恋では相手を思いやるけど、同時に自由をもとめているよ。ノリのいい女の子と相性バツグン。

あなたの才能
独立心がつよいみたい。自立することで成功するよ。

向いている職業
ショップの経営者、スポーツインストラクター

ラブ運
誠実だけど、自由でいたい気持ちがつよいから、グループ交際からはじめて、あそびながらしだいに信頼していく関係が◎。

おしゃれアドバイス
パンツスタイルなどでボーイッシュにきめて。

あなたへのおまじない
みんなにすかれて、人気運がアップするおまじない。緑の折り紙から6つの○を切りとって。それを手帳におとさないようにはさんでおけばいいよ。

神秘のアイテム
馬の蹄鉄(ていてつ)
蹄鉄は魔よけのお守りとして古くから使われているよ。蹄鉄のイラスト入り小物や蹄鉄モチーフのアクセを持っていると、災難からまもってもらえるよ。

今日の運勢 レベルアップできそう。はじめてのことにもおそれずチャレンジして！

ハイセンスな おしゃれガール

10月20日生まれ てんびん座

ラッキーカラー：青
ラッキーナンバー：3
パワースポット：ファストフード店

あなたは……

ファッションや新製品など、流行にびんかんな人。個性的なおしゃれや、ユニークなギャグを生みだして、流行をつくりだすことも。きめたことは曲げない、ちょっぴりガンコな面もありそう。世のなかをのりきっていく力があるよ。お金の使い方も上手。

友だち運

だれに対してもわけへだてなく接することができるよ。相手の長所を見つけるのが得意。グループで情報交換をするのもすきだよ。

友運アドバイス

だれとでもたのしくすごせるけど、トラブルがおきたときに、ひとりよがりになりがち。おちついてみて。

相性がいいのはこの誕生日の人！

ラブ　1月20日、7月20日
友だち　2月11日、5月25日、12月6日

おしゃれアドバイス

プチネックレスで首もとにかわいらしさを☆

この日生まれの男の子

好奇心が旺盛で、たのしそうなことにはなんでもトライする人だよ。やさしくされると、すぐすきになっちゃうみたい。人なつっこくて明るい女の子が大すきだよ。

あなたの才能

流行をとらえる力や、センスが人よりすぐれているよ。

向いている職業

雑誌編集者、スタイリスト

ラブ運

すきになったら一直線！ふられることもおそれずアプローチするよ。おしゃれでノリのいいカレと相性◎。

あなたへのおまじない

理想的な女の子になれるおまじない。リップクリームにつまようじで◎のマークをほって。それを毎朝使い、マークが消えたころに効果が。

神秘のアイテム
リボン

縁をつくり、きずなを深める力を持つリボン。リボンをあしらったおしゃれ小物や、リボンのアクセも効果バツグン。リボンは自分で手作りしてもOK。

10月

今日の運勢 ◎ 計画をたてるのに絶好の日。長期休みの計画、パーティーの計画などたのしい計画をたててみて。

311

10月21日 生まれ てんびん座 ♎

おしゃべりの達人

 シルバー ラッキーカラー
 4 ラッキーナンバー
 ファンシーショップ パワースポット

10月

あなたは……
見たことや体験したことを、だまっていられないおしゃべりずきな女の子。センスのいい会話でその場をたのしくもり上げちゃう。頭の回転が速くて、才能もゆたか。いつも笑っているけど、仕事はまじめにこなすしっかり者。ちょっぴり神経質な面もあるみたい。

友だち運
聡明でそつがないので、相手のどんな要求にもこたえられるよ。偏見を持たず、だれにたいしても平等に接するので、人気もバツグン。

友運アドバイス
頭の回転が速くオープンなあなたは人気者だけど、よゆうがなくなると反抗的になることも。すなおさを心がけてね。

相性がいいのはこの誕生日の人!
ラブ 1月21日、5月21日
友だち 3月12日、4月16日、9月8日

この日生まれの男の子
多才で行動的なカレ。女の子とも、気さくにおしゃべりするよ。恋をするとひたむきで、うまくいかなくてもあきらめないよ。まじめでおちついた感じの子がすき。

あなたの才能
会話力や頭の回転の速さをいかすと大かつやく!!

向いている職業
アナウンサー、タレント

ラブ運
すきな人に夢中になるタイプ。カレがほかの子とおしゃべりしただけで、ヤキモチを焼いちゃうことも!?

おしゃれアドバイス
前髪をサイドに流したヘアスタイルがグッド。

あなたへのおまじない
ステキな恋ができるおまじない。目をとじ、ピンク色のキャンドルの火がゆれるところをイメージして。ゆっくりと目をあけ、両手をあわせればOK。

神秘のアイテム
クロス(十字架)
わざわいからまもってくれるクロスの力をかりましょ。ちょっと冒険をしたいときに、クロスのアクセをつけておくと、成功率がアップするよ。

今日の運勢 ✗ 赤っ恥をかくかも。深呼吸しておちつこう!

おだやかな個性派タイプ

10月22日生まれ てんびん座

ラッキーカラー：緑

ラッキーナンバー：5

パワースポット：グラウンド

あなたは……
ひかえめでおとなしい印象だけど、個性的な考え方をする魅力的な女の子。ナイーブな面があるから、クールにふるまって、あまり本音を見せないね。聞き上手だから、反対に友だちの本音はひきだしちゃう。ものごとの本質を見ぬく目がそなわっているよ。

友だち運
人をひきつけるフシギな魅力があって、交友関係がひろがるほど、人生がひらけていくよ。義理がたいので、深い友情もはぐくめそう。

友運アドバイス
友だちとはつよいきずなができるけど、まじめすぎて融通がきかないところがあるよ。おおらかな気持ちでね！

相性がいいのはこの誕生日の人！
ラブ 1月22日、12月4日
友だち 2月19日、4月21日、7月21日

おしゃれアドバイス
ふわっとしたワンピは勝負デーにバッチリ。

この日生まれの男の子
おだやかだけど、トラブルがおきると感情をおもてにだすタイプ。すきな子ひとすじで、ふたりの時間をたいせつにするよ。しんのつよい女の子がすきみたい。

あなたの才能

ゆたかなアイデア力を持っているので、専門分野で大成功！

向いている職業
評論家、シナリオライター

ラブ運

恋をすると冷静でいられないタイプ。ライバルに嫉妬のほのおを燃やすかも。カレのことを信じてみて。

10月

あなたへのおまじない
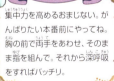
集中力を高めるおまじない。がんばりたい本番前にやってね。胸の前で両手をあわせ、そのまま指を組んで。それから深呼吸をすればバッチリ。

神秘のアイテム
馬の蹄鉄
蹄鉄には不運をよせつけない力があるよ。蹄鉄の絵をかき、自分の部屋のドアやかべなどにはると、よくない考えや不安が消えて集中力がアップするよ。

今日の運勢　自分の力を信じてね。ふんばれば、いい結果がでるよ。

10月23日生まれ

てんびん座

臨機応変な直感タイプ

- ラッキーカラー: ピンク
- ラッキーナンバー: 6
- パワースポット: 自分の部屋

あなたは……
頭の回転が速く、その場の状況を判断して臨機応変に行動するタイプ。カンがよくて、ハプニングにもつよいよ。スリルも大すき！あいまいな態度や中途半端なことは苦手。自己主張もできて、まわりと意見がちがっても、はっきり自分の考えをいえちゃうよ。

友だち運
あっさりとしたつきあいと、深いつきあいの両方をもとめて、どちらもたいせつにしているよ。人をはげますのが得意。

友運アドバイス
やさしいけれど、自分の考えを人におしつけてしまうところがありそう。相手の意見もたいせつにね。

相性がいいのはこの誕生日の人！
ラブ 1月20日、5月10日
友だち 3月23日、10月7日、12月14日

この日生まれの男の子
グループではリーダータイプ。ユーモアもあって、女子とも仲よくできるよ。すきな人に夢中になるぶん、ヤキモチ焼き。ひかえめでひたむきな子がすきだよ。

あなたの才能
するどいひらめきや、チャンスをのがさない力をいかせば大成功！

向いている職業
デザイナー、プランナー

ラブ運
すきな人をひとりじめしたいタイプ。愛情をたしかめようとヤキモチを焼くことも。個性的な男の子にひかれるよ。

おしゃれアドバイス
ぺたんこのおしゃれ靴をはいてみて！

あなたへのおまじない
くじ・懸賞運がアップするおまじない。金色の折り紙のうらに、あたってほしい賞品名を書き、ふたつ折りにして。それをまくらの下にしいてねるといいよ。

神秘のアイテム
チョウ
ステップアップしたい、かわいくなりたいというときは、チョウのパワーだよ。チョウのがらの小物やチョウの写真、チョウのアクセもグッド。

今日の運勢 前向きな態度が、いい結果につながる日だよ。失敗をおそれずにトライしてね。

努力するカンペキ主義者

10月24日生まれ さそり座 ♏

- ラッキーカラー：黒
- ラッキーナンバー：7
- パワースポット：動物園

あなたは……

どんなときでも努力をおしまない、ロマンチストな女の子。ごまかすのがきらいで誠実だから、とても信頼されているよ。こまやかな気配りができて、なんでもカンペキにこなそうとするね。ストレスがたまるとバクハツするので、こまめに気分転換を。

友だち運

人と接するのが大すきで前向きなあなたに、力をかしてくれる人は多いよ。あなたもこまっている人がいたら、すぐに手をさしのべるよ。

友運アドバイス

すなおで親切なのは、あなたのすてきなところだよ。でも、人のしていることに口をはさみすぎないようにね。

相性がいいのはこの誕生日の人!
- ラブ　1月24日、4月25日
- 友だち　3月11日、8月8日、9月6日

おしゃれアドバイス

ときどきヘアスタイルをかえて、イメチェンして♪

この日生まれの男の子

さりげなくまわりに気を配る人。恋をすると、ドラマチックにアプローチするよ。しぐさやことばづかいが女の子らしい子がすきみたいだね。少しヤキモチ焼きかな。

あなたの才能

なんでもカンペキにこなす能力がすぐれているよ。

向いている職業

職人、科学者

ラブ運

気持ちをことばにだせないのがなやみ。でも、相手にこまやかな心配りができるから、カレはあなたのとりこに。

あなたへのおまじない

学校がもっとたのしくなるおまじないを。左のてのひらに、右手の指で地図で使う学校のマーク（文）を書き、左手で左右のひざをなでればOK。

神秘のアイテム
月

ラッキーモチーフのなかでも有名な月。このアイテムを持ちあるくことで幸運になれるよ。月のチャームのついたペンダントも効果バツグン。

今日の運勢　今日のあなたは絶好調！　すべて思いどおりにいきそう。

10月25日 生まれ

友だち思いの ひらめきガール

さそり座 ♏

こげ茶 — ラッキーカラー
⑧ — ラッキーナンバー
学校のうら門 — パワースポット

あなたは……
もの静かで、おちついた感じの女の子。友だちをたいせつにして、相談にのったり勇気づけたりする縁の下の力持ち。想像力がゆたかで、いろんなひらめきが生まれるよ。そして、アイデアはしっかり実行にうつす人。もう少し集中力をつけると、もっとよくなりそう。

友だち運
包容力とあたたかいムードを持ち、たよりがいがあるので、友だちがたすけをもとめてやってくることも多いよ。

友運アドバイス
友だちをたすけたくて、いっぱいいっぱいになりがちなあなた。思いつめずに、上手に気分転換してね。

相性がいいのはこの誕生日の人！
ラブ 1月29日、10月10日
友だち 3月19日、8月9日、12月1日

この日生まれの男の子
慎重でタフなカレ。恋には受け身で、女の子と気軽に話せないみたい。アプローチされるのを待っているタイプだよ。積極的でアクティブな女の子がすき。

あなたの才能
なにをするにも正確にこなす実力をひめているよ。

向いている職業
芸能マネージャー、校正者

ラブ運
すきなカレの前では、ついそっけなくしちゃうはずかしがり屋さん。なにげない会話から、恋がはじまるかも♡

おしゃれアドバイス
石けんの香りで、清潔感をアピール！

あなたへのおまじない
困難やトラブルに負けないおまじない。左のてのひらに、右の指でスマイルマークをかいて。その左手で頭、左胸、両ひざをタッチすればいいよ。

神秘のアイテム
スプーン
銀のスプーンをくわえて生まれてきた子は、しあわせになれるといういいつたえがある。スプーンモチーフのアクセをつけると、ハッピーなできごとが。

今日の運勢 ● 討論には注意して！ガンコになりすぎると、ひかれちゃうよ。

信頼される まとめ役

10月26日生まれ ♏ さそり座

ラッキーカラー うす紫
ラッキーナンバー 9
パワースポット 夕ぐれの通学路

あなたは……

クラスやグループで、みんなのまとめ役としてかつやくするタイプ。大たんな発言や行動もあるけど、責任感がつよく、とちゅうでほうりださないから、信頼されるよ。いばったり、弱音やグチをいったりしない人。お金の管理が上手な一面もあるよ。

友だち運

思いやりがあって友だちのために力をつくすので、ぎゃくにあなたがピンチのときには、たすけてもらうことがありそうだよ。

友運アドバイス

自立心が旺盛なしっかり者だけど、必要以上につよがっちゃうことがありそう。すなおになって友だちをたよってね。

相性がいいのはこの誕生日の人!

ラブ 1月26日、5月4日
友だち 2月8日、6月15日、10月4日

おしゃれアドバイス

ピンク系のトップスで愛らしいイメージに!

この日生まれの男の子

仲間をだいじにする、クラスのまとめ役。やさしいけど、恋には消極的で、ライバルがいるとあきらめちゃうところがあるよ。女友だちの多い明るい子がタイプだよ。

あなたの才能

すぐれた金銭感覚をいかすとかつやくできちゃう。

向いている職業

税理士、ファイナンシャルプランナー

ラブ運

恋愛になるとオクテなタイプ。もっと自分に自信を持てば、男の子ともしぜんに会話ができるようになるよ。

あなたへのおまじない

もっとかわいくなれるおまじない。両手のてのひらに、それぞれ反対の指で♡をかいて。その両手で頭、目、ほお、口を、やさしくタッチしていけばいいよ。

神秘のアイテム
花

花はしあわせのシンボルとされているよ。花モチーフのストラップや花のチャームつきネックレスなどをつけると、うれしいハプニングの予感。

10月

今日の運勢 おもしろいな、フシギだなと思ったことはメモして! のちにあなたにとってのキーワードになるかも。

317

10月27日生まれ

さそり座 ♏

感情ゆたかな情熱家

ラッキーカラー 赤

ラッキーナンバー 1

パワースポット 本屋さん

あなたは……

情熱的でダイナミックな女の子。おちこんだと思ったらもう笑ったりと、感情がゆたかで、それをすなおにおもてにだせるタイプ。正しいと思うことを、きっぱり主張する、つよい心も持っているよ。あねご肌に見えて、じつはさみしがり屋さんのところがあるかも。

友だち運

エネルギッシュで、ひたむきにがんばるあなたに共感する友だちがあつまってくるよ。運命的な出会いが人生をゆたかにしてくれそう。

友運アドバイス

友だちをたすけたいと思ったら、すぐに行動して。そのやさしさがめぐりめぐって、うれしい展開をよびそう。

相性がいいのはこの誕生日の人!

ラブ 1月27日、5月5日
友だち 2月18日、7月9日、9月27日

この日生まれの男の子

目標に向かってパワー全開のカレ。すきな子をひとりじめしたい気持ちがつよいけど、気まぐれで少し気持ちがはなれちゃうことも。世話ずきでやさしい子がすきだよ。

あなたの才能

人一倍の元気パワーとつよい精神力がそなわっているよ。

向いている職業

警察官、教師

ラブ運

はっきり「すき」と告白しちゃうよ。でも、そっけなくしたり、やさしくしたり、かけひきをしちゃうことも。

おしゃれアドバイス

毛先を少しカールすると、女の子らしさアップ!

あなたへのおまじない

すきな人がふりむいてくれるおまじない。5円玉に赤い糸をとおし、糸を持って5円玉を5回まわして。その間、カレのことを思いうかべておくとバッチリ。

神秘のアイテム
クラウン(王冠)

持つ人に力をあたえ、幸運をよびよせてくれるクラウン。金色の折り紙やシールで小さなクラウンを手作りすると、パワー倍増だよ。

今日の運勢 強運デー。自分の信じる道をすすみましょ!

きっちりこなす
慎重派

10月28日生まれ さそり座

ラッキーカラー：白
ラッキーナンバー：2
パワースポット：文房具屋さん

あなたは……
まじめで、カンペキ主義。なにをするにも調べて、計画をたて、カンペキにすすめるよ。勉強でもかならず予習をやっていくタイプ。なんにでもしんけんだから、人にきびしくなることもあるけど、いちもくおかれているよ。金運がつよく、お金の使い方が上手。

あなたの才能
こまやかな調査能力と行動力がバツグンだよ！

向いている職業
コンサルタント、ルポライター

友だち運
こまやかな気配りができて、柔軟性もあるよ。みんなのしあわせを考え、友だちをたいせつにするから、友だちとはつよいきずなができそう。

ラブ運
恋には消極的。本心を見せようとしないから、進展がおそいよ。まずは気軽なおしゃべりからはじめて。

友運アドバイス
友だちをたいせつにする人だけど、短気な面も。カッとなったときは、深呼吸して気持ちをおちつけて。

相性がいいのはこの誕生日の人！
ラブ 3月16日、7月25日
友だち 3月9日、4月19日、6月18日

おしゃれアドバイス
シュシュなどのヘアアクセで魅力アップ☆

あなたへのおまじない
再チャレンジが成功するおまじないだよ。火曜日にやってね。胸の前で両手をあわせ、「サクセスへ向かいます」と心のなかでとなえればバッチリ。

この日生まれの男の子
まじめで誠実。ひとつのことをじっくりすすめる人だよ。口数が少なくて、恋をしてもおもてにださないタイプ。なにか得意分野を持った女の子にひかれそう。

神秘のアイテム
リンゴ
リンゴは平和のシンボル。人間関係をよくするパワーがあるの。リンゴのイラストや小物を部屋にかざっておくとバッチリだよ。

10月

今日の運勢 すきだと思っていた相手のクセや言動が、気になってしまう日。今日はそれ以上、気にするのはやめよう。

10月29日生まれ さそり座 ♏

ラッキーカラー：青

ラッキーナンバー：3

パワースポット：学校

友だち思いのアイデアガール

あなたは……
頭がよく、論理的にものごとを考えられる女の子。また、たのしい企画やアイデアを思いついて、実行しちゃうよ。そのために、てまをかけて準備をする慎重な一面も。社交的でめんどうみがいいから友だちも多いよ。人を説得するのも上手だよ。

友だち運
おおらかで視野がひろいあなたは、人の失敗につり寛大だね。ピンチのときも、あなたのひとことで、みんなが安心するよ。

友運アドバイス
かんがえるどく、頭のいいあなたには、ややうつり気なところがあるかも。友だちづきあいは、じっくりとね。

相性がいいのはこの誕生日の人!
ラブ 10月20日、12月6日
友だち 4月9日、7月19日、11月1日

この日生まれの男の子
頭の回転が速くて社交的なカレ。人を説得するのもとても上手。恋をしたら、すきな人をまもりぬくよ。聞き上手ですなおな子にひかれるみたい。

あなたの才能
ゆたかな発想力、高い実行力を持っているよ。

向いている職業
小説家、グランドスタッフ

ラブ運
社交的だけど、いざ恋をするとひかえめになるタイプ。すきな人につくしているときがしあわせな時間みたい。

おしゃれアドバイス
ネイルシールで指先までかわいくキメて!

あなたへのおまじない
もっとステキに変身するおまじない。両手のてのひらに、指で＋をかき、てのひらを上に向けて。そこから＋がたくさんうかんでくるイメージをすればOK。

神秘のアイテム
星

ひらめきやアイデア力を高めたいとき、星のパワーをかりると◎。ノートや手帳に星のイラストをかいて。その絵に1日1回タッチすればバッチリだよ。

今日の運勢：えるものが大きい日。人の意見をもっと聞くようにすると◎だよ!

夢を追う多才な女の子

10月30日生まれ ざそり座

ラッキーカラー シルバー
ラッキーナンバー 4
パワースポット 小高い丘

あなたは……

いくつもの分野でかつやくできる、多才な女の子。グループをリードするだけでなく、全体をまとめ、マネージメントをすることも得意。指導力があって協力的だから、どんな役わりもこなしてしまうよ。困難にぶつかっても、走りつづけるがんばり屋さん。

友だち運

どんなタイプの人ともつきあっていけるよ。人がいやがることをすすんでやり、みんなをまとめるので、まわりからたよられることが多いの。

友運アドバイス

とてもやさしいのに、ときどき人に誤解されることがあるかも。なるべくわかりやすいつたえ方を心がけて。

相性がいいのはこの誕生日の人!

ラブ 5月12日、10月30日
友だち 4月25日、8月27日、10月27日

おしゃれアドバイス

バッグにスカーフをむすんで大人っぽく♪

この日生まれの男の子

リーダータイプで、臨機応変に行動できる人。恋では、たくさんおしゃべりをして、時間をかけてわかりあっていくよ。すなおでおっとりとした女の子がすきだよ。

あなたの才能

人をまとめてマネージメントする才能がバツグン!

向いている職業

芸能マネージャー、コンシェルジュ

ラブ運

恋をしても冷静なタイプ。フレンドリーにアプローチして、相手の心をさりげなくつかむことができるよ♡

あなたへのおまじない

女子力がさらにアップするおまじない。カラーゼムクリップのピンクを6個つなげてブレスレット状にして。それをカバンにいれて持ちあるくといいよ。

神秘のアイテム
ハート

ハートは愛のシンボル。いまの恋をかなえたいというときはハートの力をかりましょ。ハートのがらの服、ハートのグッズをゲットすると効果テキメン。

夢 10月 夢

今日の運勢 ちょっとしたことにはらをたてたり、ぎゃくに感動したりと、気持ちがゆれることが多いかも。

10月31日生まれ

さそり座 ♏

気配りのできる しっかり者

ラッキーカラー

ラッキーナンバー 5

パワースポット 学校の教室

あなたは……
こまかいところにまで目がとどく気配り屋さん。めんどうみがよくて、友だちをまもろうとするよ。まわりにあわせるから消極的に見えるけど、心のおくには熱い情熱を燃やしているの。ウソや危険を見ぬく力があり、アクシデントものりこえるよ。

友だち運
気さくで、人の気持ちを察知できるね。だれにたいしてもオープンな態度で接するので、あなたがいるだけで場がなごむよ。

友運アドバイス
指導力があり、リーダーとしてかつやくするあなた。マイペースになりすぎないように注意してね。

相性がいいのはこの誕生日の人!
ラブ 9月1日、10月21日
友だち 4月12日、7月21日、8月17日

この日生まれの男の子
気配り上手でしっかり者。すきな人ができると、まもりたいという気持ちが高まり、めんどうみがよくなるみたい。ちょっぴりあまえんぼうの子がすき。

あなたの才能
ものごとを見ぬく力やこまかいところまで調査する能力が高いよ!

向いている職業
探偵、雑誌記者

ラブ運
恋にはおだやかさをもとめるよ。すきな人にあわせるタイプ。さりげなくリードしてくれる男の子と相性◎。

おしゃれアドバイス
前髪を少しおろすとかわいさアップ♪

あなたへのおまじない
元気モリモリ、パワーアップするおまじない。晴れた日にやってね。東の方角に向かい、「ジャンヌダルク　力、あたえたまえ」ととなえればバッチリ。

神秘のアイテム
魚
魚は幸運をよぶ生き物だけど、とくに2匹の魚にはラブ運を高めるパワーがあるの。魚のイヤリング、ペアのストラップが◎。2匹の魚の絵もいいよ。

10月

322　今日の運勢 ✕　予定どおりすすまないかも。やわらかい頭で考えてみて。

まっすぐに つきすすむ正直者

11月1日生まれ

さそり座

ラッキーカラー グレー
ラッキーナンバー ③
パワースポット 土手の道

あなたは……
すなおで、やるべきことに正面からとりくむ女の子。ワイルドな面もあって、刺激的なことが大すき。危険なことにも、こわがらずにとびこむよ。正直で、ウソやごまかしをいわない人。まわりのアドバイスを聞くと、さらにパワーアップしそう。

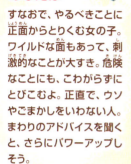

友だち運
人の話をよく聞き、相手のもとめることにこたえようとするよ。みんなが投げだしちゃうことにもしんけんにとりくむので、信頼度はバツグンだよ。

友運アドバイス
正直さはあなたの魅力。でも、相手をきずつけてしまわないように、上手にことばをえらんでね。

相性がいいのはこの誕生日の人！
ラブ 2月1日、8月1日
友だち 1月1日、4月8日、12月1日

おしゃれアドバイス
パワーストーンがひとつついたアクセがオススメ！

この日生まれの男の子
ワイルドでまっすぐな心を持ったカレ。恋愛でも一直線につきすすむよ。彼女をリードしたがる積極的なタイプ。ひかえめな女の子がこのみみたいだよ。

あなたの才能
ものごとを見きわめる力と、集中力がバツグン。

向いている職業
医者、ノンフィクション作家

ラブ運
愛されるより愛したいタイプ。自分の気持ちをかくすことなくつたえるから、恋人とは明るいカップルになれるよ♡

あなたへのおまじない
だれにも負けない特技や、得意科目をつくりたいときのおまじない。オレンジの折り紙のうらに、たてに10本の線を書き、手帳にはさめば◯。

神秘のアイテム
クロス（十字架）
神秘の力をあたえてくれるクロス。身につけることで、ひめていた力を発揮できるかも。クロスはアクセでも小物でもOKだよ。

11月

今日の運勢 ◎ 全体的に好調だよ。こまることも、失敗することもなさそう。元気に一日をすごして！

11月2日 生まれ

さそり座 ♏

変化をたのしむ時代のリーダー

ラッキーカラー レモンイエロー
ラッキーナンバー 4
パワースポット くつろげる部屋

あなたは……
パワフルで個性的。ものごとが変化していく先を見るのが大すきで、世のなかの流れをびんかんに感じたり、時代の変化をたのしむことができる人。あなた自身の存在感もとても大きいよ。いつか、世のなかに大きな影響をあたえる人になっちゃうかも!?

友だち運
だれとでもすぐに仲よしになれるよ。人の心を察知して、親切にしたり、はげましたりすることができるの。それがあなたにも幸運をもたらすことになるよ。

友運アドバイス
責任感があってみんなにたよられるあなた。本心を見せないので誤解されることも。すなおさを心がけてね。

相性がいいのはこの誕生日の人!
♡ 2月2日、11月2日
友だち 1月2日、6月5日、10月2日

この日生まれの男の子
まわりに影響をあたえる存在感の持ち主。恋ではリードしていきたいタイプ。恋人を理想に近づけたいと思っているよ。正直でやさしい子がすき。

あなたの才能
人や場所、時代など、状況に順応する力がとても高いよ。

向いている職業
CMクリエイター、放送作家

ラブ運
恋には積極的で、カレを思いどおりにしたくなっちゃう。でも、交際をはじめると、対等な関係をのぞむようになるよ。

おしゃれアドバイス
アシンメトリーなヘアスタイルで魅力全開♪

あなたへのおまじない
親友や気のあう仲間ができて、友情運を高めるおまじないを。家か学校のガラス窓に向かって、自分の名前を6回、心のなかでとなえればバッチリ。

神秘のアイテム
馬の蹄鉄
自分の実力をさらに高めたいと思っているなら、蹄鉄をお守りにすると◎。蹄鉄の絵をお気にいりの手帳にかいておけばバッチリだよ。

11月

今日の運勢 その日、さいしょにわたる信号が赤だったら、友だちとのケンカに注意して。

負けずぎらいな がんばり屋さん

11月3日生まれ
さそり座 ♏

 ラッキーカラー 黄緑
 ラッキーナンバー 5
 パワースポット 通学路

あなたは……
どんなこともさいごまでやりぬく、がまんづよい女の子。あせらずじっくりチャンスをねらうよ。負けずぎらいな一面もあり、勝負に燃えちゃう。感情表現は苦手で、気持ちをかくしがち。でも、人の気持ちを考えられるやさしい人だから、信頼されるよ。

あなたの才能
集中力、忍耐力、ものごとを深く考える力がすぐれているよ。

向いている職業
舞台俳優、鑑定士

友だち運
人との距離のとり方がうまく、グループのまとめ役としてかつやくするよ。縁の下の力持ちから、最終的にはみんなの中心に。

ラブ運
思いやりにあふれた恋をするよ。自分の気持ちはあとまわしにして、相手の気持ちを優先するタイプ♡

友運アドバイス
親しみやすくて人づきあいが上手なのに、なぜか不愛想になりがち。いつでも笑顔をわすれないで！

相性がいいのはこの誕生日の人！
ラブ 2月3日、11月3日
友だち 2月9日、6月4日、9月7日

おしゃれアドバイス
黒をとりいれたおしゃれで大人っぽく！

この日生まれの男の子
なにごともしんぼうづよくとりくむカレ。思いやりは人一倍あるよ。自分の気持ちをつたえることは苦手だから、人の気持ちを考えてくれるような女の子がこのみ。

あなたへのおまじない
ライバルとのたたかいや負けられない勝負の前に、このおまじないで勝負運アップ。東の方角に向かい、「マーズノチカラ」と1回となえて。

神秘のアイテム
星

星には魔物をはらってくれるパワーがあるよ。星のアイテムを使うといいことがありそう。手作りの星グッズ、星の写真なども効果バッチリ。

11月

今日の運勢 小さないいことがありそう。ちょっとしたことだけど、ウキウキ気分ですごせるよ。

11月4日 生まれ

さそり座 ♏

ユーモアあふれる賢者

ラッキーカラー ピンク

ラッキーナンバー 6

パワースポット 自分の部屋

あなたは……
存在感があり、まわりからたよられるタイプ。おとなしく見えることもあるけど、活発でユーモアあふれる女の子。心があたたかくて、まわりをなごませながら笑わせちゃう。ケンカ腰になるときもあるけど、どんな相手でも上手に説得できる、知性があるよ。

友だち運
相手の気持ちを見ぬけるので、交友関係は良好。自分からすすんで友だちになろうとし、ステキな交流をかさねていけそう。

友運アドバイス
いそがしいときなど、おこりっぽくなることがあるよ。友だちにやつあたりしないように、気持ちによゆうを持って。

相性がいいのはこの誕生日の人!
ラブ 2月4日、11月4日
友だち 1月4日、9月4日、12月4日

この日生まれの男の子
心があたたかく、ユーモアにあふれた個性的な男の子。恋をするとその子の世話を焼きたくなっちゃうけど、すきなタイプは、自立心を持ったしっかりした子だよ。

あなたの才能
ユーモアセンス、人を見ぬく力をいかすとかつやくできるよ。

向いている職業
教師、テレビプロデューサー

ラブ運
恋愛では愛するより愛されたいタイプ。すきな人をだいじにするけど、ほんとうはあまやかされるのがすきみたい♡

おしゃれアドバイス
ガーリーなおしゃれがバッチリきまるよ。

あなたへのおまじない
苦手科目の克服、得意分野をさらにのばすなど、勉強運を高めるおまじない。「水星パワーをわたしに」ととなえてから、授業や勉強をはじめて。

神秘のアイテム
貝

気持ちをおちつけたいとき、パワーをだしたいときには貝を使ってね。貝がらのアクセやストラップを身につけると、効果テキメンだよ。

今日の運勢　マイペースでいこう。ときには人にまかせてみて！

真実をつきとめる正直者

11月5日生まれ さそり座 ♏

ラッキーカラー：ベージュ

ラッキーナンバー：7

パワースポット：図書室

あなたは……

知りたがりで、ウソがきらいな正直者。真実をつきとめようとして、やりすぎちゃうこともあるけど、その能力はみんながみとめているよ。世のなかの動きに興味津々で、ニュースをこまめにチェックしたり、大人の会話をしっかり聞いていたりするよ。

友だち運

人の気持ちにびんかんで、だれにでもあたたかいことばをかけるあなた。しぜんとあなたのまわりに人があつまるよ。

友運アドバイス

説得力のあるリーダーなのに、ちょっとアマノジャクなところが。すなおになると、みんなも安心だよ。

相性がいいのはこの誕生日の人！
- ラブ 2月5日、11月5日
- 友だち 3月2日、7月9日、12月5日

おしゃれアドバイス

毛先をふんわりカールさせたヘアスタイルが◎。

この日生まれの男の子

ウソがきらいで、真実をもとめる人。すきな人ができると、相手のことをよーく調べるけど、自分の本心はかくしがち。正直ですなおな女の子がタイプだよ。

あなたの才能

こまめなチェック能力と、豊富な知識をいかすと大成功！

向いている職業

ジャーナリスト、アナウンサー

ラブ運

恋はじっくり慎重派。相手を知ろうとするけど、自分の気持ちはかくしちゃう。すなおになるのが恋のカギだよ。

あなたへのおまじない

モテモテになり人気が急上昇するラブ運アップのおまじない。両手で親指どうしと人さし指をつなげてで円形をつくり、そこに息をふきかければOK。

神秘のアイテム ― 四つ葉のクローバー

ナポレオンは四つ葉のクローバーを見つけたことで命をすくわれたといわれているよ。クローバーのアクセやストラップを使うと、いいことがあるかも。

11月

今日の運勢 ● 時間をまもることが運気アップのカギ！ ちこくや提出物のだしわすれは厳禁だよ。

頭のいい元気ガール

ラッキーカラー こげ茶
ラッキーナンバー 8
パワースポット 本屋さん

あなたは……
すなおで積極的な、あふれるほどのエネルギーの持ち主。まわりに刺激をあたえて、みんなを元気にさせる明るい人だよ。頭の回転が速く、ユーモアセンスもバッチリ！　失敗やざせつによわいところもあるけど、ゆたかな才能を持ったデキるタイプ。

友だち運
親しみやすくて、包容力があるから、なにかとたよりにされるよ。おちついていて聞き上手。みんなにすかれるよ。

友運アドバイス
とつぜんの思いつきで行動して、友だちを混乱させることが。それだけは気をつけると、カンペキだよ。

相性がいいのはこの誕生日の人！
ラブ♡ 2月6日、11月6日
友だち 1月6日、6月6日、8月5日

この日生まれの男の子
まわりを元気にしちゃうたのしい人。才能ゆたかな自信家でもあるよ。恋をするとストレートにアタック。いっしょにたのしくもり上がれる女の子がすきみたい。

あなたの才能
ユーモアセンスがバツグンで、多方面にゆたかな才能があるよ。

向いている職業
お笑い芸人、タレント

ラブ運
恋でも積極的なタイプ。すきな人にはたのしいムードでアプローチしちゃう。笑いのたえない明るい交際ができるよ。

おしゃれアドバイス
石けんの香りをほんのりまとわせてね。

あなたへのおまじない
友情運をさらにアップするおまじないで、友だちともっと仲よしに。ガラス窓に友だちの顔を思いうかべ、右手をかざして6つかぞえればOK。

神秘のアイテム　月
気持ちを安定させたいときには月の力をかりちゃおう。ながめているだけで心がおちつく月。月の絵をひきだしにいれておくとバッチリだよ。

今日の運勢 選択にまようかもしれない日。きちんと考えてからえらんでね。

知りたがりの冒険家

11月7日生まれ さそり座

ラッキーカラー: 紫
ラッキーナンバー: 9
パワースポット: 音楽の流れる場所

あなたは……

好奇心が旺盛で、あらゆることに興味を持つ女の子。自分が知らないことは積極的に調べようとするよ。機械など、もののしくみにも興味津々で、分解して調べちゃうことも。たのしいことが大すきで、へいぼんな生活は苦手みたい。遠出や旅行も大すき。

友だち運

本質を見ぬく力を持ち、よくも悪くも、友だちのほんとうの顔を知ることが多そう。それをかかえこんでなやみがち。

友運アドバイス

正義感のつよさから、つよく人を批判してしまうことが。ほんとうは思いやりのあるあなた。相手にはやんわりとね。

相性がいいのはこの誕生日の人！

ラブ　2月7日、11月7日
友だち　3月6日、7月5日、12月7日

おしゃれアドバイス

左右がちがったヘアスタイルで魅力アップ。

この日生まれの男の子

好奇心がつよくて、積極的なカレ。みんなに親切だから、すきじゃない子から誤解されることもよくあるよ。すきな人にはとっても誠実。よく笑う明るい子がタイプだよ。

あなたの才能

旺盛な好奇心と、とことん追求する探求心がそなわっているよ。

向いている職業

システムエンジニア、気象予報士

ラブ運

恋にはドライなタイプ。愛想がいいから、すきでもない男の子に誤解されることも。すきな人にはとてもやさしいね。

あなたへのおまじない

ツキがめぐってきたり、ラッキー運がアップするおまじない。朝おきたら、背中で太陽の光を3秒間あびて。それから1回手をたたけばいいよ。

神秘のアイテム

イルカ

幸運の使者ともよばれるイルカのパワーをかりて。イルカグッズをおいておくと、フシギとツキがめぐってくるよ。イルカの絵や写真でもOKだよ。

11月

今日の運勢　まわりでトラブルがおこるかも。でも、あなたの機転で解決しそうだよ。

11月8日生まれ

さそり座 ♏

フシギすきなミステリアスガール

あなたは……
とっても個性的で、かわったものや、フシギなものにひかれちゃうタイプ。集中力が高く、マニアックなところもアリ。まわりが見えなくなることもあるけれど、するどい観察力を持ち、現実的な考え方ができる人。お金の使い方も上手で、仕事で大成功するかも!?

友だち運
的確な判断とまじめな態度から、周囲から高い評価を受ける人。友だちの才能を見ぬき、さりげなくアドバイスできるよ。

友運アドバイス
中途半端がきらいで、白黒はっきりつけたいあなた。友だちとの関係に、あせって結論をださないでね。

相性がいいのはこの誕生日の人！
ラブ 2月8日、11月8日
友だち 3月7日、8月6日、10月8日

この日生まれの男の子
フシギなものが大すきなカレ。すきな人にはすなおに自分の気持ちをつたえるよ。自分の趣味を優先したいところがあるから、自由なつきあいができる子と相性◎。

11月

あなたの才能
上手にお金を使う才能と、先を見ぬく力を持っているよ。

向いている職業
レストランの経営者、ファンドマネージャー

ラブ運
恋にはクールだけど、すなおにアプローチできるよ。なにかに熱中しちゃうと、恋人をほうっておいてしまうかも!?

おしゃれアドバイス
オレンジや黄色など、明るい色の服がオススメ！

あなたへのおまじない
不安をとりのぞき、勇気をあたえてくれるおまじない。両手でこぶしをつくったら、手をうしろにまわし、うしろで3回グーダッチすればバッチリ。

神秘のアイテム
鍵
富や健康をもたらしてくれる鍵は、元気パワーをアップさせるときに使うと◯。鍵グッズを持ちあるけば、むずかしいことだって成功しちゃうかも。

今日の運勢 ひらめきデー！ アイデアはどんどん提案してね。

経験をいかして飛躍する子

11月9日生まれ さそり座

ラッキーカラー 白
ラッキーナンバー 2
パワースポット 勉強机のまわり

あなたは……
まわりに影響をあたえる、存在感のある女の子。未知の分野にもどんどんチャレンジするよ。考えるより先に行動してしまうことがあるから、あぶない誘惑にひっかからないように注意が必要。経験からまなぶ人だから、大人になるほど大きく成長していくよ。

友だち運
新しい出会いも、長いつきあいの友だちもたいせつにするよ。うわべだけでなく、本音でのつきあいをもとめているね。

友達アドバイス
友だちからたよられ、相談を受けることも多いあなた。自分のなやみは親友に相談していいんだよ。

相性がいいのはこの誕生日の人！
ラブ 2月18日、12月9日
友だち 3月1日、6月9日、10月9日

おしゃれアドバイス
おでこを見せるヘアスタイルが魅力的。

この日生まれの男の子
自分から危険なことにとびこんじゃう、チャレンジャータイプ。すきな人に受けいれられないと、とってもヘコんじゃう。おおらかなタイプの子にひかれるよ。

あなたの才能
ゆたかな表現力を持っているよ。あふれるエネルギーをいかしてね。

向いている職業
小説家、アーティスト

ラブ運
誘惑によわいタイプ。いろいろな男の子にすかれるけど、さそわれるまま交際をはじめないように、気をつけてね。

あなたへのおまじない
成績をアップさせるおまじないを。授業の前か勉強をはじめる前に、左のてのひらに右手の人さし指で「水星」と書いて、飲みこんだらOK。

神秘のアイテム 錨
錨には安定の力と幸運の力がひめられているよ。勇気をだしたいときに、錨の絵がついた小物を使うとグッド。錨のアクセをつけるのもステキ。

11月

今日の運勢 ● 嫉妬されちゃうことがありそう。なにをいわれても自分の信じる道をつきすすんでね。

11月10日 生まれ

さそり座 ♏

ラッキーカラー
水色

ラッキーナンバー
3

パワースポット
学校の階段

ゆっくりと開花するはなやかレディ

あなたは……
するどい直感力とねばりづよさを持った女の子。人をひきつける魅力があるけど、ひっこみじあんで、少しわがままになることも。でも、まじめで思いやりのある人。経験をかさねていき、ある日とつぜん、はなやかなレディへと変身する運勢の持ち主だよ。

友だち運
親しみやすく友だちの多いあなたは、友だちどうしのトラブルにまきこまれがち。でも、そんな経験もあなたを成長させるよ。

友運アドバイス
まわりに安心感をあたえるあなた。自分のよわい面をかくそうとしてつかれやすいので、親友には本音を見せてね。

相性がいいのはこの誕生日の人！
ラブ 2月10日、12月19日
友だち 3月9日、4月17日、10月10日

この日生まれの男の子
まじめで自信家のカレ。すきな人の理想が高いみたいだけど、恋愛への関心は低め。自分のことを優先するタイプだから、おおらかでさっぱりした子がすき。

あなたの才能
クリエイティブなセンスがすばらしいよ！

向いている職業
メイクアップアーティスト、デザイナー

ラブ運
恋愛にはまだあまり興味がないけど、理想は高そう。相手にたいして思いやりを持つと、ハッピーな恋ができるよ♡

おしゃれアドバイス
毎日のブラッシングでツヤツヤヘアをキープして。

あなたへのおまじない
ピンチに負けないためのおまじない。大きく息をすい、少しずつてのひらに向けて息をはいて。さいごにてのひらをパッとひらえばバッチリだよ。

神秘のアイテム
エンジェル（天使）
天使の羽は飛躍のシンボル。羽のモチーフは身につける人の能力を高めてくれるよ。天使の羽の絵を紙にかき、部屋にかざっておくと効果バツグンだよ。

今日の運勢　さいごの確認がだいじだよ。安心せず、もういちど確認してみて！

謎めいた魅力の持ち主

11月11日生まれ さそり座 ♏

- ラッキーカラー: シルバー
- ラッキーナンバー: 4
- パワースポット: 理科室

あなたは……

明るくて元気だけど、どくとくのふんいきがあって、謎めいた魅力を持っているよ。友だちが多く、グループをまとめる力があるから、いつもみんなの中心にいるの。きちんとものごとを考えて、決断は慎重にするタイプ。絶妙なトークのセンス、説得力があるよ。

友だち運

だれとでも仲よくできるけど、心をゆるせるのはごく一部の友だち。信じられる相手とはあつい友情をきずくよ。

友運アドバイス

いったことはかならず実行するので、みんながあなたを信頼するよ。ネガティブにならず、前向きにリードして。

相性がいいのはこの誕生日の人！
- ラブ 2月11日、12月20日
- 友だち 3月10日、6月14日、10月11日

おしゃれアドバイス

キラキラ小物をどこかに身につけるとバッチリ。

この日生まれの男の子

ミステリアスで、トークがうまく女の子からも人気があるよ。つきあいはじめると、相手をそくばくしちゃうかも。聞き上手で、ひたむきなタイプにひかれるよ。

あなたの才能

みんなをまとめる力と、持ち前の説得力をいかすと大かつやく！

向いている職業

ツアーコンダクター、コメンテーター

ラブ運

フレンドリーで気さくだから、すぐにすきな人に接近できちゃう。カレをひとりじめしたい気持ちもあるみたい。

あなたへのおまじない

ツキがめぐってきて、運気がよくなるおまじないを。星空を見ながら、星をひとつずつつまんでいくイメージをして。7個つまめればバッチリだよ。

神秘のアイテム
スプーン

金運を高めるといわれているスプーン。とくに銀色のスプーンをバッグにいれておくと、臨時収入やおこづかいアップが期待できるかも。

11月

今日の運勢 インスピレーションが高まっているよ。物語や絵をかいたり、たのしいことを企画したりしそう。

11月12日生まれ

ざそり座 ♏

ラッキーカラー：緑
ラッキーナンバー：5
パワースポット：校門

魅惑のカリスマタイプ

あなたは……
やさしくて、人をひきつけちゃう魅力の持ち主。男の子にも女の子にも人気が高くて、注目の的。ゆたかな才能を持っているから、なににおいてもすばらしい結果をのこし、カリスマ的存在になっちゃうかも!?正義感がつよくて、ものごとには誠実にとりくむよ。

友だち運
エネルギーをひめていて、たよりにされるタイプ。人にすかれ、おさそいが多いよ。リーダーとしてかつやくすることも。

友運アドバイス
なんでも自分の思いどおりにすすめようとするところがありそう。友だちの意見も聞いて、歩みよるようにしてね。

相性がいいのはこの誕生日の人!
ラブ 2月12日、10月21日
友だち 3月11日、7月7日、8月2日

この日生まれの男の子
才能ゆたかで、まじめな人。女の子に大人気だよ。気持ちは行動であらわすタイプだから、それにちゃんと気づける子と相性◎。気づかいのできる子がすき。

あなたの才能
持ち前の自立心をいかすと◎。芸術的センスもすばらしいよ。

向いている職業
舞台演出家、ウェブデザイナー

ラブ運
男の子にモテるタイプ。すきだという気持ちは、ことばでいうよりも、見つめる視線や態度でつたわっちゃうみたい。

おしゃれアドバイス
ピンク色のリップでツヤツヤくちびるをキープして。

あなたへのおまじない
試験やコンクールなどに合格するおまじないを。ゆっくり深呼吸してから「サクセス」と3回となえ、1回手をあわせればバッチリ。

神秘のアイテム
チョウ
みにくいさなぎから、うつくしいすがたにかわるチョウは、美と成長のシンボル。チョウのグッズをそばにおいておくといいよ。チョウのアクセをつけるのも◎。

11月

今日の運勢：直感にしたがって正解。まよいすぎは禁物だよ!

11月13日生まれ

さそり座 ♏

 ピンク ラッキーカラー
 6 ラッキーナンバー
 ダイニング パワースポット

するどく見ぬく正義派

あなたは……

さまざまなことに興味を持ち、ものごとの本質をするどく見きわめる女の子。興味を持ったら、情報をあつめ、そのうえで自分の意見をしっかり持つよ。ユニークな発言で注目をあびることも。ずるいことがきらいで、はっきりものをいう熱い心の持ち主。

友だち運

ゆったりしたふんいきだけど、底力があり、重要なポジションにおかれそう。仲間うちのトラブルでは、間にはいってけんかをおさめる役わりをするよ。

友運アドバイス

責任感のつよいあなたは、みんなにたよられる存在だけど、ちょっぴりガンコ。友だちの意見も受けいれてね。

相性がいいのはこの誕生日の人!

ラブ 2月22日、12月22日
友だち 3月12日、9月13日、10月13日

おしゃれアドバイス

お気にいりのアクセをつけてみて☆

この日生まれの男の子

社会や政治に興味を持ち、自分の意見を主張できるカレ。ひきょうなことがきらい。責任感のつよい女の子にひかれるよ。愛情はことばでつたえたいタイプだよ。

あなたの才能

ものごとを見ぬく力と、つよい正義感がすばらしい。

向いている職業

新聞記者、警察官

ラブ運

誠実な愛をもとめるタイプ。常識がありマナーがきちんとしている男の子によわいよ。気持ちはストレートにつたえる人。

あなたへのおまじない

長所をのばし、さらにステキ女子になるおまじない。手鏡に笑顔をうつし、その顔に星くずを散らすイメージをして。これで魅力度アップ。

神秘のアイテム

リンゴ

ラブ運や成功運を高めるパワーを持つのがリンゴ。リンゴのイラストをかいて、机まわりにおいておくとグッド。もちろんリンゴのグッズも効果大。

11月

今日の運勢 ✖ 今日はがまんの日。そうかくごしていどめば、トラブルもへっちゃら。

11月14日生まれ

さそり座 ♏

頭脳明せきな観察者

ラッキーカラー：黒
ラッキーナンバー：7
パワースポット：美術室

あなたは……
好奇心が旺盛で、フシギだなと思うと、真実をつきとめたくなるタイプ。観察力があって、人の本心をズバリ見ぬくよ。おせじが苦手で、ほめられても冷静。かしこくて、ものごとのよしあしがわかっているから、アドバイザーとして、みんなにたよられるタイプ。

友だち運
おだやかで頭が切れるので、リーダーとしてかつやくするよ。グループをもり上げ、レベルアップする力がありそう。

友運アドバイス
あなたは調子が悪いと、いってることと行動がバラバラになるので、友だちがこまっちゃう。気分転換をするようにね。

相性がいいのはこの誕生日の人！
ラブ 2月23日、6月23日
友だち 3月13日、9月16日、10月5日

この日生まれの男の子
ものごとを見ぬく力を持った人。カッコよさなど、見た目だけですきになる女の子は苦手。少しくらい口は悪くても、そぼくでウソをつかない女の子にひかれるみたいだよ。

あなたの才能
するどい観察力と、心理を見ぬく力がずばぬけているよ。

向いている職業
小学校の先生、心理カウンセラー

ラブ運
恋愛ではクールなほうだよ。口のうまい男の子は信用しないよ。不器用でも、正直な人にひかれちゃう♡

おしゃれアドバイス
フルーツの香りのリップやクリームをつけて。

あなたへのおまじない
すきな男の子と仲よくなれるおまじない。金曜日、ピンクの折り紙を、ハートの形に6枚切りぬいて。それをおとさないよう、手帳にはさんでおけばOK。

神秘のアイテム 魚
熱帯魚は幸運をよぶ魚といわれているよ。熱帯魚の写真やイラストを机まわりにかざっておくとバッチリ。熱帯魚のストラップもいいよ。

今日の運勢
気持ちがおだやかになれる一日。人にはやさしくしてね！

慎重で熱いの心の持ち主

11月15日生まれ さそり座

 ラッキーカラー グレー
 ラッキーナンバー 8
 パワースポット 遊園地

あなたは……

礼儀正しくて、慎重に考えて行動する女の子。なにごともめんどくさがらず、確実にこなすよ。なにかをはじめたら、すごいスピードと集中力で、まわりをおどろかせることも。人とあらそうのはきらいで、たすけをもとめられたら手をさしのべる、友だち思いの人。

友だち運

刺激をあたえてくれ、自分を高めてくれるような人との交流をもとめるよ。仲間とサークルをつくったりプロジェクトをおこしたりすることも。

友運アドバイス

頭がよく、自分のスタイルを持つあなた。なんでもひとりでかかえがちなので、ときには友だちにあまえてね。

相性がいいのはこの誕生日の人！

ラブ 2月24日、4月4日
友だち 3月24日、5月6日、9月13日

おしゃれアドバイス

勝負デーはシックなおしゃれでキメて。

この日生まれの男の子

友だちのために全力をつくすカレ。恋では、慎重になったり、相手のいうままになったりと、反応がよめないところもあるよ。心のひろい女の子にひかれるよ。

あなたの才能

忍耐づよさや、正義感のつよさがバツグンだよ。

向いている職業

弁護士、医者

ラブ運

遠くから見つめるだけと思っていたのに、いきおいのままにアタックしたり、自分でも予想のつかない行動をとるタイプ。

あなたへのおまじない

だいじなときに緊張しないおまじない。両手の指を胸の前で組んで、手の全体がクリーム色のベールでつつまれるのをイメージすればバッチリ。

神秘のアイテム

リボン

リボンには、縁をむすぶパワーがひめられているの。たいせつな人を思いながら、リボンのグッズを手にすれば、きずながつよまるよ。リボンは手作りしてもOK。

11月

今日の運勢 あいさつで一日がきまる日。明るくさわやかな笑顔で一日をはじめて。

11月16日生まれ さそり座 ♏

たよりになるリーダー

あなたは……
グループやチームでかつやくするリーダータイプ。指導力や決断力があって、みんなをまとめる能力を持っているよ。人の気持ちを考えて、的確なアドバイスができるから、友だちの相談役に。人のたすけをかりるのが苦手で、なんでも自分で解決しちゃうかも。

友だち運
存在感があり、その場にいなくても話題にのぼるタイプ。場をあたたかくするムードを持っていて、人気はバツグンだよ。

友運アドバイス
寛大で義理がたいあなた。お人よしすぎて自分の首をしめることもありそう。ときにははっきり自己主張してね。

相性がいいのはこの誕生日の人！
ラブ 2月25日、4月5日
友だち 1月7日、6月15日、8月16日

この日生まれの男の子
グループをひっぱっていくリーダータイプのカレ。常識的な考え方ができる知的な人で、彼女にもおなじような知性をもとめるよ。まじめな子がすきみたい。

あなたの才能
人をまとめる高い能力と、人の気持ちを考えられる感性が◎。

向いている職業
コンシェルジュ、心理カウンセラー

ラブ運
魅力的でモテるあなた。いろいろな恋を経験しそう。正義感を持っている男の子にひかれちゃうよ。

おしゃれアドバイス
カジュアルコーデで元気よくきめると◎！

あなたへのおまじない
友だちとのきずなをつよめるおまじない。白い紙に蛍光ペンで友だちと自分のイニシャルを書いて。それをカバンにいれておくといいよ。

神秘のアイテム
スプーン
しあわせをすくいとるといわれているスプーンは金運をアップ！スプーンの絵をかいたしおりを手作りし、それを手帳や本にはさんでおくと◎。

今日の運勢　運気上昇中！一日一善を実行するといいよ。

人をつなぐ
平和主義者(へいわしゅぎしゃ)

あなたは……

心やさしく、あらそいごとや、人の悪口がきらいな女の子。人の間にたって仲よくさせたり、ものごとをまるくおさめることが得意。みんなが仲よく平和であってほしいとねがっているよ。ちょっぴり人見知りだけど、かけがえのない親友をつくれる人。

友だち運

仲間をたいせつにしながら、交流をたのしむよ。メールなどの連絡はまめで、レジャー企画をたちあげることもあるよ。

友運アドバイス

仲間意識がつよく、人の気持ちを読むのが上手だけど、追いつめられるとワガママになりがち。心によゆうを持って。

相性がいいのはこの誕生日の人!

ラブ 2月26日、4月6日
ともだち 1月8日、3月17日、10月26日

おしゃれアドバイス

前髪をあげたヘアスタイルが魅力的。

この日生まれの男の子

人の間にはいってまとめるのが得意。すきな人にはなかなか気持ちをつたえられないから、ゆっくりと距離をちぢめていくよ。明るくて気さくな子がすきだよ。

11月17日生まれ

さそり座 ♏

 ラッキーカラー 赤
 ラッキーナンバー 1
 パワースポット 窓辺

あなたの才能

人と人とをむすびつける能力と、まとめる力がすばらしい。

向いている職業

看護師、幼稚園の先生

ラブ運

恋はおくて。すきなカレと仲よくなるまでに時間がかかっちゃうタイプかも。正直でわかりやすい男の子にひかれるよ。

あなたへのおまじない

理解力が高まり、勉強がたのしくなるおまじない。勉強をはじめる前に「マーキュリーの力を」と、心のなかでとなえたら、そのまま心のなかで一礼して。

神秘のアイテム
ハート

幸運のモチーフとして、とっても有名なハート。ハートのついた小物やハートのイラストを部屋においておくと、フシギとツキがやってくるよ。

11月

今日の運勢 ◎ いままで、とどこおっていたことがいっきにすすみだすよ。流れにのっていこう!

11月18日 生まれ

さそり座 ♏

黄
ラッキーカラー

2
ラッキーナンバー

よくいくお店
パワースポット

めだちたがりの アーティスト

あなたは……
社交的でアクティブ。注目されるのが大すきなめだちたがり屋さん。グループをつくり、リーダーとしてひっぱっていくタイプ。冷静に見えるけど、感情の波ははげしいほう。その感情を、絵や文章などの創作活動で表現することができる、芸術家でもあるよ。

友だち運
冷静な判断力を持つ、視野のひろいタイプ。知的で心のやさしいあなたをたよりにしてくる友だちがたくさんいるよ。

友運アドバイス
ふみこみにくいムードを持っているみたい。交友関係をひろげるには、自分から心をひらいていくといいよ。

相性がいいのはこの誕生日の人!
ラブ 2月2日、4月7日
友だち 1月9日、3月18日、10月27日

この日生まれの男の子
自分の特技をひろうしたり、みんなから声えんをあびるために、がんばるカレ。ちょっぴり気まぐれな面があって、本心がわかりにくいかも。笑顔がすてきな女の子にひかれるよ。

あなたの才能
熱い感情をクリエイティブに表現できる才能がすばらしいよ。

向いている職業
歌手、画家

ラブ運
恋愛では、笑いがたえないたのしい恋をするよ。ただ、相手をふりまわしちゃうことがあるかも。注意してね。

おしゃれアドバイス
まめなお手入れでツヤツヤのつめをキープ!

あなたへのおまじない
金運をアップさせるおまじない。三日月のでている夜にやってね。あらってキレイにした10円玉を、6秒間、月の光にあてて、おさいふにいれて。

神秘のアイテム
クラウン(王冠)
クラウンは成功や勝利のシンボルとされているよ。クラウンの小物を机の上においておくと◎。紙などで手作りしても効果があるよ。

11月

今日の運勢　目標達成に、一歩近づけそう。けっしてあきらめないで!

自信にあふれるチャレンジャー

11月19日生まれ さそり座

 ラッキーカラー 紺
 ラッキーナンバー 3
 パワースポット 運動場

あなたは……
積極的で、時代の流行を生みだすことができる才能にあふれているよ。古いものから新しいなにかをつくりだそうとする、チャレンジャータイプね。話題が豊富でおしゃべりずき。誠実でまわりからの人気も高いよ。自分の考えをはっきり持った自信家だよ。

友だち運
人の気持ちを察することができ、包容力があるため、なにかとたよりにされるよ。ケンカの仲をとり持つ役をまかされることも。

友運アドバイス
やさしくて心配りのできるあなただけど、ものごとをきめつける傾向も。友だちの助言も参考にしてね。

相性がいいのはこの誕生日の人！
ラブ 2月28日、11月1日
友だち 1月10日、3月19日、10月28日

おしゃれアドバイス
ブルー系の色をとりいれたおしゃれがすてきだよ。

この日生まれの男の子
積極的で自信家。自分のやり方をつらぬく男の子。恋でも一直線で、すきになったら、誠実に愛しぬくよ。けっしてうらぎらない誠実な子がタイプ。

あなたの才能
トーク力と、古いものを新しく生まれかわらせる才能があるよ。

向いている職業
CMプランナー、フードコーディネーター

ラブ運
すきな人には積極的にアプローチするよ。相手を自分のものにしたい気持ちもあるけど、誠実に愛をはぐくむよ。

あなたへのおまじない
みんなにすかれ、人気運がアップするおまじない。白い紙に○を、そのなかに☆をかいて。それを緑の折り紙でつつみ、カバンにいれて持ちあるいてね。

神秘のアイテム
テントウムシ
手にテントウムシがとまった女の子は、恋がかなうといわれているよ。テントウムシのリングやブレスレットをつけておくと効果があるよ。

11月

今日の運勢 あちこちからおさそいがくるかも。いっそのこと、みんなでいっしょにあそんじゃおう！

11月20日生まれ

さそり座 ♏

熱い心を持った個性派

シルバー / ラッキーカラー
④ / ラッキーナンバー
水辺 / パワースポット

あなたは……
個性的で、どくとくのふんいきを持った女の子。友だち思いで、とても誠実だよ。熱い心を持っているから、人にはっきりと意見をいうことができるの。にくまれ役を買ってでて、問題を解決することも。ものごとに熱中しやすく、趣味や仕事にはまっちゃうところもあるよ。

友だち運
機転がきいて、判断力があるので、グループのむずかしい調整をすることも。気持ちをわかってくれる親友がいるといいよ。

友運アドバイス
正直さがみんなの信頼をあつめるけれど、意見をいいすぎて、トラブルにまきこまれちゃうかも。ご用心を。

相性がいいのはこの誕生日の人!
ラブ 2月29日、11月20日
友だち 1月11日、3月23日、10月29日

この日生まれの男の子
仲間や家族にとても誠実なカレ。ただ、ほうっておかれるとふてくされちゃうよ。やすらげる安定した恋が理想で、心やさしいおだやかな女の子がすきだよ。

あなたの才能
あふれる意欲と向上心を持っているから、多方面で大かつやく!

向いている職業
スポーツ選手、写真家

ラブ運
恋には誠実さをもとめるよ。自分を理解してもらえないと、不安になっちゃうかも。おだやかな性格の男の子と相性◎!

おしゃれアドバイス
髪の毛を部分的にむすぶといいよ。

あなたへのおまじない
理想的な女の子になれるおまじない。満月の夜にやってね。コップに水を入れ、コップごしに満月を見つめて、6秒たったらその水を飲みほして。

神秘のアイテム
🌈 虹(レインボー)
虹は世界共通の幸運のシンボル。虹の写真を持ったりかざったりするのは効果大。また、虹色の小物にもききめがあるよ。

11月

---

342 今日の運勢 ❌ パワーダウンしそう。でも、とちゅうで投げだすのは禁物だよ!

優雅で上品なおしゃれさん

11月21日生まれ

さそり座

ラッキーカラー 緑

ラッキーナンバー 5

パワースポット 通学路

あなたは……

優雅で、上品な空気をまとっているよ。美的センスが高くて、新しいものが大すき。同時に、オリジナルのアイデアで古いものを新しくよみがえらせる力も持っているよ。失敗しても、その失敗からまなんで、すてきな大人になっていくよ。

友だち運

勝手にライバル視されることもあるけど、問題は解決して友情をむすべるようになるよ。友だちとは、たすけあえる関係。

友運アドバイス

友だち思いのあなただけど、率直さが誤解をまねくことがあるよ。親しい友だちにもことばをえらんでね。

相性がいいのはこの誕生日の人!

ラブ 4月10日、12月30日
友だち 3月3日、5月5日、9月1日

おしゃれアドバイス

お気にいりの香りをつけて女子力アップ。

この日生まれの男の子

クールでおしゃれな印象だけど、心には、はげしい感情を持っているタイプだよ。こまめに世話を焼いてくれる、よく気がつく女の子にひかれるね。

あなたの才能

美的センス、クリエイティブなセンスがバツグンだよ!

向いている職業

美容アドバイザー、デザイナー

ラブ運

アプローチされても、心のかべをつくっちゃう、用心深いタイプ。大人になるほどいい恋ができるよ。

あなたへのおまじない

ステキな恋ができるおまじない。白い紙にキャンドルの絵をかいて。キャンドルはピンクと白のストライプがら。それをお守りにするとバッチリ。

神秘のアイテム 四つ葉のクローバー

クローバーには金運を高めるパワーがひそんでいるの。グリーンのフェルトを四つ葉の形に切ったら、それをさいふのなかにいれておけばOK。

11月

今日の運勢 なぜか自信たっぷりの気分だよ。そんな日こそ、うっかりミスに注意。

11月22日 生まれ

さそり座 ♏

ラッキーカラー ピンク
ラッキーナンバー 6
パワースポット 水飲み場

自由をもとめるチャレンジャー

あなたは……
マイペースで、自由でありたいという思いがつよいタイプ。自分がどう思われようと気にせず、自分なりのルールをつらぬくよ。でも、友だちには気を配ることのできる、やさしい女の子。成功しても満足せず、もっと上をめざすチャレンジ精神の持ち主だよ。

友だち運
人を信じることができるから、だれかをそくばくしたり非難したりしないの。そのひろい心が、多くの人から支持されるよ。

友運アドバイス
正義感と心のひろさで、リーダーにおされることもあるけれど、強引なところもあるよ。おだやかにすすめてね。

相性がいいのはこの誕生日の人!
ラブ 4月11日、11月19日
友だち 3月4日、5月13日、9月13日

この日生まれの男の子
自由をもとめ、世のなかのルールをかえたいと思っているカレ。恋でも、しばられたりヤキモチを焼かれたりするのは苦手。おおらかで明るい子にひかれるよ。

あなたの才能
チャレンジ精神と自立心をいかすと大成功するよ。

向いている職業
予備校の先生、ゲームプランナー

ラブ運
恋にも自由をもとめるよ。あれこれ調べられるのは苦手。カレとベッタリしすぎないのが、仲よしのカギだよ。

おしゃれアドバイス
ボーイッシュさにガーリーさをプラス♡

あなたへのおまじない
集中力を高めるおまじないを。がんばりたい本番前にやってね。左のてのひらに右手の指で自分のイニシャルを書き、それを飲みこめばOK。

神秘のアイテム
ハート

幸福のシンボルといわれているハート。ハートの形のものを見つけるとラッキーといわれているよ。ノートの表紙にハートマークをえがいておくのも○。

今日の運勢 親友ができるかもしれない日。ありのままの気持ちをいえる相手をだいじにして。

ユーモアのある しっかり者

11月23日生まれ いて座

ラッキーカラー：ベージュ
ラッキーナンバー：7
パワースポット：本屋さん

あなたは……
頭の回転が速い、知的な女の子。命令されるのは苦手で、自分の考えや自由をだいじにするよ。自己主張もできて、まちがっていると思ったことには、したがわないよ。議論はすきだけど、ユーモアのセンスで、その場のふんいきを上手になごませちゃう。

あなたの才能
スピーディーで、的確な対応ができるよ。熱い情熱も◎。

向いている職業
通訳、アナウンサー

ラブ運
ワクワクするような恋愛がしたいと思っているよ。失恋しそうな場面になっても、持ち前の明るい笑顔で切りぬけちゃう。

友だち運
積極的で、コミュニケーション能力が高いタイプ。自分と正反対のタイプの人とも、すすんで接点を持とうとするよ。

友運アドバイス
自分を柔軟にかえて、状況や相手にあわせるあなた。本音をいいあえる親友がいたら、ほっとできるよ。

相性がいいのはこの誕生日の人！
ラブ　6月1日、11月14日
友だち　3月5日、5月14日、8月24日

おしゃれアドバイス
スポーツテイストのおしゃれをしてみて☆

この日生まれの男の子
あれこれ命令されるのがきらいなカレ。ユーモアセンスがバツグンだよ。たのしいデートを考えて女の子をよろこばせようとするよ。よく笑う明るい子がすき。

あなたへのおまじない
くじ・懸賞運がアップするおまじない。オレンジ色の折り紙のうらに、あたってほしい賞品名を書いて、ふたつ折りにして、部屋の西がわにおいてみて。

神秘のアイテム
花

元気をだしたいとき、ここいちばんというときは、女子力をアップさせる花のパワーがいいよ。花のモチーフのアクセをつけるのもOKだよ。

11月

今日の運勢 ちゃんとできているのに、もっとがんばらなきゃと思ってしまう日。おちついて、ひと休みもだいじ。

11月24日生まれ

いて座 ♐

ユニークな社交派

ラッキーカラー こげ茶　ラッキーナンバー 8　パワースポット お祭りの広場

あなたは……
活発で、社交的な女の子。友だちとたのしくすごす時間がなによりすきで、友だちといると安心できるよ。やさしくて気がきくから、運動会やおたのしみ会などのイベントで大かつやく。ユニークな個性の持ち主だけど、人とおなじでありたいと思うタイプ。

友だち運
印象やウワサにまどわされず、すなおな気持ちで人と向きあおう。まじめで、先輩からひきたてられることもありそう。

友運アドバイス
たのしいことが大すきなあなた。ときどき、無鉄砲になっちゃう。友だちにブレーキをかけてもらって。

相性がいいのはこの誕生日の人！
ラブ 4月13日、5月26日
友だち 3月15日、5月15日、9月6日

この日生まれの男の子
仲のいい友だちとすごすのがすきなタイプ。恋をしたら夢中になるけど、相手にそくばくされるとひいちゃいそう。さっぱりした明るい子がすきだよ。

11月

あなたの才能
人の心をいつのまにか動かしてしまう力があるよ。

向いている職業
記者、アートディレクター

ラブ運
自由でたのしい恋をもとめるよ。恋におちるとドップリはまっちゃうかも。でも、ベタベタするのは苦手だよ。

おしゃれアドバイス
パンツスタイルが魅力をひきだしてくれるよ。

あなたへのおまじない
学校がもっとたのしくなるおまじない。オレンジ色の折り紙のうらに？マークを赤ペンでかき、それを四つ折りにして、カバンにいれておいて。

神秘のアイテム
錨

錨は海上で船をとめることから、力や希望のシンボルともされているの。錨の小物をそばにおいておくとパワーアップ！

今日の運勢 ○ 反省が成長のカギに。いまの自分をふりかえってみて！

546

エネルギッシュな行動派

11月25日生まれ

いて座

ラッキーカラー：ゴールド
ラッキーナンバー：9
パワースポット：イベント会場

あなたは……

エネルギーに満ちあふれ、ダイナミックに活動する女の子。正義感もつよいよ。でも、繊細でひかえめなところもあり、友だちとふたりになったときには、思いやりを持って接することができる人。才能ある人にあこがれて、自分も近づきたいとがんばるよ。

あなたの才能

正義感にあふれているよ。高い理想を持ちつづけると◯。

向いている職業

弁護士、小学校の先生

友だち運

トークセンスのあるあなたのまわりには、人があつまるよ。だれとでも仲よくできるけど、年下の子ととくにうまくつきあえそう。

ラブ運

尊敬できる人をすきになっちゃう。得意なものがある人や、有能な人にひかれ、ひとすじに愛をつらぬくよ♡

友運アドバイス

自分のポリシーをつらぬきたくて、まわりをふりまわしてしまうことが。人にあわせることもたいせつに。

相性がいいのはこの誕生日の人！

ラブ 4月14日、5月27日
友だち 3月9日、5月16日、9月7日

おしゃれアドバイス

きゃしゃなデザインのアクセで女子力アップ！

この日生まれの男の子

目的のためならパワー全開。恋にも全力で、ずっと相手によりそうよ。なにかひとつ、尊敬できるところを発見すると、その子にグッとひかれちゃいそう。

あなたへのおまじない

困難やトラブルに負けないおまじない。胸の前で両手の指を組み、左右の人さし指だけのばして。その指先をおでこに8回あてればいいよ。

神秘のアイテム

リボン

すきな人や友だちとの仲を深めたいときは、リボンの力をかりて。リボンのイラストをノートにかいたり、つくったリボンをお守りにしたりするとグッド。

11月

今日の運勢

まわりの目が気になりすぎる日。そのままのあなたでだいじょうぶよ。自信を持って！

11月26日生まれ

マイペースなロマンチスト

いて座

オレンジ　ラッキーカラー
1　ラッキーナンバー
公園のベンチ　パワースポット

あなたは……
マイペースで、個性的な考え方や行動をするよ。ロマンチックなことを考えるのがすき。同時に、現実をよく見て、しっかりとした判断もできるよ。結果よりも、努力することを重視する人。また、友情をたいせつにするから、友だちといい関係をきずけるよ。

友だち運
どんな立場の人とも、公平に仲よくなろうとする人。義理がたく、やさしくされたら、せいいっぱいの好意をかえすよ。

友運アドバイス
正義感がつよくて、ズルをする人やうらぎり者がゆるせないみたい。少しだけ柔軟になれたら最高だよ。

相性がいいのはこの誕生日の人！
ラブ　4月15日、5月28日
友だち　3月20日、7月3日、12月2日

この日生まれの男の子
個性がつよく、マイペースな人。友情にあついタイプだよ。恋愛よりも友情を優先するから、それをゆるしてくれる心のひろい女の子にひかれるみたい。

あなたの才能
クリエイティブなセンスがあるよ。ユニークな個性もいかして！

向いている職業
小説家、音楽家

ラブ運
すきなことをしたいから、恋はあとまわしにするタイプ。とつぜん告白したり、前ぶれなく恋をおわらせることも!?

おしゃれアドバイス
ショートヘアかポニーテールで髪をすっきりさせて♪

あなたへのおまじない
もっとかわいくなれるおまじないを。西の方角に向かってたち、両手をあわせて「ビューティー ビーナス」と1回となえればバッチリ。

神秘のアイテム　リンゴ
リンゴは愛の女神の果実としても有名。そんなリンゴモチーフの小物をそばにおいておくと、ラブ運がアップ！ アクセを身につけるのもグッド。

今日の運勢　友だち運が◎だよ。親しい人ほどたいせつにして！

刺激をもとめる自由人

11月27日生まれ

いて座

 白 ラッキーカラー
② ラッキーナンバー
階段 パワースポット

あなたは……
活発で、ドキドキするような刺激が大すき。直感で動き、興味を持つと一直線！ いっきにのめりこんじゃうの。神経質に思われがちだけど、じつは情熱的で、友だちや年下の子にたよられるよ。そくばくされるのが苦手で、自由をたいせつにする人。

友だち運
おしゃべり、メールなど、いろいろな方法で友だちとコミュニケーションをとるのがすき。少人数のあつまりがここちいいかも。

友運アドバイス
友だちとは安心して本音で話せるけど、短気なところがあるよ。ケンカにならないように気をつけてね。

相性がいいのはこの誕生日の人！
ラブ 4月16日、5月29日
友だち 3月26日、5月9日、12月9日

おしゃれアドバイス
コーデのなかに白をいれると魅力アップ。

この日生まれの男の子
たのしいことが大すきな行動派。なにかにそくばくされるのはとっても苦手なタイプだよ。頭がやわらかくて、さっぱりした性格の女の子がこのみみたい。

あなたの才能
すぐれた直感力を持っているよ。瞬発力も◎。

向いている職業
スポーツ選手、新聞記者

ラブ運
フレンドリーな恋をたのしむタイプ。重いムードが苦手で、相手にしばられそうになると、スルリと身をかわしちゃう。

あなたへのおまじない
すきなカレがふり向いてくれるおまじない。もよう入りの折り紙を3×8センチに切り、うらにカレのイニシャルを書いて、しおりにするといいよ。

神秘のアイテム
花

女子力をアップしてくれる花のパワーをかりちゃおう。あなたには白い花が効果バツグン。勝負デーには白い花がらの服を着ると運気アップ！

11月

今日の運勢 ✕ デキル自分を見せようとして、ちょっと失敗。自分がほんとうにするべきことをますやろうね。

11月28日 生まれ

いて座 ♐

わが道をゆく個性派

ラッキーカラー：水色
ラッキーナンバー：3
パワースポット：たてものの最上階

あなたは……
まじめだけどお笑い系、気がつよいけどデリケート、そんな二面性が魅力の女の子。感受性がつよく、ユーモアセンスもバツグン。自分の考えをしっかり持っているから、きめられたことに抵抗することもあるよ。負けずぎらいだけど、とても友だち思い。

友だち運
思いやりがあり公平なので、あなたのまわりにしぜんと人があつまるよ。つよくひかれる人に会ったら、運命の出会いかも。

友運アドバイス
友だち思いなんだけど、自分の意見をおしとおしちゃうところがあるかな。相手に歩みよるようにしてみてね。

相性がいいのはこの誕生月の人！
ラブ 5月30日、11月10日
友だち 3月27日、5月22日、8月19日

この日生まれの男の子
個性派のカレ。いろいろな恋愛を経験するタイプだよ。感情のまま行動することも多そう。こまかいことを気にしない、大きな心を持った子をすきになるよ。

あなたの才能
するどい感受性と、ゆたかな創造性を持っているよ。

向いている職業
脚本家、イラストレーター

ラブ運
恋のチャンスが多いタイプ。すきな人には積極的で、フレンドリーに接するよ。マイペースな恋をするかも。

おしゃれアドバイス
ピンク色のリップでツヤツヤくちびるをキープ☆

あなたへのおまじない
再チャレンジが成功するおまじないだよ。東の方角に向かい、両手を大きくひろげてたち、「いざ サクセスへ」ととなえればバッチリ。

神秘のアイテム
★ 星
星は健康や富をよびこむしあわせのモチーフといわれているの。星のネックレスや星のついたヘアピンなど、星のアクセを身につけるとハッピーに。

11月

今日の運勢 心にゆとりがあるほどハッピーになれる日。おおらかにかまえて！

地道にがんばる正直者
（しょうじきもの）

11月29日生まれ
いて座

レモンイエロー　④　体育館
ラッキーカラー　ラッキーナンバー　パワースポット

あなたは……
目的を達成するために、コツコツ努力をかさねていく、向上心あふれるがんばり屋さん。まじめでやさしいから、友だちや家族からとても信頼されているね。正義感がつよく、真実を追求しようとするあまり、ときどき感情的になってしまうことがあるかも。

友だち運
変化しながら成長しつづける人だから、人間関係もかわりやすいよ。チャレンジ精神旺盛な人と、長く友情をはぐくめそう。

友運アドバイス
気配り上手なあなた。でも、思いこみがはげしいところがあるので、相手の気持ちを確認するようにしてね。

相性がいいのはこの誕生日の人！
ラブ　4月18日、11月29日
友だち　3月28日、5月11日、9月8日

おしゃれアドバイス
大きめアクセで個性的にキメて。

この日生まれの男の子
自分に正直で、目標に向かって努力をする人。すきな人ができるとじっくりアプローチしていくタイプ。のんびりした性格の女の子にひかれるよ。

あなたの才能
ものごとの真実を見きわめようとする姿勢がすばらしい！

向いている職業
弁護士、警察官

ラブ運
恋では慎重だけど、自分の気持ちに正直に行動するタイプ。誠実に相手と向きあうから、安心感をあたえるよ。

あなたへのおまじない
もっとステキに変身するおまじないを。金曜日に南の方角に向かってすわり、「イシュタルチャーム」と6回となえればいいよ。

神秘のアイテム
馬の蹄鉄
馬は勝負運を高める象徴で、蹄鉄は幸運をかき集めるとしてお守りに使われているの。蹄鉄のアクセやストラップをつけるのもグッド。

11月

今日の運勢
今日はゆっくりのんびりして、エネルギーをチャージしよう。

11月30日 生まれ

いて座 ♐

ユーモアたっぷりな慎重派

ラッキーカラー 黄緑

ラッキーナンバー ⑤

パワースポット 土手

あなたは……
とても慎重で、なにをやるにもきちんと準備をする人。おしゃれやトーク、告白のタイミングまで、すべてをちゃんと考えてから行動するよ。しっかりしていて、自立心も高いね。気さくでユーモアセンスもあるから、いつもみんなを笑いのうずにまきこんじゃう。

友だち運
存在感があってひろい心を持つあなたには、みんなをまとめる力があるよ。みんながわかるように話をすることができるので、リーダーに向いているよ。

友運アドバイス
ときどき大ざっぱになっちゃう。友だちからアドバイスをもとめられたら、ていねいに答えてあげてね。

相性がいいのはこの誕生日の人!
ラブ 4月19日、11月30日
友だち 3月29日、7月18日、8月20日

この日生まれの男の子
なにごとにもしっかり計画や準備をするタイプ。恋愛でもかなり慎重派みたい。ユーモアがあってたのしい人だから、ノリのいい女の子がすきだよ。

あなたの才能
すぐれたユーモアセンスと、直感力を持っているよ。

向いている職業
お笑い芸人、司会者

ラブ運
恋も、相手をよく知って、準備してからアプローチする方法を考えるよ。カレひとすじに愛をそそぐタイプだね。

おしゃれアドバイス
毎日のお手入れでツヤツヤヘアをキープして!

あなたへのおまじない
女子力アップのおまじない。オレンジ色の折り紙のおもてに、すきな色のペンで自分のイニシャルを書いたら、たたんで手帳にはさんでおいて。

神秘のアイテム
🐟 魚
幸運や金運をよぶとされる熱帯魚。そのパワーをかりてね。熱帯魚の写真を部屋にかざるとバッチリだよ。熱帯魚グッズや、熱帯魚のアクセもグッド。

11月

今日の運勢 ● うれしいことがあるかも。友だちの輪をひろげると、よりいいよ。

自分にすなおな自由人

12月1日生まれ

いて座

シルバー / 4 / 学校のろうか
ラッキーカラー / ラッキーナンバー / パワースポット

あなたは……
気持ちのままに、すなおにふるまえる女の子。グループのためにもがんばれるけど、自分できめたことにとりくむほうが、実力を発揮できるよ。ユーモアもあって、しぜんとまわりを味方にしちゃう。気前がよく、自分のものをみんなとわかちあいたいタイプ。

あなたの才能
ユーモアセンスがバツグン！ 行動力もすごいよ。

向いている職業
演出家、まんが家

友だち運
度量が大きいから、友だちとのトラブルにまきこまれても、たんたんと受けいれてしまうよ。人をにくまないし、人にあまえないよ。

ラブ運
すきな相手に深く愛情をささげるので、カレひとすじだよ。告白するときは、明るくストレートにできちゃう♡

友運アドバイス
心がひろくて、人気者のあなた。ちょっとアマノジャクになりがちなので、すなおでいることを心がけてね。

相性がいいのはこの誕生日の人！
ラブ 3月1日、12月1日
友だち 1月7日、4月4日、7月4日

おしゃれアドバイス
大たんなボーダーをとりいれると◎。

あなたへのおまじない
得意科目や特技が生まれるおまじない。木曜日の朝、部屋の東の方角に向かってたち、「才能よ めざめたまえ」ととなえればバッチリ。

この日生まれの男の子
自由でいることで力を発揮するタイプ。恋愛ではいっしょうけんめいで、特別な人への愛情はとても深いよ。まじめで誠実な子にひかれるみたい。

神秘のアイテム
鍵
鍵にはしあわせの扉をひらくという意味があるよ。鍵のついたバッグ、鍵のついたアクセはもちろん、鍵の絵を部屋にはっておくのも◎。

12月

今日の運勢　つかれやすくなっているみたい。いつもより少し早めに休んでね。

12月2日 生まれ

いて座

くじけない個性派

 ラッキーカラー
 ラッキーナンバー 5
 パワースポット 駅

あなたは……
第一印象はひかえめだけど、行動をおこすと、目を見はるようなパワーを発揮する個性的な女の子。才能を持っている人を尊敬し、自分も個性をいかしてかつやくしようとがんばるよ。チャレンジすることをだいじにして、全力をつくすがんばり屋さん。

友だち運
おだやかなイメージながら、じつはとても情熱的なタイプ。たいせつな人をまもるためには、あらんかぎりの力をだすよ。

友運アドバイス
おしゃべりをしながら、相手をあなたの世界へひきこんでいくけど、マイペースすぎる面があるので、注意！

相性がいいのはこの誕生日の人！
ラブ 3月2日、10月20日
友だち 1月2日、2月5日、10月2日

この日生まれの男の子
目標に向かって、くじけずがんばるカレ。恋をするときはいつも本気！じっくりと距離をちぢめながら静かに愛をはぐくんでいくタイプ。明るく行動的な子がすき。

あなたの才能
つよい個性と、まわりを圧倒する影響力を持っているよ。

向いている職業
小説家、国会議員

ラブ運
恋は受け身で、相手とうちとけるのに時間がかかるみたい。だけど、つきあうと愛情深い恋人になるよ。

おしゃれアドバイス
花モチーフのついたアクセをつけて♪

あなたへのおまじない

親友やすてきな仲間ができるおまじないで、友情運をアップ。北西に向かってたち、心のなかで自分の名前を6回となえればバッチリ。

神秘のアイテム
虹
がんばっているあなたに幸運をはこんでくれる虹。虹の写真や絵はもちろん、虹色のはいった小物にもパワーがこもっているよ。

12月

今日の運勢 ✕ チャンスを見のがしそう。のがさないよう、心のアンテナをはってね！

12月3日生まれ

いて座

ラッキーカラー ピンク
ラッキーナンバー 6
パワースポット ファンシーショップ

計画的な大物タイプ

あなたは……

目標をきめたら、しっかり計画をたてて実行する慎重派。すぐれた創造力と、ひとつのことに根気よくとりくむ集中力を持っているよ。なにかの専門分野で達人になるくらいの力を発揮するかも。たくさんの人にみとめられる存在になるよ。

友たち運

エネルギッシュで、存在感のあるタイプ。だまってそこにいるだけで、まわりの人をひきこんでしまう力があるよ。

友運アドバイス

友だちはあなたをとても信頼しているのに、あなたにはあきっぽいところが。急になげださないでね。

相性がいいのはこの誕生日の人!

ラブ 3月3日、12月3日
友だち 1月3日、4月1日、10月3日

おしゃれアドバイス

毎日のブラッシングでツヤツヤヘアをキープ☆

この日生まれの男の子

計画や準備をしっかりするカレ。恋をすると、まわりにかくしながら、ひそかに愛をはぐくむよ。愛情深く、ひたむき。しんのつよい子にひかれるみたい。

あなたの才能

クリエイティブなセンスがすごいよ。職人気質もいかして。

向いている職業

陶芸家、詩人

ラブ運

恋をしたらしんけん。ひそかに交際をあたためるよ。ある日とつぜん交際を宣言して、まわりをびっくりさせるかも。

あなたへのおまじない

負けられない勝負の前に、このおまじないで勝負運をアップさせて。赤い折り紙でツルを折り、それをまくらもとにおいてねればOKだよ。

神秘のアイテム

月

女の子らしさをみがきたいときは、月のアイテムが効果的。月のチャームがついたペンダントを身につけると、効果バツグン。

12月

今日の運勢 苦手なこともうまくいきそう。こわがらずにチャレンジしてみて!

12月4日 生まれ

いて座

 黒
ラッキーカラー

 7
ラッキーナンバー

教室の前のほう
パワースポット

ガッツのある勇者（ゆうしゃ）

あなたは……
かべにぶつかっても、ガッツでのりこえていくエネルギッシュな女の子。こまやかなところもあって、まわりに気配りができるよ。理想と信念を持っていて、世のなかの役にたとうとしているね。また、分析力にすぐれているよ。とてもすなおなタイプだね。

友だち運
フレンドリーで聞き上手なので、相手に安心感をあたえ、心をひらかせてしまうよ。見かけやウワサで人を判断せずに、内面を見ようとするよ。

友だちアドバイス
あなたには、友だちを勇気づける力があるよ。ただ、気がかわりやすいので、無責任にならないようにね。

相性がいいのはこの誕生日の人!
ラブ 3月4日、12月4日
友だち 2月3日、5月4日、8月4日

この日生まれの男の子
いつでもエネルギッシュなカレ。人の意見もちゃんと聞く人だよ。すきな子には、ストレートに告白するよ。おおらかで明るい女の子が、このみみたい。

あなたの才能
ものごとの本質を見ぬく力がそなわっているよ。

向いている職業
評論家、コンシェルジュ

ラブ運
恋は積極的。相手にはすなおに気持ちをぶつけるよ。ただちょっと気まぐれな面があるかも。相手を不安にさせないでね。

おしゃれアドバイス
お気にいりの香りをつけると女子力アップ！

あなたへのおまじない

得意分野はもちろん、苦手科目の克服もして、勉強運をさらに高めるおまじない。南の方角に向いてたち、5秒間目をとじればOKだよ。

神秘のアイテム
馬の蹄鉄（ていてつ）
ヨーロッパでは魔よけとして蹄鉄が使われているよ。机まわりやかべに蹄鉄の絵をはって、幸運をゲット。Uの字になるように向けておいてね。

今日の運勢 ✗ 友情運が低下してるよ。上から目線で発言しないように気をつけて。

パワフルな情熱家

12月5日生まれ いて座

ラッキーカラー グレー
ラッキーナンバー ８
パワースポット 体育館

あなたは……
明るくてパワフル、ハッピー志向の女の子。大たんで、自分の能力に自信を持っているよ。とてもできそうにない大きな計画をたてたりするけど、がんばって大成功させちゃうことも。行動力と責任感、さらに熱い情熱も持っている魅力あふれるタイプ。

友だち運
おちゃめだったり、おおらかだったりと、友だちにとっては気さくで親しみやすいよ。自分を理解してくれる人と深い友情をはぐくむよ。

友運アドバイス
自由で行動的なところがあなたの魅力。でも自由すぎて、ついていけない人もいるよ。たまには、まわりにもあわせてね。

相性がいいのはこの誕生日の人！
ラブ 3月5日、12月5日
友だち 1月5日、6月2日、11月2日

おしゃれアドバイス
保湿クリームでぷるぷるお肌をキープして！

この日生まれの男の子
前向きで、自分に自信を持っている人。恋をするとさらに活発さがパワーアップ。みんなの前で告白しちゃうことも。すなおでよく笑う子がすき。

あなたの才能
頭の回転が速く、大たんな発想を持ち、行動力もバツグン！

向いている職業
ニュースキャスター、タレント

ラブ運
恋にはかなり積極的。すきな人ができると、まわりの目を気にせず猛アタック。明るく告白しちゃうよ♡

あなたへのおまじない
モテモテになっちゃうくらいラブ運がアップするおまじない。ピンクの折り紙に自分の名前を書いて。それをポーチにいれておけば◯。

神秘のアイテム
チョウ
さなぎからうつくしいすがたへ変身するチョウは、美と成長の象徴。そんなチョウのグッズを身につけると魅力度アップ。チョウの写真をかざるのも◯。

12月

今日の運勢 ◯ すきな人の気持ちがわからなくてモヤモヤしそう。思いやる気持ちをわすれなければだいじょうぶだよ。

12月6日生まれ

いて座

流行を先取りしちゃう女の子

- ラッキーカラー：赤
- ラッキーナンバー：9
- パワースポット：人形のある部屋

あなたは……
観察力にすぐれていて、ものごとや人を見ぬく力を持っているよ。負けずぎらいで、上をめざす努力家。純粋でまっすぐなので、いつでもしんけんに人と接するよ。時代を先取りするのも得意で、将来は、ヒット商品を生みだして成功するかも!?

友だち運
友だちのいいところや才能を見つけ、アドバイスもできちゃう。自分も人のアドバイスは、うたがうことなく忠実にまもろうとする人。

友運アドバイス
愛されキャラとして人気バツグンのあなた。でも、不安になることもたまにはあるよね。だれかに聞いてもらうとスッキリ！

相性がいいのはこの誕生日の人！
ラブ：3月6日、12月15日
友だち：2月6日、8月4日、11月28日

この日生まれの男の子
なんでも気持ちをストレートに表現するタイプ。恋をすると態度にでてしまい、まわりにすぐバレてしまうよ。マイペースな女の子にひかれるよ。

あなたの才能
すぐれた観察力や、人を育てる才能がそなわっているよ。

向いている職業
幼稚園の先生、ファッションデザイナー

ラブ運
恋は直球派。ストレートに告白するよ。でも、「ちがう」と思ったら、いきなり恋をおわらせちゃうことも……。

おしゃれアドバイス
おでこを見せたヘアスタイルで女子力アップ。

あなたへのおまじない
友だちともっと仲よくなり、友情運を高めるおまじない。鏡に自分の笑顔をうつしながら、仲よくなりたい子の名前を心のなかでつぶやけばOK。

神秘のアイテム
クラウン（王冠）
幸運の象徴とされているクラウンは、見えるところにおいておくだけで力をもらえるよ。クラウンの絵をかいてはっておいてもいいよ。

今日の運勢　正直な行動が吉とでるよ。自分の気持ちにウソをつかないように！

デリケートな ユニークガール

12月7日生まれ

いて座

- ラッキーカラー: 紫
- ラッキーナンバー: 1
- パワースポット: たてものの最上階

あなたは……
明るくて個性的、同時に繊細な心の持ち主。人とはちがう行動をとるから、少しめだっているかも。でも、そのゆたかな感情と、どくとくの考え方が最大の魅力。自分の道をつらぬく人にひかれるよ。自立心がつよく、早くから将来について考えそう。

友だち運
デリケートで、人の気持ちがわかるあなたは、たくさんの友だちにめぐまれ、その交流のなかで、成長していけるよ。

友運アドバイス
ちょっと人見知りなので、人には本心をなかなか見せないけれど、思いきって心をひらいてみてね。

相性がいいのはこの誕生日の人！
- ラブ 3月16日、12月16日
- 友だち 1月4日、4月10日、10月9日

おしゃれアドバイス
前髪を少しおろしたヘアスタイルが◎。

この日生まれの男の子
個性的だけどデリケートなカレ。まわりにあわせるのが少し苦手。恋では、個性的な子がすきだよ。でも、なかなか気持ちをいえないみたい。

あなたの才能
するどい感性と、ゆたかな想像力がバツグンだよ。

向いている職業
芸能マネージャー、写真家

ラブ運
恋はひかえめタイプ。自分を受けいれてもらいたい気持ちはつよいけど、それをいったり態度にあらわすのは苦手だね。

あなたへのおまじない
ツキがめぐり、ラッキー運をよびこむおまじない。朝おきたら、鏡に自分の笑顔をうつし、「ラッキースターよ　いざいでよ」ととなえればバッチリ。

神秘のアイテム
星

しあわせや富をよびこむパワーを持つ星。星のアイテムでその力をもらっちゃおう。星の形に紙を切ってもOK。金や銀のキラキラカラーだと最高。

12月

今日の運勢　トイレやオフロのそうじをすると、金運がぐんとアップするよ。

12月8日生まれ

いて座

ラッキーカラー: 黄
ラッキーナンバー: 2
パワースポット: 自分の机のまわり

全力でがんばるアクティブガール

あなたは……
明るくて、とても活動的な女の子。目標に向かって全力でつっぱしるよ。責任感がつよくて、失敗をおそれず、どんなことにも挑戦。夢中になると、まわりが見えなくなることもあるけど、失敗からまなび、経験をかさねて、より成長していくよ。

友だち運
気長でおだやかな、つきあいやすい人だけど、たいせつなところでは、相手が年上でもゆずらないところがあるよ。

友運アドバイス
正義感と責任感がつよすぎて、ときどきひとりよがりになってしまうの。まわりの人の声に耳をかたむけて。

相性がいいのはこの誕生日の人！
ラブ: 3月1日、12月17日
友だち: 1月8日、4月17日、10月12日

この日生まれの男の子
なんにでも全力投球するタイプ。恋でも直球勝負だよ。まわりが見えなくなるほど相手をすきになるよ。刺激的でインパクトのある女の子がこのみだよ。

あなたの才能
パワフルな行動力と、つよい責任感を持っているよ。

向いている職業
雑誌記者、看護師

ラブ運
恋にも積極的。すきな人には、全力で気持ちをつたえるよ。いっしょうけんめい相手を愛するタイプ。

おしゃれアドバイス
印象的なブレスレットでおしゃれ度アップ。

あなたへのおまじない
不安をとりのぞき、勇気をくれるおまじない。両手を左右に思いきりのばして、そのまま手をにぎってひろげて。グーパーを3回やればOK。

神秘のアイテム
クロス（十字架）
愛をもたらしてくれるクロスは、恋する女の子のつよい味方。クロスのアクセを身につけるとグッド。ビーズなどで手作りしてもいいよ。

今日の運勢: 友だちの欠点ばかり気になるかも。自分の悪いところも、ちゃんとみとめて反省してね。

ヒロインを
めざす行動派

12月9日生まれ いて座

あなたは……

アクティブで、注目をあびるのがすきな子。ヒロイン願望をつよく持っているよ。人とはちょっとちがった考え方をして、周囲に影響をあたえるよ。子どものころはおとなしくても、大人になって才能が開花するの。困難ものりこえられる根性の持ち主だね。

友だち運

自分の考えは持っているけれど、人におしつけることなく、相手の世界もたいせつにするよ。堂々としていて、たよられるタイプ。

友運アドバイス

相談を持ちかけられることが多いね。ズバッとはっきり意見をいっちゃうほうだよ。相手によってやんわりしたいい方を。

相性がいいのはこの誕生日の人!
ラブ 3月18日、12月27日
友だち 1月9日、4月18日、6月3日

おしゃれアドバイス

お気にいりのアクセをつけると魅力アップ☆

この日生まれの男の子

なにをするにも主役をめざし、困難をものともせず、たち向かうよ。男らしく恋人をまもりたいと思っているみたい。誠実で明るい子がすき。

あなたの才能

ゆたかな想像力と行動力がとってもすばらしいよ。

向いている職業

俳優、放送作家

ラブ運

すきな人をまもろうとするタイプ。ただし、ライバルにはようしゃしないところも。誠実なカレにひかれちゃう♡

あなたへのおまじない

成績アップのためのおまじない。ノートのうら表紙に、青いペンでまっすぐな横線を5本ひいて。勉強する前にその線にタッチすればいいよ。

神秘のアイテム
四つ葉のクローバー

しあわせをはこんでくれることで有名な四つ葉のクローバー。クローバーの写真やイラストを、ひきだしや小物入れにいれておくと効果バッチリ。

12月

今日の運勢 ✗ 運気が低下しているみたい。いつもよりていねいにそうじすると運気があがるよ。

12月10日生まれ

思いやりのある ミステリアスガール

いて座 ♐

ラッキーカラー　ラッキーナンバー　パワースポット
シルバー　　　　4　　　　　　　　本屋さん

あなたは……
いばらず、ひかえめな女の子。感情をおもてにださないから、ミステリアスに見られることも。思いやりがあって、人の役にたとうという気持ちがつよいから、グループではリーダーとしてたよられるよ。ムダなくものごとをすすめていくコツも知っているね。

友だち運
おおらかで、人からたのまれたら、なんでもひき受けてしまう人。フットワークがよく、話題も豊富なので、人気もバツグンだよ。

友運アドバイス
人のためにつくすあなただけど、自分のことをいちばんに考えてもいいんだよ。たのまれごとは、よゆうのあるときにね。

相性がいいのはこの誕生日の人!
ラブ　3月10日、12月28日
友だち　1月16日、4月22日、11月27日

この日生まれの男の子
思いやりがあって謙虚なカレ。恋愛にはおくびょうで、気持ちをつたえるのに時間がかかるタイプ。夢や目標で意気投合した相手と恋におちることが多いよ。

あなたの才能
自然、宇宙、生き物など、自然科学への興味を将来にいかして。

向いている職業
気象予報士、獣医

ラブ運
恋では純情。すきな人ができてもなかなか気持ちをつたえられず、ライバルに先をこされちゃうことも。

おしゃれアドバイス
レースをあしらったトップスで大人っぽく。

あなたへのおまじない
ピンチにでくわしても負けないおまじない。まずは大きく深呼吸して。それから右手を左胸におき、目をとじて4つかぞえればバッチリだよ。

神秘のアイテム
魚
たくさんの卵を生む魚は、富と幸運のシンボルとされているよ。魚がらの服や小物にもパワーはバッチリ。魚の写真をお守りにするのも◎だよ。

362　今日の運勢　人気があなたに集中しそう。自分の個性をアピールしてみて!

つっぱしる パワフルガール

12月11日生まれ いて座

 ラッキーカラー：緑
 ラッキーナンバー：5
 パワースポット：動物園

あなたは……
まじめで慎重な女の子。でも、目標をきめると、それに向かって、つきすすむよ。失敗してもへこたれず、むしろパワーアップしてたちなおるから、まわりまで元気にしちゃう。また、すなおでうらおもてのない性格だね。クリエイティブな才能もあるよ。

友だち運
すぐれた直感力を持っていて、友だちから期待されると、実力以上の結果をだすから、みんなからの信頼度バツグンだよ。大きな役わりをまかされそう。

友達アドバイス
なんでもきちんとやりとげるけど、むりをしすぎないでね。つかれちゃうよ。友だちと大笑いして息ぬきしよう！

相性がいいのはこの誕生日の人！
ラブ　3月11日、12月29日
友だち　1月9日、5月5日、10月6日

おしゃれアドバイス
オレンジ色のリップを使うといいよ。

この日生まれの男の子
まじめだけど、あけっぴろげでかくしごとが苦手な男の子。恋をするとすぐまわりにバレちゃう。すきな子には直球勝負。明るくおっとりしたタイプの子がすき。

あなたの才能
創造力があり、まわりへの影響力が大きいよ。

向いている職業
小説家、音楽家

ラブ運
恋にはストレート。気持ちがすぐに顔や態度にでちゃうから、相手につたわって、交際に発展するのは早いほうかも。

あなたへのおまじない
ツキがめぐってきて、運がアップするおまじないを。木曜日、太陽の下で「ラッキースターの力」ととなえてから、一礼すればバッチリだよ。

神秘のアイテム
エンジェル（天使）
エンジェルには幸運をひきよせる力があるよ。エンジェルの絵を手帳にかいて持ちあるくと効果バッチリ。エンジェルのストラップなどもグッド。

12月

今日の運勢　花のアイテムをひとつ身につけてでかけると、ラブ運アップだよ！

12月12日生まれ

いて座

しなやかな表現者

- ラッキーカラー：ピンク
- ラッキーナンバー：6
- パワースポット：花だんのそば

あなたは……
いつもおちついていて、まわりをよく見ているの。しぐさや表情から、相手の気持ちを感じとれる人だよ。自分の感情をきれいな声や体で表現するのも上手。その才能は芸術やスポーツで発揮されるよ。なににでもしなやかに対応し、積極的にとりくめる人。

友だち運
心やさしく、人の気持ちを思いやれるから、長いつきあいの友だちとも、新しい友だちともおなじように仲よくできるよ。

友運アドバイス
いつも仲間を気づかうあなただけど、気分の波が大きくなることも。不満がたまったら、家族にグチっちゃうのもいいね。

相性がいいのはこの誕生日の人！
- ラブ　3月12日、12月30日
- 友だち　1月12日、4月21日、11月3日

この日生まれの男の子
冷静にまわりを見て、相手の気持ちを考えられる人。とてもモテるよ。つきあうと誠実な恋人になりそう。天然系でまじめな子がすき。

あなたの才能
高い自己表現力、持ち前の美声をいかしてかつやくするよ。

向いている職業
声優、ダンサー

ラブの運
自分の気持ちを表現するのが上手だから、恋もスムーズにすすむよ。ステキな声で、相手のハートをつかんじゃう♡

おしゃれアドバイス
耳を出したヘアスタイルで魅力アップ☆

あなたへのおまじない
テストやコンクールなどに合格するおまじない。金色の折り紙のうらに自分のイニシャルを書き、ツルを折って。お守りにするとグッド。

神秘のアイテム
リンゴ
リンゴには人間関係をスムーズにする力があるよ。友だちやすきな人と仲よくしたいときは、リンゴグッズをゲットして、運気を高めてね。

今日の運勢 あせると失敗するよ！大きく深呼吸して、おちついてね！

ひろい視野を持つ才女

12月13日生まれ
いて座

ラッキーカラー：黒
ラッキーナンバー：7
パワースポット：音楽の流れる場所

あなたは……
どんなこともおちついて、じっくりとすすめることができる優秀な女の子。ものごとの全体をとらえるだけでなく、こまかい部分にも目を向けられるよ。近道をせず、時間をかけてとりくむの。また、本質を直感的にとらえ、人の気持ちをくむこともできるね。

友だち運
人に対するマナーを心えているあなた。だれのことも否定することなく、できるかぎりの理解をしめすから、友だちは多いよ。

友運アドバイス
すぐれた分析力はあなたの武器。でもあまりにも的を射た意見は相手をヘコませちゃうことがあるよ。注意してね。

相性がいいのはこの誕生日の人！
ラブ 3月13日、12月31日
友だち 2月4日、4月11日、10月15日

おしゃれアドバイス
もようのはいったトップスで個性的にまとめて。

この日生まれの男の子
ものごとに慎重にとりくむカレ。すきになったら、友だちからはじめて、人がらを知ってからアプローチするよ。すなおで誠実な子にひかれるよ。

あなたの才能
観察力にすぐれ、深く考える力も持っているよ。

向いている職業
心理学者、エッセイスト

ラブ運
すきな人のことをよく観察してからアプローチするよ。少し気まぐれで、相手をふりまわしちゃうことがあるかも。

あなたへのおまじない
長所をのばし、もっとステキ女子になるおまじないを。鏡に笑顔をうつし、その顔に向かってオレンジ色のベールをかぶせるイメージをすればOK。

神秘のアイテム
貝

たいせつな人とのきずなをつよめたいときは、二枚貝のパワーを使って。貝がらの上にたいせつな人の名前を書いた紙をのせておくとバッチリ。

12月

今日の運勢
話の聞き役にまわってみて。いい情報が手にはいりそう！

12月14日生まれ

いて座

ユニークなチャレンジャー

あなたは……
自分をアピールするのがとても上手な女の子。そのタイミングと表現が絶妙で、相手の心をすぐにつかんじゃうの。このみや考え方もユニーク。冒険心があって、失敗してもたちなおるつよさがあるよ。本心はなかなか見せない、ミステリアスな面も。

友だち運
おだやかで、仲間をなごませる力を持っているあなた。いごこちのいいふんいきをつくるのがとても上手だよ。

友運アドバイス
あなたのまわりには、つねに人があつまるよ。でも、自己中心的にならないように気をつけてね。

相性がいいのはこの誕生日の人!
ラブ 3月14日、5月3日
友だち 2月11日、4月12日、10月14日

この日生まれの男の子
人目を気にするのに、ユニークな行動をとっちゃうカレ。交際していても、そのことはまわりにかくすタイプだよ。すなおでよく笑う子にひかれるよ。

あなたの才能
自己表現力にすぐれているよ。大たんさもいかすと◎。

向いている職業
俳優、レポーター

ラブ運
男の子のこのみから、気持ちのつたえ方まで、すべて個性的なあなた。あっとおどろくような告白の方法を考えたりしそう。

おしゃれアドバイス
バッグにアクセをつけておしゃれ度アップ。

あなたへのおまじない
すきな男の子と仲よくなるおまじない。左のてのひらにカレのイニシャルを、右手の指で書いて。それを西の空に向け、6つかぞえればOK。

神秘のアイテム
ハート
ハートは愛のシンボルとして世界じゅうで愛されているよ。部屋のなかにひとつ、ハートの形のものをおいておくと、ハッピーな恋ができちゃうかも。

今日の運勢 ピンチをまぬかれる日。でも、気をゆるめないようにね。

楽天的な社交家

12月15日生まれ

ラッキーカラー 紫
ラッキーナンバー 9
パワースポット くつろげる部屋

あなたは……

前向きで、のんびり屋さん。大きな夢を持ち、その意欲はまわりにははかりしれないくらい。困難にあっても、「なんとかなる」と考えるよ。そんな楽天的なところが周囲をいい方向へみちびくみたい。人の長所や才能を見いだす力もあるよ。

友だち運

ポジティブで、まわりを明るくするよ。夢をみんなに話しちゃうから、共感してくれる人たちをどんどん仲間にしていけるよ。みんなに愛される人だよ。

友達アドバイス

おおらかさがあなたのよさだけど、必死であせっている友だちに「まあまあ」なんてのんびりいうとおこられちゃうかも。

相性がいいのはこの誕生日の人！

ラブ 3月15日、5月4日
友だち 1月11日、5月24日、10月17日

おしゃれアドバイス

星モチーフのアクセが◎人人人メ☆

この日生まれの男の子

前向きですなおな男の子。いっしょにいるだけで、まわりをたのしくしちゃうよ。女の子からの人気も高いみたい。話をよく聞いてくれる子がこのみだよ。

あなたの才能

人脈のひろさと、あふれる意欲がすばらしいよ。

向いている職業

レストランの経営者、ジャーナリスト

ラブ運

恋のチャンスは多いタイプ。会話上手で、相手をほめながらアプローチするから、スムーズに仲よくなっていけるよ。

あなたへのおまじない

だいじなときに緊張しないおまじないを。左手のつめを右手の親指でなでて。次に手をいれかえておなじようにやれば、緊張しないよ。

神秘のアイテム　錨

錨は海の上に船を固定するので、力と幸運の意味を持っているの。がんばりたいときに錨のグッズをそばにおいておくと効果バッチリ。

12月

今日の運勢 ◎ のんびりすごすのが吉。感情的になるとだいじなところで失敗しちゃうかも。

12月16日生まれ

いて座 ♐

ラッキーカラー 赤

ラッキーナンバー 1

パワースポット 運動場

夢をかなえる有能タイプ

あなたは……

すばらしい想像力を持ち、強力なエネルギーでビッグな夢を実現させちゃうよ。マイペースだから、ひとりで集中できる環境のほうが、実力を発揮できるよ。気まぐれでまわりをとまどわせることもあるけど、友だちとつよいきずなをむすべる人だよ。

友だち運

友だちや家族をたいせつにして、誠実な態度で接するよ。トラブルがおきても、人をせめたりしないから信頼度バツグン。

友運アドバイス

ユーモアのセンスがあって、人あたりのいいタイプ。ちょっと気まぐれなので、みんなをびっくりさせないようにね。

相性がいいのはこの誕生日の人！
ラブ 3月25日、12月7日
友だち 1月31日、4月7日、10月4日

この日生まれの男の子
理想を追いもとめてがんばる、有能な男の子。恋は二の次になりがちだけど、理想や夢についていっしょに語りあえる女の子となら、しあわせな交際ができるよ。

あなたの才能
想像力がとてもゆたか。個人で活動できる仕事が◎。

向いている職業
写真家、作詞家

ラブ運
恋には、まだあまり興味がないほうだね。夢や将来の話で意気投合すると、恋に発展していくかも。おしゃべりが恋のカギ。

おしゃれアドバイス
お気にいりのブレスをつけてみて！

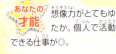

あなたへのおまじない
友だちとのきずなを深めるおまじない。北西の方角に向かい、まずは一礼して。それから友だちと自分の名前を心のなかでとなえればOK。

神秘のアイテム
スプーン

幸運の象徴とされているスプーンの力をかりてね。銀色のスプーンを机まわりにおいておくと、予期せぬうれしいできごとがおこるかも。

12月

今日の運勢　気持ちがおちつかないかも。友だちとケンカしないように注意！

12月17日生まれ

いて座

ラッキーカラー	ラッキーナンバー	パワースポット
黄	2	校門

現実的な実力派

あなたは……
冷静さをうしなわず、現実的な考え方をする女の子。見たりさわったりして、自分で直接たしかめてから判断するよ。なんでもカンペキにできるので、まわりから信頼されているね。中身のない軽薄な考えは苦手。芸術面の才能がバツグンだよ！

友だち運
友だちは多いけれど、グループに属するより、それぞれの個性をたいせつにしながら、ほどよい距離をおいてつきあうのがすきみたい。

友運アドバイス
友だちには、ちょっとみえをはっちゃうことがあるかも。ありのままのあなたが、とてもすてきだよ！

相性がいいのはこの誕生日の人！
ラブ　5月6日、9月2日
友だち　2月2日、4月9日、10月19日

おしゃれアドバイス
手作りアクセをつけると人気もアップ。

この日生まれの男の子
遠い夢より、目の前の現実をだいじにしているカレ。芸術的なセンスもあるよ。すきな子にはたよりすぎちゃうことも。誠実で自分だけを見つめてくれる子がすき。

あなたの才能
想像力と芸術センスがとてもすばらしいよ。

向いている職業
ダンサー、イラストレーター

ラブ運
すきになったらカレひとすじ。いつも愛情を確認したいタイプだよ。なにかプレゼントされると愛を実感しちゃう♡

あなたへのおまじない
理解力を高め、勉強がたのしくなるおまじないだよ。勉強をする前に、「マーキュリーよ　力をあたえたまえ」と心のなかでとなえればバッチリ。

神秘のアイテム
イルカ
開運のシンボルともされるイルカ。イルカがかかれた絵や写真、イルカのモチーフがついたアクセで運気アップを。イルカの小物を手作りするのもいいね。

12月

今日の運勢　計画をたてて行動してみて。いろんなことがスムーズにできるよ。

12月18日生まれ

いて座

ねばりづよく
がんばる子

ラッキーカラー 青

ラッキーナンバー 3

パワースポット たてもののの2階

あなたは……
大きな夢を持って、ねばりづよくがんばる女の子。時間をかけてとりくみ、こまかいところまで理解しようとするよ。上手に計画をたてて、成功を手にいれるタイプ。限界までがんばっちゃうけど、むりはしないで。やわらかな考え方ができるよ。

友だち運
ひろい視野でものごとを見られるので、友だちどうしで意見の対立があれば、それぞれの意見を聞いて真実を見きわめようとするよ。

友運アドバイス
まとめ役になることが多いけど、おおざっぱでつめがあまいところもあるよ。さいごまで気をぬかずにね。

相性がいいのはこの誕生日の人!
ラブ 5月7日、9月3日
友だち 2月7日、4月14日、8月1日

この日生まれの男の子
時間をかけてものごとにとりくむタイプ。恋愛ではちょっぴりワガママがでて、相手をふりまわしちゃうことも。ひろい心を持ったやさしい子がタイプだよ。

あなたの才能
集中力とねばりづよさは、だれにもマネできないほど。

向いている職業
看護師、新聞記者

ラブ運
相手を思いどおりにしたくて、いろいろ無理難題をいってこまらせることも。おおらかでたのもしいカレと相性◎。

おしゃれアドバイス
髪をちょこっとむすぶとグッド!

あなたへのおまじない
金運アップのおまじない。三日月の出ている夜にやってね。あらってキレイにした10円玉を月にかざし、10円玉がキラキラ光るイメージをすればOK。

神秘のアイテム
テントウムシ
家のなかでテントウムシを見つけたら、金運がアップするといわれているよ。部屋にテントウムシの絵をかざっておくと、おこづかいがアップするかも。

今日の運勢 自分の意外な一面を発見できるかも!? なにごともおそれずにチャレンジしてね。

強気なチャレンジャー

12月19日生まれ
 いて座

シルバー
ラッキーカラー

♥4
ラッキーナンバー

よくいく
ファンシーショップ
パワースポット

あなたは……
なにかにしばられることが苦手。マイペースで、自由に動きたいタイプだよ。おだやかな毎日をすごすより、ドキドキするような刺激をもとめる、チャレンジ精神のかたまりのような人。失敗してもあきらめず、向上心いっぱいで、つねに上をめざす人だよ。

友だち運
明るくてひたむきなので、たくさんの人にすかれるよ。とくに先輩や年上に、ひきたてられてレベルアップしそう。

友運アドバイス
まわりのアドバイスにしんけんに耳をかたむけるあなた。でも、ささいなことは気にしなくていいよ！

相性がいいのはこの誕生日の人！
ラブ 5月8日、12月23日
友だち 2月9日、4月22日、10月7日

おしゃれアドバイス
勝負デーには腕時計をつけるとバッチリ。

この日生まれの男の子
勇かんな戦士のようなタイプ。恋愛ではあっさりしていて、アプローチは積極的だけど、失恋するとすぐあきらめちゃう。気さくで明るい子にひかれるよ。

あなたの才能
するどい観察力があるよ。自分自身に負けない根性も◎。

向いている職業
スポーツ選手、ジャーナリスト

ラブ運
両想いになるまで大たんにアプローチするけど、交際がはじまるとマイペースに。共通の趣味を持つと、恋がもり上がりそう。

あなたへのおまじない
みんなにすかれ、人気がアップするおまじないだよ。手をあわせ、学校の友だちを思いうかべ、その上で星がキラキラ光るようすをイメージすればOK。

神秘のアイテム
花
花は美と幸運のシンボル。花のモチーフのストラップをバッグにつけると、しあわせなできごとがおとずれるかも。花の絵をかざるのも◎。

12月

今日の運勢 ✗ 友だちの意見を否定的に受けとめてしまいそう。話しあうときはおちついてね。

12月20日
生まれ

いて座

黄緑 / ⑤ / 通学路
ラッキーカラー / ラッキーナンバー / パワースポット

根気づよい アイデアガール

あなたは……
ものごとを深く考える、アイデアゆたかな女の子。やりたいことを見つけると、スピーディーに行動し、効率よくハイレベルな結果をだすよ。新しくなにかをつくりだすのも得意。指導力も根気もあるから、専門分野の達人になれちゃうかも!?

友だち運
人の気持ちをくみとるのが上手で、人にすかれるから、友だちの幅はひろいよ。相談ごと、あそびのおさそいと、いつも大いそがし。

友運アドバイス
人に反対されると、からにとじこもってしまうところがあるみたい。いろいろな意見があるから、気らくにね。

相性がいいのはこの誕生日の人！
ラブ 5月9日、12月20日
友だち 2月14日、5月14日、11月23日

この日生まれの男の子
行動派のカレ。恋をすると、ストレートに好意をあらわすよ。相手を理解するより、自分を理解してほしいと思うわがままな面も。おおらかで明るい子がすきだよ。

あなたの才能
あふれるアイデアと、すばやい行動力が人一倍すぐれているよ。

向いている職業
雑誌編集者、放送作家

ラブ運
「すきかも」と思ったら、すぐに告白しちゃうタイプ。ただ、気持ちを理解されないと、はげしくおちこむよ。

おしゃれアドバイス
キラキラのアクセをつけるとかわいさアップ。

あなたへのおまじない
理想的な女の子になれるおまじない。いつも使っている鏡に自分の笑顔をうつし、「ビーナスよ きたれ」と6回となえればバッチリ。

神秘のアイテム
リボン
仲を深めたい人がいるなら、リボンのパワーできずなをかためよう。リボンのついたアクセやストラップ、小物を持つだけでも効果はあるよ。

今日の運勢 すなおさが幸運のカギに。弱点もかくさず見せてみて！

存在感のある ひかえめタイプ

12月21日生まれ いて座

ラッキーカラー ピンク
ラッキーナンバー 6
パワースポット 特別教室

あなたは……
おとなしくてことば数も少なめだけど、フシギと存在感がある子。態度だけで自分の意思をつたえ、相手をなっとくさせる力があるよ。また、集中力もバツグン。人に心の内をなかなかあかさないけれど、みとめてもらいたい気持ちはつよいよ。

あなたの才能
さえわたる直感と、なみはずれた集中力がすばらしいよ。

向いている職業
演出家、ヘアメイクアーティスト

ラブ運
ことばは少ないけど、気持ちをすなおにつたえるよ。思いやりがあるから、じっくりと愛をはぐくんでいくよ。

友だち運
静かな自己主張をしながらも、まわりをたてることをわすれないから、とくに先輩や目上の人にかわいがられそう。

友運アドバイス
人のために力をつくすタイプだけど、ちょっぴり気まぐれなので、なるべくいつでもやさしいあなたでいてね。

相性がいいのはこの誕生日の人!
ラブ 6月22日、12月21日
友だち 2月21日、8月21日、10月21日

おしゃれアドバイス
ときにはフリル使いのアイテムもかわいいね。

この日生まれの男の子
あれこれ質問されたりするのは苦手なタイプ。すきな子にはすなおに気持ちをつたえ、ゆっくり愛を育てていくよ。聞き上手ですなおな子がこのみみたい。

あなたへのおまじない
ステキな恋ができるおまじない。白い紙に♡とそのなかに?マークをかいて、♡はピンクで、?はオレンジでぬって。これをお守りにするといいよ。

神秘のアイテム 四つ葉のクローバー
しあわせをはこぶアイテムとして有名なクローバー。ノートや手帳にクローバーの絵をかいて、緑のペンでかけば、さらに効果はアップするよ。

12月

今日の運勢　友だちのいいところをほめてみよう。あなたのすてきなところも見つかるはず。

12月22日生まれ

やぎ座 VIP

- ラッキーカラー：ベージュ
- ラッキーナンバー：7
- パワースポット：文房具屋さん

根性のある慎重派

あなたは……
なにごとも、ゆっくりと用心してとりくむ慎重な女の子。忍耐づよく時間をかけてものごとを確実にすすめるから、大きな失敗をすることはほとんどないよ。ユーモアのセンスがあって、友だちを笑わせてなごませる一面も。ひとりの時間もたいせつにするよ。

友だち運
するどい直感力を持ち、ものごとを公平に見ることができるので、グループのなかの自分の役わりをわかっていて、上手にその役わりをはたすよ。

友運アドバイス
デキる人と自分をくらべて劣等感をいだきがちだけど、本音をいいあえる友だちをとおして、自分のよさに気づけるはず。

相性がいいのはこの誕生日の人！
ラブ　6月23日、12月22日
友だち　2月13日、4月22日、10月24日

この日生まれの男の子
まじめで慎重、なにごとにも長期戦でとりくむカレ。恋もあせらず、ゆっくり仲よくなって、深い愛情をはぐくむタイプだよ。誠実で、おっとりした子をすきになるよ。

あなたの才能
なみはずれた根気のよさと、慎重さをいかすとグッド！

向いている職業
陶芸家、会計士

ラブ運
恋にも慎重。なかなか気持ちをつたえられず、チャンスをのがしちゃうことも。恋人には、一心に愛情をそそぐよ。

おしゃれアドバイス
ベビーピンクをおしゃれにとりいれると◎。

あなたへのおまじない
集中力を高めるためのおまじない。本番の前にやってね。左手のてのひらに星のマークをかき、それを飲みこんで。これでパワー注入。

神秘のアイテム
チョウ
チョウを見るといいことがおきるといわれているの。チョウのグッズを持っていると、フシギとツキがめぐってきそうだよ。チョウの写真でもOK。

12月

今日の運勢　人気が急上昇！　笑顔と思いやりをわすれないでね。

かしこい ドリームガール

12月23日生まれ

やぎ座

 ラッキーカラー 茶
 ラッキーナンバー 8
古いたてもの パワースポット

あなたは……
まじめで頭の回転が速い女の子。新しいことをはじめるときに、実力を発揮するよ。夢を実現するために努力をおしまず、計画をたてて慎重に行動するから、みんなに信頼されているね。少しガンコな面もあるけど、失敗に負けない根性があるよ。

友だち運
いろいろなタイプの人とつきあえるから、友だちが多いよ。その人のウワサや悪口などに左右されず、公平に接することができるよ。

友運アドバイス
行動力バツグンのあなた。ときどきつっぱしりすぎちゃうことも。待ったをかけてくれる友だちがいるといいよ。

相性がいいのはこの誕生日の人！
ラブ 6月24日、12月14日
友だち 2月20日、6月20日、10月30日

おしゃれアドバイス
チョーカーなどで首もとの
おしゃれを♪

この日生まれの男の子
新しいことをはじめるのが大すきなカレ。友だちにかまってもらいたがるけど、その態度はクールだよ。不器用でも、心のあたたかい子にひかれるみたい。

あなたの才能
的確な判断力と、直感力がバツグンだよ！

向いている職業
気象予報士、フリーライター

ラブ運
恋には冷静モード。積極的にガンガンアタックされるより、そぼくで心のこもったアプローチによわいみたい。

あなたへのおまじない
くじ・懸賞運がアップするおまじない。金色の折り紙のうらに、ほしい賞品名を書き、四つ折りにして。それをさいふにいれておくといいよ。

神秘のアイテム
クロス（十字架）
はじめてのことにチャレンジするとき、クロスの力をかりましょう。クロスのアクセをつけておくと、パワーがわいて成功率もぐんとアップするよ。

12月

今日の運勢 ● おうちでゆっくりすごすのが吉。読書したり音楽を聞いたり、自分みがきの日にしてね。

375

12月24日生まれ

やぎ座

成長しつづける実力派

ゴールド　ラッキーカラー
9　ラッキーナンバー
商店街　パワースポット

あなたは……
ゆたかな感情表現で、人をひきつける魅力を持った女の子。直感力もあり、得意な分野で才能を発揮するよ。山あり谷ありの人生をおくるかもしれないけど、トラブルは根性でのりきり、ぎゃくに大きな成果をだしちゃうオドロキの人。

友だち運
友だちから信頼されると、どんどんパワーを発揮してがんばる、存在感がバツグンの人。気配りもできるので、グループのリーダーとしてかつやくすることも。

友運アドバイス
友だちが大すきなあなた。すきすぎてあれこれ口をだしてしまうことがありそう。ほどよい距離をたもってね。

相性がいいのはこの誕生日の人!
ラブ　8月10日、12月6日
友だち　1月6日、7月5日、11月1日

この日生まれの男の子
トラブルが多いほど力を発揮する実力派。女の子をひきつける魅力があるよ。恋には不器用だけど、すきな人をとてもだいじにするの。明るく積極的な子がすき。

あなたの才能
まわりの状況にあわせる能力が高いよ。直感力も◎。

向いている職業
舞台俳優、動物看護師

ラブ運
女の子らしい魅力いっぱいでモテるけど、恋には消極的。受け身ばかりだと後悔しちゃうかも。ここぞというときは、がんばって。

おしゃれアドバイス
前髪を少しおろしたヘアスタイルがグッド!

あなたへのおまじない
学校がもっとたのしくなるおまじないを。学校内の日のあたる場所にたち、「エンジョイ　スクール」と1回心のなかでとなえればバッチリだよ。

神秘のアイテム
クラウン（王冠）

持つ人に力をあたえ、幸運をよびよせてくれるクラウン。金色の折り紙やシールで小さなクラウンを手作りすると、パワー倍増だよ。

今日の運勢　自分に自信が持てる日。自分のやり方でいけばOKだよ!

好奇心旺盛な冒険家

12月25日生まれ

やぎ座

 オレンジ ラッキーカラー
 1 ラッキーナンバー ／ 友だちの家 パワースポット

あなたは……
フシギなことに興味津々で、いろいろなことにワクワクする冒険心を持っている子。なんでも知りたがり、関心を持ったら全力でとりくむよ。いつも高い目標を持って、自分の限界をこえようとがんばる人。夢中になるあまり、まわりが見えなくなることも。

友だち運
行動範囲がひろくて、知りあいが多いよ。そのなかでも、仲よしの友だちのことはすごくたいせつに思っているよ。

友運アドバイス
友だちとはかたいきずながあるけれど、つい自分のやり方をおしとおしちゃうところが。おたがいの歩みよりをだいじにね。

相性がいいのはこの誕生日の人！
ラブ 7月7日、12月25日
友だち 1月13日、4月16日、8月6日

おしゃれアドバイス
むすんだ髪型がオススメ。

この日生まれの男の子
危険をかえりみない勇者タイプ。なにかにいっしょうけんめいになると、それしか目にはいらないことも。リラックスさせてくれる、いやし系の女の子にひかれるよ。

あなたの才能
度胸と根性がすばらしいよ。将来は有名になるかも!?

向いている職業
小説家、レポーター

ラブ運
恋をすることでリラックスし、心のバランスをとるよ。いっしょにいてなごめるタイプのカレと相性バッチリ！

あなたへのおまじない
困難やトラブルに負けないおまじないを。ピンチになったら、両手をあわせたまま「プロブレム　ソルビング」ととなえ、一礼すればバッチリ。

神秘のアイテム
月
昔から月が満ちると財運が満ちるといわれてきたよ。月には金運アップの力があるの。月のイラストを持ちあるくと思わぬおこづかいがもらえるかも。

12月

今日の運勢 ◎ ふだんしないところをそうじしてみて。さがしていたものが見つかりそうだよ。

12月26日 生まれ

あきらめない チャレンジャー

あなたは……
一見、おだやかでおちついた印象。でもじつは、チャレンジ精神いっぱいの、ころんでもただではおきない女の子。情熱的で、むずかしいことにも勇かんにとりくむの。慎重さもあわせ持っているよ。おせじよりほんとうの気持ちをだいじにする人だよ。

友だち運
自分にきびしく、まじめなので、まわりからの信頼度はバツグン。友だちにやさしくされると、すなおに感激して、うれしさを表現するよ。

友運アドバイス
きまじめなあなたは、友だちのことまでいろいろ気にしてしまうけれど、おせっかいにならないように注意してね。

相性がいいのはこの誕生日の人！
ラブ 7月10日、10月26日
友だち 1月21日、4月24日、10月28日

この日生まれの男の子
ごまかしやおせじが苦手なカレ。すきな子には積極的にアタックするけど、自分の気持ちをおしつけちゃうところも。すなおでおとなしい女の子がすきみたい。

あなたの才能
ねばりづよさ、几帳面さをじゅうぶんにいかすと◎。

向いている職業
税理士、コンシェルジュ

ラブ運
恋は情熱的。はじめのうちはもり上がるけど、カレをひとりじめしたくなってくると、ケンカがふえてうまくいかなくなるかも。

おしゃれアドバイス
健康的なピンク色のつめで女子力アップ！

あなたへのおまじない
もっとかわいくなれるおまじない。おフロでやってね。あわを手と足のすべてのつめにつけて6つかぞえたら、あらい流せばいいよ。

神秘のアイテム
リボン
仲を深めたい人がいるなら、リボンのパワーできずなをかためて。髪にリボンをむすぶと◎。リボンの小物を持っても効果があるよ。

今日の運勢 ✕ うぬぼれると失敗しちゃうよ。初心にかえってチャレンジして！

人につくす やさしい子

12月27日生まれ

やぎ座

 水色 ラッキーカラー
 3 ラッキーナンバー
 運動場 パワースポット

あなたは……
やさしくて、友だちや家族をたいせつにする女の子。ユーモアがあって気だてもいいので、みんなから人気だよ。自分をアピールするのが苦手だから、損をしてしまうことも。頭の回転が速くて思慮深く、専門分野で技術をいかすと、成功しそう。

友だち運
常識があり、誠実なので、どんなタイプの人にも気持ちよく接して仲よくなれるよ。年上の人からいちもくおかれることも。

友運アドバイス
まじめなあなたは、ものごとを深刻に考えてしまいがち。本音をうちあけられる親友がいると、元気になれるよ。

相性がいいのはこの誕生日の人！
ラブ 5月16日、9月9日
友だち 2月18日、4月25日、8月27日

おしゃれアドバイス
お気にいりのネックレスを身につけると魅力アップ。

この日生まれの男の子
友だちや家族をまもるタイプ。恋人の気持ちを考え、からだをはってまもりぬき、いつまでもかわらない愛情をそそぐよ。すなおでやさしい子がすき。

あなたの才能

ユーモアセンスやするどい感受性を持っているよ。

向いている職業
コピーライター、社会福祉士

ラブ運
すきなカレのためになんでもしてあげたくなるよ。ただ、相手の気持ちを優先しすぎて自分がつらくなると長つづきしないよ。

あなたへのおまじない
すきな人がふり向いてくれるおまじない。カレを見つけたら、カレに向かって指で？マークをかいて。マークが赤くかがやくようすをイメージすればOK。

神秘のアイテム
魚
魚はたくさんの卵を生むことから、幸運をよぶといわれているよ。魚のついたアクセを身につけると、うれしいできごとがおきるかも。

12月

今日の運勢 ◎ 人がたくさんあつまる場所にでかけてみて。すてきな出会いがありそう。

12月28日 生まれ
やぎ座

成長しつづける努力家

- ラッキーカラー: 黄
- ラッキーナンバー: 4
- パワースポット: くつろげる部屋

あなたは……
集中力が高く、努力をかさねて成長していく女の子。やりたいことに熱中すると、まわりは気にならなくて、ライバルがいても平気。ただ、ピンチにはめっぽうよわく、やる気をなくしちゃうことも。友だちや家族をとてもだいじにする一面もあるよ。

友だち運
まじめで誠実なあなたは、たくさんの友だちに信頼されているよ。とくに、先輩や年上の人からみとめられることが多そう。

友運アドバイス
人の気持ちがわかるあなたのことばは、人をひきつけるよ。おせっかいなひとことにならないよう、いうタイミングに注意。

相性がいいのはこの誕生日の人！
- ラブ: 10月20日、12月10日
- 友だち: 4月26日、6月23日、11月6日

この日生まれの男の子
なにかに集中すると、ほかのことはどうでもよくなるタイプ。恋ではすなおになれなくて、進展しにくいほう。友だちのように、対等でいられる女の子がすきだよ。

あなたの才能
すばらしい創造力と、熱い情熱を持っているよ。

向いている職業
メイクアップアーティスト、キャビンアテンダント

ラブ運
恋にはオクテなほう。あまえるのが苦手で、なかなかすなおになれないよ。対等につきあえるカレとなら相性○。

おしゃれアドバイス
リボンのアイテムを身につけるとすてき。

あなたへのおまじない
再挑戦が成功するおまじない。両手をグーにして、グータッチしたまま胸にあてたら、口からゆっくり息をはき、鼻からゆっくり息をすえばOK。

神秘のアイテム
貝
貝は昔から恋の薬とされてきたの。貝がらを部屋にかざっておくのもいいし、貝がらのついたアクセサリーを身につけてもいいよ。

今日の運勢: ほしいものが手にはいるかも。いいことがあったら、だれかにしあわせをわけてね。

話しずきのリーダータイプ

ラッキーカラー／ラッキーナンバー／パワースポット

あなたは……
まじめなふんいきだけど、話しずきでユーモアセンスもあるよ。人をまとめる才能を持っていて、自分ではそんなつもりはなくても、いつのまにかグループのリーダーをまかされることもあるね。いざというときは、人を圧倒するほどのパワーを発揮しちゃう。

あなたの才能
リーダーシップや、ものごとを深く考える才能がバツグン。

向いている職業
ショップの経営者、小学校の先生

友だち運
こまやかな気配りができるね。ものごしがやわらかでやさしいふんいきを持ち、責任感もつよいので、友だちから人気があるよ。

ラブ運
すきなカレとうちとけるまでに時間がかかるタイプ。本気の恋は、自分から告白してはじまる可能性が大!

友運アドバイス
友だちからのおさそいが多いのはうれしいけれど、ひとりになれる時間もきちんと確保しておくといいよ。

相性がいいのはこの誕生日の人!
ラブ 9月5日、12月11日
友だち 1月18日、7月2日、11月14日

おしゃれアドバイス
三つ編みや、編みこみでかわいい髪型に♡

この日生まれの男の子
ひかえめなリーダータイプ。恋には不器用で、かけひきが苦手だよ。本気ですきになったら思いきって告白しそう。まじめで明るい子にひかれるよ。

あなたへのおまじない
もっとステキに変身するおまじないを。消しゴムのへっていく面に緑ペンで自分のにがお絵をかいて。その顔が消えるまで使えばOKだよ。

神秘のアイテム　イルカ
いやしと開運のシンボルとされるイルカ。イルカパワーで運気アップをめざしてね。イルカの小物や、イルカの写真をかざるのも◯。もちろんアクセもグッド。

12月

今日の運勢　カレがあなたのことを気にしてくれそう。いいところを積極的にアピールしてみて!

12月30日生まれ

やぎ座 VIP

心がひろい有能タイプ

- ラッキーカラー ピンク
- ラッキーナンバー ⑥
- パワースポット 山の見える場所

あなたは……

心がひろく、礼儀正しい女の子。友だちとすごす時間が大すき。合理的で頭がよく、まわりのことを考えて上手に意見をいったり、友だちを手だすけしたりできるから、みんなからの信頼が大きいよ。将来は、人の上にたつことになりそうだよ。

友だち運

ひとりより、仲間と協力してがんばるのがすきな人。新しい友だちも長いつきあいの友だちもたいせつにするよ。

友運アドバイス

協調性の高いあなただけど、気まぐれなところもあるみたい。友だちをあたふたさせないようにね。

相性がいいのはこの誕生日の人!

- ラブ 5月13日、10月12日
- 友だち 2月12日、4月30日、8月30日

この日生まれの男の子

かざりけがなく、少し無愛想だけど、心がひろいカレ。すきな子にもなかなか自分を見せないけれど、ほんとうは夢中なの。すなおで明るい子にひかれちゃう。

あなたの才能

人をひっぱっていく力がそなわっているよ。

向いている職業

レストランの経営者、プロデューサー

ラブ運

恋をするとひたむきだけど、不器用。愛想よくできないから、うちとけるのにも、つきあうのにも時間がかかるタイプ。

おしゃれアドバイス

イヤリングで女らしさを演出して。

あなたへのおまじない

女子力がさらにアップするおまじないを。ピンクのモールをむすんでリボンをつくって。それを机の上の見えるところにおいておけばOK。

神秘のアイテム

テントウムシ

テントウムシには、金運アップのパワーがあるよ。部屋にテントウムシの絵をかざると、予定外のおこづかいをもらうなどの、思いがけない収入があるかも。

今日の運勢

なにごともうまくいく日。一番をめざして!

美を追いもとめる おしゃれガール

12月31日生まれ

やぎ座

ラッキーカラー：ベージュ
ラッキーナンバー：7
パワースポット：公園

あなたは……

身だしなみやおしゃれに気を配る女の子で、自分の第一印象をたいせつにするよ。美術、音楽、文学など、うつくしいものにも興味を持っているよ。また、はっきり自分の意見をいうけど、相手の気持ちを考えて上手に説得するから、まわりから信頼されるよ。

あなたの才能

美的センス、芸術的センスがすばらしいよ。

向いている職業

作詞家、ファッションデザイナー

ラブ運

おしゃれでとてもモテるよ。でも、冷静だから、しっかり相手を見きわめるよ。じっくり恋をはぐくむタイプ♡

友だち運

意見があわない人とはあまり仲よしにならない半面、年齢にかかわらず、信念と目標を持った人と共感し、友情を深めるよ。

友運アドバイス

せっかちでガンコなあなただけど、友だちが自分にあわせてくれることをのぞまなければ、うまくいくよ。

相性がいいのはこの誕生日の人！

ラブ　5月20日、12月13日
ともだち　2月22日、5月13日、7月16日

おしゃれアドバイス

フルーツの香りをつけると女子力アップ☆

この日生まれの男の子

服や髪形に気をつかうおしゃれな人。すきになるのは清潔感があってセンスのいい子だよ。たくさんおしゃべりをして、ゆっくりふたりの距離をちぢめていくの。

あなたへのおまじない

元気モリモリ、パワーアップするおまじない。東の方角に向かい、「マーズパワーをいただきます」ととなえ、両手をひろげて深呼吸すればいいよ。

神秘のアイテム

スプーン

しあわせをよぶスプーンの力をかりてね。銀色のスプーンをバッグのなかにいれて持ちあるけば、ハッピーなできごとがおこりそうだよ。

12月

今日の運勢 ◎ 気になる場所にいってみると、思いがけない幸運がやってくるよ。

383

作 ● 絹華
カバーイラスト・まんが ● えいひ
本文イラスト ● えいひ、よん、かわぐちけい、くらしきあお、poto、
　　　　　　　　maika、てゅーま
デザイン ● 大野真梨子+遠藤智美 [crazy force]
DTP ● スタジオポルト
企画・編集 ● 株式会社 アルバ

ふたご魔女の 誕生日うらない

発　行　2018年3月　第1刷

発行者　長谷川 均
編　集　鍋島 佐知子／小林 夏子
発行所　株式会社 ポプラ社
　　　　　〒160-8565　東京都新宿区大京町22-1
　　　　　振替 00140-3-149271
　　　　　電話 （営業）03-3357-2212
　　　　　　　　（編集）03-3357-2216
　　　　　インターネットホームページ　www.poplar.co.jp
印刷・製本　図書印刷株式会社

©Kinuka 2018　Printed in Japan
N.D.C. 148/383P/19cm　ISBN978-4-591-15815-9

本書のコピー、スキャン、デジタル化等の無断複製は、著作権法上での例外を
除き禁じられています。本書を代行業者等の第三者に依頼して、スキャンやデ
ジタル化することは、たとえ個人や家庭内での利用であっても著作権法上認め
られておりません。落丁本・乱丁本は、送料小社負担でお取り替えいたします。
小社製作部宛にご連絡ください。製作部 電話 0120-666-553
受付時間は月〜金曜日、9:00〜17:00（祝日・休日は除く）

※みなさんのおたよりをお待ちしています。
　おたよりは、出版局から制作者・著者へおわたしいたします。

誕生日うらない
たのしんでくれたかな？
みんなにも しあわせの
魔法が とどきますように！

18さいまでの子どもがかけるでんわ
チャイルドライン®
0120-99-7777
ごご4時〜ごご9時 ＊日曜日はお休みです